高等学校应用技术型经济管理系列教材（会计系列）

高等学校应用型经济管理规划教材

总主编／李　雪　主审／徐国君

U0958154

审计实务

Auditing Practice

（第二版）

李雪◎主编

立信会计出版社
LIXIN ACCOUNTING PUBLISHING HOUSE

图书在版编目(CIP)数据

审计实务 / 李雪主编. —2 版. —上海：立信会计出版社，2020.6(2023.1 重印)

高等学校应用技术型经济管理系列教材. 会计系列

ISBN 978-7-5429-6506-6

Ⅰ. ①审… Ⅱ. ①李… Ⅲ. ①审计学—高等学校—教材 Ⅳ. ①F239.0

中国版本图书馆 CIP 数据核字(2020)第 101020 号

策划编辑　方士华
责任编辑　孙　勇
封面设计　南房间

审计实务(第二版)

SHENJI SHIWU

出版发行	立信会计出版社		
地　　址	上海市中山西路 2230 号	邮政编码	200235
电　　话	(021)64411389	传　　真	(021)64411325
网　　址	www.lixinaph.com	电子邮箱	lixinaph2019@126.com
网上书店	http://lixin.jd.com		http://lxkjcbs.tmall.com
经　　销	各地新华书店		
印　　刷	上海万卷印刷股份有限公司		
开　　本	787 毫米×1092 毫米	1/16	
印　　张	19		
字　　数	465 千字		
版　　次	2020 年 6 月第 2 版		
印　　次	2023 年 1 月第 3 次		
书　　号	ISBN 978-7-5429-6506-6/F		
定　　价	45.00 元		

总 序

教材是高校实现人才培养目标的重要载体，教材及教材建设对高校发展具有举足轻重的作用。与培养模式相对应的教材是培养合格人才的基本保证，是实现培养目标的重要工具。由于历史的原因，在财经类教材的出版方面，相关出版社出版研究型本科或者高职高专、中等职业等层次的教材较多，也较成熟，而在应用技术型本科教材出版上比较欠缺，虽然近年来也出版了一些这方面的教材，但总体而言，还是缺乏权威性、普适性、实用性和创新性。造成这种状况的原因主要在于：出版社对财经类应用技术型本科教材的出版还不够重视，没有进行有效的组织；财经类应用技术型本科院校多为新建院校，教材建设相对滞后，主观上也较愿意使用研究型本科教材；在教材使用中存在比较严重的混用现象，教材的目标读者群不明确，如不少教材既适用于研究型本科又适用于应用技术型本科，或者既适用于本科又适用于高职高专。

由于目前应用技术型教材种类和数量匮乏或质量欠佳，使得应用技术型本科不得不沿用传统研究型教材，比如东北财经大学会计系列教材（包括《基础会计》《中级财务会计》《管理会计》《高级财务会计》《审计》等），中国人民大学会计系列教材（如《成本会计》），教育部统编教材（如《财务管理》）等国家级规划教材。这些教材本身的质量很好、级别很高，但是并不适用于应用技术型本科的教学，教师和学生普遍反映不好用。即使从全国范围看，也还没有相对成套、成熟的适合应用技术型高校使用的教材，不适应教育教学要求。存在的主要问题包括：①教材的定位和要求较高；②教材的内容多、难度大；③教材着重于理论解释，相关案例、实训等内容较少，缺乏普适性、实用性。所以，需要编写适应学生水平、便于学生接受的应用技术型教材。

我们组织具有多年应用技术型人才培养经验的优秀教师和实务界专家编写了本套系列教材。本套系列教材由《会计基本技能》《基础会计》《中级财务会计》《成本会计》《管理会计》《财务管理》《会计信息系统》《审计学原理》《审计实务》《税法》《经济法》《金融学》等构成。为了保证教材的质量，我们聘请了著名高校的专家、教授对本套教材编写进行专门指导和审核。每本教材至少有一名本学科的知名专家或学科带头人提出审核指导意见，至少有一名高等院校教学一线的高级职称教师参与组织编写，至少有一名行业协会、实务界专家和教学研究机构人员提出编写建议。

本套系列教材的特色如下。

1. 应用性

应用技术型本科的教材建设应坚持培养应用技术型本科人才的定位，充分吸收和借鉴传统的普通本科教材与高职高专类教材建设的优点和经验，以就业为导向，做到理论上优于高职高专类教材、动手能力的培养上优于传统的本科院校教材。

本套系列教材体现了应用技术型本科的定位，体现了素质教育和"以学生发展为本"的教育理念，遵循了高等教育教学基本规律，重视知识、能力和素质的协调发展，根据应用技术型人才培养模式对学生的创新精神、实践能力和适应能力的要求，在内容选材、教学方法、学习方法、实验和实训配套等方面突出了应用性特征。

2. 针对性

本套系列教材的编写符合会计学、财务管理和审计学专业的培养目标、培养需求、业务规格（知识结构和能力结构）和教学大纲的基本要求，与各专业的课程结构和课程设置相对应，与课程平台和课程模块相对应。本套系列教材在结构的布局、内容重点的选取、示例习题的设计等方面符合教改目标和教学大纲的要求，把教师的备课、试讲、授课、辅导答疑等教学环节有机地结合起来。

3. 先进性

本套系列教材反映了应用技术型会计人才教育教学改革的内容，能够反映学科领域的新发展。本套系列教材的整体规划、每一种教材构造等均体现了实用性和创新性。本套系列教材还强调了系列配套，包括了教材、学习指导书、教学课件等。

4. 基础性

本套系列教材打破传统教材自身知识框架的封闭性，尝试多方面知识的融会贯通，注重知识层次的递进，体现每一门科目的基本内容，同时，在具体内容上突出实际运用知识的能力，使本套系列教材做到"教师易教，学生乐学，技能实用"。

5. 易于自学性

自学能力的培养是高等教育应该教授给学生的一项基本能力。只有具备了自主学习的能力，才能最终建立起终身学习的保障体系，这也是应用技术型本科人才培养的客观要求。应用技术型高校的生源素质与其他高校相比存在较大差距，除一部分高考发挥失误的学生外，有相当一部分学生在学习习惯、基础知识等方面存在一定的欠缺，这要求本套系列教材要能调动这部分学生的学习积极性，在理论方面尽量通俗易懂，实践方面尽量采用案例式教学。为了有利于学生课后自主学习，本套系列教材配套了学习指导书和教学课件。

因此，本套系列教材的定位和特色把握准确，教材的特色明显，适用于应用技术型高等学校教学，容易得到学生和市场的认可，便于学生的自学和教师的教学。

高等学校应用技术型经济管理系列教材凝聚了众多领导、教授和专家多年来的经验和心血。当然，由于我们的经验和人力有限，教材中难免存在不足，我们期待着各位同行、专家和读者的批评指正。我们将随着经济发展和会计环境的变迁不断修订教材，以便及时反映学科的最新发展和人才培养的最新变化。

本套系列教材出版后，得到学生和市场的认可，深受广大读者欢迎。为了更好地回馈读者，本套系列教材从2017年起启动第二版的修订工作，各种教材的第二版将陆续出版。我们会一如既往地做好教材修订和相关服务工作，希望广大读者对本套系列教材继续给予支持。

李　雪

2020年6月

前　言

审计实务课程是高等学校会计学本科专业的核心专业课之一，内容涵盖了审计的操作实务，是专业课中教学难度相对较大的一门课程，主要讲授审计的基本思路和逻辑、审计实务操作的流程和方法等内容。该课程通过对审计实务的讲解，并辅之以生动的案例剖析，使学生能够掌握审计学的基本程序和基本方法，更好地理解和掌握审计理论、审计过程和审计决策，为今后从事会计、审计工作打下坚实的基础。

我们本着与时俱进的精神，着眼于应用技术型会计人才培养的现实需要，依据高等学校应用技术型经济管理系列教材（会计系列）的编写要求，结合多年应用技术型会计人才培养的教学经验，体现应用技术型会计人才培养的主要特色和成绩，编写了本教材。

本教材具有以下特点。

一是结构合理，便于应用技术型会计人才培养的教育教学。大部分章节设置了"本章要点""适用的准则和规范"（第一章无）"同步思考""同步案例""重要名词术语""思考与练习"等内容，便于学生了解每章的主要内容、应解决的问题、涉及的专业准则及主要名词术语，有利于学生将审计理论与审计准则、审计实务结合起来，对于学生综合掌握和理解审计学的基本理论、程序和方法大有裨益。

二是国际化与本土化并重。一方面，本教材大量借鉴了以英美为代表的发达国家的先进审计理论与实务，系统地介绍了国际审计准则、质量控制准则、职业道德准则以及有关审计理论和方法；另一方面，本教材始终注重立足国情，严格按照我国最新的审计法规、审计准则阐述审计问题，有利于提高学生的实际工作能力。

三是体现了最新审计准则和企业内部控制规范的要求。2010 年以来，财政部正式发布了修订后的 38 项审计准则，审计署公布了修订后的《中华人民共和国国家审计准则》，财政部等五部委联合发布了《企业内部控制配套指引》。本教材及时全面地反映了以上变化，有助于学生及时了解新的规范对审计的影响和要求。

四是内容新颖，形式灵活。从内容上看，本教材吸收并参考了我国发布的几乎所有审计准则和相关规范，还吸收了作者及中外众多审计学者的最新研究成果。从形式上看，本教材列示了各种重要观点、流程图和审计报告，便于学生理解。

五是编写了配套的学习指导书，便于学生课后学习。学习指导书既包括对教材中每章主要内容的讲解、"思考与练习"的解答，还包括自测题及参考答案，非常方便学生开展复习和测试，以便巩固课堂所学的知识，拓宽知识面。

本教材共分十章，大致可以划分成五大部分。第一章至第二章为第一部分“审计实务概述”，主要介绍注册会计师审计的产生与发展，包含注册会计师业务范围、审计准则和质量控制、职业道德、审计的机构和人员、行业协会等在内的审计环境因素。第三章至第六章为第二部分“业务循环审计”，主要介绍财务报表的各业务循环和货币资金业务的审计程序。第七章至第八章为第三部分“特殊事项的考虑”，主要介绍对舞弊和法律法规的考虑、特殊项目的审计等内容。第九章为第四部分“审阅和其他鉴证业务”，主要介绍审阅、预测性财务信息审核和信息技术鉴证等其他鉴证业务的程序。第十章为第五部分“相关服务业务”，主要介绍对财务信息执行商定程序和代编财务信息等内容。

本教材的内容是最新的，与国际审计教学的内容是趋同的，具有科学性、先进性和符合教育教学的规律，适用于新形势下高等学校应用技术型会计人才审计实务课程的教学。

本教材由李雪主编，张静、汪茹、邵翠翠、张冉、王凤敏、吴镇启、泥丽丽、阮宁、王安娜为编者。具体分工为：第一章和第二章由李雪、张冉、阮宁编写；第三章由李雪、张静、阮宁编写；第四章和第五章由李雪、张静、泥丽丽编写；第六章由李雪、王凤敏、王安娜编写；第七章由李雪、汪茹、王安娜编写；第八章由李雪、邵翠翠、王安娜编写；第九章和第十章由李雪、王凤敏、吴镇启编写。全书由李雪负责整体规划、审核、修订初稿、总纂并定稿。

由于我国正处于变革时期，新的情况会随着市场经济体制的逐步完善而不断出现。因此，本教材的编写只能就目前所能预期到的审计情况进行适当的前瞻，而无法全面预期。加之客观条件和作者水平有限，本教材仍然存在许多不足之处，恳请各位读者多加指正。

编　者

2020 年 6 月

目 录

第一章　注册会计师审计的产生和发展

本章要点

- 了解西方注册会计师审计是如何产生的
- 了解西方注册会计师审计的发展经历了哪些阶段
- 熟悉西方注册会计师审计每一发展阶段的典型事件
- 了解中国注册会计师审计是怎样产生发展的

引例　银广夏舞弊案例①

银广夏全称广夏实业股份有限公司，1994 年 6 月 17 日，广夏（银川）实业股份有限公司以“银广夏 A”的名字在深圳证券交易所上市。开始时公司的主要业务为软磁盘生产，然后进入了全面多元化投资的阶段。但银广夏业绩的奇迹性转折是从 1998 年开始的，这主要是天津广夏的“功劳”。天津广夏 1994 年从德国引进五德公司生产的 500 立升×3 二氧化碳超临界萃取设备，此后 3 年间，银广夏连创超常业绩。1998 年，天津广夏接受的第一张销售订单（来自德国诚信贸易公司购买萃取产品）创造了 7 000 多万元的收入。银广夏对外公布的 1999 年利润总额为 1.58 亿元（其中天津广夏占 76%），每股盈利 0.51 元。2000 年，在股本扩大 1 倍的情况下，每股收益增长超过 60%，每股盈利 0.827 元，盈利能力之强，令人瞠目结舌。2001 年，“银广夏”事件首先被媒体披露，而后，中国证监会展开了一系列的立案调查，最终查明：“银广夏”通过伪造购销合同，伪造出口报关单，虚开增值税专用发票，伪造免税文件和伪造金融票据等手段，虚构主营业务收入，虚增利润高达 7.7 亿元。

真相大白之后，银广夏进入“PT”公司的行列。为它审计的中天勤会计师事务所信誉全失，已经解体。签字注册会计师刘加荣、徐林文被吊销注册会计师资格；会计师事务所的执业资格被吊销，其证券、期货相关业务许可证被吊销；证监会已经依法将李有强等 7 人移送公安机关，追究刑事责任。

从银广夏案例中，我们可以看出当被审计单位（银广夏）存在虚假会计信息时，为它审计的会计师事务所（中天勤会计师事务所）也受到了相应的处罚，那么会计师事务所为什么应为别人会计造假行为承担责任？审计的作用是什么？本章将从审计历史的角度解答你的疑问。

审计是一种社会经济监督活动的观点被大多数人接受。作为一种经济现象，它绝不是人们主观的产物，而是社会生产力发展到一定阶段的必然产物。在人类社会早期，由于社会经济的发展和生产力的提高，社会财富逐步增多，财产的所有权与经营权开始出现分离，形成了财产所有者与经营者之间的受托经济责任关系。在这种经济关系下，所有者和经营者的目标可能不一致。所有者为了维护自身的经济利益，防止经营者营私舞弊，需要经营者合法、有效地履行其职责；同时，经营者为了确定自己的经营业绩，解脱自己的经营责任，也需

---

① 何秀英：《审计学》，东北财经大学出版社 2012 年版。

要接受客观公正的审查。对财产经营者监督检查，客观上要求由与财产所有者和财产经营者都无利害关系的第三者来进行，这就要求有一个独立的、专门的监督部门，于是审计的产生成为必然。自此之后，审计就随着社会经济的自然发展而演进，并伴随一系列标志性事件的突发而取得质的发展。

第一节 西方注册会计师审计的产生和发展

从注册会计师审计发展的历程看，注册会计师审计最早产生于意大利合伙企业，在英国股份公司出现后得以形成，伴随着美国资本市场的发展而发展和完善。

一、西方注册会计师审计的产生

注册会计师审计的产生，最早可以追溯到 16 世纪的意大利。当时地中海沿岸的商业城市已经比较繁荣，商业经营规模不断扩大。由于单个的业主难以向企业投入巨额资金，为适应筹集所需大量资金的需要，合伙制企业应运而生。合伙经营方式不仅提出了会计主体的概念，促进了复式记账在意大利的产生和发展，也产生了对注册会计师审计的最初需求。尽管当时的合伙人都是出资者，但是有的合伙人参与企业的经营管理，有的合伙人则不参与，所有权和经营权开始分离。那些参与企业经营管理的合伙人有责任向不参与企业经营管理的合伙人证明合伙契约得到了认真履行，利润的计算与分配是正确、合理的，以保障全体合伙人的权利，进而保证合伙企业有足够的资金来源，使企业得以持续经营下去。在这种情况下，客观上需要独立的第三者对合伙企业进行监督、检查，人们开始聘请会计专家来担任查账和鉴证的工作，从而消除合伙人之间的相互猜疑，巩固合伙制的生产关系。这样，在 16 世纪意大利的商业城市中出现了一批具有良好的会计知识、专门从事查账和鉴证工作的专业人员，他们所进行的查账与公证，可以说是注册会计师审计的起源。随着此类专业人员的增多，专业人员们于 1581 年在威尼斯创立了威尼斯会计协会。其后，米兰等城市的职业会计师也成立了类似的组织。

二、西方注册会计师审计的发展

注册会计师审计虽然起源于意大利，但意大利对后来注册会计师审计事业的发展影响不大。而英国在创立和传播注册会计师审计职业的过程中发挥了重要作用。从 20 世纪初开始，全球经济发展重心逐步由欧洲转向美国，美国的注册会计师审计因此得到了迅速发展，美国对注册会计师职业在全球的迅速发展发挥了重要作用。因此，一般认为西方国家的注册会计师审计经历了不同的发展阶段。

(一) 18 世纪末至 19 世纪的英国式审计

从 18 世纪开始，英国的资本主义经济得到了迅速发展，生产的社会化程度大大提高，企业的所有权与经营权进一步分离。因此，企业主希望有外部的会计师来检查他们所雇用的管理人员是否存在贪污、盗窃和其他舞弊行为，于是英国出现了第一批以查账为职业的独立会计师。他们受企业主委托，对企业会计账目进行逐笔检查，目的是查错防弊，检查结果也只向企业主报告。因为是否聘请独立会计师进行查账由企业主自行决定，所以此时的独立审计尚为任意审计。

英国的产业革命推动了西方资本主义商品经济的迅速发展，导致以所有权和管理权相分离为重要特征的股份公司的出现，标志着社会经济领域中股东、债权人和企业管理当局之间新型"经济责任关系"的确立。股份有限公司的兴起，使公司的所有权与经营权进一步分离，绝大多数股东已完全脱离经营管理，他们出于自身的利益，非常关心公司的经营成果，以便做出是否继续持有公司股票的决定。证券市场上潜在的投资人同样十分关心公司的经营情况，以便决定是否购买公司的股票。同时，由于金融资本对产业资本的逐步渗透，增加了债权人的风险，他们也非常重视公司的生产经营情况，以便做出是否继续贷款或者是否索偿债务的决定，而公司的财务状况和经营成果，只能通过公司提供的财务报表来反映。因此，在客观上产生了由独立会计师对公司财务报表进行审计，以保证财务报表真实可靠的需求。

值得一提的是，注册会计师审计产生的"催产剂"是1721年英国的"南海公司事件"。下面的同步案例详细介绍了"南海公司"事件。当时的"南海公司"以虚假的会计信息诱骗投资人上当，其股票价格一时扶摇直上。但好景不长，"南海公司"最终未能逃脱破产倒闭的厄运，使股东和债权人损失惨重。英国议会聘请会计师查尔斯·斯内尔对"南海公司"进行审计。斯内尔以"会计师"名义出具了"查账报告书"，从而宣告了独立会计师——注册会计师的诞生。

同步案例

英国"南海公司"破产案

英国"南海公司"始创于1710年，主要从事海外贸易业务。公司成立之初的10年经营业绩平平。1719—1720年，公司趁股份投机热在英国方兴未艾之机，发行巨额股票，同时公司董事对外散布公司利好消息，致使公众对股价上扬增强了信心，带动了公司股价上升。1719年，南海公司股价为114英镑，到1720年3月股价升至300英镑，1720年7月公司股票价格高达1 050英镑，公司老板布伦特决定以高于面值数倍的价格发行新股。一时间南海公司股价扶摇直上，一场股票投机浪潮席卷全国。

英国议会为了制止国内"泡沫公司"的膨胀，于1720年6月通过了《泡沫公司取缔法》，一些公司随后被解散。许多投资者开始清醒，并抛售手中所持股票。股票投资热的降温，致使"南海公司"股价一路下滑，到1720年12月，"南海公司"股价跌至124英镑。同年年底，英国政府对"南海公司"资产进行清理，发现其实际资本所剩无几。而后，"南海公司"宣布破产。

"南海公司"破产，犹如晴天霹雳，震惊了公司投资人和债权人，数以万计的股东及债权人蒙受损失。他们纷纷向英国议会提出严惩欺诈者并由欺诈者给予赔偿损失的要求。

英国议会面对舆论压力，为平息"南海公司"破产引发的风波，于1720年9月成立了由13人组成的特别委员会，秘密查证"南海公司"破产事件。在查证中发现该公司的会计记录严重失真，并有明显的篡改舞弊行为。为此，特别委员会特聘请伦敦市霍斯特·莱恩学校的会计教师查尔斯·斯内尔对"南海公司"账目进行审查。斯内尔应议会特别委员会的要求，通过对"南海公司"会计账目的审核，于1721年编制了一份题为《伦敦市霍斯特·莱恩学校的习字教师兼会计师查尔斯·斯内尔对索布里奇商社会计账簿检查的意见》的查账报告书，指出了公司存在的舞弊行为，但没有对公司编制虚假账目的目的表示自己的意见。英国议会根据斯内尔的查账报告书，没收了全部公司董事的个人财产，将公司1名直接责任经理押进了英国伦敦塔监狱。为此，查尔斯·斯内尔成为世界民间审计的最早先驱者,他编制的查账报告是世界最早由会计师编制的审计报告。

与此同时,英政府颁布了《泡沫公司取缔法》,主要目的是防止不正常的股份投机,对股份公司的成立严加限制,以保持资本市场的稳定,保护投资者及债权人的利益不受侵害。1828年,英国政府根据国内经济发展对资金的高度需求,重新认识到股份公司的经济意义,撤销了1720年的《泡沫公司取缔法》,1834年以后,又通过了由国王授予特许证来设立股份公司的法案。英国议会又于1844年颁布了《公司法》,从而促进并规范了股份公司的发展。

为了监督公司管理层的经营管理活动,防止其徇私舞弊,保护投资者、债权人利益,避免“南海公司”事件重演,英国政府于1844年颁布了《公司法》,规定股份公司必须设监察人,负责审查公司的账目。1845年,英国政府又对《公司法》进行了修订,规定股份公司的账目必须经董事以外的人员审计。于是,独立会计师业务得到迅速发展,独立会计师人数越来越多。此后,英国政府对一批精通会计业务、熟悉查账知识的独立会计师进行了资格确认。1853年,苏格兰爱丁堡创立了第一个注册会计师的专业团体——爱丁堡会计师协会。该协会的成立,标志着注册会计师职业的诞生。1862年,英国《公司法》确定注册会计师为法定的破产清算人,奠定了注册会计师审计的法律地位。

在这一时期内,由于英国的法律规定股份公司和银行必须聘请注册会计师审计,使得英国注册会计师审计得到了迅速发展,并对当时欧洲、美国及日本等产生了重要影响。这一时期英国注册会计师审计的主要特点是:注册会计师审计的法律地位得到了法律确认;审计的目的是查错防弊,保护企业资产的安全和完整;审计的方法是对会计账目进行详细审计;审计报告使用人主要为企业股东等。

(二) 20世纪初的美国式审计

在美国,南北战争结束后出现了一些民间会计组织,如纽约的会计师协会。该学会在1882年刚成立时称为会计师和簿记师协会(The Institute of Accountants and Bookkeepers),为会计人员提供继续教育等服务。当时英国的巨额资本开始流入美国,促进了美国经济的发展。为了保护广大投资者和债权人的利益,英国的注册会计师远涉重洋到美国开展审计业务;同时美国本土也很快形成了自己的注册会计师队伍。1887年,美国公共会计师协会(The American Association of Public Accountants)成立。1916年,该协会改组为美国注册会计师协会,后来成为世界上最大的注册会计师职业团体。1905年11月,《会计杂志》(*Journal of Accountancy*)作为注册会计师审计职业的正式杂志创刊发行。这一时期,美国许多州正式承认注册会计师审计是一门职业,执业人员通过考试获取注册会计师称号。许多最重要的铁路公司和工业公司都定期聘请注册会计师检查他们的账簿。注册会计师审计逐步渗透到社会经济领域的不同层面。

美国早期的注册会计师审计受英国影响较深。英国开展的审计技术和方法,是一种详细审计(detailed audit)。这种审计要求以经济业务为基础,通过审核所有经济业务、会计凭证、会计账簿和财务报表,以发现记账差错和舞弊行为。20世纪早期的美国,经济形势发生了很大变化。由于金融资本对产业资本更为广泛的渗透,企业同银行的利益关系更加紧密,银行逐渐把企业资产负债表作为了解企业信用的主要依据,于是在美国产生了帮助贷款人及其他债权人了解企业信用的资产负债表审计(balance sheet audits),即美国式注册会计师审计。资产负债表审计产生的原因可以从银行、借款人和注册会计师之间的关系进行解释，银行要求借款人提供经注册会计师审计的资产负债表，以充分了解借款人的偿债能力；借款人则希望审计收费较低，于是资产负债表审计就发展起来了。

在这一时期内，美国式的注册会计师审计以提供信用资金的银行为主要服务对象，主要是证明向银行借款企业的偿债能力，核心在于进行资产负债表审计，审计方法由英国式的详细审查初步转向抽样审查。这种方式是抽样审计的开始，它给注册会计师审计的发展带来了新的思维方式和新的技术方法。

（三）20 世纪 30 年代之后以美国为代表的会计报表审计

从 1929 年到 1933 年，资本主义世界经历了历史上最严重的经济危机，大批企业倒闭，投资者和债权人蒙受了巨大的经济损失。这在客观上促使企业利益相关者从只关心企业财务状况转变到更加关心企业的盈利水平，产生了对企业利润表进行审计的客观要求。美国 1933 年《证券法》规定，在证券交易所上市的企业的财务报表必须接受注册会计师审计，向社会公众公布注册会计师出具的审计报告。因此，审计报告使用人扩大到整个社会公众。美国注册会计师协会与证券交易所合作的特别委员会与纽约证券交易所上市委员会于 1936 年发表了《独立注册会计师对财务报表的检查》，明确规定应当检查全部财务报表，并向股东报告，尤其强调利润表审计。从这一点看，美国注册会计师审计的重点已从保护债权人为目的的资产负债表审计，转向以保护投资者为目的的利润表审计。

在这一时期，注册会计师审计的主要特点是：审计对象转为以资产负债表和损益表为中心的全部财务报表及相关财务资料；审计的主要目的是对财务报表发表审计意见，以确定财务报表的真实可靠，查错防弊转为次要目的；审计范围已扩大到测试相关的内部控制，并以控制测试为基础进行抽样审计；审计报告使用人扩大到股东、债权人、证券交易机构、税务部门、金融机构及潜在投资者；审计准则开始拟定，审计工作向标准化、规范化过渡；注册会计师资格考试制度广泛推行，注册会计师专业素质普遍提高。

（四）20 世纪 40 年代之后的现代审计阶段

第二次世界大战以后，发达国家通过各种渠道推动本国的企业向海外拓展，跨国公司得到空前发展。国际资本的流动带动了注册会计师审计的跨国界发展，形成了一批国际会计师事务所。随着会计师事务所规模的扩大，形成了“八大”国际会计师事务所，20 世纪 80 年代末合并为“六大”，之后又合并成为“五大”。2001 年，美国爆发了安然公司会计造假丑闻。安然公司在清盘时，不得不对其编造的财务报表进行修正，将近 3 年来的利润额削减 20%，约 5.86 亿美元。安然公司作为美国的能源巨头，在追求高速增长的狂热中利用会计准则的不完善，进行表外融资的游戏，并通过关联交易操纵利润。出具审计报告的安达信会计师事务所，因涉嫌舞弊和销毁证据受到美国司法部门的调查，之后宣布关闭，世界各地的安达信成员所也纷纷与其他国际会计师事务所合并。因此，时至今日，尚有“四大”国际会计师事务所，即普华永道（Price Waterhouse Coopers，简称 PWC）、安永（Ernst & Young，简称 EY）、毕马威（Klynved Peat Marwick Goerdeler，简称 KPMG）、德勤（Deloitte Touche Tohmatsu，简称 DTT）。

与此同时，审计技术也在不断发展：抽样审计方法得到普遍运用，风险导向审计方法得到推广，计算机辅助审计技术得到广泛采用。

小资料

风险导向审计也称风险基础审计，它的发展可分为两个时期，传统风险导向审计时期和现代风险导向审计时期。传统风险导向审计是建立在传统审计模型的基础上，通过对财务报表固有风险和控制风险的定量评估以确定实质性测试的性质、时间和范围的一种审计模式。具体来讲，就是在制度基础审计模式的基础上，增加了对审计风险进行定量评估的内容。现代风险导向审计则是以系统观和战略观为指导思想，采用"自上而下"的方式，通过对客户的战略及经营风险的识别和评估，判断高风险审计领域，同时结合"自下而上"的方式，设计并实施必要的实质性程序，将检查风险降低到可接受水平。

第二节 中国注册会计师审计的产生和发展

中国注册会计师审计起步较晚。20 世纪初中华民国成立后，随着民族工商业的逐渐兴起，私有制经济开始蓬勃发展，合资、合股经营等企业组织形式出现，为我国注册会计师的产生和发展奠定了客观基础。

一、中国注册会计师审计的产生

中华人民共和国成立之前的注册会计师审计产生于辛亥革命之后。当时一批爱国会计学者鉴于外国注册会计师包揽我国注册会计师业务的现实，为了维护民族利益与尊严，积极倡导创建中国的注册会计师职业。谢霖就是当时爱国会计学者之一，他于 1918 年 6 月上书北洋政府财政部和农商部，要求推行注册会计师制度，同年 9 月，北洋政府农商部颁布了我国第一部注册会计师法规——《会计师暂行章程》，并于同年 9 月 7 日批准著名会计学家谢霖先生为中国的第一位注册会计师，谢霖先生在北京创办的中国第一家会计师事务所——正则会计师事务所也获准成立。此后，政府又逐步批准了一批注册会计师，注册会计师们建立了一批会计师事务所，包括潘序伦先生创办的潘序伦会计师事务所（后改称立信会计师事务所）、奚玉书先生创办的公信会计师事务所、徐永祚创办的徐永祚会计师事务所，这三家会计师事务所与正则会计师事务所在当时被称为四大会计师事务所。1930 年，南京国民政府颁布了《会计师条例》，确立了会计师的法律地位，之后，上海、天津、广州等地也相继成立了多家会计师事务所。1925 年，在上海成立了全国会计师公会。1933 年，成立了全国会计师协会。至 1947 年，全国已拥有注册会计师2 619 人，并建立了一批会计师事务所。但是，注册会计师职业未能得到很大的发展，注册会计师审计也未能充分发挥应有的作用。会计师事务所主要集中在上海、天津、广州等沿海城市，注册会计师业务主要是为企业设计会计制度、代理申报纳税、培训会计人才和提供其他会计咨询服务。

在中华人民共和国建立初期，注册会计师审计在经济恢复工作中发挥了积极作用。当时，由于不法资本家囤积居奇、投机倒把、偷税漏税造成了极为险恶的财政状况，负责财经工作的陈云同志大胆雇用注册会计师，依法对工商企业查账，这对平抑物价、保证国家税收、争取国家财政经济状况好转做出了突出贡献。但后来由于我国推行苏联式的高度集中的计划经济模式,注册会计师便悄然退出了经济舞台。

二、中国注册会计师审计的发展

1978 年,中共十一届三中全会以后,我国实行改革开放的方针,把工作重点转移到社会主义现代化建设上来。为了适应商品经济的迅速发展和贯彻对内搞活、对外开放总方针,财政部于 1979 年开始陆续设立会计顾问处,为注册会计师制度的恢复重建创造了客观条件。随着外商来华投资日益增多,1980 年 12 月 14 日,财政部颁布了《中华人民共和国中外合资经营企业所得税法实施细则》,规定外资企业财务报表要由注册会计师进行审计,这为恢复我国注册会计师制度提供了法律依据。1980 年 12 月 23 日,财政部发布《关于成立会计顾问处的暂行规定》,标志着我国注册会计师职业开始复苏。1981 年 1 月 1 日,上海会计师事务所宣告成立,成为中华人民共和国第一家由财政部批准独立承办注册会计师业务的会计师事务所。我国注册会计师制度恢复后,注册会计师的服务对象主要是三资企业。这一时期的涉外经济法规对注册会计师业务作了明确规定。1984 年 9 月 25 日,财政部印发《关于成立会计咨询机构问题的通知》,明确了注册会计师应当办理的业务。1985 年 1 月实施的《中华人民共和国会计法》规定:经国务院财政部门批准组成的会计师事务所,可以按照国家有关规定承办查账业务。这是中华人民共和国成立以来第一次通过法律形式对注册会计师的地位和任务作规定,有力地推动了注册会计师审计的发展。1986 年 7 月 3 日,国务院颁布《中华人民共和国注册会计师条例》,同年 10 月 1 日起实施。随着会计师事务所数量的增加、业务范围的拓宽,如何对注册会计师和会计师事务所实施必要的管理,有效组织开展职业道德、专业技能教育,加强行业管理,保证注册会计师独立、客观、公正执业,成为行业恢复重建面临的重大问题。1988 年 11 月 15 日,财政部借鉴国际惯例成立了中国注册会计师协会,随后各地方相继组建省级注册会计师协会。1993 年 10 月 31 日,第八届全国人民代表大会常务委员会第四次会议审议通过了《中华人民共和国注册会计师法》(以下简称《注册会计师法》),自 1994 年 1 月 1 日起实施。

在国家法律法规的规范下,我国注册会计师行业得到了快速发展。

一是不断拓展服务领域。注册会计师行业从最初主要为三资企业提供查账、资本验证等服务,发展到为所有企业提供财务报表审计业务,执业范围得到进一步扩展和延伸。根据《注册会计师业务指导目录(2012 年)》的规定,注册会计师依法承办鉴证业务(180 项)和相关咨询服务业务(109 项)。这些业务项目,既包括审计业务,也包括非审计业务;既包括已经开展的业务,也包括需要进一步拓展和开发的新业务。

二是不断加强人才培养。自 1991 年设立注册会计师全国统一考试以来,迄今已经成功举办了 23 次考试,已有 19 万多人获得全科合格证书。同时,行业建立了继续教育制度,制定发布行业人才培养"三十条",明确提出了加强行业人才培养的指导思想和总体思路,大力推行行业人才培养战略。

三是不断深化执业标准建设。1993 年 10 月 31 日,第八次全国人民代表大会常务委员会第四次会议审议通过了《中华人民共和国注册会计师法》,规定中国注册会计师协会依法拟定执业准则、规则,报国务院财政部门批准后施行。经财政部批准,中国注册会计师协会自1994年5月开始起草独立审计准则，至2003年，先后分6批制定了独立审计准则，共计48个项目，基本上建立起准则体系。随着国际审计准则的发展趋势和审计环境的巨大变化，需要我国大力推行审计准则国际趋同战略，2006年，中国注册会计师协会拟定了《中国注册会计师鉴定业务基本准则》等22项准则，修订了26项准则，建立起了一套既适应社会主义市场经济建设要求又与国际准则相接轨的审计准则体系，并于2007年1月1日起实施。注册会计师协会于2009年12月至2010年1月分4批发布了38项审计准则第一次征求意见稿，在2010年8月24日又针对这38项审计准则发布了第二次征求意见稿。2010年10月31日，中国审计准则委员会会议在北京举行。会议审议原则通过了中国注册会计师协会修订的38项审计准则，经进一步修改完善后将由财政部正式发布，并于2012年1月1日起施行。新审计准则实现了与国际审计准则的持续全面趋同，是注册会计师行业实施国际趋同战略取得的又一项重大成果，为加快推进行业国际化发展提供了重要的技术支撑。

四是不断完善监管制度建设。2004年，创立了会计师事务所执业质量检查制度，从以往的以专案、专项检查为主要方式向5年一个周期的制度性、全面性检查转变，并开展了全国性的会计师事务所执业质量检查工作。

五是不断推动会计师事务所健康发展。在中介行业中率先开展了会计师事务所脱钩改制工作，推动有条件的会计师事务所做大做强，推动中小会计师事务所做精做专做优，会计师事务所整体竞争力大大增强。

六是不断密切国际合作。1996年10月，中国注册会计师协会加入亚太会计师联合会，并于1997年4月亚太会计师联合会第四十八次理事会上当选为理事。同年5月，国际会计师联合会(IFAC)全票通过，接纳中国注册会计师协会为正式会员，同时中国注册会计师协会还成为国际会计准则委员会的正式成员。中国注册会计师协会向国际审计与鉴证准则理事会(IAASB)等有关国际组织选派代表，与30多个国家和地区的50多个会计师职业组织建立了交往和合作关系，国际影响力和国际地位日益提高。

2009年10月3日，经国务院批准，国务院办公厅转发财政部《关于加快发展我国注册会计师行业的若干意见》(国办发[2009]56号，以下简称意见)。这是新时期、新阶段指导注册会计师行业中长期发展的纲领性文件，体现了党和国家重视注册会计师行业的新高度，为注册会计师行业新时期的跨越式发展提供了重大机遇。

意见指出，改革开放以来，我国注册会计师行业经过恢复重建和不断发展，取得了显著成绩。注册会计师行业已经成为促进经济社会健康发展不可或缺的力量。但是，由于起步较晚、基础薄弱等多种原因，我国注册会计师行业的整体水平与经济社会发展要求和全球会计行业发展水平还有较大差距。

意见明确了下一步我国加快发展注册会计师行业的指导思想、基本原则和主要目标。根据意见，我国力争通过5年左右的时间，努力实现会计师事务所的规模结构优化合理——重点扶持10家左右具有核心竞争力、能够跨国经营并提供综合服务的大型会计师事务所。积极促进中型会计师事务所健康发展，努力形成200家左右能够为大中型企事业单位及上市公司提供高质量服务、管理规范的中型会计师事务所。科学引导小型会计师事务所规范有序发展。此外，我国会计师事务所的执业领域也将大幅度拓展。在确保公司依法接受注册会计师审计的同时，将医院等医疗卫生机构、大中专院校以及基金会等非营利组织的财务报表纳入注册会计师审计范围。在巩固财务会计报告审计、资本验证、涉税鉴证等业务的基础上，积极向企事业单位内部控制、管理咨询、并购重组、资信调查、专项审计、业绩评价、司法鉴定、投资决策、政府购买服务等相关业务领域延伸，推动大型会计师事务所业务转变和升级，加速向高端型、高附加值、国际化业务发展。

我国还将切实打破制约会计师事务所发展的行政壁垒、业务限制和地方保护，有效治理指定业务、索取回扣等不当行为，为会计师事务所创造更加公平的执业环境。会计师事务所的组织形式、治理机制和管理制度也将更加科学，注册会计师队伍的职业道德水平和专业胜任能力将显著提高。此外，通过制定和实施注册会计师行业人才战略规划，我国还将有计划、有步骤地培养造就一大批适应行业发展要求的国际化、复合型人才，建设一支诚信执业、素质过硬的注册会计师队伍。

在 2010 年 11 月 26 日闭幕的中国注册会计师协会第五次全国会员代表大会上，中国注册会计师协会第五届理事会会长李勇认为，过去 6 年，在刘仲藜会长和第四届理事会的带领下，全行业深入实施行业人才培养、准则国际趋同和会计师事务所做强做大三大战略，建立起较为完善的行业管理和服务体系，行业国际化发展有了重大进展，协会建设水平有了重大进步，为推进行业又好又快发展奠定了坚实基础。第四届理事会所总结的做好行业工作要处理好行业发展与经济社会发展互生互动的关系、战略规划与重点突破的关系、做强做大与做精做专的关系、国内发展与国际发展的关系、业务发展与行业党建的关系以及加强宏观指导与充分发挥会员主体精神的关系等六大关系，是对过去 6 年行业工作的深刻总结和高度提炼，是对我国注册会计师行业发展道路的积极探索，也是我们做好未来 5 年工作的重要参考。他提出了以下发展目标：力争用 5 年左右的时间，进一步深入实施人才培养战略、准则国际趋同战略和会计师事务所做强做大战略，启动实施行业信息化战略和新业务领域拓展战略。深化人才培养战略，按照结构优化、专业精湛、道德优良的要求，在行业人才建设上取得质和量的新突破，其中着力培养 400 名左右行业领军人才，1 500 名左右具有国际资质的注册会计师；深化准则国际趋同战略，保持执业准则与国际准则持续全面趋同，并在国际准则制定中更多体现中国注册会计师行业的话语权；深化会计师事务所做强做大战略，积极推进特殊普通合伙制的转制工作，以提供综合性专业服务、赢得国际市场认可和公众信任为方向，提高会计师事务所的管理和执业水平，着力培育 10 家左右具有国际水准的会计师事务所；启动实施行业信息化战略，建立起较为完善的行业信息基础设施、信息应用体系和支撑体系；启动实施新业务领域拓展战略，在巩固传统领域审计业务的基础上，使非审计业务收入比重有明显提升，并努力使全行业业务收入再翻一番。他相信，在行业全体会员及广大从业人员的共同努力下，注册会计师行业一定能够在新的起点上，进一步巩固和完善社会经济监督市场化的新方式、专业服务产业化发展的新路子、专业人才队伍建设职业化的新途径、行业管理规范化的新模式，加快推进行业的跨越式发展，为实现“十二五”规划和全面建设小康社会的宏伟目标做出更大贡献，再创注册会计师事业新的辉煌！

截至 2018 年 12 月 31 日，全国共有注册会计师 106 798 人，非执业会员 143 812 人，个人会员达到 250 610 人。个人会员数量前五的地区分别为北京、上海、广东、江苏和浙江，人数分别为 35 564 人、29 088 人、26 911 人、16 377 人、14 909 人。全国共有会计师事务所 7 862 家(不含分所),其中合伙制会计师事务所 3 878 家,有限责任制会计师事务所 3 984 家,为全国 3 000 多家上市公司、1 万多家新三板企业和 400 多万家企事业单位提供审计鉴证等专业服务。

同步思考

你认为我国在加快注册会计师行业发展的过程中应当重点做好什么?

本章小结

■ 本章内容结构图

- 注册会计师审计的产生和发展
  - 西方注册会计师审计的产生和发展
    - 西方注册会计师审计的产生
    - 西方注册会计师审计的发展
      - 18 世纪末至 19 世纪的英国式审计
      - 20 世纪初的美国式审计
      - 20 世纪 30 年代之后以美国为代表的会计报表审计
      - 20 世纪 40 年代之后的现代审计阶段
  - 中国注册会计师审计的产生和发展
    - 中国注册会计师审计的产生
    - 中国注册会计师审计的发展

■ 重要的名词术语

详细审计:是指以经济业务为基础,通过审核所有经济业务、会计凭证、会计账簿和财务报表,以发现记账差错和舞弊行为为目的的审计形式。

资产负债表审计:是指主要通过审查资产负债表项目,以帮助贷款人及其他债权人了解企业信用为目的的审计形式。

财务报表审计:是指注册会计师通过执行审计工作,对财务报表是否按照规定的标准编制发表审计意见的审计形式。

风险导向审计:是指以审计风险模型为基础,以风险的识别、评估及应对为主线进行的审计形式。

思考与练习

一、思考题

1. 16 世纪的意大利为注册会计师审计的产生提供了怎样的条件?
2. 为什么说英国在创立和传播注册会计师审计职业的过程中发挥了重要作用?
3. 美国式审计与英国式审计的关系如何?
4. 中国注册会计师审计的产生和发展为什么滞后于西方国家?

5. 中国和西方国家的注册会计师审计的产生和发展历程有什么异同点?

二、选择题

1. 关于注册会计师审计的下述观点中,正确的是( )。

A. 注册会计师审计是随着商品经济的发展而发展的

B. 注册会计师审计是由会计师事务所和注册会计师实施的审计

C. 注册会计师审计的产生早于政府审计

D. 注册会计师审计独立于政府和任何企业或经济组织

2. 注册会计师审计产生的直接原因是( )。

A. 合伙企业制度的产生　　B. 股份制企业制度的形成

C. 资本市场的发展　　D. 所有权和经营权的分离

3. 注册会计师审计从起源发展到现在经历了一个较长的过程,在审计发展的不同时期,其主要审计目的也在调整。下列关于不同阶段的审计目的的陈述恰当的是( )。

A. 英国式注册会计师审计主要目的是查错防弊

B. 美国式注册会计师审计主要目的是判断企业信用状况

C. 1929—1933 年的世界经济危机后,审计的主要目的是对财务报表发表审计意见,查错防弊转为次要目的

D. 现代风险导向审计方法确立后,审计工作是审查重要的账户余额或各类交易是否存在重大错报

4. 在我国注册会计师制度的恢复中,以下表达恰当的有( )。

A. 1980 年 12 月 14 日,《中华人民共和国中外合资经营企业所得税法实施细则》的颁布为我国注册会计师制度的恢复提供了法律依据

B. 1980 年 12 月 23 日,财政部发布的《关于成立会计顾问处的暂行规定》文件标志着我国注册会计师职业开始复苏

C. 1981 年 1 月 1 日,上海会计师事务所成立,它是中国第一家独立承办注册会计师业务的会计师事务所

D. 1994 年 1 月 1 日起实施的《注册会计师法》使我国注册会计师执业真正有法可依

5. 把查错防弊作为次要审计目的的注册会计师审计发展阶段是( )。

A. 1844 年至 20 世纪初的英国式详细审计

B. 20 世纪初开始的美国式资产负债表审计

C. 1933 年美国《证券法》出台后

D. 2001 年美国安然安达信案件后

6. 以下关于注册会计师审计起源与发展的理解中,不恰当的是( )。

A. 注册会计师审计产生的直接原因是两权分离

B. 注册会计师审计是英国股份公司出现后形成的

C. 英国 1844 年《公司法》最早规定了公司的财务报表必须经过注册会计师审计

D. 1916 年美国注册会计师协会是当时世界上最大的注册会计师职业团体

7. 从注册会计师审计的产生和发展历程，我们可以得出以下结论(　　)。

A. 注册会计师审计产生的直接原因是财产所有权与经营权的分离

B. 随着商品经济的发展，注册会计师审计由最初的详细审计发展为资产负债表审计，进而发展为财务报表审计

C. 随着商品经济的发展，注册会计师审计由最初为不参与经营的合伙人负责再到为企业主负责到现在为股东负责

D. 注册会计师的独立、客观、公正不仅保证了其鉴证职能的发挥，而且也使其在社会上享有较高的权威性

第二章　注册会计师审计职业

本章要点

- 熟悉注册会计师的业务范围
- 掌握注册会计师在执行审计业务时应遵守的执业准则和职业道德守则
- 了解注册会计师的资格取得和注册的要求
- 熟悉会计师事务所的组织形式和设立条件
- 了解我国注册会计师协会的职责以及专门(业)委员会的职责
- 了解我国审计准则的国际趋同情况

适用的准则和规范

- 《中国注册会计师鉴证业务基本准则》
- 《质量控制准则第 5101 号——会计师事务所对执行财务报表审计和审阅、其他鉴证和相关服务业务实施的质量控制》
- 《中国注册会计师审计准则第 1121 号——对财务报表审计实施的质量控制》
- 《中国注册会计师职业道德守则》
- 《会计师事务所审批和监督暂行办法》(财政部令第 24 号)
- 《注册会计师注册办法》(财政部令第 25 号)
- 《注册会计师全国统一考试办法》(财政部令第 55 号)
- 《关于推动大中型会计师事务所采用特殊普通合伙组织形式的暂行规定》(财会[2010]12 号)

引例　美国山登公司审计失败案例剖析①

山登(Cendant)公司是由 CUC 公司与 HFS 公司在 1997 年 12 月合并而成的。合并后,山登公司主要从事旅游服务、房地产服务和联盟营销(alliance marketing)三大业务。舞弊丑闻曝光前,山登公司拥有 35 000 名员工,经营业务遍布 100 多个国家和地区,年度营业收入 50 多亿美元。

① 王英姿:《审计原理与实务》,上海财经大学出版社 2012 年版。

根据CUC公司与HFS公司签署的协议，山登公司成立后的第一届经营班子由合并双方的原高管人员组成，第一任首席执行官和首席财务官由HFS公司的首席会计官Scott Forbes担任。在处理1997年度合并报表的编制事宜时，Scott Forbes遇到的一些问题导致其对CUC过去的经营业绩产生怀疑，于是，他成立了特别调查组，要求下属对部分可疑账户展开全面调查，并聘请德勤会计师事务所予以协助。经过4个月的调查取证，特别调查组在8月28日向美国证券交易委员会提交了一份长达280页的调查报告。调查结果表明，为了迎合华尔街的盈利预期，CUC公司通过各种造假手段，在1995年至1997年期间，共虚构15.77亿美元的营业收入、超过5亿美元的利润总额和4.39亿美元的净利润，虚假净利润占对外报告净利润的56%。

1999年12月7日，美国新泽西州法官William H.Walls判令山登公司向其股东支付28.3亿美元的赔款。这项判决创下了证券欺诈赔偿金额的世界纪录。12月17日，负责山登公司审计的安永会计师事务所（简称安永）同意向山登公司的股东支付3.35亿美元的赔款，也创下了当时审计失败的最高赔偿纪录。

安永的注册会计师连续多年为山登公司的前身CUC公司严重失实的财务报表出具无保留意见的审计报告，构成了重大的审计失败。从审计的角度看，安永对山登公司的审计失败给世人留下了深刻的警示。

审计的独立性非常重要。在山登舞弊案中，主要造假责任人与安永有着千丝万缕的关系。CUC公司关键财务岗位有6个，其中首席财务官、主计长、财务报告主任、合并报表经理在加盟CUC公司之前都是安永的注册会计师，安永的主审合伙人和审计经理由于与CUC公司财务人员曾是同事关系，特别容易放松警惕。在审计过程中虽然也发现了财务舞弊的蛛丝马迹，但往往被这4位"前同事"所提出的解释和辩解轻易化解。因此，独立性对审计尤为重要。在本章，我们将为你详细全面地展示审计人员在执业过程中应当遵守的审计准则和有关职业道德。

第一节 注册会计师的业务范围

根据《注册会计师法》的规定，注册会计师依法承办审计业务和会计咨询、会计服务业务。此外，注册会计师还根据委托人的委托，从事审阅业务、其他鉴证业务和相关服务业务。根据《注册会计师业务指导目录（2012年）》的规定，注册会计师依法承办鉴证业务（180项）和相关咨询服务业务（109项）。这些业务项目，既包括审计业务，也包括非审计业务；既包括已经开展的业务，也包括需要进一步拓展和开发的新业务。

一、鉴证业务

按照保证程度的不同，鉴证业务又可以分为审计、审阅以及其他鉴证业务。

（一）审计业务

1. 审查财务报表，出具审计报告

按照我国注册会计师审计准则的规定，对财务报表发表意见是注册会计师的责任。为了有效制止和防范利用财务报表弄虚作假，提高财务报表质量，国家依法实行企业年度财务报表审计制度。随着审计准则体系的逐步完善，注册会计师执业行为日益规范，执业水平不断提高，注册会计师行业已成为享有较高公信力的行业，为维护会计秩序、保证会计信息质量做出了应有的贡献。

国家有关部门对上市公司监管所依据的信息主要来自上市公司的财务报表和注册会计师对其出具的审计报告，注册会计师在某种程度上已成为上市公司监管的第一道防线，在证券市场上扮演着越来越重要的角色。在某种意义上说，注册会计师通过对上市公司年度财务报表的审计，实施了对上市公司的监管，提高了会计信息的质量。不仅上市公司需要注册会计师审计，国有企业及其他企业也需要注册会计师审计。国务院于2000年公布并自2001年1月1日起施行的《企业财务会计报告条例》，要求国有企业、国有控股的或占主导地位的企业应当至少每年一次向本企业的员工代表大会公布财务会计报告，并重点说明注册会计师审计的情况。

《中华人民共和国公司法》(以下简称《公司法》)要求各类公司依法接受注册会计师的审计。一是第五十四条规定："监事会、不设监事会的公司的监事发现公司经营情况异常，可以进行调查；必要时，可以聘请会计师事务所等协助其工作，费用由公司承担。"二是第六十二条规定："一人有限责任公司应当在每一会计年度终了时编制财务会计报告，并经会计师事务所审计。"三是第一百六十五条规定："公司应当在每一会计年度终了时编制财务会计报表，并依法经会计师事务所审计。"

随着社会主义市场经济体制的确立和发展，政府不再直接管理企业，逐渐将一些管理职能移交给社会中介机构。而且，随着财务报表使用者日渐增多，他们需要通过分析财务会计报告据以作出经济决策，因此最为关心财务会计报告的合法性、公允性。注册会计师的职能之一就是通过对财务报表进行审计，为社会提供鉴证服务。

2. 进行专项审计业务，出具相关审计报告

为了帮助财务报表使用者增强对财务报表的信赖程度，企业需要委托注册会计师对一些专项业务进行审计。在对财务报表进行审计时，注册会计师同样应当检查形成财务报表的所有会计资料及其反映的经济业务，并关注有关的特定事项。根据《注册会计师业务指导目录(2012年)》，注册会计师在进行证券、期货、金融、保险、国有企业、外商投资企业、财政预算资金、非营利机构及其组织相关业务的财务报表审计时，也应当关注其相关的专项项目的审计。

3. 办理法律、行政法规规定的其他审计业务，出具相应的审计报告

在实际工作中，注册会计师还可根据国家法律、行政法规的规定接受委托，对以下特殊目的业务进行审计：①按照特殊编制基础编制的财务报表；②财务报表的组成部分，包括财务报表特定项目、特定账户或特定账户的特定内容；③合同遵循情况；④简要财务报表。这些业务的办理需要注册会计师具备和运用相关的专门知识，注意处理问题的特殊性。对于执行特殊目的审计业务出具的审计报告，也具有法定证明效力，注册会计师及其所在的会计师事务所对此也应承担相应的法律责任。

(二) 审阅业务

注册会计师的业务范围经历了由法定审计业务向其他领域拓展的过程。从国内外有关注册会计师的法律看，法定审计业务是注册会计师的核心业务。例如，在美国，有关注册会计师的立法始于1896年的纽约州，到了20世纪20年代中期，各个州都已制定了相应的注册会计师法。尽管各个州出台的注册会计师法有所不同，但有一个共同点，即授予注册会计师从事法定审计业务的特许权，除注册会计师外，其他组织和人士不得承办法定审计业务。我国《注册会计师法》同样规定了注册会计师的法定审计业务范围。随着经济的发展和社会的需求，注册会计师及时调整专业服务的性质，拓展服务的范围和领域。

由于注册会计师具有良好的职业形象和较强的专业能力，这使其日益成为政府部门和

社会公众信赖的专业人士。在许多国家和地区，注册会计师除了承办传统审计业务，还承办其他鉴证业务，以增强信息使用者对所鉴证信息的信赖程度。同时，面对全球化、多元化和竞争激烈的会计市场，注册会计师实现审计业务收入的持续增长已非易事，必须不断地开拓新的市场和业务。从目前情况看，无论在国外，还是在我国，注册会计师承办的业务范围已经十分广泛。目前，我国注册会计师承办业务类型较多，其中还有审阅业务。

审阅业务的目标，是注册会计师在实施审阅程序的基础上，说明是否注意到某些事项，使其相信财务报表没有按照适用的会计准则的规定编制，未能在所有重大方面公允反映被审阅单位的财务状况、经营成果和现金流量。相对审计而言，审阅程序简单，保证程度有限，审阅成本也较低。

同步思考

审计业务与审阅业务有哪些区别和联系？

（三）其他鉴证业务

除了审计和审阅业务外，注册会计师还承办其他鉴证业务，如企业效率审计、企业碳排放审计、系统鉴证等，这些鉴证业务可以增强使用者的信任程度。

鉴于注册会计师服务领域不断扩展这一趋势，国际会计师联合会（IFAC）着手研究、制定并发布适应当前经济环境的执业准则。2002 年，IFAC 下属的国际审计实务委员会（IAPC，IAASB 的前身）发布了《国际鉴证业务准则第 100 号——鉴证业务》（ISAE 100），旨在为所有类型的鉴证业务提供一致的框架。2004 年 12 月，ISAE 100 被废止，取而代之的是《国际鉴证业务准则第 3000 号——历史财务信息审计或审阅以外的鉴证业务》（ISAE 3000），并于 2005 年 1 月 1 日生效。

为了应对不断变化的注册会计师执业环境，加快执业准则国际化趋同的步伐，满足注册会计师的执业需求，中国注册会计师协会在借鉴国际准则的体系和《国际鉴证业务准则第 3000 号——历史财务信息审计或审阅以外的鉴证业务》的基础上，起草了《中国注册会计师其他鉴证业务准则第 3101 号——历史财务信息审计或审阅以外的鉴证业务》，并由财政部发布。

我国注册会计师承办的业务范围较为广泛，既有针对历史财务信息的审计和审阅业务，又有历史财务信息以外的其他鉴证业务。

二、相关咨询服务业务

（一）管理咨询业务

管理咨询服务是注册会计师与非注册会计师激烈竞争的一个领域。从 20 世纪 50 年代起，注册会计师的管理咨询服务收入开始增长，并保持了强劲的增长势头。其原因主要是：首先，管理咨询服务是增值服务；其次，企业内部结构重组给注册会计师带来了无限商机。最近几年，大型会计师事务所越来越明显地成为管理咨询服务的主要提供者。管理咨询服务范围很广，主要包括与企业日常经营管理相关的管理咨询服务、涉及企业并购重组中的管理咨询服务、涉及企业争端分析与调查的管理咨询服务、企业的风险管理咨询服务、其他代理咨询服务以及其他特定领域的管理咨询服务。

（二）会计咨询和服务业务

注册会计师提供的会计咨询和会计服务业务，包括开业时、日常的、结业时以及特定领域或其他形式的会计服务业务。注册会计师执行的会计咨询、会计服务业务属于服务性质，是所有具备条件的中介机构甚至个人都能够从事的非法定业务。

（三）税务服务业务

税务服务包括日常税务咨询业务和特定领域或其他事项税务咨询。注册会计师利用专业知识及其累积的经验和声誉，集中事务所优势资源为企事业单位、个人各种税务活动提供专业化或代理服务，可以提高运作效率。

（四）执行商定程序业务

执行商定程序业务是指注册会计师利用专业知识及其累积的经验和声誉对财务信息执行与委托人或其相关利益人商定的程序，并报告其结果。该业务要求注册会计师精通企业内部控制及其业务流程与控制；熟悉执行商定程序的事项相关的法律法规和政策规定。

三、《注册会计师业务指导目录》(2012 年)

为贯彻落实国务院办公厅转发财政部《关于加快发展我国注册会计师行业的若干意见》(国办发〔2009〕56 号)，深化行业学习实践活动成果，更好地服务于我国经济社会发展新领域，进一步扩大注册会计师行业市场空间，缓解会计师事务所当前存在的过度竞争压力，不断推动会计师事务所做大做强、做精做专，实现行业多元化、产业化、国际化发展战略，中国注册会计师协会于 2010 年 2 月发布了《会计师事务所服务经济社会发展新领域业务拓展工作方案》。根据方案要求，为具体指导会计师事务所拓展新业务工作，中国注册会计师协会进一步组织编订了《注册会计师业务指导目录》(2010 年)(以下简称《指导目录》)。

（一）《指导目录》首次对注册会计师行业所涉及的业务项目进行全面梳理

《指导目录》对目前注册会计师行业为经济社会发展提供服务的业务项目，进行了最全面的梳理。《指导目录》集中列示注册会计师业务项目共计 253 项，其中，鉴证业务 150 项、相关咨询服务业务 103 项。这些业务项目，既包括审计业务，也包括非审计业务；既包括依法已经开展的业务，也包括需要进一步拓展和开发的新业务。

《指导目录》同时反映出注册会计师行业服务经济社会发展所做出的贡献，体现了注册会计师行业专业服务从财务会计报告审计、资本验证、涉税鉴证等，向企事业单位内部控制、管理咨询、并购重组、资信调查、专项审计、业绩评价、司法鉴定、投资决策、政府购买服务等相关业务领域延伸的发展趋势，呈现出未来服务领域和服务范围的巨大空间。

（二）《指导目录》展示了注册会计师服务经济社会发展的广度和深度

《指导目录》将注册会计师提供的鉴证业务和咨询服务业务进一步分为 11 类，包括：①证券、期货相关业务；②金融、保险相关业务；③国有企业相关业务；④外商投资企业相关业务；⑤财政预算资金相关业务；⑥非营利机构及其组织相关业务；⑦其他鉴证业务；⑧管理咨询业务；⑨会计服务业务；⑩税务服务业务；⑪执行商定程序业务(1 项)，基本涵盖社会经济活动的所有领域。

《指导目录》为会计师事务所深入理解行业功能作用、大力拓展新业务领域提供了工作思路，也向委托人、报告使用者及其他社会公众展示了注册会计师服务经济社会发展所提供鉴证与咨询服务的“全貌”。

（三）《指导目录》将成为行业拓展新业务的“指导手册”

《指导目录》对所列业务项目逐一列示了法律依据、报告使用者、委托人、专业胜任能力要求、执业准则、业务开展情况等内容，旨在为拓展新业务领域的会计师事务所提供更多参考信息。

《指导目录》对大中型会计师事务所拓展综合性高端战略咨询业务，小型会计师事务所突出服务特色、不断挖掘市场需求、深化专项领域服务，都提供了重要参考和指导。

2011 年 12 月 14 日，中注协对《指导目录》进行修订和补充，编订了《注册会计师业务指导目录（2012 年）》，所列注册会计师业务项目共计 289 项，包括鉴证业务 180 项、相关服务业务 109 项，新增 27 项业务。2013 年 11 月 29 日，中注协以《注册会计师业务指导目录（2012 年）》为基础进行修订和完善，形成了《注册会计师业务指导目录（2013—2014 年）》（征求意见稿），所列注册会计师业务项目共计 425 项，其中鉴证业务 280 项、相关服务业务 145 项，新增业务 136 项，其中鉴证业务 100 项、相关服务业务 36 项。

第二节　执业准则和职业道德守则

一、注册会计师执业准则

中国注册会计师执业准则体系受注册会计师职业道德守则统御，包括注册会计师业务准则和会计师事务所质量控制准则，如图 2-1 所示。注册会计师业务准则又包括鉴证业务准则和相关服务准则两个部分。

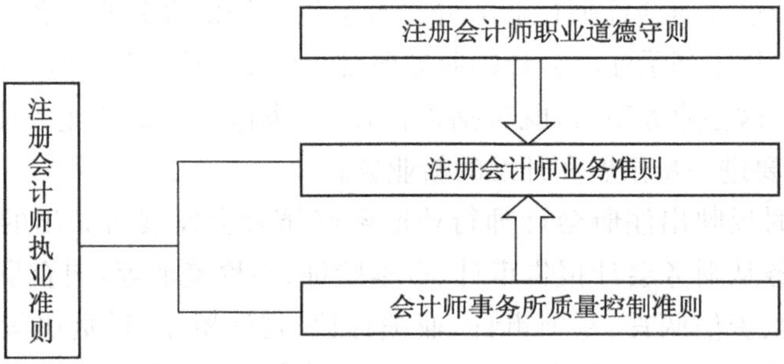

图 2-1　我国执业准则的体系构成①

鉴证业务准则由鉴证业务基本准则统领，按照鉴证业务提供的保证程度和鉴证对象的不同，分为审计准则、审阅准则和其他鉴证业务准则。其中，审计准则是整个执业准则体系的核心。

① 中国注册会计师协会：《审计》，经济科学出版社 2014 年版。

审计准则用以规范注册会计师执行历史财务信息的审计业务。在提供审计服务时，注册会计师对所审计信息是否不存在重大错报提供合理保证，并以积极方式提出结论。

审阅准则用以规范注册会计师执行历史财务信息的审阅业务。在提供审阅服务时，注册会计师对所审阅信息是否不存在重大错报提供有限保证，并以消极方式提出结论。

其他鉴证业务准则用以规范注册会计师执行历史财务信息审计或审阅以外的其他鉴证业务，根据鉴证业务的性质和业务约定的要求，提供有限保证或合理保证。

相关服务准则用以规范注册会计师代编财务信息、执行商定程序，提供管理咨询等其他服务。在提供相关服务时，注册会计师不提供任何程度的保证。

（一）注册会计师鉴证业务基本准则

鉴证业务基本准则是鉴证业务准则的概念框架，旨在规范注册会计师执行鉴证业务，明确鉴证业务的目标和要素，确定审计准则、审阅准则、其他鉴证业务准则适用的鉴证业务类型。

鉴证业务包括历史财务信息审计业务、历史财务信息审阅业务和其他鉴证业务。注册会计师执行历史财务信息审计业务、历史财务信息审阅业务和其他鉴证业务时，应当遵守鉴证业务基本准则以及依据鉴证业务基本准则制定的审计准则、审阅准则和其他鉴证业务准则。鉴证业务要素包括鉴证业务的三方关系、鉴证对象、标准、证据和鉴证报告。

注册会计师执行鉴证业务时，应当遵守中国注册会计师职业道德守则和会计师事务所质量控制准则。

（二）质量控制准则

我国执业准则的体系构成中涉及质量控制的准则包括：《中国注册会计师审计准则第1121号——对财务报表审计实施的质量控制》以及《质量控制准则第5101号——会计师事务所对执行财务报表审计和审阅、其他鉴证和相关服务业务实施的质量控制》。其中第5101号准则的目的是为了规范会计师事务所建立并保持有关财务报表审计和审阅、其他鉴证和相关服务业务的质量控制制度，而第1121号准则则是为了规范注册会计师对财务报表审计实施质量控制程序的具体责任以及项目质量控制复核人员的责任。第5101号准则的实施是第1121号准则实施的前提。

1. 会计师事务所质量控制准则

会计师事务所质量控制准则需要结合相关职业道德要求，适用于执行财务报表审计和审阅、其他鉴证和相关服务业务的所有会计师事务所。

会计师事务所应当根据会计师事务所质量控制准则，建立并保持质量控制制度，以合理保证业务质量。会计师事务所建立并保持质量控制制度的目标是合理保证：①会计师事务所及其人员遵守执业准则和适用的法律法规的规定；②会计师事务所和项目合伙人出具适合具体情况的报告。

质量控制制度包括针对下列要素而制定的政策和程序：①对业务质量承担的领导责任；②相关职业道德要求；③客户关系和具体业务的接受与保持；④人力资源；⑤业务执行；⑥监控。

质量控制政策和程序的性质和范围，取决于会计师事务所的规模和运行特征以及是否是网络的一部分等诸多因素。

2. 业务质量控制准则

《中国注册会计师审计准则第1121号——对财务报表审计实施的质量控制》的制定目的是为了规范注册会计师对财务报表审计实施质量控制程序的具体责任以及项目质量控制复核人员的责任。该准则的实施前提是会计师事务所遵守前述会计师事务所质量控制准则的规定。在会计师事务所质量控制制度框架下，项目组有责任实施适用于审计业务的质量控制程序，并向会计师事务所提供相关信息，以使质量控制制度中有关独立性的部分发挥作用。

注册会计师在业务层面实施质量控制程序的目标是，合理保证注册会计师：①在审计工作中遵守执业准则和适用的法律法规的规定；②出具适合具体情况的审计报告。

注册会计师在业务层面实施质量控制程序，包括以下主要内容：①对审计质量承担的领导责任；②相关职业道德要求；③客户关系和审计业务的接受与保持；④项目组的工作委派；⑤业务执行；⑥监控；⑦审计工作底稿。

二、注册会计师职业道德守则

道德是社会为了调整个人之间以及个人和社会之间的关系所提倡的行为规范的总和，它通过各种形式的教育和社会舆论的力量，使人们具有善和恶、荣誉和耻辱、正义和非正义等概念，并逐渐形成一定的习惯和传统。中国注册会计师协会会员职业道德守则是用来规范中国注册会计师协会会员职业道德行为，提高职业道德水准，维护社会公众利益的准则。中国注册会计师协会会员包括注册会计师和非执业会员。中国注册会计师职业道德守则规定了职业道德基本原则、职业道德概念框架、提供专业服务的具体要求、审计和审阅业务对独立性的要求以及其他鉴证业务对独立性的要求。

注册会计师为实现执业目标，必须遵守一系列前提或一般原则。这些基本原则包括下列职业道德基本原则：诚信、独立、客观和公正、专业胜任能力和应有的关注、保密、良好执业行为。

中国注册会计师职业道德守则提出职业道德概念框架，以帮助注册会计师遵循职业道德基本原则，履行维护公众利益的职责。那么，什么是职业道德概念框架呢？职业道德概念框架旨在为注册会计师提供解决职业道德问题的思路和方法，要求注册会计师：①识别对职业道德基本原则的不利影响；②评价不利影响的严重程度；③必要时采取防范措施消除不利影响或将其降低至可接受的水平。

在提供专业服务的过程中，可能存在许多对职业道德基本原则产生不利影响的情形，包括专业服务委托、利益冲突、客户寻求第二次意见、收费及其他类型的报酬、专业服务营销、礼品和款待、保管客户资产、对客观和公正原则的要求。注册会计师应当对此保持警觉，并按照守则的规定办理。当遇到守则未列举的情形时，注册会计师应当运用职业道德概念框架予以解决。注册会计师不得在明知的情况下从事任何损害或可能损害诚信原则、客观和公正原则以及职业声誉的业务或活动。

审计和审阅业务对独立性的要求是为了规范注册会计师执业行为，指导注册会计师运用独立性概念框架，解决执行审计和审阅业务时遇到的独立性问题。在提供审计服务的过程中，可能存在多种对独立性产生不利影响的情形，注册会计师应当对此保持警觉，并按照守则的规定办理。当遇到守则未列举的情形时，注册会计师应当运用独立性概念框架评价具体情形对独立性的影响，并采取防范措施消除不利影响或将其降低至可接受的水平。除了细微差异外，审计和审阅业务对独立性的要求也基本上适用于其他鉴证业务。

同步案例 2-1

普华永道的违反独立性事件①

1999 年 1 月 14 日，美国证监会(SEC)在一项调查中发现普华永道(PWC)的专业人士职业操守不良，违反了注册会计师的独立性准则，于是决定对 PWC 进行调查。根据 SEC 与 PWC 达成的协议，在 SEC 聘请的独立顾问 Jess Fardella 的监督下，PWC 先进行了一个内部调查，要求 PWC 的专业人士自报有关独立性的违规行为，然后依据这些人士的违规情况，由 SEC 进行随机抽样，复核其完整性和准确性。

调查发现，PWC 中的很多专业人士，特别是合伙人，违反了有关独立性的规定，许多人甚至是多次违反。在 PWC 的 2 698 名合伙人中，1 310 人自报有独立性违规行为，平均每人 5 次，其中有 153 人超过 10 次。在 8 064 次自报的违规行为中，81.35%是合伙人自报(其中，45.2%是从事审计相关业务的合伙人自报，17.4%是经理人员自报)。几乎一半的违规行为是 PWC 的专业人员直接投资与客户有关的证券、公共基金或保险产品，将近 1/3 的违规行为是拥有客户的股票或认股权。督导这次内部调查的 11 名高级合伙人中的 6 名以及 12 名地区合伙人自报有违规行为，其中一人自报 38 次，另一人自报 34 次。PWC 合伙人委员会及其美国管理委员会的 43 名合伙人中 31 人自报有违规行为，4 人超过 20 次，1 人 41 次，1 人 40 次。虽然事先明确警告说 SEC 在监督自报的过程，但在随机抽样复核中还是发现有 77.5%的合伙人少报了至少 1 次违规。综合自报和随机抽样的结果，SEC 认为 86.5%的合伙人和 10.5%的其他专业人士违反了独立性的规定。

三、执业准则的国际趋同

随着审计环境的巨大变化和公司财务舞弊重大事件的发展，以及国际审计准则的规模修改，迫切要求我国大力改进审计准则，增加审计的有效性，防范和化解审计风险，维护市场经济的稳定有序运行。在此背景下，财政部于 2005 年年初提出了我国会计审计准则国际趋同的主张和中国会计审计准则体系建设目标。根据这一目标，遵循科学、民主、透明和公开的准则制定程序，2006 年 2 月 15 日，包括 48 项审计准则的新审计准则体系正式发布，审计作准则体系实现了国际趋同的历史性突破。这套准则实施以来，总体运行良好，在提高审计工作质量、降低市场风险、维护资本市场秩序、保护公众利益等方面，发挥了重要作用。世界银行、国际会计师联合会等国际组织对我国审计准则建设的成就和国际趋同给予了高度评价。

在新审计准则体系实施后，我国并没有放慢实现国际趋同的脚步。2010 年 10 月 31 日，中国注册会计师协会已完成修订后的 38 项审计准则，由中国审计准则委员会审核通过，经进一步修改完善后已经由财政部正式发布。据中国注册会计师协会专业标准部有关负责人介绍，国际审计准则近年来最大的变化是完成了项目明晰，涉及 37 项准则，与我国现行

① 丁瑞玲、吴溪：《审计学(第四版)》，经济科学出版社 2012 年版。

33 项审计准则相对应。此次修订中，这 33 个项目全部被纳入修订范围，并调整为 37 个，从而实现了与国际审计准则的一一对应。此外，此次修订还包括我国特有的前后任注册会计师的沟通准则。因此，本次修订后公布的审计准则共 38 项。此次修订主要有两方面变化，一方面是对 16 项准则的内容进行实质性修订，并制定 1 项新的准则，另一方面是对全部准则按照新体例进行改写。这次修订的审计准则体系，吸收借鉴了国际审计准则的最新成果，并充分考虑了我国审计实务中面临的一些新的需要解决的问题。修订后的新审计准则体系，结构更加科学，内容更加全面，语言更加明晰，更加注重风险识别和应对，适用范围更加广泛，实现了与国际审计准则的持续全面趋同。

本次修订，是适应中国经济国际化进一步深入发展的要求，按照与国际审计准则持续全面趋同的原则，遵循科学、透明的准则制定机制，着眼于增强审计准则适应多元主体的需要。通过修订，解决了当前我国审计实务中迫切需要解决的问题，更加符合我国注册会计师执业和国际化发展的需要。与现行审计准则相比，修订后的审计准则具有以下特点。

一是结构清晰，有助于提高对准则理解和执行的一致性。修订后的审计准则在结构方面进行了重新调整。每项审计准则由五个部分构成，即“总则”“定义”“目标”“要求”和“附则”。对审计准则的解释、说明和举例作为应用指南，用于帮助注册会计师正确理解和执行准则，较好地解决了原则导向的审计准则带来的可操作性差的问题。按照新的体例结构改写后的审计准则体系，有利于提高对审计准则理解和执行的一致性，有利于监管机构开展更有针对性的监管。

二是适用范围扩大，有助于注册会计师实现国际化发展。随着我国企业“走出去”步伐的加快，越来越多的企业在海外设立分支机构，这些分支机构不仅需要向母公司提供按照中国企业会计准则编制的财务报表，还需要应当地监管机构或投资者的要求提供按照当地会计准则编制的财务报表。此外，跨国企业在我国设立的分支机构，除委托我国注册会计师审计按照中国企业会计准则编制的财务报表外，同时需要注册会计师为集团审计目的对其财务报表(按照母公司所在国家的会计准则编制)执行审计。在这两种情况下，注册会计师需要同时审计按照中国企业会计准则和其他国家会计准则编制的财务报表。修订后的审计准则，使注册会计师采用中国审计准则审计两种财务报表成为可能，大大促进了我国资本市场和注册会计师行业的国际化发展。

三是全面贯彻风险导向审计理念，有助于提高审计效果。本次修订审计准则，将风险导向审计理念全面彻底地贯彻到整套审计准则中，进一步强化了风险导向审计思想，避免了准则体系的内在不一致，同时也显著增强了注册会计师审计的效果。例如，对关联方、会计估计、公允价值、对被审计单位使用服务机构的考虑等准则，强化重大错报风险的识别、评估和应对，摆脱原来的程序导向思维；对函证、分析程序等准则，从风险识别、评估和应对的高度要求注册会计师考虑是否实施及如何实施这些程序。

四是加强对识别和应对舞弊风险的指导，有助于提高审计的有效性。修订后的审计准则体现了先进实务经验，增强了注册会计师发现舞弊的能力，提高了审计的有效性。特别是在关联方、公允价值会计、集团财务报表等舞弊高发领域，修订后的审计准则进一步明确工作要求，细化对注册会计师的指导，要求注册会计师合理运用职业判断，按照风险导向审计的要求，识别、评估和应对这些领域的舞弊风险。例如，《中国注册会计师审计准则第1401号——对集团财务报表审计的特殊考虑》从原来的19条不足2 000字，扩展到64条8 000余字，在注册会计师是否承接集团财务报表审计、对集团组成部分财务信息执行工作的程度、如何了解和测试集团层面控制、如何检查合并过程、如何与组成部分注册会计师实现有效沟通和互动等方面，都作出了详细的规定。

为了指导注册会计师更好地运用审计准则，解决审计实务问题，防范审计风险，2013年10月31日，中国注册会计师协会发布6项审计准则问题解答，于2014年1月1日起施行，同时发布了第二批审计准则问题解答征求意见稿。注册会计师执行审计业务时，应当将审计准则、应用指南和问题解答一并掌握和执行。

2016年12月23日，财政部印发《在审计报告中沟通关键审计事项》等12项中国注册会计师审计准则，简称新审计报告准则，自2017年1月1日起分批、分步骤实施。本批准则生效实施后，相关的11项准则同时废止。

2019年4月10日，中国注册会计师协会修订了《中国注册会计师审计准则第1101号——注册会计师的总体目标和审计工作的基本要求》等18项审计准则，自2019年7月1日起施行。本批审计准则生效、实施后，《财政部关于印发〈中国注册会计师审计准则第1101号——注册会计师的总体目标和审计工作的基本要求〉等38项准则的通知》及《财政部关于印发〈中国注册会计师审计准则第1504号——在审计报告中沟通关键审计事项〉等12项准则的通知》中，相应的18项审计准则同时废止。

同步案例2-2

民间审计准则产生的背景

——“麦克逊·罗宾斯公司”破产案例①

20世纪30年代，在美国经济发展进程中，上市公司自愿委托社会公认会计师实施审计形成风气。通过民间审计，有效地帮助了投资者进行决策，维护了资本市场的稳定，民间审计中的会计报表审计在美国逐渐深化。在这样的背景下，1938年美国发生了一桩令人震惊的“麦克逊·罗宾斯公司”破产案，引起了全美各界人士的关注。

1938年年初，麦克逊·罗宾斯公司（以下简称麦克逊公司）的债权人米利安·汤普森在与麦克逊公司的经济往来业务中，发现了该公司的财务资料有异常之处：其一，该公司只有原材料部门是盈利较高的经营部门，但公司经营者却直接对其重新投资，而该部门却没有资金积累；其二，公司账面制药原材料存货的保险金额较少。前任公司董事会决定减少存货余额，并要求现任经理菲利普·科斯特仍执行这一决定，但1938年年末，公司存货却增加了100万美元。米利安·汤普森对上述问题产生疑惑，要求公司管理人员提供有关制药原材料实际存货的证明，但未能取得该证据，于是其拒绝承认公司300万美元的债券。而后，美国证券交易委员会开始对麦克逊公司立案调查。

美国证券交易委员会对麦克逊公司的调查结果如下：

麦克逊公司的有价证券在纽约交易所公开上市，并已依法在证券交易所注册登记。

该公司及其子公司10多年来的会计报表均由美国第一流的普赖斯·沃特豪斯会计公司执行审计，对

① 孙伟龙：《审计学教程与案例》，浙江大学出版社2011年版。

麦克逊公司的财务状况及经营成果出具了无保留意见审计报告。

1937 年 12 月 31 日，麦克逊公司的合并资产负债表中总资产 8 700 万美元，其中 1 907.5 万美元属虚假资产(存货 1 000 万美元，销售收入 900 万美元，银行存款 7.5 万美元)。1937 年度，该公司合并损益表中虚假销售收入 1 820 万美元，虚假毛利 180 万美元。

公司现任总经理菲利普·科斯特使用的是化名并有诈骗犯罪的前科，其 3 位兄弟均使用化名在公司任要职。菲利普·科斯特与其 3 位兄弟合并舞弊，利用公司内部控制薄弱的缺陷，贪污巨款。

美国证券交易委员会核实上述事实后，召开了由执业会计师参加的听证会，宣布了这些事实。而后，美国证券交易委员会颁布了新的报告，对审计程序加以修改，增加了关于应收账款函证，对存货实地检查，对内部控制系统详细评价的条款，同时，强调了审计人员对公共持股人的责任、加强对管理部门的检查，及对发表审计意见的具体要求等规定。

美国职业会计师协会对此也作出了积极反应，建立了"审计程序委员会"，并于 1939 年制定了《审计程序的扩展》，对审计程序的完善从以下四个方面提出了更加具体的要求：①对存货检查，通过实地盘存确认存货数量，并将之作为必需的审计程序；②对应收账款检查，应积极采用函询法，对债务人直接询证；③对审计报告格式及内容加以规范，将其分为范围段和意见段；④通过董事会任命或股东大会投票选举独立注册会计师等。

1947 年 10 月，美国职业会计师协会的审计程序委员会，颁布了《审计标准草案——个人的意见和范围》。1954 年，对其进行修改，改名为《公认审计标准——其意义和范围》。从此，民间审计有了一套公认的执业标准。

第三节 注册会计师

注册会计师是依法取得注册会计师证书并接受委托从事审计和会计咨询、会计服务的执业人员，是保障和促进社会主义市场经济的重要力量。

一、注册会计师考试

我国实行注册会计师全国统一考试制度，通过注册会计师全国统一考试可以取得注册会计师资格。

(一) 考试组织

《注册会计师全国统一考试办法》(财政部令第 55 号)规定，注册会计师全国统一考试办法由财政部制定，中国注册会计师协会负责具体实施工作。为做好注册会计师全国统一考试，财政部组织成立注册会计师考试委员会(以下简称财政部考委会)。财政部考委会确定考试组织工作原则，制定考试工作方针、政策，审定考试大纲，确定考试命题原则，处理考试组织工作的重大问题，指导地方考委会工作。财政部考委会设立注册会计师考试委员会办公室(以下简称财政部考办)，组织实施注册会计师全国统一考试工作。财政部考办设在中国注册会计师协会。

各省、自治区、直辖市财政厅(局)成立地方注册会计师考试委员会(以下简称地方考委会)，组织领导本地区注册会计师全国统一考试工作。地方考委会设立地方注册会计师考试委员会办公室(以下简称地方考办)，组织实施本地区注册会计师全国统一考试工作。地方考办设在各省、自治区、直辖市注册会计师协会。

2006 年,财政部为加强注册会计师全国统一考试,严肃考试纪律,保障注册会计师考试顺利进行,对 2001 年制定的《注册会计师全国统一考试违纪作弊处罚规则》进行了修改,公布了《注册会计师全国统一考试违规行为处理办法》(以下简称《办法》)。《办法》对违规行为进行了重新界定,并规定中国注册会计师协会和省、自治区、直辖市注册会计师协会对应考人员、考试工作人员的违规行为进行处理。

(二) 考试条件

根据《注册会计师全国统一考试办法》(财政部令第 55 号)的规定,符合下列条件的中国公民,可以报名参加注册会计师全国统一考试。

(1) 具有完全民事行为能力。

(2) 具有高等专科以上学校毕业学历,或者具有会计或者相关专业中级以上技术职称。

有下列情形之一的人员,不得报名参加注册会计师全国统一考试。

(1) 被吊销注册会计师证书,自处罚决定之日起至报名截止日止不满 5 年者。

(2) 参加注册会计师全国统一考试违规受到停考处理期限未满者。

(三) 考试内容

考试划分为专业阶段考试和综合阶段考试。考生在通过专业阶段考试的全部科目后,才能参加综合阶段考试。

专业阶段考试设会计、审计、财务成本管理、公司战略与风险管理、经济法和税法 6 个科目;综合阶段考试设职业能力综合测试 1 个科目。

每个科目考试的具体时间,在各年度财政部考委会发布的报名简章中明确。

考试范围在各年度财政部考委会发布的考试大纲中确定。

香港特别行政区、澳门特别行政区、台湾地区居民及外国人参加注册会计师全国统一考试办法,由财政部另行规定。

通过注册会计师全国统一考试,考试科目全科成绩合格的,可以申请办理注册会计师考试全科合格证书,并可以申请加入注册会计师协会,成为注册会计师协会的非执业会员。

为解决注册会计师全国统一考试管理中的实际问题,进一步规范考试组织工作,财政部对《注册会计师全国统一考试办法》(财政部令第 55 号)的部分条款进行了修改,发布了《财政部关于修改〈全国注册会计师统一考试办法〉》的决定(财政部令第 75 号),于 2014 年 4 月 23 日起施行。此次修改的主要内容包括:一是明确了可以采用计算机化考试方式;二是增加了考生可以申请成绩复核的规定;三是取消了综合阶段考试须在取得专业阶段考试合格证书后 5 个年度考试中完成的规定;四是增加了考试组织实施中有关保密的规定。

二、注册会计师注册

根据《注册会计师注册办法》(财政部令第 25 号)的规定,具备下列条件之一,并在中国境内从事审计业务工作 2 年以上者,可以向省级注册会计师协会申请注册。

(1) 参加注册会计师全国统一考试成绩合格。

(2) 经依法认定或者考核具有注册会计师资格。

省级注册会计师协会负责本地区注册会计师的注册及相关管理工作。中国注册会计师协会对省级注册会计师协会的注册管理工作进行指导。

注册申请人有下列情形之一的，不予注册。

(1) 不具有完全民事行为能力的。

(2) 因受刑事处罚，自刑罚执行完毕之日起至申请注册之日止不满5年的。

(3) 因在财务、会计、审计、企业管理或者其他经济管理工作中犯有严重错误受行政处罚、撤职以上处分，自处罚、处分决定生效之日起至申请注册之日止不满2年的。

(4) 受吊销注册会计师证书的处罚，自处罚决定生效之日起至申请注册之日止不满5年的。

(5) 因以欺骗、贿赂等不正当手段取得注册会计师证书而被撤销注册，自撤销注册决定生效之日起至申请注册之日止不满3年的。

(6) 不在会计师事务所专职执业的。

(7) 年龄超过70周岁的。

注册会计师有下列情形之一的，由所在地的省级注册会计师协会撤销注册，收回注册会计师证书。

(1) 完全丧失民事行为能力的。

(2) 受刑事处罚的。

(3) 自行停止执行注册会计师业务满1年的。

(4) 以欺骗、贿赂等不正当手段取得注册会计师证书的。

注册会计师有下列情形之一的，由所在地的省级注册会计师协会注销注册：

(1) 依法被撤销注册，或者吊销注册会计师证书的。

(2) 不在会计师事务所专职执业的。

第四节 会计师事务所

一、会计师事务所的组织形式

会计师事务所是注册会计师依法承办业务的机构。综观注册会计师行业在各国的发展，会计师事务所主要有独资、普通合伙、有限责任、有限责任合伙(特殊普通合伙)四种组织形式。

(一) 独资会计师事务所

独资会计师事务所又称个人会计师事务所，由具有注册会计师执业资格的个人独立开业，承担无限责任。它的优点是：对执业人员的需求不多，容易设立，执业灵活，能够在代理记账、代理纳税等方面很好地满足小型企业对注册会计师服务的需求，虽承担无限责任，但实际发生风险的程度相对较低。缺点是：无力承担大型业务，缺乏发展后劲。

(二) 普通合伙会计师事务所

普通合伙会计师事务所是由2位或2位以上合伙人组成的合伙组织。合伙人以各自的财产对事务所的债务承担无限连带责任。它的优点是：在风险的牵制和共同利益的驱动下，促使事务所提高执业质量，扩大业务规模，提高控制风险的能力。缺点是：建立一个跨地区、跨国界的大型会计师事务所要经历一个漫长的过程，同时，任何一个合伙人执业中的失误或舞弊行为，都可能给整个会计师事务所带来灭顶之灾，使之一日之间土崩瓦解。

（三）有限责任会计师事务所

有限责任会计师事务所（Limited Liability Companies, LLCs）由注册会计师认购会计师事务所股份，并以其所认购股份对会计师事务所承担有限责任。会计师事务所以其全部资产对其债务承担有限责任。它的优点是：可以通过公司制形式迅速聚集一批注册会计师，组成大型会计师事务所，承办大型业务。缺点是：降低了风险责任对执业行为的高度制约，弱化了注册会计师的个人责任。

（四）有限责任合伙会计师事务所

有限责任合伙会计师事务所（Limited Liability Partnerships, LLPs）在我国又称特殊普通合伙会计师事务所。无过失的合伙人对于其他合伙人的过失或不当执业行为以自己在事务所的财产为限承担责任，不承担无限责任，除非该合伙人参与了过失或不当执业行为。它的最大特点在于既融入了普通合伙和有限责任会计师事务所的优点，又摒弃了它们的不足。这种组织形式是为顺应经济发展对注册会计师行业的要求，于 20 世纪 90 年代初期兴起的。到 1995 年年底，原“六大”国际会计公司在美国的执业机构已完成了向有限责任合伙的转型，其他国家和地区的执业机构的转型目前也在进行之中。同时，在它们的主导下，许多国家和地区的大中型会计师事务所也陆续开始转型。

从国际惯例来看，会计师事务所的执业登记都是由注册会计师行业主管机构统一负责。会计师事务所必须经过行业主管机关或注册会计师协会的批准登记并由注册会计师协会予以公告。独资会计师事务所和普通合伙会计师事务所经过这个程序即可开业，有限责任会计师事务所一般还应当进行公司登记。

我国现行的《注册会计师法》规定了两种会计师事务所组织形式，分别是合伙制与有限责任公司制。我国会计师事务所在组织形式选择上存在较为明显的“比例失衡”现象，这种状况的形成与我国特定的历史环境密切相关。改革开放初期，我国恢复重建注册会计师制度。早期的会计师事务所基本挂靠在政府部门或事业单位，资产归挂靠单位所有，人员归挂靠单位管理，业务承揽往往依赖挂靠单位行政资源，法律责任也由挂靠单位承担，这一时期的会计师事务所，在本质上属于挂靠单位的附属机构，而非自主经营的经济实体。建立社会主义市场经济体制对会计师事务所运行模式产生了根本性冲击，要求会计师事务所必须按照市场经济规律和行业发展规律规范运行。根据国务院的部署，从 1998 年开始，会计师事务所全面实行脱钩改制，由挂靠单位的附属机构改制为自主经营、独立承担法律责任的市场经济主体，由此也对我国会计师事务所组织形式的选择产生了深刻影响。与挂靠单位脱钩，意味着会计师事务所在经营管理特别是法律责任承担方面首次走到前台，这一历史性变化促使大多数会计师事务所自然选择了有限责任制，因为它能够最大限度地保护股东财产。应当承认，在当时的历史条件下，偏重采用有限责任制有其客观性和合理性。之所以是有限责任制而非合伙制成为我国会计师事务所的主流形式，也与我国注册会计师行业发展历史较短、合伙文化积淀不深有关。在重“资合”、轻“人合”的传统观念支配下，有限责任制较之合伙制必然更受青睐，这就是我国会计师事务所组织形式“比例失衡”的深层次原因。

随着我国注册会计师行业的快速发展，有限责任制组织形式在决策机制、股东限制、质量控制、税收政策等方面均日渐显现出其制度弊端，难以满足大中型会计师事务所加快发展的形势需要。

一是有限责任制的决策机制不适应注册会计师行业的“人合”特性。在有限责任制下，通常以股权这一资本杠杆机制为基础分配决策权，易于形成拥有大量股权的少数股东主导企业发展的局面。换言之，有限责任制强调“资合”，以资本、股权决定决策权，这种组织形式更适合于以资本为纽带的传统行业。但对于会计师事务所而言，“人”是最核心的资产，“人合”远胜于“资合”，以资本、股权决定决策权与会计师事务所的专业服务特性相悖，不利于会计师事务所的健康发展。

二是有限责任制对股东人数的限制不利于会计师事务所做大做强。《公司法》规定有限责任公司的股东人数不得超过 50 人，按注册会计师行业的内在规律推算，当一家会计师事务所的专业服务人员在 500 人以下时，矛盾尚不突出；但是，一旦会计师事务所的专业服务人员超过 500 人甚至达到数千人时，对股东人数 50 人的高额限制无疑与事务所的发展要求严重脱节。在行业当前实践中，这一限制导致一些事务所往往采取“暗股”等形式绕过对股东人数的法律规定，这一合理但不合法的操作手法存在较大法律风险，不利于事务所的长期稳定和规范发展。在财政部会计司组织的调查问卷中，有 42%的事务所反映有限责任公司对股东人数的限制，已成为影响其做大做强的主要因素之一。

三是有限责任制不利于会计师事务所提升质量控制。与“合伙制”相比，“有限责任制”以其股东在会计师事务所中的出资额为限承担执业责任，淡化了股东的风险约束和赔偿责任，导致少数会计师事务所及其注册会计师忽视执业风险，弱化质量控制，片面追求经济效益。调查问卷结果显示：“有限责任制”对会计师事务所股东责任追究失于轻微和宽松，助长了“小马拉大车”“批发”业务报告、低价恶性竞争等不良现象，是部分会计师事务所审计失败的重要原因。

四是有限责任制“双重纳税”不利于会计师事务所加大投入加快发展。在有限责任制下，股东既要缴纳个人所得税，又在实质上承担企业所得税，税收负担相对较重。如果改制为“特殊的普通合伙制”组织形式，根据我国《合伙企业法》第六条的规定，“合伙企业的生产经营所得和其他所得，按照国家有关税收规定，由合伙人分别缴纳所得税”，这就解决了有限责任制下的“双重纳税”问题，可以在一定程度上缓解合伙人（股东）的税收负担，有利于激励合伙人加大事务所发展投入，不断提高会计师事务所的专业服务能力和综合实力。

在立足我国国情、借鉴国际通行做法的基础上，2006 年 8 月 27 日，全国人民代表大会常务委员会第二十三次会议修订通过《中华人民共和国合伙企业法》（以下简称《合伙企业法》），自 2007 年 6 月 1 日起施行。我国《合伙企业法》规定，“特殊的普通合伙制”为“普通合伙制”的一种特殊形式，适用于“以专业知识和专门技能为客户提供有偿服务的专业服务机构”，主要是指会计师事务所和律师事务所。在“特殊的普通合伙制”企业中，“一个合伙人或者数个合伙人在执业活动中因故意或者重大过失造成合伙企业债务的，应当承担无限责任或者无限连带责任，其他合伙人以其在合伙企业中的财产份额为限承担责任；合伙人在执业活动中非因故意或者重大过失造成的合伙企业债务以及合伙企业的其他债务，由全体合伙人承担无限连带责任”。

我国《合伙企业法》规定的“特殊的普通合伙制”，既注重在部分合伙人存在故意与重大过失情况下保护无过失合伙人，又兼顾部分合伙人存在一般或轻微过失时合伙人之间的风险共担，是在“普通合伙制”与英美“有限责任合伙制”基础上的制度创新。与普通合伙制相比，“特殊的普通合伙制”是一个重大进步，其最大的变化和优势是实现了合伙人法律责任的适度分离，避免了无过错合伙人为其他合伙人的违法行为或重大过失“买单”，有利于大中型会计师事务所在强化质量控制的前提下稳步扩张，不断做大做强，避免了因噎废食、瞻前顾后、裹足不前；与有限责任制相比，“特殊的普通合伙制”更为注重质量管控和责任约束，同时打破了股东人数 50 人的限制，并且有效解决了“双重纳税”问题，因此，“特殊的普通合伙制”将成为有志于做大做强的大中型会计师事务所的理性选择。

财政部、国家工商行政管理总局于 2010 年 7 月联合发布了《关于推动大中型会计师事务所采用特殊普通合伙组织形式的暂行规定》(财会[2010]12 号)，这是贯彻落实《中华人民共和国合伙企业法》《国务院办公厅转发财政部关于加快发展我国注册会计师行业若干意见的通知》(国办发[2009]56 号)的重大举措，也是会计师事务所做大做强的重要制度创新。《关于推动大中型会计师事务所采用特殊普通合伙组织形式的暂行规定》要求，大型会计师事务所应当于 2010 年 12 月 31 日前转制为特殊普通合伙组织形式；鼓励中型会计师事务所于 2011 年 12 月 31 日前转制为特殊普通合伙组织形式。大型会计师事务所是指行业排名前 10 位的会计师事务所。

采用特殊普通合伙组织形式的会计师事务所，一个合伙人或者数个合伙人在执业活动中因故意或者重大过失造成合伙企业债务的，应当承担无限责任或者无限连带责任，其他合伙人以其在合伙企业中的财产份额为限承担责任。合伙人在执业活动中非因故意或者重大过失造成的合伙企业债务以及合伙企业的其他债务，由全体合伙人承担无限连带责任。

二、会计师事务所设立的条件

根据《会计师事务所审批和监督暂行办法》(财政部令第 24 号)和《关于推动大中型会计师事务所采用特殊普通合伙组织形式的暂行规定》的规定，我国会计师事务所分为合伙会计师事务所、有限责任会计师事务所和特殊普通合伙会计师事务所三种形式。下面简要介绍我国三种形式的会计师事务所的设立条件。

(一) 设立合伙会计师事务所的条件

申请设立合伙会计师事务所，应当具备下列条件：①有 2 名以上的合伙人；②有书面合伙协议；③有会计师事务所的名称；④有固定的办公场所。

(二) 设立有限责任会计师事务所的条件

申请设立有限责任会计师事务所，应当具备以下条件：①有 5 名以上的股东；②有一定数量的专职从业人员；③有不少于人民币 30 万元的注册资本；④有股东共同制定的章程；⑤有会计师事务所的名称；⑥有固定的办公场所。

(三) 设立特殊普通合伙会计师事务所的条件

会计师事务所转制为特殊普通合伙组织形式，其具备注册会计师执业资格的合伙人应当符合下列条件:①在会计师事务所专职执业;②成为合伙人前3年内没有因为执业行为受到行政处罚;③有取得注册会计师证书后最近连续5年在会计师事务所从事法定审计业务的经历,其中在境内会计师事务所的经历不少于3年;④成为合伙人前1年内没有因采取隐瞒或提供虚假材料、欺骗、贿赂等不正当手段申请设立会计师事务所而被省级财政部门作出不予受理、不予批准或者撤销会计师事务所的决定;⑤年龄不超过65周岁。

会计师事务所转制为特殊普通合伙组织形式,应当有25名以上符合上述规定的合伙人、50名以上的注册会计师,以及人民币1 000万元以上的资本。

第五节 注册会计师协会

中国注册会计师协会是依据《注册会计师法》和《社会团体登记条例》的有关规定设立的社会团体法人,是中国注册会计师的行业组织,成立于1988年11月。在财政部党组和理事会的正确领导下,中国注册会计师协会始终坚持维护公众利益的根本宗旨,认真履行《注册会计师法》和协会章程赋予的职能,切实加强服务、监督、管理和协调,在资格考试、注册管理、人才培养、标准建设、业务监管、法制建设、沟通协调、对外交流、行业党建和协会建设等方面,积极发挥推动行业发展的"司令部"和"火车头"作用。

中国注册会计师协会的宗旨是服务、监督、管理、协调,即以诚信建设为主线,服务本会会员,监督会员执业质量、职业道德,依法实施注册会计师行业管理,协调行业内、外部关系,维护社会公众利益和会员合法权益,促进行业健康发展。

一、中国注册会计师协会的职责

中国注册会计师协会依法履行以下职责。

(1) 审批和管理本会会员,指导地方注册会计师协会办理注册会计师注册。

(2) 拟订注册会计师执业准则、规则,监督、检查实施情况。

(3) 组织对注册会计师的任职资格、注册会计师和会计师事务所的执业情况进行年度检查。

(4) 制定行业自律管理规范,对违反行业自律管理规范的行为予以惩戒。

(5) 组织实施注册会计师全国统一考试。

(6) 组织和推动会员培训工作。

(7) 组织业务交流,开展理论研究,提供技术支持。

(8) 开展注册会计师行业宣传。

(9) 协调行业内、外部关系,支持会员依法执业,维护会员合法权益。

(10) 代表中国注册会计师行业开展国际交往活动。

(11) 指导地方注册会计师协会工作。

(12) 办理法律、行政法规规定和国家机关委托或授权的其他有关工作。

二、中国注册会计师协会会员

中国注册会计师协会的会员分为个人会员和团体会员。会员入会均须履行申请和登记手续。

(1) 个人会员。凡参加注册会计师全国统一考试全科合格并经申请、批准者和依照规定原考核取得本会会员资格者,为中国注册会计师协会的个人会员。个人会员分为执业会员和非执业会员。其中,依法取得中国注册会计师执业证书的,为执业会员。

(2) 团体会员。依法批准设立的会计师事务所,为中国注册会计师协会的团体会员。

设立团体会员是因为考虑到目前我国法律规定,注册会计师必须加入会计师事务所才能接受委托承办业务。会计师事务所作为协会的团体会员,便于协会对其实施有效的监督,也便于会计师事务所向协会反映工作中的意见和建议。

三、注册会计师协会的权力机构和常设办事机构

(一) 会员代表大会

本会最高权力机构为全国会员代表大会。全国会员代表大会每5年举行一次,必要时,由本会理事会决定延期或提前举行,延期召开全国会员代表大会的期限不得超过1年。

全国会员代表大会代表采取选举、协商和特邀的办法产生,其产生办法,由上一届理事会决定。其职权是:①制定、修改协会章程;②选举本会理事;③讨论决定本会工作方针和任务;④审议、批准协会理事会的工作报告;⑤制定、修改会费管理办法;⑥审议理事会提请全国会员代表大会审议的其他事项。

(二) 理事会与常务理事会

全国会员代表大会选举理事若干人组成本会理事会。每届理事会任期5年,理事可以连选连任。理事会会议每年举行一次,必要时,可以提前或推迟召开。理事会对全国会员代表大会负责。其职权是:①提议召开全国会员代表大会;②选举本会常务理事会成员;③选举本会领导成员;④聘任本会常设执行机构领导成员;⑤增补或更换本会理事;⑥审议本会常设执行机构职能部门的设置;⑦审议、批准本会常设执行机构的年度工作报告;⑧审议、批准本会的年度会费收支报告;⑨其他应由理事会办理的事项。

(三) 常设执行机构

中国注册会计师协会设秘书处,为协会常设执行机构。秘书处负责具体落实会员代表大会、理事会、常务理事会的各项决议、决定,承担协会的日常工作。

协会设秘书长1人、副秘书长若干人。秘书长和副秘书长由财政部推荐,理事会表决通过。秘书长为协会的法定代表人。秘书长主持秘书处日常工作,副秘书长协助秘书长工作。秘书处各职能部门的设置,由秘书长提出方案,经理事会审议后,报财政部批准。

(四) 专门委员会与专业委员会

理事会设若干专门委员会。专门委员会是理事会履行职责的专门工作机构,对理事会负责。理事会设若干专业委员会。专业委员会负责处理行业发展中的专业技术问题,对理事会负责。各专门委员会、专业委员会的设置、调整、具体职责和运作规则,以及委员的聘任和解聘,由秘书长提出方案,理事会批准。

目前,中国注册会计师协会已成立13个专门(业)委员会,各自的主要职责如下。

(1) 审计准则委员会。审计准则委员会主要负责审议独立审计准则拟订计划;审议独

立审计准则征求意见稿；审议批准独立审计准则拟订稿。

（2）惩戒委员会。惩戒委员会主要负责对违规违纪的会计师事务所和注册会计师予以惩戒。中国注册会计师协会惩戒委员会主要负责对行业具有重大影响的违规违纪行为的惩戒，其他违规违纪行为由地方注册会计师协会负责惩戒。

（3）申诉委员会。申诉委员会主要负责当事会计师事务所、注册会计师对中国注册会计师协会惩戒委员会的拟惩戒决定不服的申诉工作，确定是否维持或修改惩戒委员会的决定。

（4）维权委员会。维权委员会主要负责直接办理注册会计师行业内有重大影响的维权事项；研究维护会员依法执业的具体措施和办法；指导地方协会的维权工作；针对在维权工作中发现的问题，向有关部门提出规范会员依法执业并切实保护其合法权益的意见、建议；负责就承办的维权事项，推动、配合、协调有关部门工作；研究和探讨维护会员合法权益的途径和办法，提出维权工作的政策性建议或研究报告。

（5）教育培训委员会。教育培训委员会主要负责研究、分析注册会计师行业的执业状况和能力需求，审议注册会计师行业培训规划；推动、改进、指导注册会计师资格前教育；审议注册会计师后续教育制度；审议注册会计师教育培训教材。

（6）财务委员会。财务委员会主要负责研究行业会费政策；审查本会年度会费收支报告，并向理事会报告；指导、规范行业财务工作；确定聘请外部审计机构事宜。

（7）《中国注册会计师》编辑委员会。编辑委员会主要负责审议《中国注册会计师》办刊方针；监督《中国注册会计师》办刊方针的实施情况；收集、分析会员对《中国注册会计师》的意见；对《中国注册会计师》提出改进意见和建议。

（8）专业技术咨询委员会。专业技术咨询委员会主要负责研究注册会计师在执业过程中遇到的专业问题；向注册会计师提供专业技术援助；与有关政府部门沟通，就有关专业问题提出建议。

（9）会计师事务所内部治理指导委员会。内部治理指导委员会主要负责指导事务所内部治理机制建设；对事务所内部治理规范的起草、制定等提供咨询建议；审议事务所内部治理规范起草工作方案、征求意见稿和拟订稿；为事务所内部治理规范实施提供咨询建议。

（10）破产清算专业指导委员会。破产清算专业指导委员会主要负责研究注册会计师在承办企业破产案件相关业务过程中遇到的专业问题；对相关业务规范的起草、制定等提供咨询建议；向注册会计师提供相关的专业技术援助；与有关政府部门沟通，就相关专业问题提出建议。

（11）注册管理委员会。注册管理委员会主要负责研究注册会计师行业信息监控体系实施中的重要事项；审核注册会计师行业信息监控体系的信息结构，审定批准公开披露的行业信息；承办理事会或常务理事会交办的其他事项。

（12）中国注册会计师执业责任鉴定委员会。执业责任鉴定委员会主要负责接受国家司法、行政机关委托，对涉案注册会计师遵循有关法律法规和注册会计师执业准则、规则的情况进行鉴定，发表鉴定意见，从专业技术的角度提供专家意见，作为司法、行政机关认定注册会计师执业责任的参考。

(13) 职业道德准则委员会。职业道德准则委员会主要负责审议职业道德守则拟订计划、征求意见稿、草案，批准发布职业道德守则；指导职业道德守则的实施，并对职业道德守则实施过程中遇到的问题进行研究；跟踪研究国际职业会计师道德守则的最新变化，实现和保持职业道德守则与国际职业会计师道德守则的动态趋同；推动职业道德守则的宣传和教育，提升注册会计师行业和公众对职业道德守则的支持与认同。

四、地方注册会计师协会

各省、自治区、直辖市注册会计师协会是中国注册会计师协会的地方组织，其章程由当地会员代表大会依法制定，并报中国注册会计师协会和当地政府主管行政机关备案。省、自治区以下地方成立注册会计师协会，须经省级注册会计师协会批准，报中国注册会计师协会备案，其组织运行、职责权限，依照国家法律、行政法规及所在地省级协会的规定办理。

本章小结

■ 本章内容结构图

- 注册会计师审计职业
  - 注册会计师的业务范围
    - 鉴证业务
      - 审计业务
      - 审阅业务
      - 其他鉴证业务
    - 相关咨询服务业务
      - 管理咨询业务
      - 会计咨询和服务业务
      - 税务服务业务
      - 执行商定程序业务
    - 《注册会计师业务指导目录(2012 年)》
  - 执业准则和职业道德守则
    - 注册会计师执业准则
      - 注册会计师鉴证业务基本准则
      - 质量控制准则
    - 注册会计师职业道德守则
    - 执业准则的国际趋同
  - 注册会计师
    - 注册会计师考试
    - 注册会计师注册
  - 会计师事务所
    - 会计师事务所的组织形式
      - 独资会计师事务所
      - 普通合伙会计师事务所
      - 有限责任会计师事务所
      - 有限责任合伙会计师事务所
    - 会计师事务所设立的条件
  - 注册会计师协会
    - 中国注册会计师协会的职责
    - 中国注册会计师协会会员
    - 注册会计师协会的权力机构和常设办事机构
      - 会员代表大会
      - 理事会与常务理事会
      - 常设执行机构
      - 专门委员会与专业委员会
    - 地方注册会计师协会

■ 重要的名词术语

注册会计师:是指取得注册会计师证书并在会计师事务所执业的人员,有时也指其所在的会计师事务所。

鉴证业务:是指注册会计师对鉴证对象信息提出结论,以增强除责任方之外的预期使用者对鉴证对象信息信任程度的业务。

执业准则:是指中国注册会计师鉴证业务基本准则、中国注册会计师审计准则、中国注册会计师审阅准则、中国注册会计师其他鉴证业务准则、中国注册会计师相关服务准则、质量控制准则和相关职业道德要求。

职业道德要求:是指项目组和项目质量控制复核人员应当遵守的职业道德规范,通常包括中国注册会计师职业道德守则中与财务报表审计相关的规定。

独资会计师事务所:又称个人会计师事务所,是指由具有注册会计师执业资格的个人独立开业,承担无限责任。

普通合伙会计师事务所:是指由 2 位或 2 位以上合伙人组成的合伙组织。合伙人以各自的财产对事务所的债务承担无限连带责任。

有限责任会计师事务所:是指由注册会计师认购会计师事务所股份,并以其所认购股份对会计师事务所承担有限责任;会计师事务所以其全部资产对其债务承担有限责任的组织形式。

有限责任合伙会计师事务所:在我国又称特殊普通合伙会计师事务所,是指无过失的合伙人对于其他合伙人的过失或不当执业行为以自己在事务所的财产为限承担责任,不承担无限责任,除非该合伙人参与了过失或不当执业行为的组织形式。

思考与练习

一、思考题

1. 注册会计师可以从事哪些相关咨询服务业务?
2. 鉴证业务要素有哪些?
3. 职业道德基本原则有哪些?
4. 简述注册会计师申请注册的条件。
5. 简述设立特殊普通合伙会计师事务所的条件。
6. 注册会计师协会的职责是什么?
7. 试述我国在审计准则制定过程中的两次国际趋同情况。

二、选择题

1. 注册会计师执行的下列业务中,不属于鉴证业务的是(　　)。

A. 验资　　B. 财务报表审阅

C. 对财务信息执行商定程序　　D. 预测性财务信息审核

2. 下列关于审阅业务的说法中,正确的是(　　)。

A. 审阅业务是注册会计师的核心业务

B. 审阅业务是为了增强信息使用者对所审阅信息的信赖程度

C. 审阅业务程序简单，保证程度有限，不能增强信息使用者对所审阅信息的信赖程度

D. 审阅业务是注册会计师不能绝对保证信息可靠程度的选择

3. 贾先生是大连居民。根据《注册会计师全国统一考试办法》的相关规定，如果贾先生仅具备下列条件中的（　　），还不一定能报名参加注册会计师全国统一考试。

A. 高等专科学历　　B. 中级经济师职称

C. 拥有 ACCA 证书　　D. 高级审计师职称

4. 下列对于不同类型会计师事务所的陈述中，恰当的有（　　）。

A. 独资会计师事务所由注册会计师个人承担无限责任

B. 有限责任会计师事务所以其全部资产承担无限连带责任

C. 普通合伙会计师事务所的合伙人以各自的财产对事务所的债务承担无限连带责任

D. 有限责任合伙所的无过失的合伙人对于其他合伙人的过失不承担无限责任，除非该合伙人参与了过失或不当执业行为

5. 既能把会计师事务所做大做强，又能规避风险的会计师事务所类型是（　　）。

A. 独资会计师事务所　　B. 普通合伙会计师事务所

C. 有限责任公司会计师事务所　　D. 特殊普通合伙会计师事务所

6. 中国注册会计师协会的职责包括（　　）。

A. 组织全国注册会计师考试和会员培训

B. 拟订并颁布注册会计师执业准则

C. 制定会计师事务所的收费标准

D. 指导地方协会办理注册会计师注册

7. 注册会计师在应用独立性概念框架时应当运用职业判断。以下关于注册会计师运用独立性概念框架的工作思路表达不恰当的是（　　）。

A. 注册会计师在承接业务或续约时首先要识别对独立性的不利影响

B. 评价已识别不利影响的重要程度

C. 消除不利影响对独立性的所有不利影响的方面

D. 必要时采取防范措施消除不利影响或将其降至可接受水平

三、案例讨论题

安然公司审计案例

2001 年 12 月 2 日，世界上最大的天然气和能源批发交易商、资产规模达 498 亿美元的美国安然公司（Enron Corp.）突然向美国纽约破产法院申请破产保护，该案成为美国历史上最大的一宗破产案，在美国朝野引起极大震动，其原因及影响令人深思。

（一）安然事件始末

1997 年 11 月：安然公司购买了其合伙公司 JEDI 的股票，随之将股票又卖给了安然公司自己创建的 Chewco 公司，并由安然公司人员经营。由此，安然公司开始了一系列复杂的

秘密交易,意图隐瞒公司巨额到期债务。

2001 年 2 月 20 日:《财富》杂志称安然公司为“巨大的密不透风”的公司,其公司债务在堆积,而华尔街仍被蒙在鼓里。当日,安然公司股票收盘价为每股 75.09 美元。

8 月 14 日:安然公司首席执行官员斯基林(Jeffrey Skilling)辞职,安然公司仍坚持对公司财务状况秘不外宣。当日该公司股价收盘时降至每股 39.55 美元。

10 月 12 日:美国五大会计师事务所之一的安达信公司法律顾问指使员工销毁了安然公司的审计档案。

10 月 16 日:安然公司宣布第三季度亏损 6.18 亿美元,穆迪公司考虑降低安然债券等级。当日,安然公司股价降至每股 33.84 美元。

10 月 22 日:美国证券交易委员会开始对安然公司展开调查。

11 月 8 日:安然公司承认自 1997 年以来虚报盈利约 6 亿美元。

11 月 29 日:美国证券交易委员会将对安然公司的调查扩大至对其进行审计的会计师事务所——安达信公司。

12 月 2 日:安然公司申请破产,公司股价降至每股 26 美分。

2002 年 1 月 9 日,美国司法部开始对“安然事件”展开刑事调查。

2002 年 6 月 15 日上午,美国休斯敦城一个联邦大陪审团裁定,曾是美国五大会计师事务所之一的安达信公司因妨碍对安然破产案的司法调查而“有罪”。这一裁决虽然并没有出乎人们的预料,但仍然引起了美国各家媒体的极大关注。

(二) 安然事件中的一些审计问题

根据已披露的资料,安达信公司在安然事件中,至少存在以下一些问题。

(1) 安达信公司出具了严重失实的审计报告和内部控制评价报告。自安然公司 1985 年成立以来,其财务报表一直由安达信公司审计。2000 年度,安达信为安然公司出具了两份报告:一份是无保留意见加解释性说明段(对会计政策变更的说明)的审计报告;另一份是对安然公司管理当局声称其内部控制能够合理保证其财务报表可靠性予以认可的评价报告。这两份报告与安然公司存在的前述重大会计问题形成鲜明的反差,已成为笑柄。

(2) 安达信公司对安然公司的审计缺乏独立性。独立性是社会审计的灵魂,离开了独立性,审计质量只能是一种奢谈。安达信公司在审计安然公司时,是否保持独立性,正受到美国各界的广泛质疑。从美国国会等部门初步调查所披露的资料和新闻媒体的报道看,安达信公司对安然公司的审计至少缺乏形式上的独立性,主要表现为:①安达信公司不仅为安然公司提供审计鉴证服务,而且提供价格不菲的咨询业务。安然公司是安达信公司的第二大客户,2000 年度,安达信公司向安然公司收取了高达 5 200 万美元的费用,其中一半以上为咨询服务收入。社会各界纷纷质疑,既然安达信公司从安然公司获取回报丰厚的咨询收入,它能保持独立吗?它能够以超然独立的立场对安然公司的财务报表发不偏不倚的意见吗?面对诸如此类的质疑,即使安达信公司能够从专业的角度辩解自己并没有违反职业道德,但社会大众至少认为安达信公司缺少形式上的独立性。②安然公司的许多高层管理人员为安达信公司的前雇员,他们之间的密切关系至少有损安达信公司形式上的独立性。

(3) 安达信公司在已觉察安然公司会计问题的情况下,未采取必要的纠正措施。美国国会调查组披露的证据显示,安达信公司在安然黑幕曝光前就已觉察到安然公司存在的会计问题,但未及时向有关部门报告或采取其他措施。国会调查组获得的一份安达信公司电子邮件表明,安达信公司的资深合伙人早在 2001 年 2 月就已经在讨论是否解除与安然公司的业务关系,理由是安然公司的会计政策过于激进。

(4) 销毁审计工作底稿,妨碍司法调查。在沸沸扬扬的安然事件中,最让会计职业界意想不到的是安达信公司居然销毁数以千计的审计档案。我们知道,审计最重证据。以客观、真实的证据为依据的审计,被 Paton 和 Littleton(1940/1970)称为英国对审计行业的最重要贡献。客观、真实的证据也是他们提出的会计基本假设之一。安达信公司销毁审计档案,是对会计职业道德的公然挑衅,也暴露出其缺乏守法意识。事发后,美国司法部、联邦调查局和 SEC 等部门就此丑闻对安达信展开了刑事调查。销毁审计档案不仅使安达信公司的信誉丧失殆尽,而且使这一事件升级为刑事案件。最后,安达信公司被裁定有罪并"寿终正寝"可以说与这一事件直接有关。

(三) 安然事件爆发后美国采取的加强监管措施

2002 年 7 月 30 日,美国通过了《萨班斯—奥克斯利法案》(SOX 法案),加强对上市公司和注册会计师行业的监管,一个显著的变化是对会计师行业的监督从自律改为加强监管。

以往,美国注册会计师行业的监管与服务职能都集中在美国注册会计师协会。然而,证券市场的系列会计丑闻,已使注册会计师行业自律的有效性遭到空前质疑。

实际上,美国注册会计师协会是依靠会员会费的资助维持运作,所以少数大型会计师事务所对协会的影响很大,使协会不可避免地会自发维护注册会计师的利益。因此,仅依靠协会自律,很难杜绝丑闻再度发生。

SOX 法案规定:

(1) 要求美国证券交易委员会(SEC)成立上市公司会计监督委员会(PCAOB),而原来由注册会计师协会行使的对注册会计师行业的监管职能,则交给更具公共职能的 PCAOB。

(2) PCAOB 由 5 人组成,直接归美国证券交易委员会管辖,但不属于其内部雇员。为消除会计师事务所对其的影响,该委员会的运行经费不再由会计师事务所承担,而是改为由上市公司分担。

(3) 美国证券交易委员会授权该委员会制定审计准则,掌握会计师事务所注册权,行使日常监督权、调查和处罚权;检查和处理上市公司与会计师之间的会计处理分歧。

可以说,安然事件和安达信公司倒闭对美国资本市场和会计界产生的影响是非常深远的,其中暴露出来的诸多问题也有待进一步研究和解决。

要求:根据以上材料,回答下列问题。

(1) 通过阅读案例,你认为导致安然公司审计失败的因素有哪些?

(2) 你认为注册会计师行业可以采取哪些措施来保证审计质量?

(3) 会计师事务所在国外和国内可以采取哪些不同的组织形式?结合安达信公司,请你谈谈不同组织形式的优缺点以及其对审计质量会有什么样的影响?阐述你的理由。

(4) 安然公司和安达信公司的倒闭事件以及美国会计监管措施方面的变化对我国注册会计师行业的管理有哪些启示?谈谈你的看法。

第三章　销售与收款循环的审计

本章要点

- 理解分项审计与循环审计的区别
- 了解销售与收款循环的所涉及的主要业务活动和相关凭证与记录
- 了解销售与收款活动的内部控制及控制测试
- 掌握营业收入审计的实质性程序，熟悉相关工作底稿
- 掌握应收账款审计的实质性程序，熟悉相关工作底稿

适用的准则和规范

- 《中国注册会计师审计准则第 1211 号——通过了解被审计单位及其环境识别和评估重大错报风险》
- 《中国注册会计师审计准则第 1231 号——针对评估的重大错报风险采取的应对措施》
- 《中国注册会计师审计准则第 1313 号——分析程序》
- 《中国注册会计师审计准则第 1314 号——审计抽样》
- 《中国注册会计师审计准则第 1312 号——函证》
- 《企业内部控制应用指引第 9 号——销售业务》
- 《企业内部控制应用指引第 9 号——销售业务》解读

引例　琼民源事件

琼民源全名为“海南民源现代农业发展股份有限公司”，1988 年 7 月在海口注册成立。1992 年 9 月在全国证券交易自动报价(STAQ)系统中募集法人股 3 000 万股，实收资本 3 000 万元；1993 年 4 月 30 日以琼民源的名称在深圳证券交易所上市。

1993 年上市之初，“琼民源”每股收益达 0.68 元，净资产收益率为 35%。但 1994 年公司开始走下坡路，经营业绩不佳，每股收益降至 0.17 元，到了 1995 年每股收益不足 1 厘，年报公布日(1996 年 4 月 30 日)其股价仅为 3.65 元，公司已至亏损边缘，其股票无人问津。而从 1996 年 7 月 1 日起，“琼民源”的股价以 4.45 元起步，在 4 个月内，蹿升至 20 元，翻了数倍。“琼民源”成了创造 1996 年中国股市神话中的一匹“大黑马”。经过一番精心包装之后，1997 年 1 月 22 日，“琼民源”公司率先公布 1996 年年报，年报显示每股收益 0.867 元，净利润比去年同比增长1 290.68倍，分红方案为每 10 股转送 9.8 股。年报一经公布，市场震惊，

股市波动,"琼民源"股价创出26.18元的历史最高。

1996 年年报显示,"琼民源"利润总额 5.71 亿元,而主营业务收入仅为 1 677 万元,利润39.1万元,其他业务利润和营业外收入则分别为 4.41 亿元和 1.01 亿元。利润构成明显与报告声称的"公司主营业务包括房地产开发、移动通信、农业开发三方面"有悖,如此高额利润收入为何不列出处?面对传言与疑问,"琼民源"于 1997 年 2 月 1 日登出《补充公告》,声明年报的正确性。对"琼民源"年报进行审计的海南中华会计师事务所也公开表示报表的真实性。

纸终究是包不住火的,无论怎样的解释,都随着 1997 年 2 月 28 日"琼民源"停牌的事实成为泡沫。调查发现,"琼民源"1996 年年报中所称利润总额 5.71 亿元中有 5.4 亿元是虚构出来的,并虚增了 6.57 亿元资本公积金。而海南中华会计师事务所出具的 1996 年年度审计报告和海南大正会计师事务所出具的资产评估报告,均含有虚假、严重误导性内容,面对"琼民源"1996 年年报中利润和资本公积大幅度的增加,两个事务所都没有保持应有的职业谨慎。鉴于"琼民源"原董事长兼总经理马玉和等人制造虚假财务数据的行为涉嫌犯罪,中国证监会随即将有关材料移交司法机关。

"琼民源"事件作为中国证券史上最为严重的一起证券欺诈案。自从"琼民源"1997 年 2 月 28 日停牌至今,已有十几年,但其虚报利润、虚增资本金以及操纵市场等严重违规行为,一直是中国股市"心口永远的痛"。

案例思考:"琼民源"虚报利润、虚增资本金等违规行为以及两家会计师事务所出具不实报告的行为留给我们怎样的启示?

第一节 业务循环与审计方法

一、业务循环

被审计单位的业务活动可以划分为若干业务循环。所谓业务循环,是指处理某类经济业务的工作程序和先后顺序。除了公司的成立和清理以外,各业务循环是周而复始的。

(1) 公司成立时要取得资本,通常是现金形式(投资与筹资循环)。

(2) 对制造业公司来说,现金要用来采购原材料、固定资产等,以便生产存货(采购与付款循环)。为生产存货,现金还用来取得人工(人力资源与工薪循环)。采购与付款循环与人力资源与工薪循环在性质上类似,但其功能上的区别足以将它们分为两个循环。

(3) 这两个循环的结果合并起来就是存货(生产与存货循环)。

(4) 随后是售出存货、开列账单和收回货款(销售与收款循环)。

(5) 由此就产生了现金,可用于支付股利和利息以及开始新的循环(投资与筹资循环)。

由于被审计单位的业务性质和规模不同,其业务循环的划分也应有所不同。即使是同一被审计单位,不同注册会计师也可能有不同的循环划分方法。一般而言,可将被审计单位的所有交易和账户余额划分为 4 个、5 个、6 个甚至更多个业务循环,并无统一模式。这里将其划分为销售与收款循环、采购与付款循环、生产与存货循环、人力资源与工薪循环、投资与筹资循环,并以销售与收款循环、采购与付款循环、生产与存货循环为例阐述各业务循环的审计。由于货币资金与上述各业务循环均有着密切的联系,且具有鲜明的特征,因此将其作为单独的一部分。各业务循环之间的关系如图 3-1 所示。

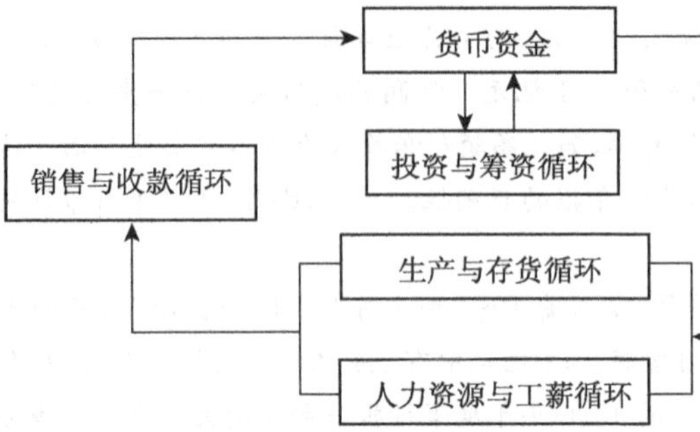

图 3-1　各业务循环之间的关系

二、分项审计方法与循环审计方法

财务报表审计的组织方式大致有两种：一是分项审计法，是指按会计报表项目组织实施审计的方法，这种方法要求对财务报表的每个账户余额单独进行审计；二是循环审计法，是指按业务循环组织实施审计的方法，这种方法要求将财务报表分成几个循环进行审计，即把紧密联系的交易种类和账户余额归入同一循环中，按业务循环组织实施审计。关于分项审计法和循环审计法各有优缺点，表 3-1 对两种方法进行了比较。

表 3-1　分项审计法与循环审计法的比较

	做　法	优　点	缺　点
分项审计方法	将报表中的每个账户余额都作为一个单独的单元进行测试	与多数被审计单位账户体系设置以及报表格式相吻合，操作方便	将紧密联系的相关账户人为地予以分割，容易造成整个审计工作的脱节和重复； 与按业务循环进行的内部控制测试严重脱节，缺乏效率
循环审计方法	将关系密切的一类交易和账户余额归为一块	与按业务循环进行的内部控制测试直接联系，可加深注册会计师对被审计单位经济业务的理解； 便于注册会计师的分工，将特定业务循环所涉及的会计报表项目分配给一个或数个注册会计师，不仅可加深注册会计师对被审计单位经济业务的理解，而且使其能够对不同会计报表项目进行交叉复核，以提高审计效率与效果	操作不方便

一般而言，控制测试是在了解被审计单位内部控制、实施风险评估程序基础上进行的，而了解内部控制主要是为了评价控制的设计以及是否得到执行，与被审计单位的业务流程关系密切，因此，控制测试通常应采用循环审计法实施。对交易和账户余额的实质性程序，既可采用分项审计法实施，也可采用循环审计法实施。但由于控制测试通常按循环审计法

实施，为避免实质性程序与控制测试严重脱节的弊端，提倡采用循环审计法。表 3-2 列示了各业务循环和资产负债表、利润表项目之间的对应关系。

表 3-2 业务循环与主要报表项目对照表

业务循环	资产负债表项目	利润表项目
销售与收款循环	应收票据、应收账款、应收款项融资、合同资产、长期应收款、预收款项、应交税费、合同负债	营业收入、税金及附加
采购与付款循环	预付款项、持有待售资产、固定资产、在建工程、生产性生物资产、油气资产、无形资产、开发支出、长期待摊费用、应付票据及应付账款、持有待售负债、租赁负债、长期应付款	销售费用、管理费用、研发费用、其他收益
生产与存货循环	存货	营业成本
人力资源与工薪循环	应付职工薪酬	营业成本、销售费用、管理费用
投资与筹资循环	交易性金融资产、衍生金融资产、其他应收款、其他流动资产、债权投资、其他债权投资、长期股权投资、其他权益工具投资、其他非流动金融资产、投资性房地产、商誉、递延所得税资产、短期借款、交易性金融负债、衍生金融负债、其他应付款、长期借款、应付债券、预计负债、递延收益、递延所得税负债、实收资本（或股本）、其他权益工具、资本公积、其他综合收益、专项储备、盈余公积、未分配利润	财务费用、资产减值损失、信用减值损失、投资收益、净敞口套期收益、公允价值变动收益、资产处置收益、营业外收入、营业外支出、专项储备、所得税费用

第二节 销售与收款循环概述

一、不同行业类型的收入来源

企业的收入主要来自出售商品、提供服务等，由于所处行业不同，企业具体的收入来源有所不同。表 3-3 列示了一些常见的行业的主要收入来源。

表 3-3 不同行业类型的主要收入来源

行业类别	收入来源
贸易业	作为零售商向普通大众（最终消费者）零售商品；作为批发商向零售商供应商品
一般制造业	通过采购原材料并将其用于生产流程制造产品卖给客户取得收入
专业服务业	律师、会计师、商业咨询师等主要通过提供专业服务取得服务费收入；医疗服务机构通过提供医疗服务取得收入，包括给住院病人提供病房和医护设备，为病人提供精细护理、手术和药品等取得收入
金融服务业	向客户提供金融服务取得手续费；向客户发放贷款取得利息收入；通过协助客户对其资金进行投资取得相关理财费用
建筑业	通过提供建筑服务完成建筑合同取得收入

可见，一个企业所处的行业和经营性质决定了该企业的收入来源，以及为获取收入而相应产生的各项费用支出。注册会计师需要对被审计单位的相关行业活动和经营性质有比较全面的了解，才能胜任被审计单位收入、支出的审计工作。

二、销售与收款循环的主要业务活动

销售与收款活动所涉及的业务环节主要包括以下各项。

(一) 接受客户订购单

客户提出订货要求是整个销售与收款循环的起点，是购买某种货物或接受某种劳务的一项申请。客户订购单只有在符合企业管理层的授权标准时才能被接受。如未被列入，由销售单管理部门的主管来决定是否同意销售。如果同意并确定销售，应编制一式多联的销售单。该项活动与销售交易的“发生”认定相关。

(二) 批准赊销信用

如果是赊销业务，销售单应由信用管理部门根据管理层的赊销政策在每个客户的已授权的信用额度内进行。执行人工赊销信用检查时，要避免销售人员为扩大销售而使企业承受不适当的信用风险。对新客户通常应进行信用调查(包括获取信用评审机构对客户信用等级的评定报告)。无论是否批准赊销，都要求被授权的信用管理部门人员在销售单上签署意见，然后再将已签署意见的销售单送回销售单管理部门。该项活动与应收账款的“准确性、计价和分摊”认定有关。

(三) 根据销售单编制发运凭证并发货

企业管理层通常要求商品仓库管理人员只有在收到经过批准的销售单时才能编制发运凭证并供货。经过信用审批后的销售单送回销售部门后，第一联直接送仓库作为按销售单供货和发货给装运部门的授权依据，第二联交开具账单部门，第三联由销售部留存。仓库开具预先连续编号的发货单，并在销售的产品装运后，将相关副本分送开具账单部门、运输单位和客户，设立这项控制程序的目的是防止仓库在未经授权的情况下擅自发货。该项活动与存货的“存在”认定相关。

(四) 按销售单装运货物

装运之前，还必须进行独立验证，装运部门将从仓库提取的商品与销售单核对无误后装运，以确定从仓库提取的商品都附有经批准的销售单，并且所提取商品内容与销售单一致。并编制一式四联预先连续编号的发运单，其中三联及时分送开具账单部门、仓库和客户，一联留存装运部门。将按经批准的销售单供货与按销售单装运货物职责相分离，有助于避免负责装运货物的职员在未经授权的情况下装运产品。该项活动与存货的“存在”“完整性”和销售交易的“准确性”认定相关。

(五) 向客户开具账单

开具账单部门职员在开具每张销售发票之前，独立检查是否存在装运凭证和相应的经批准的销售单。将装运凭证上的商品总数与相对应的销售发票上的商品总数核对，依据已授权批准的商品价目表编制销售发票，检查销售发票计价和计算的正确性。这些控制与销售交易的“发生”“完整性”以及“准确性”认定有关。

(六) 记录销售

依据附有有效装运凭证和销售单的销售发票记录销售。检查销售发票编号的连续性、装运凭证和销售单的日期,以及销售发票上的销售金额同会计记录金额的一致性。定期独立检查应收账款的明细账与总账的一致性。定期向客户寄送对账单,并要求客户将任何例外情况直接向指定的未执行或记录销售交易的会计主管报告。这些控制与"发生""完整性""准确性"以及"准确性、计价和分摊"认定有关。

(七) 办理和记录现金、银行存款收入

在办理和记录现金、银行存款收入时,企业最关心的是货币资金失窃的安全。货币资金的失窃或被侵占可能发生在货币资金收入入账之前或入账之后。

企业通过出纳与现金记账的职责分离、现金盘点、编制银行余额调节表、定期向客户发送对账单等控制来实现货币资金的安全。

(八) 办理和记录销售退回、销售折扣与折让

客户如果对商品不满意,销售企业一般会同意在商品售出一定期限内接受退货,或给予一定的销售折让;客户如果提前支付货款,销售企业则可能会给予一定的销售折扣。发生此类事项时,一般须经授权批准,并应确保与办理此事有关的部门和员工各司其职,分别控制实物流和会计处理。

(九) 提取坏账准备

定期对应收账款的信用风险进行评估,并根据预期信用损失计提坏账准备。该项活动与应收账款的"准确性、计价和分摊"认定相关。

(十) 核销坏账

如有证据表明某项货款已无法收回,企业即通过适当的审批程序注销该笔货款。

三、销售与收款循环涉及的主要凭证、记录与账户

(一) 主要凭证与会计记录

从前面对各个业务环节的介绍可以看出,销售与收款活动所涉及的主要凭证和会计记录如表 3-4 所示。

表 3-4　　**销售与收款循环涉及的主要凭证和记录**

业务活动	涉及的主要凭证及会计记录
接受客户订购单	客户订购单、销售单
批准赊销信用	销售单(经批准)
根据销售单编制发运凭证并发货	出库单、提货单、发运单/发运凭证
按销售单装运货物	装运单/装运凭证
向客户开具发票	销售发票、发运凭证、经批准的销售单、已授权批准的商品价目表
记录销售	客户签收单、转账凭证、收款凭证、应收账款明细账、主营业务收入明细账、客户对账单

（续表）

业务活动	涉及的主要凭证及会计记录
办理和记录现金、银行存款收入	收款凭证、现金日记账和银行存款日记账、汇款通知书
办理和记录销售退回、销售折扣与折让	贷项通知单、折扣与折让明细账、应收账款明细账
提取坏账准备	应收账款账龄分析表
核销坏账	坏账核销审批表

（二）主要账户及其相互关系

销售与收款循环主要涉及销售和收款两类交易。这两类交易所涉及的主要账户及其相互关系如图 3-2 所示。

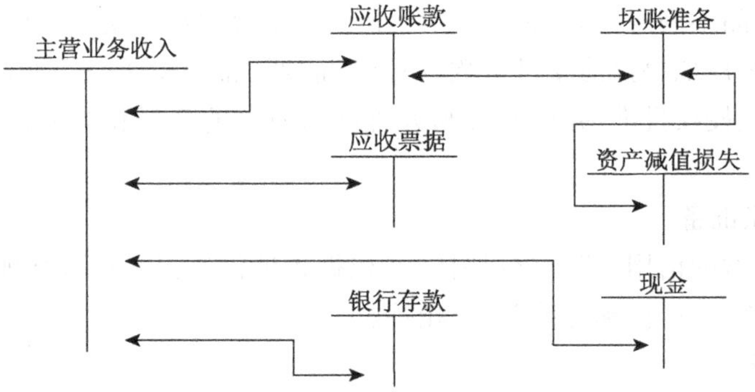

图 3-2　销售与收款循环涉及的主要账户及其相互关系

第三节　控制测试和交易的实质性程序

一、销售与收款循环的内部控制与控制测试

（一）销售与收款交易的内部控制

与销售与收款循环主要业务活动相关的关键内部控制和相应的控制测试主要包括以下几点。

1. 适当的职责分离

将销售与收款循环过程中各项职责进行明确的分工，分别由不同的部门或人员执行。建立岗位责任制，使各项工作之间既相互联系，又相互牵制，防止错误或舞弊的发生。注册会计师通常通过观察有关人员的活动，以及与这些人员进行讨论，来实施职责分离的控制测试。

2. 正确的授权审批

销售业务必须经过适当审批，包括对赊销限额、发运货物、结算价格、付款条件、销售退回与折让、坏账准备计提、坏账注销等进行授权。通过检查凭证上是否经过审批，可以很容易地测试出授权审批方面的内部控制效果。

3. 充分的凭证和记录

对内部控制来说，只有具备充分的记账手续、充分的凭证和记录才能实现其各项控制目标。另外凭证要预先编号，以防止销售以后忘记向顾客开具账单或登记入账，也可以防止重复开具账单或重复记账。对这种控制常用的一种控制测试程序是清点各种凭证，这种程序还可同时提供有关真实性和完整性目标的证据。

4. 按月寄出对账单

由不负责库存现金和销售及应收账款记账的人按月向顾客寄发对账单，能促使顾客在发现应付账款余额不正确后及时反馈有关信息，为使这项控制更加有效，最好将账户余额中出现的所有核对不符的账项，指定一位不掌管货币资金也不记录主营业务收入和应收账款的主管人员处理。注册会计师观察指定人员寄送对账单和检查顾客复函档案，对测试被审计单位是否按月向顾客寄出对账单是十分有效的控制测试。

5. 内部核查程序

由内部注册会计师或其他独立人员核查销货业务的处理和记录，是实现内部控制目标不可缺少的一项控制措施。表 3-5 所列程序是针对各项控制目标的典型内部核查程序。

表 3-5 **内部核查程序**

内部控制目标	内部核查程序举例
登记入账的销售交易是真实的	检查销售发票的连续性并检查所附的佐证凭证
销售交易均经适当审批	了解客户的信用情况，确定是否符合企业的赊销政策
所有销售交易均已登记入账	检查发运凭证的连续性，并将其与主营业务收入明细账核对
登记入账的销售交易金额准确	检查会计记录中的数据以验证其正确性
登记入账的销售交易分类恰当	将登记入账的销售交易的原始凭证与会计科目表比较核对
销售交易的记录及时	检查开票员所保管的未开票发运凭证，确定是否包括所有应开票的发运凭证在内
销售交易已经正确地记入明细账并经正确汇总	从发运凭证追查至主营业务收入明细账和总账

同步案例 3-1

注册会计师 A 于 2010 年 12 月对甲公司销售与收款循环的内部控制进行了解和测试，并在相关工作底稿中对相关事项进行记录，摘录如下。

(1) 甲公司发出商品时，由销售部门填制一式四联的出库单。仓库发出商品后，将第一联出库单留存登记产成品卡片，第二联交销售部门留存，第三联、第四联交会计部门会计人员乙登记产成品总账和明细账。

(2) 会计人员丙负责开具销售发票。在开具销售发票之前，先取得仓库的发货记录和销售商品价目表，然后填写销售发票的数量、单价和金额。

要求：根据上述摘录，请代注册会计师 A 指出甲公司在销售与收款内部控制方面的缺陷，并提出改进建议。

答案提示：

（1）会计人员乙同时登记产成品总账和明细账，属于不相容职务未进行分离。应建议甲公司由不同的会计人员登记产成品总账和明细账。

（2）会计人员丙开具销售发票不能只依据发货单和价目表，因为实际销售的数量和结算价格可能会与发货单数量和价目表上的价格不一致。应建议甲公司会计人员丙先核对装运凭证和相应的经批准的销货单，并根据已授权批准的商品价格填写销售发票的价格，根据装运凭证上的数量填写销售发票上的数量，再根据数量和价格计算出金额。

（二）销售与收款循环的控制测试

表3-6列示了销售交易的内部控制目标、关键内部控制与审计测试的关系。

表3-6　　销售交易的控制目标、关键内部控制和测试一览表

内部控制目标	关键内部控制	常用的控制测试	常用的实质性程序
登记入账的销售交易确系已经发货给真实的客户（发生）	销售交易是以经过审核的发运凭证及经过批准的客户订购单为依据登记入账的； 在发货前，客户的赊购已经被授权批准； 每月向客户寄送对账单，对客户提出的意见作专门追查	检查销售发票副联是否附有发运凭证（或提货单）及销售单（或客户订购单）； 检查客户的赊购是否经授权批准； 观察是否寄发对账单，并检查客户回函档案	复核主营业务收入总账、明细账以及应收账款明细账中的大额或异常项目； 追查主营业务收入明细账中的分录至销售单、销售发票副联及发运凭证； 将发运凭证与存货永续记录中的发运分录进行核对
所有销售交易均已登记入账；（完整性）	发运凭证（或提货单）均经事先编号并已经登记入账； 销售发票均经事先编号并已登记入账	检查发运凭证连续编号的完整性； 检查销售发票连续编号的完整性	将发运凭证与相关的销售发票和主营业务收入明细账及应收账款明细账中的分录进行核对
登记入账的销售数量确系已发货的数量，已正确开具账单并登记入账（准确性、计价和分摊）	销售有经批准的装运凭证和客户订购单支持将装运数量与开具账单的数量相比对； 从价格清单主文档获取销售单价	检查销售发票有无支持凭证； 检查比对留下的证据； 检查价格清单的准确性及是否经恰当批准	复算销售发票上的数据； 追查主营业务收入明细账中的分录至销售发票； 追查销售发票上的详细信息至发运凭证、经批准的商品价目表和客户订购单
销售交易的分类恰当（分类）	采用适当的会计科目表； 内部复核和核查	检查会计科目表是否适当； 检查有关凭证上内部复核和核查的标记	检查证明销售交易分类正确的原始证据
销售交易的记录及时（截止）	采用尽量能在销售发生时开具收款账单和登记入账的控制方法； 每月月末由独立人员对销售部门的销售记录、发运部门的发运记录和财务部门的销售交易入账情况作内部核查	检查尚未开具收款账单的发货和尚未登记入账的销售交易； 检查有关凭证上内部核查的标记	比较核对销售交易登记入账的日期与发运凭证的日期

（续表）

内部控制目标	关键内部控制	常用的控制测试	常用的实质性程序
销售交易已正确地记入明细账，并经正确汇总（准确性）	每月定期给客户寄送对账单； 由独立人员对应收账款明细账作内部核查； 将应收款明细账余额合计数与其总账余额进行比较	观察对账单是否已经寄出； 检查内部核查标记； 检查将应收账款明细账余额合计数与其总账余额进行比较的标记	将主营业务收入明细账加总，追查其至总账的过账

表 3-7 以现金销售交易为例，列示了相关的控制目标、关键内部控制和审计测试。

表 3-7　　收款交易的控制目标、关键内部控制和审计测试一览表

内部控制目标	关键内部控制	常用控制测试	常用实质性程序
登记入账的现金收入确实为企业已经实际收到的现金（存在或发生）	现金折扣必须经过适当的审批手续； 定期盘点现金并与账面余额核对	观察； 检查是否定期盘点，检查盘点记录； 检查现金折扣是否经过恰当的审批	盘点库存现金，如与账面数额存在差异，分析差异原因； 检查现金收入日记账、总账和应收账款明细账的大额项目与异常项目
收到的现金收入已全部登记入账（完整性）	现金出纳与现金记账的职务分离； 每日及时记录现金收入； 定期盘点现金并与账面余额核对； 定期向客户寄送对账单； 现金收入记录的内部复核	观察； 检查是否存在未入账的现金收入； 检查是否定期盘点，检查盘点记录； 检查是否向客户寄送对账单，了解是否定期进行检查复核标记	现金收入的截止测试； 盘点库存现金，如与账面数额存在差异，分析差异原因； 抽查客户对账单并与账面金额核对
存入银行并记录的现金收入确系实际收到的金额（准确性）	定期取得银行对账单； 编制银行存款余额调节表； 定期与客户对账	检查银行对账单； 检查银行存款余额调节表； 观察是否每月寄送对账单	检查调节表中未达账项的真实性以及财务报表日后的进账情况
现金收入在资产负债表中的披露正确（列报）	现金日记账与总账的登记职责分离	观察是否进行职责分离	检查财务报表及报表附注中对现金收入的披露是否恰当、充分

小资料

控制测试并非在任何情况下都需要实施。但当存在下列情形之一时，注册会计师应当实施控制测试：①在评估认定层次重大错报风险时，预期控制的运行是有效的；②仅实施实质性程序不足以提供认定层次充分、适当的审计证据。

二、销售与收款循环的实质性程序

（一）销售与收款循环的实质性分析程序

通常，注册会计师在对交易和余额实施细节测试前实施实质性分析程序，符合成本效益原则。具体到销售与收款交易和相关余额。

1．识别需要运用实质性分析程序的账户余额或交易

就销售与收款交易和相关余额而言，通常需要运用实质性分析程序的是销售交易、收款交易、营业收入项目和应收账款项目。

2．确定期望值

基于注册会计师对经营活动、市场份额、经济形势和发展历程的了解，与营业额、毛利率和应收账款等的预期相关。

3．确定可接受的差异额

在确定可接受的差异额时，注册会计师首先应当确定管理层使用的关键业绩指标，并考虑这些指标的适当性和监督过程。

4．识别需要进一步调查的差异并调查异常数据关系

注册会计师应当计算实际和期望值之间的差异，这涉及一些比率和比较，包括以下各项：

（1）观察月度（或每周）的销售记录趋势，与往年或预算相比较。任何异常波动都必须与管理层讨论，如果有必要的话还应作进一步的调查。

（2）将销售毛利率与以前年度和预算相比较。如果被审计单位各种产品的销售价格是不同的，那么就应当对每种产品或者相近毛利率的产品组进行分类比较。任何重大的差异都需要与管理层沟通。

（3）计算应收账款周转率和存货周转率，并与以前年度相比较。未预期的差异可能由很多因素引起，包括未记录销售、虚构销售记录或截止问题。

（4）检查异常项目的销售。例如，对大额销售以及未从销售记录过入销售总账的销售应予以调查。对临近年末的异常销售记录更应加以特别关注。

5．调查重大差异并作出判断

注册会计师在分析上述与预期相联系的指标后，如果认为存在未预期的重大差异，就可能需要对营业收入发生额和应收账款余额实施更加详细的细节测试。

6．评价分析程序的结果

注册会计师应当就收集的审计证据是否能支持其试图证实的审计目标和认定形成结论。

同步思考3-1

在某些特殊的行业，如餐饮、娱乐业，几乎不会以销售发票的开具作为支持记录主营业务收入的依据。那么对于这类行业，审计人员可以采用哪些办法来确定主营业务收入数额的恰当性？

【分析思路】 对缺乏销售发票作为记账依据的行业，执行实质性分析程序可能是一个有效的办法。为

此，审计人员可以考虑的思路包括以下各项。

(1) 考虑行业总体经济状况。

(2) 比较不同会计期间的收入金额。

(3) 考虑被审计单位生产的季节性影响因素，从而比较被审计年度内各月销售额的变化。

(4) 考虑促销方案的影响。

(5) 考虑激烈竞争的影响。

(6) 考虑重要客户的统计数据。

(二) 销售交易的细节测试

有些交易细节测试程序与环境条件关系不大，适用于各审计项目，有些则不然，要取决于被审计单位内部控制的健全程度和注册会计师实施控制测试的结果。接下来，我们将详细介绍销售交易常用的细节测试程序，这些程序在审计中常常被疏忽，而事实上它们恰恰需要注册会计师给予重视并根据它们作出审计决策。事先需要指出两点：一是这些细节测试程序并未包含销售交易全部的细节测试程序；二是其中有些程序可以实现多项控制目标，而非仅能实现一项控制目标。销售交易类别的细节测试主要包括以下几个方面。

1. 测试登记入账的销售交易是真实的

该测试所要实现的审计目标是存在或发生目标。对这一目标，注册会计师一般关心三类可能的错误：未曾发货却已将销售交易登记入账；销售交易重复入账；向虚构的顾客发货，并作为销售交易登记入账。前两类错误可能是有意的，也可能是无意的，而第三类错误肯定是有意的。将不真实的销售登记入账的情况虽然极少，但其后果却很严重，因为这会导致多报资产和收入。大多数著名的审计案例中，均可见销售不实的事实，这是上市公司最热衷采用的操纵利润的手法，表 3-8 仅列示了其中很少的一部分。

表 3-8 **上市公司虚构收入的典型手段**

公　　司	典型作假手法
银广夏	虚构出口收入
黎明股份	虚构销售对象和虚构交易虚增收入
麦科特	通过虚构进口设备融资租赁交易虚增收入
蓝田股份	虚构收入和在建工程
东方电子	虚构销售对象和虚构交易虚增收入
锦州港	虚构收入和在建工程、固定资产、现金
张家界	虚构土地转让
ST 纵横	提前划入政府财政补贴、虚构销售收入

如何以恰当的实质性程序来发现不真实的销售，取决于注册会计师的专业判断。对“存在或发生”这一目标而言，注册会计师通常只在认为内部控制有弱点时，才实施实质性程序。因此，测试的性质取决于潜在的控制弱点的性质。

(1) 对未曾发货却将销售交易登记入账错误的审计。注册会计师可以从主营业务收入明细账中抽取若干笔分录，追查有无发运凭证及其他佐证凭证，借以查明有无事实上没有发货却已登记入账的销售交易。如果注册会计师对发运凭证的真实性也有怀疑，就可能有必要再进一步追查存货的永续盘存记录，测试存货余额有无减少。

(2) 对销售交易重复入账错误的审计。注册会计师可以通过检查企业的销售交易记录清单以确定是否存在重号、缺号。

(3) 对向虚构的顾客发货并作为销售交易登记入账错误的审计。一般来说，这类错误通常在负责登记销售的人员同时兼任核准发货职能的情况下发生。注册会计师应当检查主营业务收入明细账中与销售分录相应的销售单，以确定销售是否经过赊销批准手续和发货审批手续。

检查上述三类多报销售错误的可能性的另一有效的方法是追查应收账款明细账中贷方发生额的记录。如果应收账款最终得以收回货款或者收到退货，则记录入账的销售交易一开始通常是真实的，如果贷方发生额是注销坏账，或者直到审计时所欠货款仍未收回，就必须详细追查相应的发运凭证和顾客订货单等，因为这些迹象都说明可能存在虚构的销售交易。

2. 测试已发生的销售交易均已登记入账

该测试所要实现的审计目标是完整性目标。销售交易的审计一般偏重于检查虚报资产与收入的问题，因此，通常无需针对完整性目标进行交易实质性程序。但是，如果内部控制不健全，比如被审计单位没有由发运凭证追查至主营业务收入明细账这一独立内部核查程序，就有必要进行交易实质性程序，因为在这种情况下容易出现漏记销售交易。

从发货部门的档案中选取部分发运凭证，并追查至有关的销售发票副本和主营业务收入明细账，是测试未开票发货的一种有效程序。为使这一程序成为一项有意义的测试，注册会计师必须能够确信全部发运凭证均已归档，这一点可以通过检查发运凭证的顺序编号来查明。

小资料

设计发生目标和完整性目标的细节测试程序时，确定追查凭证的起点即测试的方向很重要。

测试发生目标时，起点是明细账，即从主营业务收入明细账中抽取一个发票号码样本，追查至销售发票存根、发运凭证以及客户订购单(即"逆查")。

测试完整性目标时，起点应是发运凭证，即从发运凭证中选取样本，追查至销售发票存根和主营业务收入明细账，以确定是否存在遗漏事项(即"顺查")。

注册会计师如果关心的是发生目标，但弄错了追查的方向(即由发运凭证追查至明细账)，就属于严重的审计缺陷。在测试其他目标时，方向一般无关紧要。例如，测试交易业务计价的准确性时，可以由销售发票追查发运凭证，也可以反向追查。

3. 测试登记入账的销售交易均经正确计价

该测试所要实现的审计目标是准确性、计价和分摊目标。销售交易的估价准确包括：按订货数量发货、按发货数量准确地开具账单以及将账单上的数额准确地记入会计账簿。对这三个方面，在每次审计中一般都要执行实质性程序，以确保其准确无误。

典型的实质性程序包括复算会计记录中的数据。通常的做法是：以主营业务收入明细账中的会计分录为起点，将所选择的交易业务的合计数与应收账款明细账和销售发票存根进行比较核对。其金额小计和合计数也要进行复算。发票中列出的商品的规格、数量和顾客代号等，则应与发运凭证进行比较核对。另外，往往还审核顾客订货单和销售单中的同类数据。

4. 测试登记入账的销售交易分类恰当

如果销售分为现销和赊销，应注意不要记错会计科目，也不要将营业资产（如固定资产）的转让混作正常销售。销售分类恰当的测试一般可与计价准确性测试一并进行，可以通过审核原始凭证确定具体交易业务的类型是否恰当，并以此与账簿的实际记录作比较。

5. 测试销售交易已记录于正确的会计期间

该测试与截止审计目标有关。企业发货后应尽快开具账单并登记入账，以防止无意漏记销售交易，确保它们记入正确的会计期间。在执行估价实质性的测试的同时，一般要将所选取的提货单或其他发运凭证的日期与相应的销售发票存根、主营业务收入明细账和应收账款明细账的日期作比较。如有重大差异，就可能存在销售截止期限上的错误。

6. 测试销售交易已正确地记入明细账并正确地汇总

该测试与过账与汇总分类审计目标有关。针对过账、汇总目标的测试包括加总主营业务收入明细账、应收账款明细账和过入总账三项，并从其中之一追查其他两项。在多数审计中，通常都要加总主营业务收入明细账，并将加总数和一些具体内容分别追查至主营业务收入总账和应收账款明细账或现金、银行存款日记账，以检查在销售过程中是否存在有意或无意的错报问题。从主营业务收入明细账追查至应收账款明细账，一般与为实现其他审计目标所作的测试一并进行；而将主营业务收入明细账加总，并追查、核对加总数至其总账，则应作为单独的一项测试程序来进行。

针对过账、汇总目标所进行的测试与针对其他目标所进行的测试的区别是加总主营业务收入明细账、应收账款明细账和过入总账三项，并从其中之一追查其他两项。如果加总与比较只限于主营业务收入明细账、应收账款明细账和过入总账这三项，即属于针对过账、汇总目标的测试。而针对其他目标（如估价目标等），其测试除了上述程序外，还包括凭证之间的相互核对和凭证与相关明细账的核对。因此，由销售发票存根追查核对主营业务收入明细账或应收账款明细账，是估价目标的测试程序；而由主营业务收入明细账追查核对应收账款明细账，则是过账、汇总目标的测试程序。

（三）收款交易的细节测试

收款交易类别的细节测试与销售交易的细节测试是相似的，都应针对各交易类别的审计目标来组织交易类别的细节测试。与销售交易测试一样，收款交易类别细节测试的范围，在一定程度上取决于关键控制是否存在以及控制测试的结果。由于销售与收款交易同属一个循环，在经济活动中密切相连，因此，收款交易类别的一部分测试可与销售交易类别测试一并执行，但收款交易的特殊性又决定了其另一部分测试仍需单独实施。

同步思考 3-2

交易的实质性程序选择何时进行比较合适？

答案提示：

由于特定内部控制一般根据循环或交易而设计，交易的实质性程序通常和控制测试一起执行，叫做双重目的测试。交易的实质性程序虽然与关键控制及控制测试没有直接关系，但交易实质性程序的范围在一定程度上取决于关键控制是否存在及控制测试的结果。

第四节 营业收入审计

营业收入包括主营业务收入和其他业务收入。主营业务收入在不同行业包括的内容不同。工业企业的主营业务收入主要包括销售商品、自制半成品、代制品、代修品、提供工业性劳务等取得的收入；商品流通企业的主营业务收入主要包括销售商品取得的收入。主营业务收入一般占企业收入的比重较大，对企业的经济效益具有较大影响。表 3-9 列示了有关主营业务收入的认定—审计目标—可供选择的审计程序之间的内在关系。

表 3-9　　主营业务收入实质性程序

被审计单位：M 公司 项目：主营业务收入 编制：WL 日期：2021/01/08	索引号：SA-1 财务报表截止日/期间：2020 年度 复核：ZY 日期：2021/02/02

（一）审计目标与认定对应关系表

审　计　目　标	财务报表认定					
	发生	完整性	准确性	截止	分类	列报
A. 利润表中记录的营业收入已发生，且与甲公司有关	√					
B. 所有应当记录的营业收入均已记录，应当包括在财务报表中的相关披露均已包括		√				
C. 与营业收入有关的金额及其他数据已恰当记录，相关披露已得到恰当计量和描述			√			
D. 营业收入已记录于正确的会计期间				√		
E. 营业收入已记录于恰当的账户					√	
F. 营业收入已按照企业会计准则的规定在财务报表中作出恰当的列报和披露						√

（续表）

（二）审计目标与审计程序对应关系表	
审计目标	可供选择的审计程序(仅以主营业务收入为例说明)
一般(常规)程序：	
C	(1) 获取营业收入明细表
AC/BC	(2) 实施实质性分析程序
ACD/BCD	(3) 检查主营业务收入确认方法是否符合《企业会计准则》的规定
ACD	(4) 核对收入交易的原始凭证与会计分录
B	(5) 从发运凭证(客户签收联)中选取样本,追查至销售发票存根和主营业务收入明细账,以确定是否存在遗漏事项(顺查)
AC	(6) 结合对应收账款实施的函证程序,选择主要客户函证本期销售额
D	(7) 实施截止测试
A	(8) 存在销货退回的,检查手续是否符合规定,结合原始销售凭证检查其会计处理是否正确。结合存货项目审计关注其真实性
C	(9) 检查销售折扣与折让
F	(10) 确定主营业务收入列报是否恰当
特殊程序：	
ACDE/BCDE	(1) 附有销售退回条件的商品销售,评估对退货部分的估计是否合理,确定其是否按估计不会退货部分确认收入
ACDE/BCDE	(2) 售后回购,了解回购安排属于远期安排、企业拥有回购选择权还是客户拥有回售选择权,确定企业是否根据不同的安排进行了恰当的会计处理
ACDE/BCDE	(3) 以旧换新销售,确定销售的商品是否按照商品销售的方法确认收入,回收的商品是否作为购进商品处理
ACDE/BCDE	(4) 出口销售,根据交易的定价和成交方式(离岸价格、到岸价格或成本加运费价格等),并结合合同(包括购销合同和运输合同)中有关货物运输途中风险承担的条款,确定收入确认的时点和金额

一、主营业务收入的实质性程序

主营业务收入审计的实质性程序一般包括以下各项。

(一) 获取或编制主营业务收入明细表

(1) 复核加计是否正确,并与总账数和明细账合计数核对是否相符,结合其他业务收入科目与报表数核对是否相符;

(2) 检查以非记账本位币结算的主营业务收入使用的折算汇率及折算是否正确。

表 3-10 **主营业务收入明细表**①

被审计单位：南方工业有限公司　　索引号：A6-3

项目：主营业务收入明细表　　期间：2×18 年度

编制：王胜　　复核：张雷

日期：2×19.2.16　　日期：2×19.3.1

月份	主营业务收入明细项目						
	合计	HZMC20BK	XJCW1225B	……			
1	6 416 752	231 436					
2	4 248 453		365 418				
3	3 607 171	352 148					
4	6 770 342	56 487					
5	7 349 017		589 742				
6	4 035 256	87 945	77 546				
7	2 608 547	115 462					
8	6 245 085	77 985	352 473				
9	7 903 932						
10	2 838 667	254 129	55 689				
11	5 884 669	35 421					
12	8 251 213		145 698				
合计	66 159 104	1 211 013	1 586 566				
上期数	68 077 968	1 058 742	1 859 742				
变动额	−1 918 864	152 271	−273 176				
变动比例	−2.82%	14.38%	−14.69%				

审计说明：

(二) 实施实质性分析程序

(1) 针对已识别需要运用分析程序的有关项目，并基于对被审计单位及其环境的了解，通过进行以下比较，同时考虑有关数据间关系的影响，以建立有关数据的期望值：

A. 将账面销售收入、销售清单和销售增值税销项清单进行核对；

B. 将本期销售收入金额与以前可比期间的对应数据或预算数进行比较；

C. 分析月度或季度销售量、销售单价、销售收入金额、毛利率变动趋势；

D. 将销售收入变动幅度与销售商品及提供劳务收到的现金、应收账款/合同资产、存货、税金等项目的变动幅度进行比较；

① 数据来源：同表 3-9。

E. 将销售毛利率、应收账款/合同资产周转率、存货周转率等关键财务指标与可比期间数据、预算数或同行业其他企业数据进行比较；

F. 分析销售收入等财务信息与投入产出率、劳动生产率、产能、水电能耗、运输数量等非财务信息之间的关系；

G. 分析销售收入与销售费用之间的关系，包括销售人员的人均业绩指标、销售人员薪酬、广告费、差旅费，以及销售机构的设置、规模、数量、分布等。

(2) 确定可接受的差异额；

(3) 将实际金额与期望值相比较，计算差异；

(4) 如果其差额超过确定的可接受的差异额，调查并获取充分的解释和恰当的、佐证性质的审计证据(如通过检查相关的凭证等)；

(5) 评估实质性分析程序的结果。

(三) 检查主营业务收入的确认方法是否符合《企业会计准则的规定》

根据财会 2017 年 22 号(关于修订印发《企业会计准则第 14 号——收入》的通知)的规定，企业应当在履行了合同中的履约义务，即在客户取得相关商品控制权时确认收入。

取得相关商品控制权，是指能够主导该商品的使用并从中获得几乎全部的经济利益。

当企业与客户之间的合同同时满足下列条件时，企业应当在客户取得商品控制权时确认收入：

A. 合同各方已批准该合同并承诺将履行各自义务；

B. 该合同明确了合同各方与所转让商品或提供劳务相关的权利和义务；

C. 该合同有明确的与所转让的商品相关的支付条款；

D. 该合同具有商业实质，即履行该合同将改变企业未来现金流量的风险、时间分布或金额；

E. 企业因向客户转让商品而有权取得的对价很可能收回。

合同开始日，企业应当对合同进行评估，识别该合同所包含的各单项履约义务，并确定各单项履约义务是在某一时段内履行，还是在某一时点履行，然后在履行了各单项履约义务时分别确认收入。

对于在某一时段内履行的履约义务，企业应当在该段时间内按照履约进度确认收入。当履约进度能够合理确定时，采用产出法或投入法确定恰当的履约进度当履约进度不能合理确定时，企业已经发生的成本预计能够得到补偿的，应当按照已经发生的成本金额确认收入，直到履约进度能够合理确定为止。

对于在某一时点履行的履约义务，企业应当在客户取得相关商品的控制权时确认收入。在判断客户是否已取得商品控制权时，企业应当考虑下列迹象：

A. 企业就该商品享有现时收款权利，即客户就该商品负有现时付款义务；

B. 企业已将该商品的法定所有权转移给客户，即客户已拥有该商品的法定所有权；

C. 实物转移给客户，即客户已实物占有该商品；

D. 企业已将该商品所有权上的主要风险和报酬转移给客户即客户已取得该商品所有权上的主要风险和报酬；

E. 客户已接受该商品；

F. 其他表明客户已取得商品控制权的迹象。

注册会计师需要基于对被审计单位商业模式和日常经营活动的了解，判断被审计单位的合同履约义务是在某一时段内履行还是某一时点履行的，据以评估被审计单位确认产品销售收入的会计政策是否符合《企业会计准则》，并测试被审计单位是否按照其既定的会计政策确认产品销售收入。

注册会计师通常对所选取的交易，追查至原始的销售合同及与履行合同相关的单据和文件记录，以评价收入确认方法是否符合《企业会计准则》的规定。

同步案例 3-2

主营业务收入审计案例

注册会计师在审计甲公司的销售收入时，发现甲公司与子公司合作开发的御水豪庭楼盘已开发完毕，且已通过建筑工程核验，甲公司就上述楼盘的部分房屋已与购买业主签订了销售合同，合同约定金额为人民币 16 000 万元，且收到部分售房款计人民币 10 000 万元，但尚未办理完毕业主入住手续。甲公司的账务处理已确认销售收入 10 000 万元，并在其会计报表附注中对此予以披露。为此，注册会计师 A 检查了相应的销售合同、收款凭证及会计处理，认为不能获取其他充分的证据确定该商品房所有权上的主要风险和报酬已转移，因此销售收入不能确认，提请甲公司编制相应的调整分录。

在甲公司拒绝接受调整建议时，注册会计师发表了保留意见的审计报告，保留意见为："如贵公司会计报表附注六所述，截至 2010 年 12 月 31 日，贵公司与子公司合作开发的御水豪庭楼盘已开发完毕，且已通过建筑工程核验，贵公司已就上述楼盘的部分房屋与购买业主签订了销售合同，合同约定金额为人民币 16 000 万元，且收到部分售房款计人民币 10 000 万元，但尚未办理完毕业主入住手续，我们未能获取其他充分的证据确定该商品房所有权上的主要风险和报酬已转移，与该事项有关的利润为人民币 4 000 万元"。

案例分析：注册会计师充分关注了被审计单位与其子公司合作开发的商品房，由于"尚未办理完毕业主入住手续"即已确认为当期的营业收入，按《企业会计准则》所规定的收入确认条件"商品所有权上的重要风险和报酬确实转移"，未能取得足够的证据，因而表示了保留意见。

小资料

警惕操纵收入确认的十种手段①

目前许多企业在收入确认方面存在种种操纵行为，掩盖了企业真实的收入状况，其主要手段有如下十种。

(1) 提前开具销售发票，以美化业绩。由于我国发票管理制度的特殊性，在会计和税务实务中，开具销售发票往往是销售实现的一个标志。因此，一些公司往往以开具销售发票和已计税为理由确认营业收入，而不管销售过程是否真正完成。但实际上，开具销售发票仅仅是形式，并不代表销售过程的终结。

(2) 操纵收入的认定时点，创造虚无的销售收入。为掩盖造假行为，企业经常捏造存货记录、发运记录和发票。以生产芭比娃娃出名的美国玩具公司 Mattel Inc. 在 1970 年，就曾以"先开账单货暂代管"的方式提早确认了巨额的销售收入，被诉至法庭，赔偿 3 000 万美元。

① 吴革：《警惕操纵收入确认的十种手段》，《中国财经报·财会世界周刊》2001 年 10 月 18 日。

(3) 不适当的销售分割。如在年底虚开发票,次年再以质量不合格等理由冲回、退货。为增加销售收入,没有在会计期末结账,将下期销售记入本期。

(4) 在存有重大不确定性时确定收入。一般而言,下列情况下不应确认收入:所有权上的风险和报酬没有转移;客户有可能退货;买方有可能拒付货款;交易涉及未解决的问题或还需要进行协调;或借助于第三方签订“买断收益权”的协议;或顾客还拥有退货或终止合约的选择权。例如,商品销售后如果需要安装和检验,则应在安装和检验后才产生付款义务。因而,应在安装和检验后才能确认为收入。

事实上,即使是知名的、受人尊敬的公司也会发现存在这种会计诡计。1997 年 11 月,美国博士伦公司与证券交易委员会和解了一桩会计舞弊案。这是一起典型的高层对低层提出近乎不可能实现的经营目标而引起的会计舞弊案。由于来自美国本土公司的压力迫使中国香港的亚太分部虚报了雷朋以及其他一些品牌太阳眼镜的销售收入等。而在美国,隐形眼镜部私下赋予顾客退货权,同时却把这些交易确认为会计收入。

(5) 完工百分比法的不适当运用。由于信息的不对称,在存有重大不确定性的情况下,采用完工百分比法确认收入和相应结转费用,管理层既可以隐瞒未来的不确定性,又可以随心所欲地估计完成合同需要的总成本及各期完工程度,通过夸大在建项目的完成比例来高估收入,以达到操纵收入的目的。

(6) 受托销售。将代销收入列为本企业的销售收入,以虚增收入。

(7) 未认可发运。发运有缺陷的货物或并非对方需要的货物后,以全部价格而不是以销售返回或折扣价格记录来增加收入。

(8) 在仍需提供未来服务时确认收入。在收到款项时马上确认为收入,而不管未来仍需要提供服务,这是常见的操纵收入的手法,特别是收款后马上出具销售发票时,更使这种手法具有隐蔽性和欺骗性。事实上,收到款项有时仅仅是预收货款,应先作为负债,待有关产品或劳务已经提供后,方可确认收入。一些劳务收入的确认,如特许权费收入、会员费收入、服务费收入、广告费收入、安装费收入、软件定制费收入,很容易出现这样的情况。

(9) 递延确认收入。这也是一种非常严重的收入操纵行为,会误导投资者。公司可以在当期收入下降时,通过确认以前年度的收入来高估当期收益,会使人们认为公司仍然处于经营业绩良好状态。但此时公司已开始“走下坡路”。因此,一旦公司宣布停止经营,给投资者的冲击将是非常巨大的,他们没有时间去准备接受这一事实。

(10) 制造收入事项。例如,一家企业利用子公司按市场价销售给第三方,确认该子公司销售收入,再由另一公司从第三方手中购回。这种做法避免了集团内部交易必须抵销的约束,确保了在合并报表中确认收入和利润,达到了操纵收入的目的。

(四) 核对收入交易的原始凭证与会计分录

(1) 以主营业务收入明细账中的会计分录为起点,检查相关原始凭证如订购单、销售单、发运凭证、发票等,以评价已入账的营业收入是否真实发生。

(2) 检查订购单和销售单,用以确认存在真实的客户购买要求,销售交易已经过适当的授权批准。

(3) 销售发票存根上所列的单价与经过批准的商品价目表进行比较核对,对其金额小计和合计数也要进行复算。

(4) 发票中列出的商品的规格、数量和客户代码等,则应与发运凭证进行比较核对,尤其是由客户签收商品的一联,确定已按合同约定完成交易,可以确认收入。

(5) 查原始凭证中的交易日期,以确认收入计入了正确的会计期间。

(五) 对主营业务收入完整性认定的检查

以发货凭证为起点,追查至销售发票存根和主营业务收入明细账,以确定是否存在遗漏事项(完整性认定)。

为使用这一程序成为一项有意义的测试,采用此程序时,注册会计师需要能够确认全部发运凭证均已归档,这一点一般可以通过检查发运凭证的顺序编号来查明。

(六) 结合对应收账款实施函证程序,选择主要客户函证本期销售额

结合对应收账款实施函证程序,选择主要客户函证本期销售额。

(七) 实施销售的截止测试(截止测试)

实施销售截止测试的目的主要在于确定被审计单位主营业务收入的会计记录归属期是否正确。即应记入本期或下期的主营业务收入是否被推延至下期或提前至本期。

注册会计师对销售交易实施的截止测试可能包括以下的程序:

(1) 选取资产负债表日前后若干天一定金额以上的发运凭证,与应收账款和收入明细账进行核对;

同时,从应收账款和收入明细账选取在资产负债表日前后若干天一定金额以上的凭证,与发运凭证核对,以确定销售是否存在跨期现象;

表 3-11 **销售收入截止测试的两条审计路径**

审计路线	目的	测试程序	优点	缺点
以账簿记录为起点	防止高估营业收入	从资产负债表日前后若干天的账簿记录追查至记账凭证和客户签收的发运凭证,目的是证实已入账收入是否在同一期间已发货并由客户签收,有无多记收入	比较直观,容易追查至相关凭证记录,检查跨期收入十分便捷,可以提高审计效率	缺乏全面性和连贯性,只能查多记,无法查漏记(尤其本期收入未入账下期也漏记)
以发运凭证为起点	防止低估营业收入	从资产负债表日前后若干天的已经客户签收的发运凭证查至账簿记录,确定主营业务收入是否已记入恰当的会计期间	较全面、连贯,容易发现漏记的收入	较费时费力,有时难以查找相应的发货及账簿记录,而且不易发现多记的收入

(2) 复核资产负债表日前后销售和发货水平,确定业务活动水平是否异常,并考虑是否有必要追加截止测试程序;

(3) 取得资产负债表日后所有的销售退回记录,检查是否存在提前确认收入的情况;

(4) 结合对资产负债表日应收账款的函证程序,检查有无未取得对方认可的销售。

实施截止测试的前提是注册会计师充分了解被审计单位的收入确认会计实务,并识别能够证明某笔销售符合收入确认条件的关键单据。例如,货物出库时,与货物所有权相关的主要风险和报酬可能尚未转移,即客户尚未取得对商品的控制权,不符合收入确认的条件,因此,仓储部门留存的发运凭证可能不是实现收入的充分证据,注册会计师需要检查有客户签署的那一联发运凭证。销售发票与收入相关,但是发票开具日期不定与收入实现的日期一致。实务中由于增值税发票涉及企业的纳税和抵扣问题,开票日期滞后于收入可确认日期的情况并不少见,因此,通常不能将开票日期作为收入确认的日期。

假定某一般制造型企业在货物送达客户并由客户签收时确认收入，注册会计师可以考虑选择两条审计路径实施主营业务收入的截止测试。

一是以账簿记录为起点。从资产负债表日前后若干天的账簿记录追查至记账凭证和客户签收的发运凭证，目的是证实已入账收入是否在同一期间已发货并由客户签收，有无多记收入。这种方法的优点是比较直观，容易追查至相关凭证记录，以确定其是否应在本期确认收入，特别是在连续审计两个以上会计期间时，检查跨期收入十分便捷，可以提高审计效率。缺点是缺乏全面性和连贯性，只能查多记，无法查漏记，尤其是当本期漏记收入延至下期而审计时被审计单位尚未及时登账时，不易发现应记入而未记入报告期收入的情况。因此，使用这种方法主要是为了防止多计收入。

二是以发运凭证为起点。从资产负债表日前后若干天的已经客户签收的发运凭证查至账簿记录，确定主营业务收入是否已记入恰当的会计期间。

上述两条审计路径在实务中均被广泛采用，它们并不是孤立的，注册会计师可以考虑在同一主营业务收入科目审计中采用这两条路径。实际上由于被审计单位的具体情况各异，管理层意图各不相同，有的为了完成利润目标、承包指标，更多地享受税收等优惠政策，便于筹资等目的，可能会多计收入有的则为了以丰补歉、留有余地、推迟缴税时间等目的而少计收入。因此，注册会计师需要凭借专业经验和所掌握的信息进行风险评估作出正确判断，选择适当的审计路径实施有效的收入截止测试。

表 3-12 **主营业务收入截止测试表**

被审计单位：南方工业有限公司　　索引号：A6-6

项目：主营业务收入截止测试　　期间：2×18 年度

编制：王胜　　复核：张雷

日期：2×19.2.16　　日期：2×19.3.1

从发货单到明细账

编号	发货单		发票内容					明细账				是否跨期
	日期	号码	日期	客户名称	货物名称	销售额	税额	日期	凭证号	主营业务收入	应交税费	
1	12.23	4 998	12.23	东莞胜利冶金机械公司	HNW 40	95 000	13 803	12.25	记-102	81 197	13 803	×
…												
截止日前												
截止日期：2×18 年 12 月 31 日												
截止日后												
1	1.5	5 842	1.5	广州诚立贸易公司	XTZW 900	127 800	18 569	1.8	记—29	109 231	18 569	×
…												

审计说明：

（八）检查销售退回

存在销货退回的，检查相关手续是否符合规定，结合原始销售凭证检查其会计处理是否正确，结合存货项目审计关注其真实性。

（九）检查销售折扣与折让

企业在销售交易中，往往会因各种原因向客户提供销售折扣与折让。销售折扣与折让直接影响收入的计量。因此，注册会计师应重视折扣与折让审计。

销售折扣与折让的实质性程序主要包括：

(1) 获取或编制销售折扣与折让明细表，复核加计正确，并与明细账合计数核对相符。

(2) 取得被审计单位有关销售折扣与折让的具体规定和其他文件资料，并抽查较大的销售折扣与折让发生额的授权批准情况，与实际执行情况进行核对，检查其是否经授权批准，是否合法、真实。

(3) 销售折让与折扣是否及时足额提交对方，有无虚设中介、转移收入、私设账外“小金库”等情况。

(4) 检查销售折扣与折让的会计处理是否正确。

同步案例 3-3

审计甲公司 2×19 年度财务报表时，注册会计师 A 发现甲公司于 2×19 年 12 月 5 日向乙公司赊销含税价款为 158 万元的一批产品，销售发票已开具，并已按规定确认了主营业务收入、结转相应的主营业务成本。会计处理如下：

借：应收账款——乙公司　　1 580 000
　贷：主营业务收入　　1 350 400
　　应交税费——应交增值税(销项税额)　　229 600

借：主营业务成本　　1 200 000
　贷：库存商品　　1 200 000

经查，至 2×20 年 12 月 31 日止，该笔业务的货款尚未收回。按照甲公司的会计政策，无需对此笔应收账款计提坏账准备。2×21 年 1 月 5 日，乙公司因质量不合格将所购产品全部退回。2×21 年 3 月初，注册会计师 A 发现甲公司尚未对此笔销货退回业务进行会计处理。

要求：审查上述业务，提出审计处理建议。

答案提示：尽管商品退回于 2×21 年，但因销售发生于 2×20 年，故上述销售退回事项作为“需要调整的日后事项”，应在甲公司 2×20 年度会计报表中反映，即甲公司应将原已确认的主营业务收入和原已结转的主营业务成本冲回(如果甲公司对此笔应收账款计提了坏账准备，还应对资产减值损失等项目作相应调整)。建议的会计调整分录如下所示。(单位：万元)

(1) 冲回原已确认的应收账款、主营业务收入和应缴纳的增值税：

借：主营业务收入　　1 350 400
　应交税费——应交增值税(销项税额)　　229 600
　贷：应收账款——乙公司　　1 580 000

(2) 冲回原已结转的成本：

借：存货　　　　　　　　　　　　　　　　　　　　　　1 200 000

　　贷：主营业务成本　　　　　　　　　　　　　　　　　　1 200 000

如果涉及坏账准备，还应冲减已计提的坏账准备：

借：应收账款(替代坏账准备)

　　贷：资产减值损失

(十) 检查主营业务收入在利润表上的披露是否恰当

注册会计师应当检查主营业务收入在利润表上的披露是否恰当。

二、营业收入的特别审计程序

除了上述较为常规的审计程序外，注册会计师还要根据被审计单位的特定情况和收入的重大错报风险程度，考虑是否有必要实施一些特别的审计程序。

(1) 附有销售退回条件的商品销售，评估对退货部分的估计是否合理，确定其是否按估计不会退货部分确认收入。

(2) 售后回购，了解回购安排属于远期安排、企业拥有回购选择权还是客户拥有回售选择权，确定企业是否根据不同的安排进行了恰当的会计处理。

(3) 以旧换新销售，确定销售的商品是否按照商品销售的方法确认收入，回收的商品是否作为购进商品处理。

(4) 出口销售，根据交易的定价和成交方式(离岸价格、到岸价格或成本加运费价格等)，并结合合同(包括购销合同和运输合同)中有关货物运输途中风险承担的条款，确定收入确认的时点和金额。

如果识别出被审计单位收入真实性存在重大异常情况，且通过常规审计程序无法获取充分、适当的审计证据，注册会计师需要考虑实施“延伸检查”程序，即对检查范围进行合理延伸，以应对识别出的舞弊风险。例如，对所销售产品或服务及其所涉及资金的来源和去向进行追踪，对交易参与方(含代为收付款方)的最终控制人或其真实身份进行查询。

注册会计师在判断是否需要实施“延伸检查”程序及如何实施时，应当根据审计准则的规定，并考虑有经验的专业人士在该场景下通常会作出的合理职业判断。

实施“延伸检查”程序的可行性和效果受诸多因素影响，注册会计师设计的具体“延伸检查”程序的性质、时间安排和范围，应当针对被审计单位的具体情况，与评估的舞弊风险相称，并体现重要性原则。

例如，被审计单位所处行业的下游产业链较长，如果对下游产业链的某个或某几个环节实施“延伸检查”程序获取的审计证据，可以应对与收入确认相关的舞弊风险，则“延伸检查”程序无需覆盖所有环节。再者，相对于常规年度财务报表审计而言，在首次公开发行股票并上市审计(IPO 审计)中，由于存在监管要求和相关方的配合，注册会计师实施“延伸检查”程序通常相对可行。

实务中，注册会计师可以实施的“延伸检查”程序举例如下：

(1) 在获取被审计单位配合的前提下，对相关供应商、客户进行实地走访，针对相关采购、销售交易的真实性获取进一步的审计证据。在实施实地走访程序时，注册会计师通常需要关注以下事项：

① 被访谈对象的身份真实性和适当性；

② 相关供应商、客户是否与被审计单位存在关联方关系或“隐性”关联方关系；

③ 观察相关供应商、客户的生产经营场地，判断其与被审计单位之间的交易规模是否和其生产经营规模匹配；

④ 相关客户向被审计单位进行采购的商业理由；

⑤ 相关客户采购被审计单位商品的用途和去向，是否存在销售给被审计单位指定单位的情况；

⑥ 相关客户从被审计单位采购的商品的库存情况，必要时进行实地察看；

⑦ 是否存在“抽屉协议”，如退货条款、价格保护机制等；

⑧ 相关供应商向被审计单位销售的产品是否来自被审计单位的指定单位；

⑨ 相关供应商、客户与被审计单位是否存在除购销交易以外的资金往来，如有，了解资金往来的性质。

注册会计师应当充分考虑被审计单位与被访谈对象串通舞弊的可能性，根据实际情况仔细设计访谈计划和访谈提纲，并对在访谈过程中注意到的可疑迹象保持警觉。注册会计师在访谈前应注意对访谈提纲保密，必要时，选择两名或不同层级的被访谈人员访谈相同或类似问题，进行相互印证。

（2）利用企业信息查询工具，查询主要供应商和客户的股东至其最终控制人，以识别相关供应商和客户与被审计单位是否存在关联方关系。

（3）在采用经销模式的情况下，检查经销商的最终销售实现情况。

（4）当注意到存在关联方（例如被审计单位控股股东、实际控制人、关键管理人员）配合被审计单位虚构收入的迹象时，获取并检查相关关联方的银行账户资金流水，关注是否存在与被审计单位相关供应商或客户的异常资金往来。

如果识别出收入舞弊或获取的信息表明可能存在舞弊，注册会计师可与被审计单位治理层沟通，并要求治理层就舞弊事项进行调查。

审计程序的性质、时间安排和范围应当能够应对评估的由于舞弊导致的认定层次重大错报风险。如果注册会计师认为“延伸检查”程序是必要的，但受条件限制无法实施，或实施“延伸检查”程序后仍不足以获取充分、适当的审计证据，注册会计师应当考虑审计范围是否受限，并考虑对审计报告意见类型的影响或解除业务约定。

三、其他业务收入的实质性程序

目前，一些企业的其他业务收入占营业收入的比重增大，从而其他业务利润对利润总额的贡献率不断提高。因此，注册会计师已不能忽视对其他业务收入的审计。其他业务收入的实质性程序包括以下方面。

1. 获取或编制其他业务收入明细表

复核加计是否正确，并与总账数和明细账合计数核对是否相符，结合“主营业务收入”账户与营业收入报表数核对是否相符。

2. 比率分析

计算本期其他业务收入与其他业务成本的比率,并与上期该比率比较,检查是否有重大波动,如有,应查明原因。

3. 其他业务收入内容检查

检查其他业务收入内容是否真实、合法,收入确认原则及会计处理是否符合规定,择要抽查原始凭证予以核实。

4. 异常项目检查

对异常项目,应追查入账依据及有关法律文件是否充分。对用材料进行非货币性资产交换的,应确定其是否具有商业实质且公允价值能够可靠计量。

5. 其他业务收入的截止测试

截止测试抽查财务报表日前后一定数量的记账凭证,实施截止测试,追踪到销售发票、收据等,确定入账时间是否正确,对于重大跨期事项作必要的调整建议。

6. 确定其他业务收入在财务报表中的列报是否恰当

第五节 应收账款审计

应收账款余额包括应收账款账面余额和相应的坏账准备两部分。应收账款是指企业因销售商品、提供劳务而形成的债权,即由于企业销售商品、提供劳务等原因,应向购货客户或接受劳务的客户收取的款项或代垫的运杂费,是企业在信用活动中所形成的各种债权性资产。企业的应收账款是在销售商品或提供劳务过程中产生的。企业的销售如果属于赊销,即销售实现时没有立即收取现款,而是获得了要求客户在一定条件下和一定时间内支付货款的权利,就产生了应收账款。因此,应收账款的审计应结合销售交易来进行。

坏账是指企业无法收回或收回可能性极小的应收款项(包括应收票据、应收账款、预付款项、其他应收款和长期应收款等)。由于发生坏账而产生的损失称为坏账损失。在市场经济的社会信用制度尚未完善时期,企业间交易形成款项部分或全部无法收回的情形司空见惯。因此,企业应当定期或者至少于每年年度终了对应收款项进行全面检查,预计各项应收款项可能发生的坏账,对于没有把握能够收回的应收款项,应当计提坏账准备。正因为如此,坏账准备通常是审计的重点领域,并且,由于坏账准备与应收账款的联系非常紧密,我们把对坏账准备的审计与对应收账款的审计合在一起予以阐述。表 3-13 列示了有关应收账款的认定—审计目标—可供选择的审计程序之间的内在关系。

表 3-13　　应收账款实质性程序表

被审计单位:甲公司 项目:应收账款 编制:WL 日期:2021/01/18	索引号:A2-1 财务报表截止日/期间:2020/12/31 复核:ZY 日期:2021/02/12

（续表）

（一）审计目标与认定对应关系表

审 计 目 标	财务报表认定					
	存在	完整性	权利和义务	准确性、计价和分摊	分类	列报
A. 资产负债表中记录的应收账款是存在的	√					
B. 所有应当记录的应收账款均已记录，应当包括在财务报表中的相关披露均已包括		√				
C. 记录的应收账款由甲公司拥有或控制			√			
D. 应收账款以恰当的金额包括在财务报表中，与之相关的计价调整已恰当记录，相关披露已得到恰当计量和描述				√		
E. 应收账款已记录于恰当的账户					√	
F. 应收账款已按照企业会计准则的规定在财务报表中作出恰当列报和披露						√

（二）审计目标与审计程序对应关系表

审计目标	可供选择的审计程序
D	(1) 取得应收账款明细表
AD/BD	(2) 分析与应收账款相关的财务指标
D	(3) 检查应收账款账龄分析是否正确
ACD	(4) 对应收账款实施函证程序
A	(5) 对未函证应收账款实施替代审计程序，以验证应收账款的真实性
D	(6) 评价坏账准备计提的适当性
F	(7) 检查应收账款是否已按照《企业会计准则》的规定在财务报表中作出恰当列报和披露

一、应收账款的实质性程序

（一）取得应收账款余额明细表

应收账款明细表可由注册会计师自己编制，也可以由被审计单位提供。如果由被审计单位提供，则注册会计师应对该表进行独立审查，对明细表中所列的应收账款进行抽查，追查至明细账，并对明细账中的借、贷合计加以验算。具体的审计程序如下。

(1) 复核加计正确,并与总账数和明细账合计数核对是否相符;结合坏账准备科目与报表数核对是否相符。应收账款报表数反映企业因销售商品、提供劳务等应向购买单位收取的各种款项,减去已计提的相应的坏账准备后的净额。

(2) 检查非记账本位币应收账款的折算汇率及折算是否正确。对于用非记账本位币(通常为外币)结算的应收账款,注册会计师检查被审计单位外币应收账款的增减变动是否采用交易发生日的即期汇率将外币金额折算为记账本位币金额,或者采用按照系统合理的方法确定的、与交易发生日即期汇率近似的汇率折算,选择采用汇率的方法前后各期是否一致;期末外币应收账款余额是否采用期末即期汇率折合为记账本位币金额;折算差额的会计处理是否正确。

(3) 分析有贷方余额的项目,查明原因,必要时,建议作重分类调整。应收账款明细账出现贷方余额,属债务,应列入"预收款项"项目。

表 3-14　　**应收账款明细表**

被审计单位:南方工业有限公司　　索引号:A2-2
项目:应收账款明细表　　财务报表截止日:2×18.12.31
编制:王胜　　复核:张雷
日期:2×19.2.16　　日期:2×19.3.1

单位名称(项目)	期末余额			账龄				备注
	原币	汇率	折合人民币	1年以内	1~2年	2~3年	3年以上	
一、关联方								
小计								
二、非关联方								
北京隆茂	1 896 432			1 896 432				
沈阳鑫远	842 330			842 330				
宁波建发	656 321			656 321				
合肥中诚	478 543			478 543				
上海恒辉	432 875				432 875			
	…			…	…	…	…	
小计	14 761 342			10 138 671	3 526 494	690 605	405 572	
合计	14 761 342			10 138 671	3 526 494	690 605	405 572	

审计说明:

(二) 分析应收账款相关的财务指标

(1) 复核应收账款借方累计发生额与主营业务收入关系是否合理,并将当期应收账款借方发生额占销售收入净额的百分比与管理层考核指标和被审计单位相关赊销政策比较,如存在异常应查明原因;

(2) 计算应收账款周转率、应收账款周转天数等指标，并与被审计单位相关赊销政策、被审计单位以前年度指标、同行业同期相关指标对比分析，分析是否存在重大异常并查明原因。

(三) 检查应收账款账龄分析是否正确

注册会计师可以通过获取或编制应收账款账龄分析表来分析应收账款的账龄，以便了解应收账款的可收回性。

(1) 获取应收账款账龄分析表。

被审计单位通常会编制应收账款账龄分析报告，以监控货款回收情况、及时识别可能无法收回的应收账款并作为计提坏账准备的依据之一。注册会计师可以通过查看应收账款账龄分析表了解和评估应收账款的可收回性。

(2) 测试应收账款账龄分析表计算的准确性，并将应收账款账龄分析表中的合计数与应收账款总分类账余额相比较，并调查重大调节项目。

(3) 从账龄分析表中抽取一定数量的项目，追查至相关销售原始凭证，测试账龄划分的准确性。

表 3-15　　**应收账款账龄分析表**

2×18 年 12 月 31 日　　单位：人民币元

单位名称	期末余额	账龄			
		1 年以内	1～2 年	2～3 年	3 年以上
北京隆茂	1 896 432	1 896 432			
上海恒辉	432 875		432 875		
	…	…	…	…	…
合计	14 761 342	10 138 671	3 526 494	690 605	405 572

(四) 向债务人函证应收账款

函证(即外部函证)，是指注册会计师直接从第三方(被询证者)获取书面答复作为审计证据的过程，书面答复可以采用纸质、电子或其他介质等形式。注册会计师对应收账款使用函证程序的目标是，设计和实施函证程序，以获取相关、可靠的审计证据，证实应收账款账户余额的真实性、正确性，防止或发现被审计单位及其有关人员在销售交易中发生的错误或舞弊行为。通过函证应收账款，所以比较有效地证明被询证者(即债务人)的存在和被审计单位记录的可靠性。

注册会计师应当考虑被审计单位的经营环境、内部控制的有效性、应收账款账户的性质、被询证者处理询证函的习惯做法及回函的可能性等，以确定应收账款函证的范围、对象、方式和时间等问题。

1. 函证的决策范围和对象

注册会计师应当对应收账款实施函证程序，除非有充分证据表明应收账款对财务报表不重要，或函证很可能无效。如果注册会计师不对应收账款进行函证，应当在工作底稿中说明理由。如果认为函证很可能是无效的，注册会计师应当实施替代审计程序，获取充分、适当的审计证据。函证的数量、范围是由诸多因素决定的，主要包括以下各项：

（1）应收账款在全部资产中的重要性。若应收账款在全部资产中所占的比重较大，则函证的范围应相应大一些。

（2）被审计单位内部控制的强弱。若内部控制制度较健全，则可以相应减少函证量；反之，则应相应扩大函证范围。

（3）以前期间的函证结果。若以前期间函证中发现过重大差异，或欠款纠纷较多，则函证范围应相应扩大一些。

一般情况下，注册会计师应选择以下项目作为函证对象：大额或账龄较长的项目；与债务人发生纠纷的项目；重大关联方项目；重大或异常的交易；主要客户（包括关系密切的客户）项目；交易频繁但期末余额较小甚至余额为零的项目；可能产生重大错报或舞弊的非正常的项目。

2. 函证的方式

函证方式分为积极的函证方式和消极的函证方式。注册会计师可采用积极的或消极的函证方式实施函证，也可将两种方式结合使用。

积极式函证，是指要求被询证者直接向注册会计师回复，表明是否同意询证函所列示的信息，或填列所要求的信息的一种询证方式。

在采用积极的函证方式时，只有注册会计师收到回函，才能为财务报表认定提供审计证据。注册会计师没有收到回函，可能是由于被询证者根本不存在，或是由于被询证者没有收到询证函，也可能是由于询证者没有理会询证函，因此，无法证明所函证信息是否正确。

（1）积极式询证函（格式一）。

企业询证函

编号：

北京隆茂科技有限公司：

本公司聘请的众信诚达会计师事务所正在对本公司2×18年度财务报表进行审计，按照中国注册会计师审计准则的要求，应当询证本公司与贵公司的往来账项等事项。下列数据出自本公司账簿记录，如与贵公司记录相符，请在本函下端“信息证明无误”处签章证明；如有不符，请在“信息不符”处列明不符金额。回函请直接寄至众信诚达会计师事务所。

回函地址：广州市桂花路188号8楼

邮编：510000　　电话：020-86712211　　传真：020-86712200　　联系人：王胜

1. 本公司与贵公司的往来账项列示如下：

单位：元

截止日期	贵公司欠	欠贵公司	备　注
2×18年12月31日	1 896 432		

2. 其他事项。

本函仅为复核账目之用,并非催款结算。若款项在上述日期之后已经付清,仍请及时函复为盼。

(被审计单位盖章)

2×19 年 2 月 19 日

结论:1. 信息证明无误。

(被询证单位盖章)

2×19 年 2 月 25 日

经办人:王诚志

2. 信息不符,请列明不符的详细情况:

(被询证单位盖章)

年 月 日

经办人:

(2) 积极式询证函(格式二)。

企业询证函

编号:

________(公司):

本公司聘请的众信诚达会计师事务所正在对本公司 2×18 年度财务报表进行审计,按照中国注册会计师审计准则的要求,应当询证本公司与贵公司的往来账项等事项。请列示截至 2×18 年×月×日贵公司与本公司往来款项余额。回函请直接寄至众信诚达会计师事务所。

回函地址:广州市桂花路 188 号 8 楼

邮编:510000　　电话:020-86712211　　传真:020-86712200　　联系人:王胜

本函仅为复核账目之用,并非催款结算。若款项在上述日期之后已经付清,仍请及时函复为盼。

(被审计单位盖章)

2×19 年×月×日

1. 本公司与贵公司的往来账项列示如下:

单位:元

截止日期	贵公司欠	欠贵公司	备　注

2. 其他事项。

(被询证单位盖章)

2×19 年×月×日

经办人:

消极式函证,是指要求被询证者只有在不同意询证函所列示的信息时才直接向注册会计师回复的一种询证方式。

在采用消极的函证方式时,如果收到回函,能够为财务报表认定提供说服力强的审计证据。未收到回函可能是因为被询证者已收到询证函且核对无误,也可能是因为被询证者根本就没有收到询证函。因此,消极的函证方式通常不如积极的函证方式提供的审计证据可靠,因而在采用消极的方式函证时,注册会计师通常还需辅之以其他审计程序。

当同时存在下列情况时，注册会计师可考虑采用消极的函证方式：重大错报风险评估为低水平；涉及大量余额较小的账户；预期不存在大量的错误；没有理由相信被询证者不认真对待函证。

两种函证方式也可以结合起来使用。当应收账款的余额是由少量的大额应收账款和大量的小额应收账款构成时，注册会计师可以对所有的或抽取的大额应收账款样本采用积极的函证方式，而对抽取的小额应收账款样本采用消极的函证方式。

（3）消极式询证函参考格式。

企业询证函

编号：

__________（公司）：

本公司聘请的众信诚达会计师事务所正在对本公司2×18年度财务报表进行审计，按照中国注册会计师审计准则的要求，应当询证本公司与贵公司的往来账项等事项。下列数据出自本公司账簿记录，如与贵公司记录相符，则无需回复；如有不符，请直接通知会计师事务所，并请在空白处列明贵公司认为是正确的信息。回函请直接寄至众信诚达会计师事务所。

回函地址：广州市桂花路188号8楼

邮编：510000　　电话：020-86712211　　传真：020-86712200　　联系人：王胜

1. 本公司与贵公司的往来账项列示如下：

单位：元

截止日期	贵公司欠	欠贵公司	备　注

2. 其他事项。

本函仅为复核账目之用，并非催款结算。若款项在上述日期之后已经付清，仍请及时核对为盼。

（被审计单位盖章）

2×19年×月×日

众信诚达会计师事务所：

上面的信息不正确，差异如下：

（被询证单位盖章）

2×19年×月×日

经办人：

同步思考3-3

在对应收账款进行函证测试时，注册会计师在什么情况下适合采用积极式函证？在什么情况下选择消极式函证？

3. 函证的时间选择

注册会计师通常以财务报表日为截止日，在财务报表日后某一天函证财务报表日的应收账款余额。如果重大错报风险评估为低水平，注册会计师可以选择在财务报表日前对应收账户余额实施函证程序，这时注册会计师应当针对询证函件指明的截止日期与财务报表日期间实施进一步的实质性程序，或将实质性程序和控制测试结合使用，以将期中测试得出的结论合理延伸至期末。实质性程序包括测试该期间发生的影响应收账款余额的交易或实施分析程序等。控制测试包括测试销售交易、收款交易及与应收账款冲销有关的内部控制的有效性等。

4. 函证的控制

当实施函证程序时，注册会计师应当对询证函保持控制，包括以下各项。

（1）确定需要确认或填列的信息。

（2）选择适当的被询证者。

（3）设计询证函，包括正确填列被询证者的姓名和地址，以及被询证者直接向注册会计师回函的地址等信息。

（4）发出询证函并予以跟进，必要时再次向被询证者寄发询证函。

注册会计师可通过函证结果汇总表的方式对询证函的收回情况加以控制。函证结果汇总表如表 3-16 所示。

表 3-16　　　　**应收账款函证结果汇总表**

被审计单位：南方工业有限公司　　　　索引号：A2-5

项目：应收账款函证结果汇总表　　　　财务报表截止日：2×18.12.31

编制：王胜　　　　复核：张雷

日期：2×19.2.28　　　　日期：2×19.3.5

一、应收账款函证情况列表

项目 单位名称	编号	函证方式	函证日期		回函日期	账面金额	回函金额	经调解后是否存在差异	调节表索引号
			第一次	第二次					
北京隆茂	001	积极式	2×19.2.19		3.2	1 896 432	1 896 432		
沈阳鑫远	002	积极式	2×19.2.19		2.28	842 330	842 330		
宁波建发	003	积极式	2×19.2.19		未回	656 321			
合肥中诚	004	积极式	2×19.2.19		3.4	478 543	478 543		
上海恒辉	005	积极式	2×19.2.19		3.4	432 875	432 875		
……	…								

审计说明：宁波建发机械设备公司应收账款账面余额为 656 321 元，已就此金额进行积极式函证，未回函，需进行替代测试。

同步案例 3-4

外高桥案例①

外高桥因 2005 年巨额证券保证金被挪用遭受损失并导致年度亏损，而担任年报审计的普华永道中天

① 葛荣根：《2 亿元足以让合作伙伴翻脸》，《上海证券报》2006 年 5 月 11 日。

会计师事务所(以下简称普华永道)被认为负有不可推卸的责任。为此,外高桥于2006年5月9日向中国国际经济贸易仲裁委员会上海分会提起仲裁,要求普华永道退还全部审计服务费共计人民币170万元,赔偿外高桥的全部经济损失共计人民币2亿元,并承担全部仲裁费用和律师费。

外高桥于2005年6月发现公司存放在国海证券上海圆明园路营业部证券保证金账户中的2.2亿元资金被挪用,且绝大部分难以追回,外高桥为此已计提特殊坏账准备。此前普华永道在对外高桥2003年度和2004年度的各项财务报表进行审计后,分别于2004年4月8日、2005年4月1日出具了无保留意见的审计报告。

据外高桥方面介绍,普华永道在对前述保证金账户资金余额实施函证时,均未直接向证券公司发出询证函,相反却交给外高桥相关人员处理。询证函的发出和收回均控制在外高桥的相关人员手中,为相关人员弄虚作假掩盖挪用资金行为创造了机会。普华永道未对询证函的发出和收回保持有效控制,已表明收回的询证函不可靠,但普华永道仍没有实施其他适当的审计程序予以证实或消除疑虑。外高桥管理层认为,普华永道未保持应有的执业谨慎、未实施有效的审计程序,便出具了无保留意见的审计报告,从而使外高桥蒙受了巨额经济损失。

5. 对不符事项的处理

收回的询证函若有差异,即函证出现了不符事项,注册会计师应当首先提请被审计单位查明原因,并作进一步分析和核实。不符事项的原因可能是由于双方登记入账的时间不同,或是由于一方或双方记账错误,也可能是被审计单位存在舞弊行为。

对于双方登记入账的时间不同而导致的回函不符,注册会计师应当根据双方入账时间的不同表现形式,实施进一步审计程序,如表3-17所示。如果不符事项构成错报,注册会计师应当评价该错报是否表明存在舞弊,并重新考虑所实施审计程序的性质、时间安排和范围。

表3-17 **购销双方入账时间不同的表现形式和进一步审计程序**

双方入账时间不同的表现	应实施的进一步审计程序
询证函发出时,债务人已经付款,而被审计单位尚未收到贷款	检查银行存款日记账,收款凭证及银行对账单,查明是否收到该笔金额,以及如何进行会计处理
询证函发出时,被审计单位的货物已经发出并已作销售记录,但货物仍在途中,债务人尚未收到货物	检查销售合同、销售发票、装运凭证等原始凭证的真实性并关注财务报表日后的回款情况
债务人由于某种原因将货物退回,而被审计单位尚未收到	检查销售合同、销售退回相关的增值税发票、入库单,查明退回货物是否已验收入库等
债务人对收到的货物的数量,质量及价格等方面有异议而全部或部分拒付贷款	检查销售合同、核对装运凭证、出库单、商品价目表等原始凭证以确认拒付货款的原因

同步案例3-5

ABC会计师事务所接受委托,审计Y公司2×20年度的会计报表。A审计人员了解和测试了与应收账款相关的内部控制，并将控制风险评估为高水平。A审计人员取得2×20年12月31日的应收账款明细账，并于2×21年1月15日采用积极式函证方式对所有重要客户寄发了询证函。审计人员A将与函证结果相关的重要异常情况汇总于下表：

异常情况	函证编号	客户名称	询证函金额(元)	回函日期	回函内容
1	22	甲	300 000	2×21.1.22	购买Y公司300 000元货物属实，但款项已于2×20年12月25日用支票支付
2	56	乙	500 000	2×21.1.19	因产品质量不符合要求，根据购货合同，于2×20年12月28日将货物退回
3	64	丙	640 000	2×21.1.19	2×20年12月10日收到Y公司委托本公司代销的货物640 000元，尚未销售
4	82	丁	900 000	2×21.1.18	采用分期付款方式购货900 000元，根据购货合同，已于2×20年12月25日首付300 000元
5	134	戊	600 000	因地址错误，被邮局退回	

要求：针对上述各种异常情况，请问审计人员A应分别实施哪些重要审计程序？

答案提示：

(1) 审计人员于2×21年1月15日函证，并于2×21年1月22日收到函证结果，有可能在2×21年1月15日起至2×21年1月22日之间收到款项，审计人员应对此项收款情况进行检查，如果仍未收到，应向客户再次发函，要求其将有关凭单邮寄过来，以便查找。

(2) 审计人员于2×21年1月15日函证，并于2×21年1月19日收到函证结果，审计人员应当对近期退货进行检查，有可能在2×20年12月28日起至2×21年1月15日已收到退回的货物，被审计单位未及时冲账，审计人员应提醒其按会计制度的规定及时处理；也有可能在2×21年1月15日至2×21年1月19日之间收到退回的货物，审计人员应当对此退货及会计处理情况进行检查，如果仍未收到，应向客户再次发函，要求其将有关凭单复印件邮寄过来，以便查找。

(3) 在采用委托代销方式下，受托代销方在尚未销售的情况下，委托方不应确认销售收入及应收账款。审计人员应检查代销合同，确定是否属于委托代销方式，如果确实属于委托代销，应要求被审计单位冲销销售收入及应收账款。

(4) 在采用分期收款方式下，在合同约定收款期已到，但仍未收到时确认应收账款，审计人员应检查销货合同，并检查2×20年年底和2×21年是否收到首付的300 000元，如果未收到，应按300 000元确认应收账款，而非900 000元。

(5) 审计人员应检查地址是否错误，如果地址错误，应按正确的地址再次发函，如果地址没错，审计人员可以考虑该项应收账款是否可能是一笔虚构的应收账款。

6. 对未回函项目实施替代程序

如果未收到被询证方的回函，注册会计师应当实施替代审计程序。例如：

表 3-18

应收账款替代测试表

被审计单位：	南方工业有限公司	索引号：	A2-6
项目：	应收账款替代测试表	财务报表截止日：	2×18.12.31
编制：	王胜	复核：	张雷
日期：	2×19.3.1	日期：	2×19.3.5

一、财务报表日前借方金额检查

单位名称	期末余额	测试内容				占余额比例	检查内容(用“√”“×”表示)			
		日期	凭证号	摘要	金额		①	②	③	④
宁波建发	656 321	2×18.10	112	根据 2×18 年 135 号合同销售电机 50015 8 台	456 128	70%	√	√	√	√
宁波建发	656 321	2×18.11	214	根据 2×18 年 152 号合同销售电机 50028 3 台	200 193	30%	√	√	√	√

二、财务报表日后的收款检查

单位名称	期末余额	测试内容				占余额比例	检查内容(用“√”“×”表示)			
		日期	凭证号	摘要	金额		①	②	③	④
宁波建发	656 321	2×19.2	46	收到宁波建发 2×18 年 135 号合同货款	456 128	70%	√	√	√	√

检查内容说明：①原始凭证是否齐全；②记账凭证与原始凭证是否相符；③账务处理是否正确；④是否记录于恰当的会计期间。

审计说明：对宁波建发机械设备公司应收账款余额进行了替代测试，测试额占该公司余额的 100%。根据合同约定，预付款为合同总额的 30%，发货前付至合同总额的 40%，货到工地 3 个月后付合同总额的 25%，余 5%保证金 1 年后支付。

(1) 检查资产负债表日后收回的货款,值得注意的是,注册会计师不能仅查看应收账款的贷方发生额,而是要查看相关的收款单据,以证实付款方确为该客户且确与资产负债表日的应收账款相关。

(2) 检查相关的销售合同、销售单、发运凭证等文件。注册会计师需要根据被审计单位的收入确认条件和时点,确定能够证明收入发生的凭证。

(3) 检查被审计单位与客户之间的往来邮件,如有关发货、对账、催款等事宜邮件。

在某些情况下,注册会计师可能认为取得积极式函证回函是获取充分、适当的审计证据的必要程序,尤其是识别出有关收入确认的舞弊风险,导致注册会计师不能信赖从被审计单位取得的审计证据,则替代程序不能提供注册会计师需要的审计证据。在这种情况下,如果未获取回函,注册会计师应当确定其对审计工作和审计意见的影响。

需要指出的是,注册会计师应当将询证函回函作为审计证据,纳入审计工作底稿管理,询证函回函的所有权归属所在会计师事务所。

(五) 对应收账款余额实施函证以外的细节测试

在未实施应收账款函证的情况下(例如,由于实施函证不可行),注册会计师需要实施其他审计程序获取有关应收账款的审计证据。与未收到回函情况下实施的替代程序相似。

(六) 检查坏账冲销和转回

首先,注册会计师应检查有无债务人破产或者死亡的,以及破产或以遗产清偿后仍无法收回的,或者债务人长期未履行清偿义务的应收账款;其次,应检查被审计单位坏账的处理是否经授权批准,有关会计处理是否正确。

(七) 确定应收账款的列报是否恰当

除了企业会计准则要求的披露之外,如果被审计单位为上市公司,注册会计师还要评价其披露是否符合证券监管部门的特别规定。

二、坏账准备的实质性程序

(一) 取得坏账准备明细表

取得坏账准备明细表,复核加计是否正确,与坏账准备总账数、明细账合计数核对是否相符。

(二) 核对应收账款坏账准备本期计提数与资产减值损失相应明细项目的发生额

将应收账款坏账准备本期计提数与资产减值损失相应明细项目的发生额核对是否相符。

同步案例 3-6

甲公司 2×20 年年末应收账款总账余额为借方 200 万元,其他应收款总账余额为借方 50 万元,该公司采用应收账款余额百分比法计提坏账准备,计提比例为 1%,计提金额为 2.5 万元。坏账准备的账户记录如下表所示:

坏账准备明细账(简式)　　　　单位:万元

日期	凭证字号	摘　要	借方	贷方	余额
1.1		上年结转			贷方 5
5.10	转 135	核销坏账	2		贷方 3
9.15	转 220	核销坏账	4		借方 1
12.31	转 258	计提坏账准备		2.5	贷方 1.5

要求:根据上述资料,指出坏账准备计提中存在的问题并进行纠正。

答案提示:

1. 审计测算

(1) 2×20 年 12 月 31 日,坏账准备应计提的金额为(按公式计算):(2 000 000+500 000)×1% = 25 000(元)。

(2) 2×20 年 12 月 31 日,坏账准备实际计提的金额为(编制分录的金额):25 000+10 000(计提前的借方余额)=35 000(元)。

(3) 2×20 年 12 月 31 日,转 258 号正确的会计分录应该是:

借:资产减值损失　　35 000

　贷:坏账准备　　35 000

2. 审计评价

(1) 甲公司 2×20 年 12 月 31 日少计提坏账准备 10 000 元。

(2) 对当年费用、利润的影响:虚减费用 10 000 元,虚增利润 10 000 元。

(3) 建议调账处理。

(三) 检查应收账款坏账准备计提和核销

取得书面报告等证明文件,结合应收账款函证回函结果,评价计提坏账准备所依据的资料、假设及方法。企业应合理预计信用损失并计提坏账准备,不得多提或少提,否则应视为滥用会计估计,按照前期差错更正的方法进行会计处理。

(四) 审查坏账损失

实际发生坏账损失的,检查转销依据是否符合有关规定,会计处理是否正确。对于被审计单位在被审计期间内发生的坏账损失,注册会计师应检查其原因是否清楚,是否符合有关规定,有无授权批准,有无已做坏账处理后又重新收回的应收账款,相应的会计处理是否正确。对有确凿证据表明确实无法收回的应收账款,如债务单位已撤销破产、资不抵债、现金流量严重不足等,企业应根据管理权限,经股东(大)会或董事会,或经理(厂长)办公会或类似机构批准作为坏账损失,冲销提取的坏账准备。

(五) 检查转销的坏账重新收回的情况

已经确认并转销的坏账重新收回的,检查其会计处理是否正确。

(六) 确定应收账款坏账准备的披露是否恰当

企业应当在财务报表附注中清晰地说明坏账的确认标准、坏账准备的计提方法和计提比例。

表 3-19　　**坏账准备计算表**

被审计单位：南方工业有限公司　　索引号：A2-7

项目：坏账准备计算表　　财务报表截止日：2×18.12.31

编制：王胜　　复核：张雷

日期：2×19.2.16　　日期：2×19.3.5

计算过程					索引号
一、坏账准备本期期末应有金额①＝②＋③				349 131①	
1. 期末单项金额重大且有客观证据表明发生了减值的应收款项对应坏账准备应有余额					
单位名称			金额		
单位甲					
单位乙					
合计			—②		
2. 期末单项金额非重大以及经单独测试后未减值的单项金额重大的应收款项对应坏账准备应有余额					
项目	账龄	应收款项余额	坏账计提比例	坏账准备应有余额	
	1 年以内(含 1 年)	10 138 671	0.5%	50 693	
	1～2 年(含 2 年)	3 526 494	1.5%	52 897	
	2～3 年(含 3 年)	690 605	15.0%	103 591	
	3 年以上	405 572	35.0%	141 950	
	合计	14 761 342		349 131③	
二、坏账准备上期审定数	67 616④				
三、坏账准备本期转出(核销)金额					
单位名称			金额		
单位丙					
单位丁					
……					
合计			—⑤		
四、计算坏账准备本期全部应计提金额					
⑥＝①－④＋⑤				281 515⑥	

审计说明：坏账准备计提按账龄进行调整。

小资料

国内外典型销售与收款循环案例概况①

被审计的单位		基本事实
国内	原野	在两座大厦一个没有动工、一个刚打地基的情况下，将其承包利润 8 500 万元作为本年实现的利润入账，并倒算出销售收入 2.76 亿元，同时倒算出销售成本和销售税金等数字

① 高莹、万里霜、阎至刚:《审计学原理与实务》，清华大学出版社 2005 年版。

（续表）

被审计的单位		基　本　事　实
国内	银广夏	通过伪造购销合同和出口报关单、虚开增值税专用发票、伪造免税文件和金融票据等手段，虚构主营业务收入，虚构巨额利润 7.45 亿元，其中 1999 年为 1.78 亿元，2000 年为 5.67 亿元
	东方电子	3 年来逾 10 亿的炒股收入作为其主营业收入入账，而其主营业务为电力自动化设备制造
	黎明股份	为虚增主营业务收入 1.5 亿人民币，从进货、生产、销售各环节造假，被称为"造假手段近乎完美"
	东方锅炉	将 1996 年度的销售收入 1.76 亿元和销售利润 3 800 万元，调整至 1997 年度。在 1997 年度又以同样的方法，将该年度的销售收入 2.26 元和销售利润 4 700 万元转移到 1998 年，从而创造连续 3 年稳定盈利，净资产利润率增长平衡的假象
国外	美国在线	在与时代华纳合并前，通过将".COM"公司的广告违约金、法律纠纷收入、代理业务收入、认股权证方式收入、循环交易收入等确认为"广告和商业收入"的手法，掩饰其江河日下的广告业务
	南方保健	最主要的造假手段是通过"契约调整"(contractual adjustment)这一收入备抵账户进行利润操纵。营业收入总额减去"契约调整"的借方余额，在南方保健的收益表上反映为营业收入净额，而这一账户的数字取决于南方保健高管人员的估计和判断。它是萨班斯—奥克斯利法案颁布后，美国上市公司曝光的又一典型舞弊案例
	美国 Informix 公司	提前确认收入及记录虚构收入，手法包括：将信用期延长到 12 个月以上；允许中间商退还未出售的许可证，并获退款和信用等
	山登公司	随意改变收入确认标准，在 1995 至 1997 年期间共虚构了 15.77 亿美元的营业收入、超过 5 亿美元的利润总额和 4.39 亿美元的净利润，虚假净利润占对外报告净利润的 56%
	马蒂尔公司	采用一种被称为"持有货单"的销售手法。利用该手法，公司虚增了 1 500 万美元的销售收入，并由此而虚增了税前利润 800 万美元。所谓"持有货单"，是指客户未来才会购买，而该公司现在就入了账

本章小结

■ 本章内容结构图

销售与收款循环的审计
- 业务循环与审计方法
  - 业务循环
  - 分项审计方法与循环审计方法
- 销售与收款循环概述
  - 不同行业类型的收入来源
  - 销售与收款循环的主要业务活动
  - 销售与收款循环涉及的主要凭证、记录与账户
- 控制测试和交易的实质性程序
  - 销售与收款循环的内部控制与控制测试
  - 销售与收款循环的实质性程序
- 营业收入审计
  - 主营业务收入的实质性程序
  - 其他业务收入的实质性程序
- 应收账款审计
  - 应收账款的实质性程序
  - 坏账准备的实质性程序

重要的名词术语

业务循环:是指处理某类经济业务的工作程序和先后顺序。

分项审计方法:是指按会计报表项目组织实施审计的方法,这种方法要求对财务报表的每个账户余额单独进行审计。

循环审计方法:是指按业务循环组织实施审计的方法。

销售与收款循环:是指涉及商品和服务可供销售之后,将商品和服务的所有权转移给顾客的决策和过程。它从接受顾客订单开始,以原材料或服务转换为应收账款,最后转换为现金而结束。

销售计划:是指在进行销售预测的基础上,结合企业生产能力,设定总体目标额及不同产品的销售目标额,进而为能实现该目标而设定具体营销方案和实施计划,以支持未来一定期间内销售额的实现。

客户信用管理:是指加强现有客户维护,开发潜在目标客户,对有销售意向的客户进行资信评估,根据企业自身风险接受程度确定具体的信用等级。

销售定价:是指商品价格的确定、调整及相应审批。

客户服务:是指企业与客户之间建立信息沟通机制,对客户提出的问题,企业应予以及时解答或反馈、处理,不断改进商品质量和服务水平,以提升客户满意度和忠诚度。

会计系统控制:是指利用记账、核对、岗位职责落实和相互分离、档案管理、工作交接程序等会计控制方法,确保企业会计信息真实、准确、完整。

主营业务收入的截止测试:是指确定被审计单位主营业务收入交易的会计记录归属期是否正确,应计入本期或下期的主营业务收入有无被推迟至下期或提前至本期。

应收账款账龄:是指资产负债表中的应收账款从销售实现、产生应收账款之日起,至财务报表日止所经历的时间。

函证:是指注册会计师直接从第三方(被询证者)获取书面答复作为审计证据的过程,书面答复可以采用纸质、电子或其他介质等形式。

积极式询证函:是指要求被询证者直接向注册会计师回复,表明是否同意询证函所列示的信息,或填列所要求的信息的一种询证函。

消极式询证函:是指要求被询证者只有在不同意询证函所列示的信息时才直接向注册会计师回复的一种询证函。

替代程序:是指使用函证证据时,积极式函证方式下未收到债务人回函而采取的后续程序,以确定应收账款是否存在和可收回。

思考与练习

一、思考题

1. 内部控制测试可以按会计报表项目进行吗?
2. 确定应收账款函证样本量时应着重考虑哪些因素?
3. 某公司在年终前一周内有相当大量的销售收入业务,造成这种现象的原因有几种?

如何核查证实？

4. 应收账款函证结果与被审计单位会计记录不一致的原因主要有哪些？注册会计师应相应实施哪些主要的审计程序？

5. 当被审计单位销售业务内部控制有弱点时，注册会计师为测试登记入账和销售业务的存在性，应采取哪些方法测试？

6. 应收账款为何要函证余额为零的项目？它与"对已收回的金额较大的款项进行常规检查"程序是否重复？

7. 简述注册会计师测试被审计单位销货交易所采用的审计程序主要有哪些？可以验证被审计单位什么认定？

8. 实施主营业务收入截止测试的目标是什么？为了防止被审计单位多计收入，如何进行主营业务收入的截止测试？

9. 一般情况下，预付账款不计提坏账准备，是否正确？

二、选择题

1. 为了确保所有发出的货物均已开具发票，注册会计师应从本年度的(　　)中抽取样本，与相关的发票核对。

A. 销售合同　　B. 销售记账凭证

C. 货运文件　　D. 销售订单

2. 为了证实被审计单位是否存在高估或低估销售的行为，注册会计师应实施的分析性复核程序中效果最差的是(　　)。

A. 比较本年度与以前年度的毛利率

B. 按月比较销售额

C. 比较本年与以前年度折扣折让占销售收入的比例

D. 将高额欠款户的欠款额合计与以前年度比较

3. 注册会计师为了审查被审计单位是否有提前确认收入的情况，所采取的最有效的审计程序是(　　)。

A. 以账簿记录为起点做销售业务的截止测试

B. 以销售发票为起点做销售业务的截止测试

C. 以发运凭证为起点做销售业务的截止测试

D. 向债务人函证

4. 下列各项中，预防员工贪污、挪用销货款的最有效的方法是(　　)。

A. 记录应收账款明细账的人员不得兼任出纳

B. 收取顾客支票与收取顾客现金由不同的人员担任

C. 请顾客将货款直接汇入公司指定的银行账户

D. 公司收到顾客支票后立即寄送收据给顾客

5. 注册会计师在编制应收账款账龄分析表时，下列做法不恰当的是(　　)。

A. 选择重要的顾客及其余额列示，对不重要的或余额较小的不用列示

B. 应收账款账龄分析表可以由被审计单位编制，注册会计师测试其计算的准确性

C. 将应收账款账龄分析表中的合计数与应收账款总分类账余额相比较，并调查重大调节项目

D. 检查原始凭证，如销售发票、运输记录等，测试账龄核算的准确性

6. 在对询证函的以下处理方法中，正确的是(　　)。

A. 在粘封询证函时进行统一编号

B. 寄发询证函，并将重要的询证函复制给被审计单位进行催收

C. 有10封询证函直接交给被审计单位的业务员，由其到被询证单位盖章后取回

D. 有10封询证函要求被询证单位传真至被审计单位，并将原件盖章后寄至会计师事务所

7. 在对坏账损失进行审计时，A注册会计师发现被审计单位存在以下处理情况，其中不正确的是(　　)。

A. 某债务人失踪，在取得相关法律文件予以证实后，确认为坏账损失

B. 某债务人被撤销，尽管尚未完成清算，但根据政府相关部门责令关闭的文件等有关资料、确认坏账损失

C. 对某债务人提起诉讼，虽然胜诉但因无法执行被裁定终止执行，确认坏账损失

D. 某债务人已经注销，在取得相关法律文件予以证实后，确认为坏账损失

三、案例分析题

1. A和B注册会计师首次接受委托，负责审计上市公司甲公司2×20年度财务报表。

相关资料如下：

B注册会计师对主营业务收入的发生认定进行审计，编制了审计工作底稿，部分内容摘录如下(金额单位：万元)。

记账凭证日期	记账凭证编号	记账凭证金额	发票日期	出库单日期
2×20年1月5日	转字10	12	2×20年1月8日	2×20年1月8日
2×20年2月20日	转字30	−120	2×20年2月20日	不适用
2×20年2月28日	转字45	7	2×20年2月27日	2×20年2月27日
2×20年3月20日	转字40	8	2×20年3月19日	2×20年3月19日
略				
2×20年11月3日	转字4	10	2×20年11月2日	2×20年11月2日
2×20年11月15日	转字28	200	2×20年11月14日	2×20年11月14日
2×20年12月10日	转字50	250	2×20年12月10日	2×20年12月10日
略				

审计说明：

(1) 根据销售合同约定，在客户收到货物、验收合格并签发收货通知后，甲公司取得收取货款的权利。审计中已检查销售合同。

(2) 已检查记账凭证日期、发票日期和出库日期,未发现异常。发票和出库单中的其他信息与记账凭证一致。

(3) 11 月转字 28 号和 12 月转字 50 号记账凭证反映的销售额较高,财务经理解释系调整售价所致。

(4) 2 月转字 30 号记账凭证反映,甲公司在 2×19 年度销售并确认收入的一笔交易,于 2×20 年 2 月发生销货退回。甲公司未按规定调整 2×19 年度财务报表,前任注册会计师于 2×20 年 3 月对甲公司 2×19 年度财务报表出具了标准审计报告。

要求:针对资料中的审计说明第(1)至(3)项,逐项指出 B 注册会计师实施的审计程序中存在的不当之处,并简要说明理由。

2. 长白山公司于 20×1 年上市,主要从事公用设施投资以及实业与科技投资,其控股股东为某市国有资产监督管理委员会(以下简称市国资委)全资持有的下属企业,长白山公司的最终实际控制人为市国资委。20×6 年度审计后的净利润为 300 万元。

西湖会计师事务所首次接受委托,为长白山公司提供 20×6 年度财务报表审计服务,并出具了标准无保留意见的审计报告。

长白山公司对其他应收款按照账龄分析法计提坏账准备的比例如下表所示:

账　　龄	计提比例
1 年以内(含 1 年)	5%
1 年至 2 年(含 2 年)	10%
2 年至 3 年(含 3 年)	15%
3 年至 4 年(含 4 年)	20%
4 年至 5 年(含 5 年)	25%
5 年以上	30%

长白山公司其他应收款及坏账准备的会计记录如下表所示:

项　　目	原值(万元)	账龄	坏账准备计提金额(万元)
甲有限公司	2 500	大部分 4～5 年	360
甲有限公司关联企业	1 000	3 年以上	120
合　　计	3 500		480

注册会计师对上述往来款项实施了函证程序:注册会计师在审计过程中将询证函交给长白山公司的财务人员,并由其与市国资委有关人员协调取得。在出具审计报告时,注册会计师已取得了询证函回函,回函单位名称为“甲公司”,而非“甲有限公司”。注册会计师将询证函回函作为审计证据归集在审计工作底稿中。

要求:根据以上资料,回答下列问题。

(1) 长白山公司对其他应收款确定的坏账准备计提比例是否正常?

(2) 你认为注册会计师在长白山公司 20×6 年度审计中实施的函证程序有何不当或不足之处?

(3) 仅就其他应收款而言,你认为注册会计师发表标准无保留意见是否适当?

（4）有观点认为，函证并不能提供与计价和分摊认定有关的审计证据。你如何看待这个观点？

3. 高山公司是一家大型房地产开发企业，主要开发和销售普通住宅楼及高档公寓。高山公司于20×6年度以增资扩股和发行债券的方式募集了大量的项目开发资金，当年开发完工的楼盘多达11个，销售数量和销售价格大幅超出了管理层年初制定的计划水平。高山公司20×6年度确认的销售收入282 886万元较20×5年度增长了近两倍。

高山公司制定的房地产收入确认的会计政策为：在房产竣工验收合格且购房者签收了收房确认书时确认收入。另外，依据房产销售合同的规定，对于已发出收房通知书，购房者逾期1个月仍未收房的，视同购房者已收房并确认收入。

高山公司于20×6年4月聘请源水会计师事务所审计20×6年度财务报表。

注册会计师注意到，在高山公司20×6年度确认的房地产销售收入中，未包含以下两项：①龙盘公寓，涉及金额19 083万元；②越秀花园，涉及金额47 418万元。龙盘公寓和越秀花园地处远离城区的沿海新区。

对于龙盘公寓和越秀花园两项房产，注册会计师实施的审计程序和相关审计发现如下：

（1）20×6年7月进行期中预审时，检查了所有存货实物（包括开发在产品），并对所有未完工的在建项目予以拍照存档。对于上述两项房产，根据检查有形资产所了解到的工程进度以及与管理层的沟通，注册会计师在《关于高山公司中期存货监盘小结》中作出的结论为："预计龙盘公寓20×6年10月底全部完工，越秀花园20×6年年底前将有95%可以入住。"

（2）在期中预审时，抽查了龙盘公寓和越秀花园的房屋买卖合同，合同条款分别注明"出卖人应当在20×6年10月31日前向买受人交付商品房"及"出卖人应当在20×6年12月16日前向买受人交付商品房"。

（3）在期末审计时，从高山公司的销售部门获取了所有楼盘的销售台账，审计工作底稿"龙盘公寓项目销售台账"显示该公寓已入住了64套，涉及金额18 288万元；审计工作底稿"越秀花园销售、结存情况汇总表"显示该花园中51套已于20×6年年底入住，涉及金额46 685万元。

注册会计师为高山公司20×6年度财务报表出具了标准无保留意见的审计报告。

要求：根据以上资料，回答下列问题。

（1）在注册会计师获取的关于龙盘公寓和越秀花园两处房产的审计证据中，你认为哪些证据不支持注册会计师出具的标准无保留意见的审计报告，为什么？

（2）注册会计师获取的关于龙盘公寓和越秀花园两项房产的前两项审计证据，是否足以支持注册会计师确认高山公司应在20×6年度确认这两项房产的销售收入，为什么？

（3）注册会计师获取的关于龙盘公寓和越秀花园两项房产的第三项审计证据，是否足以支持注册会计师确认高山公司应在20×6年度确认这两项房产的销售收入，为什么？

（4）注册会计师于财务报表日对高山公司记录为开发完成的商品房实施了监盘程序，但未对高山公司记录为开发中的商品房实施监盘程序。注册会计师的主要考虑是：开发中的商品房在没有完工前均承包给施工方建设，对于每一房产项目而言，其数量均为1个，中期的有形资产检查结果(包括拍照存档)已经满足了证实存货存在性的认定,且开发在产品不像其他存货会移动;同时考虑到两项房产均地处远离城区的沿海新区,期末审计时人力资源又相当紧张。因此如果开发在产品在财务报表日仍处于在建阶段,则可不再纳入存货监盘范围。

你是否认同注册会计师的上述观点?你认为是否可以在期末审计过程中实施其他审计程序(比如,向高山公司获取收房确认书,或向购房者函证收房时点)来替代开发中项目的监盘程序?

(5) 如果高山公司与20×6年度财务报表日后、审计报告日前将龙盘公寓和越秀花园这两项房产确认为20×7年度的销售收入,你认为注册会计师可以实施哪些审计程序以增强相关收入确认时点的审计证据效力?

第四章　采购与付款循环的审计

本章要点

- 了解采购与付款循环的主要业务活动和相关凭证与记录
- 熟悉采购交易、付款交易的关键内部控制、常见的控制测试程序和交易实质性程序
- 掌握应付账款审计的实质性程序，熟悉相关工作底稿
- 掌握固定资产审计的实质性程序，熟悉相关工作底稿

适用的准则和规范

- 《中国注册会计师审计准则第 1211 号——通过了解被审计单位及其环境识别和评估重大错报风险》
- 《中国注册会计师审计准则第 1231 号——针对评估的重大错报风险采取的应对措施》
- 《中国注册会计师审计准则第 1312 号——函证》
- 《中国注册会计师审计准则第 1313 号——分析程序》
- 《中国注册会计师审计准则第 1314 号——审计抽样》
- 《企业内部控制应用指引第 7 号——采购业务》
- 《企业内部控制应用指引第 7 号——采购业务》解读
- 《企业内部控制应用指引第 8 号——资产管理》
- 《企业内部控制应用指引第 8 号——资产管理》解读

引例　美国巨人零售公司审计案

美国巨人零售公司是一家大型零售折扣商店，创建于 1959 年，总部设在马萨诸塞州的詹姆斯福特，至 1972 年已经拥有了 112 家零售批发商店。但就在那一年，巨人公司的管理部门面临着历史中第一次重大经营损失。为了掩盖这一真相，他们决定篡改公司的会计记录，把 1971 年发生的 250 万美元的经营损失篡改为 150 万美元的收益，并且提高了与之有关的流动比率和周转率。1973 年 8 月，巨人公司向波士顿法院提交破产申请，两年后法庭宣布公司破产，该公司的有关人员则被判有罪。

据法庭查证事实，巨人公司蓄意调整 1972 年 1 月 29 日结束的会计年度应付账款余额，如下表所示。

表 4-1　　巨人零售公司对应付账款的蓄意调整

相关方	应付账款减少金额	应付账款减少的理由
1 100 家广告商	＄300 000	以前未入账的预付广告费用
米尔布鲁克发行商	＄257 000	商品退回;总购折扣;折扣优惠
罗斯盖尔公司	＄130 000	商品退回
各个供应商	＄170 000	以前购足货物索价过高
健身器材公司	＄163 000	商品退回

巨人公司舞弊行为与塔奇·罗斯会计师事务所审计行为列示如下:

(1) 巨人公司的总裁和财务主管命令下属广告部门的经理,准备了一份 14 页的备忘录,虚构了大约 1 100 家的广告商名单,并记录巨人公司以前曾向他们预付广告费用但并未入账。

塔奇·罗斯事务所为了验证这些预付广告费是否属实,抽取了 24 个样本,向其中 4 个广告商发函询证,并要求巨人公司为另外 20 笔未入账费用提供证明文件。虽然 4 个广告商的回函指出预付广告费是错误的,但审计师并没有进一步追查,反而根据巨人公司提供的证明文件及发出的询证函确认了预付的 30 万美元广告费。

(2) 巨人公司的财务副总裁伪造了 28 个虚假的贷项通知单(红字发票),以此来抵减外发的应付给米尔布鲁克的账款 25.7 万美元。

当审计师注意到这些贷项通知单并询问公司职员时,得到了先后 3 个不同的解释。为证实这一事项,审计师要求向米尔布鲁克公司的高级行政人员求证此事。巨人公司的财务副总裁当着审计师的面,打电话给一个听起来像是米尔布鲁克公司总裁的人,他口头上证实了这一事项,并同意递交塔奇·罗斯会计师事务所一份书面证明。但几天后,米尔布鲁克公司的总裁改变了签发书面证明的主意,为此审计师写了一份备忘录附在工作底稿当中,对贷项通知单的真实性提出质疑。然而,负责巨人公司审计工作的塔奇·罗斯事务所合伙人却认为已经搜集到充分的证据,可以证实贷项通知单的真实性,因此不再深入追查此事。

(3) 巨人公司通过发出 35 份伪造的贷项通知单蓄意减少 13 万美元应付给供应商罗斯盖尔公司的账款。

在审阅这些贷项通知单后,审计师打电话给罗斯盖尔公司的一位会计人员,询问他有关这些商品退回的问题,回答是并无任何商品曾被巨人公司退回。巨人公司副总裁以与两家公司即将发生法律诉讼为由,拒绝塔奇·罗斯事务所和罗斯盖尔公司联系。最终塔奇·罗斯事务所合伙人由于收到了信件证实了这些由巨人公司收到的、然后又退回罗斯盖尔公司的有争议的货物确实"存在",从而接受了巨人公司对此项贷项通知单的解释。

(4) 巨人公司虚构了几百个曾被供应商索价过高的赊购事项,减少应付账款 17 万美元。

塔奇·罗斯会计师事务所为调查这些问题,从巨人公司提供的名单中随意抽取几个供应商,打电话求证索价过高是否真实。然而在 15 个电话求证过程中,审计师居然允许巨人公司先同供应商联系并通知此事,接着再打电话询问该事项。塔奇·罗斯事务所据此有限的测试接受了巨人公司因索价过高而抵减应付账款的理由。

(5) 巨人公司假造了发给健美产品制造商的贷款通知单,用根本没被确认的商品退回来减少应付账款。

1978 年,巨人公司的 4 位管理者被陪审团以舞弊罪名起诉,经联邦法院审判后被定为有罪。美国证券交易委员会在经过调查后,严厉谴责了塔奇·罗斯会计师事务所,并暂停该所负责该公司审计的合伙人执业 5 个月。美国证券交易委员会同时要求由独立专家中的一位陪审员,对塔奇·罗斯会计师事务所的审计程序进行一次大规模的检查,内容包括该事务所的独立性以及如何接受聘约,保留客户等。

案例思考:企业财务舞弊除了表现在高估收入上,也常体现在低估负债上,作为一名审计师,该如何保持应有的执业谨慎,合理查找未入账的负债?

第一节 采购与付款循环概述

一、不同行业类型的采购和费用支出

企业的采购与付款循环包括购买商品、劳务和固定资产，以及企业在经营活动中为获取收入而发生的直接或间接的支出。本章主要关注与购买货物和劳务以及应付账款的支付有关的控制活动以及重大交易。

不同企业通常会发生的一些支出情况见表 4-2，这些支出未包括经营用房产支出和人工费用支出在内。

表 4-2　　不同行业类型的采购和费用

行业类型	典型的采购和费用支出
贸易业	产品的选择和购买、产品的存储和运输、广告促销费用、售后服务费用
一般制造业	生产过程所需的设备支出，原材料、易耗品、配件的购买与存储支出，市场经营费用，把产成品运达顾客或零售商处发生的运输费用，管理费用
金融服务业	给付储户的存款利息，支付其他银行的资金拆借利息、手续费，现金存放、现金运送和网络银行设施的安全维护费用，客户关系维护费用
专业服务业	律师、会计师、财务顾问的费用支出。包括印刷、通讯、差旅费，电脑、车辆等办公设备的购置和租赁，书籍资料和研究设施的费用
建筑业	建材支出，建筑设备和器材的租金或购置费用，支出给分包商的费用；保险支出和安保成本；建筑保证金和许可审批方面的支出；交通费、通讯费等。当在外地施工时还会发生建筑工人的食宿费用

二、采购与付款循环的主要业务活动

在一个企业，如可能的话，应将各项职能活动指派给不同的部门或职员来完成。这样，每个部门或职员都可以独立检查其他部门和职员工作的正确性。下面以采购商品为例，阐述采购与付款循环所涉及的主要业务活动。

(一) 制定采购计划

基于企业的生产经营计划，生产、仓库等部门定期编制采购计划，经部门负责人等适当的管理人员审批后提交采购部门，具体安排商品及服务采购。

(二) 供应商认证及信息维护

企业通常对于合作的供应商事先进行资质等审核、将通过审核的供应商信息录入系统，形成完整的供应商清单，并及时对其信息变更进行更新。采购部门只能向通过审核的供应商进行采购。

(三) 请购商品和劳务

仓库负责对需要购买的已列入存货清单的项目填写请购单，其他部门也可以对所需要购买的未列入存货清单的项目编制请购单。大多数企业对正常经营所需物资的购买均作一般授权，例如，仓库在现有库存达到再订购点时就可直接提出采购申请，其他部门也可为正常的维修工作和类似工作直接申请采购有关物品。但对资本支出和租赁合同，企业则通常要求作特别授权，只允许指定人员提出请购。请购单可由手工或计算机编制。由于企业内不少部门都可以填列请购单，可能不便事先编号，为加强控制，每张请购单必须经过对这类支出预算负责的主管人员签字批准。

请购单是证明有关采购交易“发生”认定的凭据之一，也是采购交易轨迹的起点。

（四）编制订购单

采购部门在收到请购单后，只能对经过批准的请购单发出订购单。对每张订购单购与付款循环的审计部门应确定最佳的供应来源。对一些大额、重要的采购项目，应采取竞价方式来确定供应商，以保证供货的质量、及时性和成本的低廉。

订购单应正确填写所需要的商品品名、数量、价格、厂商名称和地址等，预先予以顺序编号并经过被授权的采购人员签名。其正联应送交供应商，副联则送至企业内部的验收部门、应付凭单部门和编制请购单的部门。随后，应独立检查订购单的处理，以确定是否确实收到商品并正确入账。这项检查与采购交易的“完整性”和“发生”认定有关。

（五）验收商品

有效的订购单代表企业已授权验收部门接受供应商发运来的商品。验收部门首先应比较所收商品与订购单上的要求是否相符，如商品的品名、摘要、数量、到货时间等，然后再盘点商品并检查商品有无损坏。

验收后，验收部门应对已收货的每张订购单编制一式多联、预先按顺序编号的验收单，作为验收和检验商品的依据。验收人员将商品送交仓库或其他请购部门时，应取得经过签字的收据，或要求其在验收单的副联上签收，以确立他们对所采购的资产应负的保管责任。验收人员还应将其中的一联验收单送交应付凭单部门。

验收单是支持资产或费用以及与采购有关的负债的“存在或发生”认定的重要凭证定期独立检查验收单的顺序以确定每笔采购交易都已编制凭单，则与采购交易的“完整性”认定有关。

（六）储存已验收的商品

将已验收商品的保管与采购的其他职责相分离，可减少未经授权的采购和盗用商品的风险。存放商品的仓储区应相对独立，限制无关人员接近。这些控制与商品的“存在”认定有关。

（七）编制付款凭单

记录采购交易之前，应付凭单部门应编制付款凭单。这项功能的控制包括以下几项：

（1）确定供应商发票的内容与相关的验收单、订购单的一致性。

（2）确定供应商发票计算的正确性。

（3）编制有预先顺序编号的付款凭单，并附上支持性凭证（如订购单、验收单和供应商发票等）。这些支持性凭证的种类因交易对象的不同而不同。

（4）独立检查付款凭单计算的正确性。

（5）在付款凭单上填入应借记的资产或费用账户名称。

（6）由被授权人员在凭单上签字，以示批准照此凭单要求付款。所有未付凭单的副联应保存在未付凭单档案中，以待日后付款。经适当批准和有预先编号的凭单为记录采购交易提供了依据，因此，这些控制与“存在”“发生”“完整性”“权利和义务”和“计价和分摊”等认定有关。

(八) 确认与记录负债

正确确认已验收货物和已接受劳务的债务，要求准确、及时地记录负债。该记录对企业财务报表和实际现金支出具有重大影响。与应付账款确认和记录相关的部门一般有责任核查购置的财产，并在应付凭单登记簿或应付账款明细账中加以记录。在收到供应商发票时，应付账款部门应将发票上所记载的品名、规格、价格、数量、条件及运费与订购单上的有关资料核对，如有可能，还应与验收单上的资料进行比较。

应付账款确认与记录的一项重要控制是要求记录现金支出的人员不得经手现金、有价证券和其他资产。恰当的凭证、记录与记账手续，对业绩的独立考核和应付账款职能而言是必不可少的控制。

在手工系统下，应将已批准的未付款凭单送达会计部门，据以编制有关记账凭证和登记有关账簿。会计主管应监督为采购交易而编制的记账凭证中账户分类的适当性；通过定期核对编制记账凭证的日期与凭单副联的日期，监督入账的及时性。而独立检查会计人员则应核对所记录的凭单总数与应付凭单部门送来的每日凭单汇总表是否一致，并定期独立检查应付账款总账余额与应付凭单部门未付款凭单档案中的总金额是否一致。

(九) 付款

通常由应付凭单部门负责确定未付凭单在到期日付款。企业有多种款项结算方式，以支票结算方式为例，编制和签署支票的有关控制包括以下几项：

(1) 独立检查已签发支票的总额与所处理的付款凭单的总额的一致性。

(2) 应由被授权的财务部门的人员负责签署支票。

(3) 被授权签署支票的人员应确定每张支票都附有一张已经适当批准的未付款凭单，并确定支票收款人姓名和金额与凭单内容一致。

(4) 支票一经签署，就应在其凭单和支持性凭证上用加盖印戳或打洞等方式将其注销，以免重复付款。

(5) 支票签署人不应签发无记名甚至空白的支票。

(6) 支票应预先按顺序编号，保证支出支票存根的完整性和作废支票处理的恰当性。

(7) 应确保只有被授权的人员才能接近未经使用的空白支票。

(十) 记录现金、银行存款支出

仍以支票结算方式为例，在手工系统下，会计部门应根据已签发的支票编制付款记账凭证，并据以登记银行存款日记账及其他相关账簿。以记录银行存款支出为例，有关控制包括以下几项：

(1) 会计主管应独立检查记入银行存款日记账和应付账款明细账的金额的一致性，以及与支票汇总记录的一致性。

(2) 通过定期比较银行存款日记账记录的日期与支票副本的日期，独立检查入账的及时性。

(3) 独立编制银行存款余额调节表。

三、采购与付款循环涉及的主要凭证、记录与账户

（一）采购与付款循环涉及的主要凭证与会计记录

在内部控制比较健全的企业，处理采购和付款业务通常需要使用很多凭证和会计记录。从前面对采购与付款循环各个业务环节的介绍可以看出，典型的采购与付款循环所涉及的主要凭证和会计记录如表 4-3 所示。

表 4-3　　采购与付款循环涉及的主要凭证和记录

业务活动	涉及的主要凭证及会计记录
制定采购计划	采购计划
供应商认证及信息维护	供应商清单
请购商品和劳务	请购单
编制订购单	订购单
验收商品	验收单
储存已验收的商品存货	入库单
编制付款凭单	卖方发票、付款凭单
确认与记录负债	供应商发票、记账凭证、应付账款明细账、供应商对账单
付款	付款凭证、支票
记录现金、银行存款支出	库存现金日记账、银行存款日记账

（二）采购与付款循环涉及的主要账户及其相互关系

采购与付款循环主要涉及采购和付款两类交易。这两类交易所涉及的主要账户及其相互关系如图 4-1① 所示。

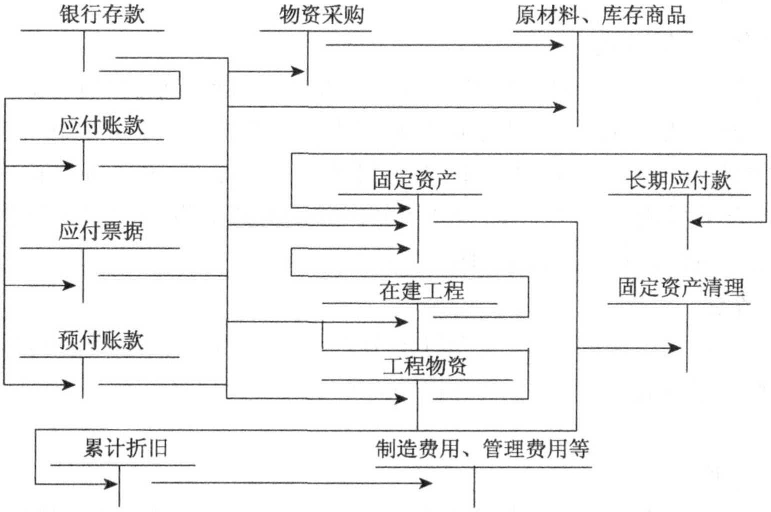

图 4-1　采购与付款循环涉及的主要账户及其相互关系

① 如前所述，无形资产、开发支出、商誉、长期待摊费用等报表项目通常也归入采购和付款循环，但考虑到它们与企业的常规交易联系不大，为了简化起见，在图 4-1 中没有列出这些报表项目所对应的账户。

四、固定资产的业务活动内容

本教材将固定资产归为采购与付款循环，但固定资产的价值是随着企业生产经营活动逐渐转移到产品成本中的，与一般的商品在风险和控制问题上固然有许多共性的地方，但固定资产还存在不少特殊性，并且固定资产的安全、完整直接影响到企业生产经营的可持续发展能力，因此，有必要对其单独加以说明。

企业应当根据固定资产特点，分析、归纳、设计合理的业务流程，查找管理的薄弱环节，健全全面风险管控措施，保证固定资产安全、完整、高效运行。固定资产业务流程，通常可以分为取得、验收移交、日常维护、更新改造和淘汰处置等环节。

（一）固定资产取得

固定资产涉及外购、自行建造、非货币性资产交换换入等取得方式。生产设备、运输工具、房屋建筑物、办公家具和办公设备等不同类型固定资产有不同的验收程序和技术要求，同一类固定资产也会因其标准化程度、技术难度等的不同而对验收工作提出不同的要求。通常来说，办公家具、电脑、打印机等标准化程度较高的固定资产验收过程较为简化，对一些复杂的大型生产设备，尤其是定制的高科技精密仪器，以及建筑物竣工验收等，需要一套规范、严密的验收制度。

（二）资产登记造册

企业取得每项固定资产后均需要进行详细登记，编制固定资产目录，建立固定资产卡片，便于固定资产的统计、检查和后续管理。

（三）固定资产运行维护

固定资产的日常运行维护需要固定资产使用部门、使用人员和固定资产的管理部门共同进行，当然他们的维护任务各有侧重。

（四）固定资产升级改造

企业需要定期或不定期对固定资产进行升级改造，以便不断提高产品质量，开发新品种，降低能源、资源消耗，保证生产的安全环保。固定资产更新有部分更新与整体更新两种情形，部分更新的目的通常包括局部技术改造、更换高性能部件、增加新功能等方面，需权衡更新活动的成本与效益进行综合决策；整体更新主要指对陈旧设备的淘汰与全面升级，更侧重于资产技术的先进性，符合企业的整体发展战略。

（五）资产清查

企业应建立固定资产清查制度，至少每年全面清查，保证固定资产账实相符、及时掌握资产盈利能力和市场价值。固定资产清查中发现的问题，应当查明原因，追究责任，妥善处理。

（六）抵押质押

抵押是指债务人或者第三人不转移对财产的占有权，而将该财产抵押作为债权的担保，当债务人不履行债务时，债权人有权依法以抵押财产折价或以拍卖、变卖抵押财产的价款优先受偿。质押也称质权，就是债务人或第三人将其动产移交债权人占有，将该动产作为债权的担保，当债务人不履行债务时，债权人有权依法就该动产卖得价金优先受偿。企业有时因资金周转等原因以其固定资产作抵押物或质物向银行等金融机构借款，如到期不能归还借款，银行则有权依法以该固定资产折价或拍卖。

（七）固定资产处置

上述各个环节之间的关系如图 4-2 所示。

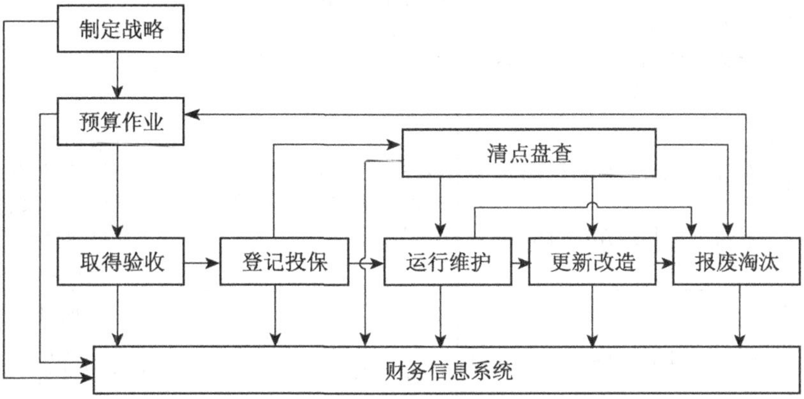

图 4-2　固定资产基本业务流程图

第二节　控制测试和交易的实质性程序

在采购与付款循环审计中，验证“应付账款”“固定资产”及“有关费用”等账户通常十分费时、费力，如果注册会计师能够通过控制测试验证与采购和付款循环相关的内部控制是健全有效的，进而减少相关账户余额的细节测试，将大大节省审计时间和成本。因此，在组织良好的审计活动中，通常对采购与付款循环的控制测试给予极大的关注，尤其是对内部控制健全的被审计单位而言。

一、采购交易的内部控制、控制测试和交易的实质性程序

表 4-4 是针对采购交易的内部控制目标、关键内部控制和审计测试一览表。

表 4-4　**采购交易的内部控制目标、关键内部控制和审计测试一览表**

内部控制目标	关键内部控制	常用的控制测试	常用的实质性程序
所记录的采购都确已收到商品或已接受劳务（存在）	请购单、订货单、验收单和卖方发票一应俱全，并附在付款凭单后； 采购经适当级别批准； 注销凭证以防止重复使用； 对卖方发票、验收单、订货单和请购单作内部核查	查验付款凭单后是否附有完整的相关单据； 检查批准采购的标记； 检查注销凭证的标记； 检查内部核查的标记	复核采购明细账、总账及应付账款明细账，注意是否有大额或不正常的金额； 检查卖方发票、验收单、订购单和请购单的合理性和真实性； 追查存货的采购至存货永续盘存记录； 检查取得的固定资产

（续表）

内部控制目标	关键内部控制	常用的控制测试	常用的实质性程序
已发生的采购交易均已记录（完整性）	订货单均经事先连续编号并将已完成的采购登记入账； 验收单均经事先连续编号并已登记入账； 付款凭单均经事先连续编号并已登记入账	检查订购单连续编号的完整性； 检查验收单连续编号的完整性； 检查付款凭单连续编号的完整性	从验收单追查至采购明细账； 从卖方发票追查至采购明细账
所记录的采购交易估价正确（准确性、计价和分摊）	对计算准确性进行内部查核； 采购价格和折扣的批准	检查内部核查的标记； 检查批准采购价格和折扣的标记	将采购明细账中记录的交易同卖方发票、验收单和其他证明文件比较； 复算包括折扣和运费在内的卖方发票金额的准确性
采购交易被正确记入应付账款和存货等明细账中，并被正确汇总（准确性）	应付账款明细账内容的内部核查	检查内部核查的标记	通过加计采购明细账，追查过入采购总账和应付账款、存货期细账的数额是否准确，来测试过账和汇总的准确性
采购交易的分类正确（分类）	采用适当的会计科目表； 分类的内部核查	检查工作手册和会计科目表； 检查有关凭证上内部核查的标记	参照卖方发票，比较会计科目表上的分类
采购交易按正确的日期记录（截止）	要求收到商品或接受劳务后及时记录采购交易； 内部核查	检查工作手册并观察有无未记录的卖方发票存在； 检查内部核查的标记	将验收单和卖方发票上的日期与采购明细账中的日期进行比较
采购交易被正确记入应付账款和存货等明细账中，并正确汇总（准确性、计价和分摊）	应付账款明细账内容的内部核查	检查内部核查的标记	通过加计采购明细账，追查过入采购总账和应付账款、存货明细账的数额是否正确，用以测试过账和汇总的正确性

在理解表4-4中列出的内容时，将与交易相关的审计目标、内部控制与控制测试、交易实质性程序等联系起来是十分重要的。第四栏所列的实质性程序与第一栏列示的控制目标有直接关系，是证明具体审计目标的证据，其目的在于确定交易中与该控制目标有关的金额是否有错误，而实质性程序实施的范围在一定程度上取决于关键控制是否存在以及控制测试的结果。下面我们对表4-4中列出的各项内容进一步做简要说明。

（一）内部控制目标

和其他交易类似，与采购交易相关的审计目标也包括五项，即：真实性、完整性、准确性、截止和分类。这些目标也是企业设立采购交易内部控制的目标。在审计工作中，如果注册会计师发现被审计单位的内部控制健全有效，对被审计单位针对上述目标的控制的恰当性感到满意，就可以相应减少对某些项目的细节测试，从而大大提高审计效率。

例如，对于完整性审计目标而言，在某些情况下，注册会计师通过执行细节测试来确定被审计单位是否存在未记录的采购交易非常困难，此时注册会计师必须依靠对内部控制的测试来实现该目标。另外，由于对应付账款完整性的审计通常会耗费大量的时间，因此有效的内部控制、适当的控制测试可以有效地降低审计成本。

（二）内部控制与控制测试

表 4-4 列出了与注册会计师实现采购交易各项审计目标相关的关键内部控制，以及针对各项内部控制所实施的控制测试。

在采购交易的各项内部控制中，注册会计师需要特别关注以下环节。

1. 职责分离

不相容职务的分离可以有效地防止错误和舞弊。与销售与收款交易循环一样，采购与付款交易也需要适当的职责分离。企业应当建立采购与付款交易的岗位责任制，明确相关部门和岗位职责、权限，确保办理采购与付款交易的不相容岗位相互分离、制约和监督。具体来说，采购与付款循环的以下 6 项职务必须分离：请购与审批；询价与确定供应商；采购合同的订立与审批；采购与验收；采购、验收与相关会计记录；付款审批与付款执行。

2. 采购授权

对采购进行适当授权非常重要，因为它能保证所购商品和劳务符合企业的需要，同时避免采购多余的和不必要的项目。大多数企业对正常经营所需物资的购买均作一般授权。比如，仓库在现有库存达到再订购点时就可直接提出采购申请，其他部门也可为正常的维修工作和类似工作直接申请采购有关物品。但对资本支出和租赁合同，企业政策则通常要求作特别授权，只允许指定人员提出请购。企业一般都设立采购部门以保证用最低的价格取得符合质量的所需商品和劳务。在设计良好的内部控制系统中，采购部门无权批准购货或验收货物。

3. 及时的记录和独立的交易复核

企业的会计部门应当及时确认与采购相关的负债，并对采购交易的适当性进行验证。验证的方法通常是核对订货单、验收报告和采购发票，以确定商品和劳务的规格、价格、数量、条件和运费等是否正确，并核对数量与单价的乘积、汇总和所计入账户的正确性。

4. 内部核查程序

企业应当建立对采购与付款交易内部控制的监督检查制度，以核查采购与付款的内部控制是否健全、是否得到了有效执行，核查内容包括采购与付款的相关岗位设置和人员分工、授权批准制度的执行、应付账款和预收账款的管理、凭证和文件的使用和保管等。

控制测试与内部控制之间的对应关系是一目了然的。对于每项关键控制，注册会计师至少要执行一项控制测试以核实其效果。当然，表 4-4 仅仅从定性的角度列出了控制测试的内容，在实际工作中，注册会计师还需要结合被审计单位的具体情况，运用职业判断和抽样技术合理确定测试的样本。

（三）实质性程序

实质性程序通过对交易金额的验证以实现与交易有关的审计目标。实质性程序实施的范围，在一定程度上取决于关键内部控制是否存在以及控制测试的结果。

在实施实质性程序时，测试的样本可以与控制测试的样本相同（即双重目的的测试），也可以另外选取样本。在测试交易的真实性、准确性、截止和分类时，注册会计师可以从采购明细账中选取恰当的样本，复核相关的支持性凭证以确定所有信息是否一致，是否以正确的金额、在恰当的时间记入恰当的账户。在测试交易的完整性时，则可以从预先顺序编号的验收凭证中选取样本，追查并复核相应的支持性凭证。

另外需要说明的是，表 4-4 的目的只在于为注册会计师根据具体审计情况和审计条件设计能够实现审计目标的审计方案提供参考，在审计实务工作中，注册会计师应根据表 4-4 所列示内容的精神实质，充分考虑被审计单位的具体情况和审计质量、审计成本效益原则，将其转换为更实用、高效的审计方案。

二、付款交易的内部控制、控制测试和交易的实质性程序

采购与付款循环包括采购和付款两个方面，在内部控制健全的企业，与采购相关的付款交易同样有其内部控制目标和内部控制，注册会计师应针对每个具体的控制目标确定关键的内部控制，并对此实施相应的控制测试和交易的实质性程序。

在付款交易的内部控制中，注册会计师对支付授权、职务分离和内部复核这三个环节需要特别予以关注，包括：签署支票的人员是否经过适当授权，签署支票时是否对有关凭证进行仔细核对；签署支票的人员和履行应付账款职责的人员是否分开；空白支票、作废支票和已签署支票的管理是否规范，等等。

付款交易中控制测试的性质取决于内部控制的性质，付款交易的实质性程序的实施范围在一定程度上取决于关键控制是否存在以及控制测试的结果。由于采购和付款交易同属一个交易循环，联系紧密，因此，对付款交易的部分测试可与测试采购交易一并实施。当然。另一些付款交易测试仍需单独实施。

同步案例 4-1

甲公司仓库 9 月 5 日填制一张未连续编号的请购单，报公司主管采购的副总经理批准后交采购部，采购部据此填制连续编号的订货单，并与一家老供货商谈判确定品质、价格、到货时间和地点后，签订了采购合同。货物到达后，仓库根据订货单的内容验收了货物，并填制一式多联的未连续编号的验收单，一联交采购部编制付款凭单，付款凭单经采购部经理批准后，交会计部；会计部根据验收单和付款凭单登记有关账簿，结算采购货款。

要求：分析上述采购业务处理中不符合内部控制要求的地方。

答案提示：

上述业务处理中不符合内部控制要求的地方主要是：①与老供货商谈判签订供应合同，既无经批准的价目表控制，也没有竞价采购控制，使采购商失去了控制。②验收单未连续编号，不能保证其完整性和不重复，因而不能保证有关账簿记录真实、完整。③由采购部编制和审批付款凭单，不符合不相容职务相分离原则，难以防止质次价高采购业务的发生。④付款凭单未附订货单和供应商发票，难以证明采购业务的真实、正确。⑤会计部未审核凭证是否真实、完整，即登记入账，不利于保证账簿记录的真实、正确。

三、固定资产的内部控制和控制测试

为了确保固定资产的真实、完整、安全和有效利用，被审计单位应当建立和健全固定资产的内部控制。下面结合企业常用的固定资产内部控制，讨论注册会计师实施控制测试所

应予以关注的地方。

(一) 固定资产的预算制度

注册会计师应注意检查固定资产的取得与处置是否依据预算,对实际支出与预算之间的差异以及未列入预算的特殊事项,检查其是否履行特别的审批手续。如果固定资产增减均能处于良好的经批准的预算内部控制之下,注册会计师即可减少针对固定资产增加、减少实施的实质性程序的样本量。

(二) 固定资产的授权批准制度

注册会计师不仅要检查授权批准制度本身是否完善,还要关注授权批准制度是否得到切实执行。

(三) 固定资产的账簿记录制度

除固定资产总账外,被审计单位还需设置固定资产明细分类账和固定资产登记卡、按固定资产类别、使用部门和每项固定资产进行明细分类核算。固定资产增减变化均有原始凭证。一套设置完善的固定资产明细分类账和登记卡,将为注册会计师分析固定资产的取得和处置、复核折旧费用和修理支出的列支带来帮助。

(四) 固定资产的职责分工制度

对固定资产的取得、记录、保管、使用、维修、处置等,均应明确划分责任,由专门部门和专人负责。明确的职责分工制度,有利于防止舞弊,降低注册会计师的审计风险。

(五) 固定资产的资本性支出和收益性支出的区分制度

企业应制定区分资本性支出和收益性支出的书面标准。通常需明确资本性支出的范围和最低金额,凡不属于资本性支出的范围、金额低于下限的任何支出,均应列作费用并抵减当期收益。注册会计师应当检查该制度是否遵循企业会计准则的要求,是否适应被审计单位的行业特点和经营规模,并抽查实际发生于固定资产相关的支出是否按照该制度进行恰当的会计处理。

(六) 固定资产的处置制度

固定资产处置包括投资转出、报废、出售等,均要有一定的申请报批程序。注册会计师应当关注被审计单位是否建立了有关固定资产处置的分级申请报批程序;收取固定资产盘点明细表,检查账实之间的差异是否经审批后及时处理;抽取固定资产报废单,检查报废是否经适当批准和处理;抽取固定资产内部调拨单,检查调入、调出是否已进行适当处理;抽取固定资产增减变动情况分析报告,检查是否经复核。

(七) 固定资产的定期盘点制度

对固定资产定期盘点,是验证账面各项固定资产是否真实存在、了解固定资产放置地点和使用状况以及发现是否存在未入账固定资产的必要手段。注册会计师应了解和评价企业固定资产盘点制度,并应注意查询盘盈、盘亏固定资产的处理情况。

(八) 固定资产的维护保养和保险情况

固定资产应有严密的维护保养制度,以防止其因各种自然和人为的因素而遭受损失,并应建立日常维护和定期检修制度,以延长其使用寿命。此外,注册会计师在检查、评价企业的内部控制时,应当了解企业对固定资产的保险情况。

四、在建工程的内部控制和控制测试

作为与固定资产密切相关的一个组成项目，在建工程项目有其特殊性，其流程主要包括立项、设计、招标、建设和竣工验收等。工程项目是企业自行或者委托其他单位进行的建造、安装活动。重大工程项目往往体现企业发展战略和中长期发展规划，对于提高企业再生产能力和支撑保障能力、促进企业可持续发展具有关键作用。国有及国有控股大型企业的重大工程项目，在调整经济结构、转变经济发展方式、促进产业升级和技术进步中更是具有举足轻重的作用。同时应当看到，由于工程项目投入资源多、占用资金大、建设工期长、涉及环节多、多种利益关系错综复杂，是构成经济犯罪和腐败问题的“高危区”。现实中，工程资金高估冒算，招投标环节的暗箱操作，“豆腐渣”工程，以及相关经济犯罪和腐败案例时有发生，引发社会各界对工程领域的批评和关注。

企业工程项目至少应当关注下列风险：①立项缺乏可行性研究或者可行性研究流于形式，决策不当，盲目上马，可能导致难以实现预期效益或项目失败。②项目招标暗箱操作，存在商业贿赂，可能导致中标人实质上难以承担工程项目、中标价格失实及相关人员涉案。③工程造价信息不对称，技术方案不落实，概预算脱离实际，可能导致项目投资失控。④工程物资质次价高，工程监理不到位，项目资金不落实，可能导致工程质量低劣，进度延迟或中断。⑤竣工验收不规范，最终把关不严，可能导致工程交付使用后存在重大隐患。

企业应当建立和完善工程项目各项管理制度，全面梳理各个环节可能存在的风险点，规范工程立项、招标、造价、建设、验收等环节的工作流程，明确相关部门和岗位的职责权限，做到可行性研究与决策、概预算编制与审核、项目实施与价款支付、竣工决算与审计等不相容职务相互分离，强化工程建设全过程的监控，确保工程项目的质量、进度和资金安全。

在建工程的内部控制包括以下内容。

（一）岗位分工

单位应当建立工程项目业务的岗位责任制，明确相关部门和岗位的职责、权限，确保办理工程项目业务的不相容岗位相互分离、制约和监督。工程项目业务不相容岗位一般包括：项目建议、可行性研究与项目决策；概预算编制与审核；项目实施与价款支付；竣工决算与竣工审计。

（二）授权批准

单位应当对工程项目相关业务建立严格的授权批准制度；明确审批人的授权批准方式、权限、程序、责任及相关控制措施，规定经办人的职责范围和工作要求。审批人应当根据工程项目相关业务授权批准制度的规定，在授权范围内进行审批，不得超越审批权限。经办人应当在职责范围内，按照审批人的批准意见办理工程项目业务。对于审批人超越授权范围审批的工程项目业务，经办人有权拒绝办理，并及时向审批人的上级授权部门报告。

（三）项目决策控制

单位应当建立工程项目决策环节的控制制度，对项目建议书和可行性研究报告的编制、项目决策程序等作出明确规定，确保项目决策科学、合理。

（四）概预算控制

单位应当建立工程项目概预算环节的控制制度，对概预算的编制、审核等作出明确规定，确保概预算编制科学、合理。

（五）价款支付控制

单位应当建立工程进度价款支付环节的控制制度，对价款支付的条件、方式以及会计核算程序作出明确规定，确保价款支付及时、正确。

（六）竣工决算控制

单位应当建立竣工决算环节的控制制度，对竣工清理、竣工决算、竣工审计、竣工验收等作出明确规定，确保竣工决算真实、完整、及时。

（七）监督检查

单位应当建立对工程项目内部控制的监督检查制度，明确监督机构或人员的职责权限定期或不定期地进行检查。检查内容主要包括：①工程项目业务相关岗位及人员的设置情况。②工程项目业务授权批准制度的执行情况。③工程项目决策责任制的建立及执行情况。④概预算控制制度的执行情况。⑤各类款项支付制度的执行情况。⑥竣工决算制度的执行情况。

在建工程的控制测试和固定资产的相似，在此不再赘述。

小资料

针对采购和付款交易的控制测试的结果会对接下来本循环涉及的各个报表项目的进一步测试产生影响。

以对应付账款审计的影响为例：①假设控制测试的结果表明被审计单位关于采购和付款的内部控制健全并运行有效，验收商品时立即填写预先编号的验收报告，立即编制预先编号的付款凭单并登记到采购明细账和应付账款明细账；负债到期时立即付款，并立即登记到现金日记账和应付账款明细账；每月根据供应商的月对账单调节应付账款明细余额，并由计算机自动地调节应付账款明细账的总额至总账。在这种情况下，注册会计师在验证应付账款项目时可以减少实质性分析程序和细节测试，从而大大减少审计成本。②相反，假设控制测试的结果表明被审计单位关于采购和付款的内部控制存在重要缺陷，包括没有使用验收报告，直到现金付款时才记录采购交易，往往由于现金紧张而导致在债务到期几个月后才能支付等，在这种情况下，注册会计师应当意识到应付账款存在错报的可能性很大，必须进行大量的应付账款细节测试。

本章接下来将对采购和付款循环涉及的各个报表项目的实质性程序进行介绍，重点是其中的应付账款和固定资产。

第三节 应付账款审计

一、审计目标

应付账款是企业在正常经营过程中因购买材料、商品和接受劳务供应等经营活动而应付给供应商的款项。

应付账款的审计目标一般包括以下各项(括号内为相应的财务报表认定):

(1) 确定资产负债表中记录的应付账款是否存在。(存在)

(2) 确定所有应当记录的应付账款是否均已记录。(完整性)

(3) 确定资产负债表中记录的应付账款是否为被审计单位应当履行的现时义务。(权利和义务)

(4) 确定应付账款是否以恰当的金额包括在财务报表中,与之相关的计价调整是否已恰当记录。(计价和分摊)

(5) 确定采购与付款交易发生后是否正确在应付账款科目中。

(6) 确定应付账款是否已按照企业会计准则的规定在财务报表中作出恰当的列报。(列报)

二、应付账款的实质性程序

表4-5列示了有关应付账款的认定—审计目标—可供选择的审计程序之间的内在关系。

表4-5 **应付账款实质性程序**

被审计单位:M公司 项目:应付账款 编制:WX 日期:2021/01/11	索引号:BH-1 财务报表截止日/期间:2020.12.31 复核:ZY 日期:2020/02/20

(一) 审计目标与认定对应关系表

审计目标	财务报表认定					
	存在	完整性	权利和义务	准确性、计价和分摊	分类	列报
A. 资产负债表中记录的应付账款是存在的	√					
B. 所有应当记录的应付账款均已记录,相关披露均已包括		√				
C. 资产负债表中记录的应付账款是被审计单位应当履行的现时义务			√			
D. 应付账款以恰当的金额包括在财务报表中,与之相关的计价或分摊调整已恰当记录,相关披露已得到恰当计量和描述				√		
E. 应付账款已记录于恰当的账户					√	
F. 应付账款已被恰当地汇总或分解且表述清楚,相关披露在适用的财务报告编制基础下是相关的、可理解的						√

（续表）

（二）审计目标与审计程序对应关系表

审计目标	可供选择的审计程序
BD	1. 获取被审计单位与其供应商之间的对账单，并将对账单和被审计单位财务记录之间的差异进行调节，查找有无未入账的应付账款，确定应付账款金额的准确性
BD	2. 检查债务形成的相关原始凭证，如供应商发票、验收报告或入库单等，查找有无未及时入账的应付账款，确定应付账款期末余额的准确性
B	3. 针对资产负债表日后付款项目，检查银行对账单及有关付款凭证，询问被审计单位内部或外部的知情人员，查找有无未及时入账的应付账款
B	4. 结合存货监盘程序，检查被审计单位在资产负债日前后的存货入库资料（验收报告或入库单），检查是否有大额料到单未到的情况，确认相关负债是否计入了正确的会计期间
B	5. 检查资产负债表日后应付账款明细账贷方发生额的相应凭证，关注其购货发票的日期，确认其入账时间是否合理
AC	6. 选择应付账款的重要项目函证其余额和交易条款，对未回函的再次发函或实施替代的检查程序
B	7. 针对已偿付的应付账款，追查至银行对账单、银行付款单据和其他原始凭证，检查其是否在资产负债表日前真正偿付
A	8. 针对异常或大额交易及重大调整事项（如大额的购货折扣或退回，会计处理异常的交易，未经授权的交易，或缺乏支持性凭证的交易等），检查相关原始凭证和会计记录，以分析交易的真实性、合理性

小资料

应付账款常见的舞弊手段

1. 利用应付账款隐瞒收入

有的被审计单位将营业外收入列入“应付账款”，而不按会计制度规定记入有关收入账户中，以达到认为调节损益、减少当期应交税金的目的。

2. 应付账款长期挂账

出现长期挂账的原因可能有：被审计单位应付账款偿还不及时或故意拖欠、双方之间有业务纠纷、账务处理错误、对方已破产或倒闭。不论出于哪种原因，长期挂账的应付账款都应得到及时处理。

3. 虚列应付账款

有的被审计的单位采用伪造发票、虚开验收单和入库单等手段虚列应付账款，以达到虚增费用、虚减利润、偷税漏税的目的，甚至用“应付账款”记录非法收支活动。

4. 少计应付账款

有的被审计单位为了粉饰财务状况，在期末对已收到购货发票或货到单未到的业务，不作账务处理，少列应付账款。

5. 利用应付账款扩大职工福利，发放钱物其会计分录如下：

(1) 先把销售收入在应付账款中挂账：

借：银行存款

　　贷：应付账款(不计收入)

(2) 在发放钱物时：

借：应付账款

　　贷：银行存款(现金)

6. 用产品或商品抵顶应付账款，隐瞒收入，偷逃税金(增值税)

其会计分录如下：

借：应付账款

　　贷：库存商品(产成品)

应付账款审计的实质性程序一般包括以下各项。

(一) 获取和编制应付账款明细表

注册会计师应当获取或编制应付账款明细表，执行以下测试。

(1) 复核加计是否正确，并与报表数、总账数和明细账合计数核对是否相符。

(2) 检查非记账本位币应付账款的折算汇率及折算是否正确。

(3) 分析出现借方余额的项目，查明原因，必要时，做重分类调整。

(4) 结合其他应付款、预付款项等往来项目的明细余额，检查有无同时挂账的项目、异常余额或与购货无关的其他款项(如关联方账户或员工账户)，如有，应作出记录，必要时作出调整。

(二) 函证应付账款

获取适当的供应商相关清单，例如本期采购量清单、所有现存供应商名单或应付账款明细账。询问该清单是否完整并考虑该清单是否应包括预期负债等附加项目。选取样本进行测试并执行如下程序：

(1) 应根据审计准则的规定对询证函保持控制，包括确定需要确认或填列的信息、选择适当的被询证者、设计询证函，包括正确填列被询证者的姓名和地址，以及被询证者直接向注册会计师回函的地址等信息，必要时再次向被询证者寄发询证函等。

(2) 将询证函余额与已记录金额相比较，如存在差异，检查支持性文件，评价已记录金额是否适当；

(3) 对于未作回复的函证实施替代程序：如检查至付款文件(如，现金支出、电汇凭证和支票复印件)、相关的采购文件(如，采购订单、验收单、发票和合同)或其他适当文件。

(4) 如果认为回函不可靠，评价对评估的重大错报风险以及其他审计程序的性质、时间安排和范围的影响。

小资料

一般情况下，函证应付账款并不是一个必要的审计程序，这是因为函证不能保证查出未记录的应付账款，况且注册会计师能够取得采购发票等外部凭证来证实应付账款的余额。但如果控制风险较高，某应付账款明细账户金额较大或被审计单位处于财务困难阶段，则应进行应付账款的函证。

同步案例 4-2

ABC会计师事务所审计人员对甲公司2×20年度会计报表进行审计。甲公司总资产为2 500万元，应收账款在报表上列示为1 000万元，控制风险评价为低水平；应付账款列示为610万元，控制风险评价为高水平。

要求：请分析审计人员是否需要对应收、应付账款进行函证？为什么？

答案提示：

审计人员应当对甲公司的应收账款和应付账款实施函证，原因如下。

(1) 实施应收账款的函证是应收账款审计非常重要的程序。通过函证能获取十分有说服力的外部证据，来证明应收账款的真实存在性及正确性等情况。尽管被审计单位的应收账款内部控制良好，控制风险较低，可接受的检查风险高，审计人员也只能减少函证的数量，而不能省略函证程序。

(2) 审计应付账款时，一般情况下不需要函证，但是如果被审计单位控制风险较高，某应付账款金额较大或被审计单位处于经济困难阶段，则应进行应付账款的函证。被审计单位应付账款的控制风险较高，则也应实施函证程序。

（三）检查应付账款是否计入了正确的会计期间，是否存在未入账的应付账款

(1) 对本期发生的应付账款增减变动，检查至相关支持性文件，确认会计处理是否正确。

(2) 检查资产负债表日后应付账款明细账贷方发生额的相应凭证，关注其购货发票的日期，确认其入账时间是否合理。

(3) 获取并检查被审计单位与其供应商之间的对账单以及被审计单位编制的差异调节表，确定应付账款金额的准确性。

(4) 针对资产负债表日后付款项目，检查银行对账单及有关付款凭证(如银行汇款通知、供应商收据等)，询问被审计单位内部或外部的知情人员，查找有无未及时入账的应付账款。

(5) 结合存货监盘程序，检查被审计单位在资产负债日前后的存货入库资料(验收报告或入库单)，检查是否有大额货到单未到的情况，确认相关负债是否计入了正确的会计期间。

如果注册会计师通过这些审计程序发现某些未入账的应付账款，应将有关情况详细记入审计工作底稿，并根据其重要性确定是否需建议被审计单位进行相应的调整。

同步案例 4-3

注册会计师A在审计甲公司2×20年度会计报表将近结束时，甲公司财务主管提出不必抽查2×21年付款记账凭证来证实2×20年的会计记录，其理由如下：①2×20年度的有些发票因收到太迟，不能记入12月份的付款记账凭证，公司已经全部用转账分录入账。②年后由公司内部审计人员进行了抽查。③公司愿意提供无漏记负债业务的说明书。

问题：

(1) 注册会计师A在执行抽查未入账债务程序时，是否可以因客户已利用转账分录将2×20年迟收发票入账的事实而改变原定程序？

(2) 注册会计师在抽查未入账债务的程序时可否因内部审计人员的工作而取消或减少？

(3) 注册会计师抽查未入账债务是否因客户愿意提供无漏记债务说明书而受影响?

(4) 除2×21年付款记账凭证外,注册会计师还通过何途径审查是否存在未入账的债务?

答案提示:

(1) 尽管委托人对迟收账单以转账方式入账,简化了注册会计师对未入账债务的抽查,也减少了进一步调整的可能性,但这不影响注册会计师抽查2×21年付款记账凭证。注册会计师通过实施该项测试,可以查明有关2×20年的验收单、卖方发票是否均已包括在转账分录内。这种抽查步骤与委托人自信十分完整、正确的报表仍须审核的理由是相同的。

(2) 如果注册会计师已查明内部审计人员具有专业胜任能力和合理的独立性,并且已经抽查了未入账的债务,在和内部审计人员讨论其程序的性质、时间、范围并审阅其工作底稿后,注册会计师可减少本身拟进行的未入账债务抽查工作,但只是减少,绝不能取消该抽查工作。

(3) 客户提供的无漏记债务声明书不能作为正当审计程序,其仅提供给注册会计师额外的保证,作为一种内部证据,其证明力较弱,故无法减轻注册会计师应作抽查的责任。

(4) 注册会计师审查未入账债务,还可以通过如下途径:①结合存货监盘,检查被审计单位在财务报表日是否存在有材料入库凭证但未收到采购发票的经济业务。②获取被审计单位与其供应商之间的对账单,并将对账单和被审计单位财务记录之间的差异进行调节,检查有无未入账的应付账款,确定应付账款金额的准确性。③询问被审计单位有关会计和采购人员等。

(四) 寻找未入账负债的测试

获取期后收取、记录或支付的发票明细,包括获取支票登记簿/电汇报告/银行对账单(根据被审计单位情况不同)以及入账的发票和未入账的发票。从中选取项目(尽量接近审计报告日)进行测试并实施以下程序:

(1) 检查支持性文件。如相关的发票、采购合同/申请、收货文件以及接受劳务明细,以确定收到商品/接受劳务的日期及应在期末之前入账的日期。

(2) 追踪已选取项目至应付账款明细账、货到票未到的暂估入账和/或预提费用明细表,并关注费用所计入的会计期间。调查并跟进所有已识别的差异。

(3) 评价费用是否被记录于正确的会计期间,并相应确定是否存在期末未入账负债。

(五) 检查应付账款长期挂账的原因并作出记录

分析长期挂账的应付账款,要求被审计单位做出解释,判断被审计单位是否缺乏偿债能力或利用应付账款隐瞒利润;对确实无需支付的应付款的会计处理是否正确。

(六) 如果存在应付关联方的款项

(1) 了解交易的商业理由;

(2) 检查证实交易的支持性文件(例如发票、合同、协议及入库和运输单据等相关文件);

(3) 检查被审计单位与关联方的对账记录或向关联方函证。

(七) 检查应付账款是否已按照企业会计准则的规定在财务报表中作出恰当列报和披露

注册会计师应当检查应付账款在财务报表中的列报是否恰当。

一般来说,"应付账款"项目应根据"应付账款"和"预付账款"账户所属明细账户的期末贷方余额的合计数填列。如果被审计单位为上市公司,则通常在其财务报表附注中应说明有无欠持有5%以上(含5%)表决权股份的股东单位账款;说明账龄超过3年的大额应付账款未偿还的原因，并在期后事项中反映财务报表日后是否偿还。

同步案例 4-4

某企业当年经济效益较好，为了给今后留有余地，调节当年利润，年终以车间修理为名，假造提供劳务单位，虚列劳务费用 20 万元，作为应付款项处理，编制会计分录如下。

借：制造费用——修理费　　200 000
　　贷：应付账款——X 工程公司　　200 000

从而使当年 12 月的产品成本增加了 20 万元。若 12 月份生产的产品全部完工入库，并已销售了 60%，则结转的已销产品成本中，自然也就包括了制造费用中虚列的 60% 费用。结果虚减了利润 12 万元，相应也偷漏了所得税 3 万元。

因此在查处后应编制调整会计分录如下。

借：应付账款　　200 000
　　贷：库存商品　　80 000
　　　　以前年度损益调整　　120 000

借：以前年度损益调整　　30 000
　　贷：应交税费——应交所得税　　30 000

借：以前年度损益调整　　90 000
　　贷：利润分配——未分配利润　　90 000

提取盈余公积等略。

同步案例 4-5

应付账款审计①

长乐公司是个中等规模的咨询服务公司，注册会计师在检查公司银行日记账时，发现长乐公司每一个月都有一笔向银信公司支付的劳务费，金额不等，于是就此事项询问会计人员"银信公司给公司提供什么服务?"，会计主管、记账人员等回答不一致，但谁都说不清楚，这引起了注册会计师的关注。经进一步询问，会计主管说与银信公司的业务往来都是总经理单线联系，每月月初总经理会交给记账人员一份与银信公司的合同，记账人员据此做如下会计处理：

借：劳务成本
　　贷：应付账款——银信公司

过一段时间后，总经理会拿张银信公司的收据，签名后让出纳把款项支付出去，出纳付款后记账人员做如下会计处理：

借：应付账款——银信公司
　　贷：银行存款

① 郭强华：《新概念审计——案例教学、考证物语与就业辅导》，清华大学出版社 2011 年版。

案例分析：

注册会计师查阅了相应的原始凭证，没有发现异常，但由于该项业务的整个发生及其会计处理都受总经理一人控制，缺少相应的内部牵制，对此仍有疑问。当问起每月与银信公司的业务往来及其劳务费的支付情况时，主管副总经理非常惘然，说长乐公司成立以来一直都没有一个固定的业务客户，这又加大了注册会计师的疑虑，于是决定向银信公司函证应付账款。

就在审计工作基本完成，准备与长乐公司管理层交换意见的前一夜，那名副总与其他几名股东主动与注册会计师沟通，主要谈到他们对银信公司的调查情况。银信公司自注册以来没有开展过任何业务，但经常为他人提供银行账户使用，他们怀疑总经理是否利用银信公司把长乐公司的钱转移到自己口袋里，准备继续搜集证据，必要时将寻求法律诉讼。注册会计师听了他们的意见，又查阅了以前年度的相关账项，了解到这种情况已经发生很久了，对会计报表的影响很大，按照谨慎性原则，注册会计师在审计工作底稿中详细记录了对此事项的询问及其产生的疑虑，但由于函证没有收到，注册会计师又不可能实施延伸审计取证，仅凭会计人员的表述及其副总等的口头证据，不能完全支持注册会计师对虚构劳务支出及其应付账款的疑虑，因此注册会计师出具了无法表示意见的审计报告。

第四节 固定资产审计

一、审计目标

固定资产的审计目标一般包括(括号内为相应的财务报表认定)以下各项。

(1) 确定资产负债表中记录的固定资产是否存在。(存在)

(2) 确定所有应记录的固定资产是否均已记录。(完整性)

(3) 确定记录的固定资产是否由被审计单位所有或控制。(权利和义务)

(4) 确定固定资产的计价方法是否恰当。(计价和分摊)

(5) 确定固定资产的折旧政策是否恰当。

(6) 确定折旧费用的分摊是否合理、一贯。(计价和分摊)

(7) 确定固定资产减值准备的计提是否充分、完整，方法是否恰当。

(8) 确定固定资产、累计折旧的期末余额是否正确。

(9) 确定固定资产、累计折旧和固定资产减值准备是否已按照企业会计准则的规定在财务报表中作出恰当列报。(列报)

二、固定资产的实质性程序

表 4-6 列示了有关固定资产的认定—审计目标—可供选择的审计程序之间的内在关系。

表 4-6　固定资产实质性程序

被审计单位:M公司 项目:固定资产 编制:WX 日期:2021/01/11	索引号:BH-2 财务报表截止日/期间:2020.12.31 复核:ZY 日期:2020/02/20

（续表）

一、审计目标与认定对应关系表

审 计 目 标	财务报表认定					
	存在	完整性	权利和义务	准确性、计价和分摊	分类	列报
A. 资产负债表中记录的固定资产是存在的。	√					
B. 所有应当记录的固定资产款均已记录。		√				
C. 资产负债表中记录的记录的固定资产由被审计单位拥有或控制。			√			
D. 固定资产以恰当的金额包括在财务报表中，与之相关的计价或分摊已恰当记录。				√		
E. 固定资产已记录于恰当的账户。					√	
F. 固定资产已按照企业会计准则的规定在财务报表中做出恰当的列报。						√

二、审计目标与审计程序对应关系表

审计目标	可供选择的审计程序	索引号
D	(1) 获取或编制固定资产明细表，复核加计是否正确，并与总账数和明细账合计数核对是否相符，结合累计折旧和固定资产减值准备与报表数核对是否相符	B2-3
ABD	(2) 实质性分析程序：①基于对被审计单位及其环境的了解，进行以下比较，并考虑有关数据间关系的影响，建立有关数据的期望值：a.分类计算本期计提折旧额与固定资产原值的比率，并与上期比较；b.计算固定资产修理及维护费用占固定资产原值的比例，并进行本期各月、本期与以前各期的比较。②确定可接受的差异额。③将实际情况与期望值相比较，识别需要进一步调查的差异。④如果其差额超过可接受的差异额，调查并获取充分的解释和恰当的佐证审计证据（例如，通过检查相关的凭证）。⑤评估分析程序的测试结果	略
A	(3) 实地检查重要固定资产（如为首次接受委托，应适当扩大检查范围），确定其是否存在，关注是否存在已报废但仍未核销的固定资产	略
C	(4) 检查固定资产的所有权或控制权：对各类固定资产，获取、收集不同的证据以确定其是否归被审计单位所有：对外购的机器设备等固定资产，审核采购发票、采购合同等；对于房地产类固定资产，查阅有关的合同、产权证明、财产税单、抵押借款的还款凭据、保险单等书面文件；对融资租入的固定资产，检查有关融资租赁合同；对汽车等运输设备，检查有关运营证件等；对受留置权限制的固定资产，结合有关负债项目进行检查	略

（续表）

二、审计目标与审计程序对应关系表

审计目标	可供选择的审计程序	索引号
ABDC	(5) 检查本期固定资产的增加：①询问管理层当年固定资产的增加情况，并与获取或编制的固定资产明细表进行核对。②检查本年增加固定资产的计价是否正确，手续是否齐备，会计处理是否正确。a.对于外购固定资产，通过核对采购合同、发票、保险单、发运凭证等资料，抽查测试其入账价值是否正确，授权批准手续是否齐备，会计处理是否正确；如果购买的是房屋建筑物，还应检查契税的会计处理是否正确；检查分期付款购买固定资产入账价值及会计处理是否正确。b.对于在建工程转入的固定资产，应检查固定资产确认时点是否符合会计准则的规定，入账价值与在建工程的相关记录是否相符，是否与竣工决算、验收和移交报告等一致；对已经达到预定可使用状态，但尚未办理竣工决算手续的固定资产，检查其是否已按估计价值入账，并按规定计提折旧。c.对于投资者投入的固定资产，检查投资者投入的固定资产是否按投资各方确认的价值入账，并检查确认价值是否公允，交接手续是否齐全；涉及国有资产的，是否有评估报告并经国有资产管理部门评审备案或核准确认。d.对于更新改造增加的固定资产，检查通过更新改造而增加的固定资产，增加的原值是否符合资本化条件，是否真实，会计处理是否正确；重新确定的剩余折旧年限是否恰当。e.对于融资租入增加的固定资产，获取融资租入固定资产的相关证明文件，检查融资租赁合同的主要内容，并结合“长期应付款”“未确认融资费用”账户检查相关的会计处理是否正确。f.对于企业合并、债务重组和非货币性资产交换增加的固定资产，检查产权过户手续是否齐备，检查固定资产入账价值及确认的损益和负债是否符合规定。g.如果被审计单位为外商投资企业，检查其采购国产设备退还增值税的会计处理是否正确。h.对于通过其他途径增加的固定资产，应检查增加固定资产的原始凭证，核对其计价及会计处理是否正确，法律手续是否齐全。③检查固定资产是否存在弃置费用，如果存在弃置费用，检查弃置费用的估计方法和弃置费用现值的计算是否合理，会计处理是否正确	B2-5 B2-9
ABD	(6) 检查本期固定资产的减少：① 结合“固定资产清理”账户，抽查固定资产账面转销额是否正确。② 检查出售、盘亏、转让、报废或毁损的固定资产是否经授权批准，会计处理是否正确。③ 检查因修理、更新改造而停止使用的固定资产的会计处理是否正确。④ 检查投资转出固定资产的会计处理是否正确。⑤ 检查债务重组或非货币性资产交换转出固定资产的会计处理是否正确。⑥ 检查其他减少固定资产的会计处理是否正确	略
AB	(7) 检查固定资产的后续支出：检查固定资产有关的后续支出是否满足资产确认条件；如不满足，检查该支出是否在该后续支出发生时计入当期损益	略
ABDC	(8) 检查固定资产的租赁：①固定资产的租赁是否签订了合同、租约，手续是否完备，合同内容是否符合国家规定，是否经相关管理部门的审批。②租入的固定资产是否确属企业必需，或出租的固定资产是否确属企业多余、闲置不用的。③租金收取是否签有合同，有无多收、少收现象。④租入固定资产有无久占不用、浪费损坏的现象；租出的固定资产有无长期不收租金、无人过问，是否有变相馈赠、转让等情况。⑤ 租入固定资产是否已登记备查簿。⑥ 如果被审计单位的固定资产中融资租赁占有相当大的比例，复核新增加的租赁协议，检查租赁是否符合融资租赁的条件，会计处理是否正确（资产的入账价值、折旧、相关负债）。检查以下内容：a.复核租赁的折现率是否合理。b.检查租赁相关税费、保险费、维修费等费用的会计处理是否符合企业会计准则的规定。c.检查融资租入固定资产的折旧方法是否合理。d.检查租赁付款情况。e.检查租入固定资产的成新程度。f.向出租人函证租赁合同及执行情况。g.租入固定资产改良支出的核算是否符合规定	略

（续表）

二、审计目标与审计程序对应关系表

审计目标	可供选择的审计程序	索引号
D	(9) 获取暂时闲置固定资产的相关证明文件，并观察其实际状况，检查是否已按规定计提折旧，相关的会计处理是否正确 (10) 获取已提足折旧仍继续使用固定资产的相关证明文件，并作相应记录	略
A	(11) 获取持有待售固定资产的相关证明文件，并作相应记录，检查对其预计净残值的调整是否正确、会计处理是否正确	略
B	(12) 检查固定资产保险情况，复核保险范围是否足够	略
ABD	(13) 检查有无与关联方的固定资产购售活动，是否经适当授权，交易价格是否公允。对于合并范围内的购售活动，记录应予合并抵销的金额	略
D	(14) 对应计入固定资产价值的借款费用，应根据企业会计准则的规定，结合长短期借款、应付债券或长期应付款的审计，检查借款费用资本化的计算方法和资本化金额，以及会计处理是否正确	略
DF	(15) 检查购置固定资产时是否存在与资本性支出有关的财务承诺	略
CF	(16) 检查固定资产的抵押、担保情况。结合对银行借款等的检查，了解固定资产是否存在重大的抵押、担保情况。如存在，应取证，并作相应的记录，同时提请被审计单位作恰当披露	略
D	(17) 检查累计折旧：①获取或编制累计折旧分类汇总表，复核加计正确，并与总账数和明细账合计数核对。②检查被审计单位制定的折旧政策和方法是否符合相关会计准则的规定，确定其所采用的折旧方法能否在固定资产预计使用寿命内合理分摊其成本，前后期是否一致，预计使用寿命和预计净残值是否合理。a.复核本期折旧费用的计提和分配，了解被审计单位的折旧政策是否符合规定，计提折旧范围是否正确，确定的使用寿命、预计净残值和折旧方法是否合理；如采用加速折旧法，是否取得批准文件。b.检查被审计单位折旧政策前后期是否一致。c.复核本期折旧费用的计提是否正确，尤其关注已计提减值准备的固定资产。d.检查折旧费用的分配方法是否合理，是否与上期一致；分配计入各项目的金额占本期全部折旧计提额的比例与上期比较是否有重大差异。③注意固定资产增减变动时，有关折旧的会计处理是否符合规定，查明通过更新改造、接受捐赠或融资租入而增加的固定资产的折旧费用计算是否正确。④将“累计折旧”账户贷方的本期计提折旧额与相应的成本费用中的折旧费用明细账户的借方相比较，检查本期所计提折旧金额是否已全部摊入本期产品成本或费用。若存在差异，应追查原因，并考虑是否应建议作适当调整。⑤检查累计折旧的减少是否合理、会计处理是否正确。 (18) 检查固定资产的减值准备：①获取或编制固定资产减值准备明细表，复核加计正确，并与总账数和明细账合计数核对相符。②检查被审计单位计提固定资产减值准备的依据是否充分，会计处理是否正确。③检查资产组的认定是否恰当，计提固定资产减值准备的依据是否充分，会计处理是否正确。④计算本期期末固定资产减值准备占期末固定资产原值的比率，并与期初该比率比较，分析固定资产的质量状况。⑤检查被审计单位处置固定资产时原计提的减值准备是否同时结转，会计处理是否正确。⑥检查是否存在转回固定资产减值准备的情况，确定减值准备在以后会计期间没有转回	B2-8

（续表）

二、审计目标与审计程序对应关系表		
审计目标	可供选择的审计程序	索引号
	(19) 根据评估的舞弊风险等因素增加的审计程序	略
F	(20) 检查固定资产是否已按照企业会计准则的规定在财务报表中作出恰当列报：①固定资产的确认条件、分类，计量基础和折旧方法。②各类固定资产的使用寿命、预计净残值和折旧率。③各类固定资产的期初和期末原价、累计折旧额及固定资产减值准备累计金额。④当期确认的折旧费用。⑤对固定资产所有权的限制及其金额和用于担保的固定资产账面价值。⑥准备处置的固定资产名称、账面价值、公允价值、预计处置费用和预计处置时间等	略

固定资产审计的实质性程序一般包括以下各项。

（一）固定资产明细表测试

注册会计师应当获取或编制固定资产明细表，复核加计是否正确，并与总账数和明细账合计数核对是否相符，结合累计折旧、固定资产减值准备与报表数核对是否相符。

在实务工作中，注册会计师通常汇总编制固定资产、累计折旧及减值准备明细表，以便于相互对照，参考格式见表 4-7。

表 4-7　**固定资产、累计折旧及减值准备明细表**

被审计单位：南方工业有限公司　　索引号：B2-2

项目：固定资产明细表　　财务报表截止日：2×18.12.31

编制：谢诚　　复核：张雷

日期：2×19.2.16　　日期：2×19.3.1

项目名称	期初余额	本期增加	本期减少	期末余额	备注
一、原价合计	2 712 812	1 705 256		4 418 068	
其中：房屋、建筑物	—	—		—	
机器设备	746 250	1 688 034		2 434 284	
运输工具	1 511 780			1 511 780	
电子设备	454 782	17 222		472 004	
二、累计折旧合计	498 769	362 185		860 954	
其中：房屋、建筑物	—	—		—	
机器设备	214 419	136 850		351 269	
运输工具	217 965	143 619		361 584	
电子设备	66 385	81 716		148 101	
三、固定资产减值准备合计					

（续表）

项目名称	期初余额	本期增加	本期减少	期末余额	备注
其中：房屋、建筑物					
机器设备					
运输工具					
电子设备					
四、固定资产账面价值合计	2 214 043	1 343 071		3 557 114	
其中：房屋、建筑物	—	—		—	
机器设备	531 831	1 551 184		2 083 015	
运输工具	1 293 815	−143 619		1 150 196	
电子设备	388 397	−64 494		323 903	

编制说明：备注栏可填列固定资产的使用年限、剩余使用年限、残值率和年折旧率等情况。

审计说明：______________________________

（二）实质性分析程序

注册会计师可以根据具体情况，选择表 4-8 所列指标进行分析。

表 4-8 实质性分析程序的内容与可能存在的信息

比较的内容	可能存在的信息
将固定资产原值与全年产量的比率同以前年度比较	固定资产闲置或已减少固定资产未在账户上注销
将本期计提折旧额与固定资产总成本的比率与上年比较	本期折旧额计算方面的错误
将累计折旧与固定资产总成本的比率与上年比较	累计折旧核算中的错误
比较本期各月之间、本期与以前各期之间修理及维护费用	资本性支出和收益性支出区分上可能存在的错误
比较本期与以前各期的固定资产增加和减少	判断差异产生的原因是否合理
分析固定资产的构成及其增减变动情况，与在建工程、现金流量表、生产能力等相关信息交叉复核	检查固定资产相关金额的合理性和准确性

（三）实地盘点固定资产

注册会计师应当对重要固定资产进行实地检查，确定其是否存在。在实际工作中，注册会计师可以以固定资产明细分类账为起点，进行实地追查，以证明会计记录中所列固定资产确实存在，并了解其目前的使用状况；也可以以实地为起点，追查至固定资产明细分类账，以获取实际存在的固定资产均已入账的证据。

当然，注册会计师实地检查的重点是本期新增加的重要固定资产，有时，观察范围也会扩展到以前期间增加的重要固定资产。观察范围的确定需要依据被审计单位内部控制的强弱、固定资产的重要性和注册会计师的经验来判断。如为首次接受审计，则应适当扩大检查范围。

固定资产盘点检查情况表的参考格式如表4-9所示。

表4-9　　　　　　　　　　　　**固定资产盘点检查情况表**

被审计单位：南方工业有限公司　　　　　　索引号：　B2-2

项目：固定资产盘点检查情况表　　　　　　财务报表截止日：2×18.12.31

编制：　谢诚　　　　　　　　　　　　　　复核：　张雷

日期：　2×19.2.16　　　　　　　　　　　日期：　2×19.3.1

编号	名称	规格型号	计量单位	单价	账面结存		被审计单位盘点			实际检查			备注
					数量	金额	数量	金额	盈亏（+、-）	数量	金额	盈亏（+、-）	
17	格力空调	KFR-50LW/K	台	4 832	1	4 832	1	4 832		1	4 832		
21	广汽骏威客车	GZ6750E	辆	222 300	1	222 300	1	222 300		1	222 300		
32	镗床		台	247 863	1	247 863	1	247 863		1	247 863		
…	…	…	…	…	…	…	…	…	…	…	…		

检查时间：2×19年2月19日　　检查地点：公司　　检查人：邹志　　盘点检查比例：100%

审计说明：

（四）检查固定资产的所有权

对各类固定资产，注册会计师应获取、收集不同的证据以确定其是否确归被审计单位所有：对外购的机器设备等固定资产，通常经过审核采购发票、采购合同等予以确定；对于房地产类固定资产，尚需查阅有关的合同、产权证明、财产税单、抵押借款的还款凭据、保险单等书面文件；对融资租入的固定资产，应验证有关融资租赁合同，证实其并非经营租赁；对汽车等运输设备，应验证有关运营证件等。

另外，注册会计师还应当结合对银行借款等负债项目的检查，了解固定资产是否存在重大的抵押、担保情况。如存在，应取证并作相应的记录，同时提请被审计单位作恰当披露。

同步案例4-6

审计人员在审计甲公司的“固定资产”项目时，发现如下表所示的异常情况。

固定资产名称	固定资产明细账	固定资产卡片	实存数量
甲	10台	10台	9台
乙	8台	8台	9台
丙	10台	9台	10台
丁	4台	2台	2台

要求：请分析产生各种情况可能的原因及审计人员应提出的调整建议。

答案提示：

1. 甲设备账卡相符，实物短缺1台，原因可能如下。

(1) 该设备已报废处理，但账卡未注销，若为事实，应建议对方予以注销账卡。

(2) 因保管不善，设备被盗，若为事实，应建议对方追究保管者的责任。

(3) 设备出租，但没有记入“出租固定资产”账户，若为事实，应建议对方补记。

2. 乙设备账卡相符，实物多出1台，原因可能如下。

(1) 该设备已报废处理，卡片已注销，但实物仍在使用。

(2) 购进时未作固定资产入账，而作低值易耗品入账，但盘点时作为固定资产，查明后，应对照其价值和使用年限，确认其符合标准，补记固定资产明细账和卡片，若不符合标准，则不作盘盈，不记入固定资产账簿。

(3) 将租入固定资产误记作盘盈，查明后应将设备在备查簿上登记。

3. 丙设备明细账与实物相符，但卡片少了1台，原因可能是购进时有1台没有在卡片上登记，若为事实，应建议对方补记卡片。

4. 丁设备卡片与实物相符，但固定资产明细账多出2台，有可能是该2台设备已出售，但明细账没有注销，若为事实，应建议对方及时予以注销。

一般情况下，审计人员在抽查固定资产时，应关注固定资产的账、卡、物是否相符。如果不相符，应查明原因，提请被审计单位纠正。同时，对于造成被审计单位的账、卡、物不相符的内部控制制度，应提出改善意见。

（五）检查本期固定资产的增加

本期新增固定资产对财务报表有长期影响。例如，如果被审计单位在记录固定资产采购时记错金额，就会对资产负债表产生持续影响，直到企业处置该项资产为止，对利润表的影响也会持续到该资产提足折旧时为止。有鉴于此，注册会计师对被审计单位新增固定资产的记录是否恰当地进行检查就显得尤其重要。

注册会计师应当询问管理层当年固定资产的增加情况，并与获取或编制的固定资产明细表进行核对，重点检查本年度增加固定资产的计价是否正确，手续是否齐备，会计处理是否正确。固定资产的增加有多种途径，包括外购、在建工程转入、投资者投入、更新改造、融资租赁、企业合并、债务重组和非货币性资产交换增加等，注册会计师应当结合具体情况检查被审计单位对固定资产增加的相关处理是否恰当。

需要指出的是，注册会计师在检查过程中需要对一些特殊情况予以关注，包括以下各项：

(1) 对于被审计单位发生的固定资产后续支出，如改良支出、装修费用等，注册会计师应当结合其资本化政策，检查与固定资产有关的后续支出是否得到了恰当的核算。

(2) 对于被审计单位以借款方式购置的固定资产，注册会计师应结合长短期借款、应付债券或长期应付款的审计，检查借款费用(借款利息、折溢价摊销、汇兑差额、辅助费用)资本化的计算方法和资本化金额，以及会计处理是否正确。

(3) 关注被审计单位在购置固定资产时是否存在与资本性支出有关的财务承诺。

(4) 关注被审计单位有无与关联方的固定资产购售活动，是否经适当授权，交易价格是否公允，会计处理是否恰当。

固定资产增加检查表的参考格式如表4-10所示。

表 4-10 固定资产增加检查表

被审计单位：南方工业有限公司　　索引号：B2-2

项目：固定资产增加检查表　　财务报表截止日：2×18.12.31

编制：谢诚　　复核：张雷

日期：2×19.2.16　　日期：2×19.3.1

固定资产名称	取得日期	取得方式	固定资产类别	增加情况		凭证号	核对内容(用"√"、"×"表示)							
				数量	原价		1	2	3	4	5	6	7	8
起重机	18.5.26	外购	机器设备	8	427 350	记-57	√	√	√	√	√		√	
镗床	18.9.18	外购	机器设备	1	247 863	记-46	√	√	√	√	√		√	
…	…	…	…	…	…	…	…	…	…	…	…	…	…	…

核对内容说明：1.与发票是否一致；2.与付款单据是否一致；3.与购买/建造合同是否一致；4.与验收报告或评估报告等是否一致；5.审批手续是否齐全；6.与在建工程转出数是否一致；7.会计处理是否正确(入账日期和入账金额)；8. ……

审计说明：

(六) 检查本期固定资产的减少

固定资产的减少主要包括出售、报废、毁损、盘亏、向其他单位投资转出、向债权人抵债转出、捐赠等。注册会计师需要确定固定资产的减少是否合理，是否经过授权批准，是否进行了恰当的会计处理。

固定资产减少检查表的参考格式如表 4-11 所示。

表 4-11 固定资产减少检查表

被审计单位：南方工业有限公司　　索引号：B2-2

项目：固定资产减少检查表　　财务报表截止日：2×18.12.31

编制：谢诚　　复核：张雷

日期：2×19.2.16　　日期：2×19.3.1

固定资产名称	取得日期	处置方式	处置日期	固定资产原价	累计折旧	减值准备	账面价值	处置收入	净损益	索索引号	核对内容(用"√"、"×"表示)				
											1	2	3	4	5
…	…	…	…	…	…	…	…	…	…	…	…	…	…	…	…

核对内容说明：1.与收款单据是否一致；2.与合同是否一致；3.审批手续是否完整；4.会计处理是否正确；5. ……

审计说明：

（七）检查固定资产的租赁

企业在生产经营过程中，有时可能有闲置的固定资产供其他单位租用；有时由于生产经营的需要，又需租用固定资产。租赁一般分为经营租赁和融资租赁两种。

对于经营性租赁，注册会计师应重点检查固定资产的租赁是否签订了合同、租约，手续是否完备，合同内容是否符合国家规定，是否经相关管理部门的审批；租入的固定资产是否确属企业必需，或出租的固定资产是否确属企业多余、闲置不用的，双方是否认真履行合同，其中是否存在不正当交易；租金收取是否签有合同，有无多收、少收现象；租入固定资产有无久占不用、浪费损坏的现象；租出的固定资产有无长期不收租金、无人过问，是否有变相馈送、转让等情况；租入固定资产是否已登入备查簿；租入固定资产改良支出的核算是否符合规定；等等。

对于融资租赁，注册会计师应重点复核新增加的租赁协议，检查租赁是否符合融资租赁的条件，租赁的折现率是否合理，相关会计处理是否正确等。

（八）检查固定资产折旧

折旧费用最重要的审计目标是准确性，而准确性又涉及以下两个主要方面：被审计单位在不同会计期间是否遵循一致的折旧政策和被审计单位的折旧额计算是否正确。注册会计师在审计工作中需要对此予以特别关注。

注册会计师通常实施的审计程序主要包括以下几项：

（1）检查被审计单位制定的折旧政策和方法是否符合相关会计准则的规定，确定其所采用的折旧方法能否在固定资产预计使用寿命内合理分摊其成本，前后期是否一致，预计使用寿命和预计净残值是否合理。在实际工作中，注册会计师可以通过与被审计单位有关人员讨论、取得被审计单位相关文件记录以及查阅永久性审计档案的记录等途径了解被审计单位的折旧政策。

（2）对折旧计提的总体合理性进行复核。这是测试折旧金额正确与否的一个有效方法。在不考虑固定资产减值准备的前提下，计算、复核的方法是用应计提折旧的固定资产原价乘以本期的折旧率。在计算之前，注册会计师应当对本期增加和减少固定资产、使用寿命长短不一和折旧方法不同的固定资产作适当调整。在实际工作中，很多会计师事务所在其永久性档案里都有现成的固定资产在不同年限、不同方法下计提折旧的电子数据表，注册会计师可以利用软件直接计算出折旧金额。如果注册会计师计算的结果与被审计单位的折旧金额相当接近，就可以大大减少针对固定资产折旧的细节测试；反之，如果总体合理性测试结果不能令人满意，那么通常需要进行更多的细节测试。

（3）复核本期折旧费用的计提是否正确，尤其关注计提折旧的范围是否正确，已计提减值准备的固定资产的折旧计提是否正确。折旧计算检查表的参考格式如表4-12所示。

（4）检查折旧费用的分配是否合理，是否与上期一致；分配计入各项目的金额占本期全部折旧计提额的比例与上期比较是否有重大差异。

表 4-12　　折旧计算检查表

被审计单位：南方工业有限公司　　索引号：B2-8

项目：折旧计算检查表　　财务报表截止日：2×18.12.31

编制：谢诚　　复核：张雷

日期：2×19.2.16　　日期：2×19.3.1

固定资产名称	取得时间	使用年限	固定资产原值	残值率	累计折旧期初余额	减值准备期初余额	本期应提折旧	本期已提折旧	差异
普通车床	12.9	10	30 500	5%	15 212		2 897	18 109	
普通车床	13.7	10	43 500	5%	18 252		4 133	22 385	
格力空调	17.8	5	4 832	5%	306		918	1 224	
双梁起重机	18.5	10	162 393	5%	0		8 999	8 999	
单梁起重机	18.5	10	230 769	5%	0		12 788	12 788	
单梁起重机	18.5	10	34 188	5%	0		1 895	1 895	
……	…	…	…	…	…		…	…	

审计说明：

同步案例 4-7

ABC 会计师事务所注册会计师审计甲股份有限公司 2×20 年度“固定资产”和“累计折旧”项目时发现下列情况。

(1)“未使用固定资产”中有“固定资产——X 设备”。外汇设备已于本年度 5 月份投入使用，该公司未按规定转入“固定资产”账户和计提折旧。

(2) 对所有的“空调器”，按其实际使用的时间(5 月至 9 月)计提折旧。

(3) 公司有融资租入的设备 4 台，租赁期为 5 年，尚可使用时间为 6 年，公司确定的折旧期为 6 年。

(4) 对已提足折旧继续使用的某设备，仍计提折旧。

(5) 8 月初购入吊车 2 辆，价值 650 万元，当月已投入使用并同时开始计提折旧。

(6) 该公司采用平均年限法计提折旧，但于本年度 9 月改为工作量法，这一改变已经股东大会批准，但未报财政及有关部门备案，也未在会计报表附注中予以说明。

要求：请代注册会计师指出上述各项中存在的问题，并提出改进建议。

答案提示：

(1) 根据企业会计制度规定，房屋、建筑物以外的未使用和不需用的固定资产不计提折旧，但如根据生产经营的需要重新投入使用，则应自投入的次月开始计提折旧。该公司应把 X 设备及时转入“固定资产”账户，并自 6 月开始计提折旧。

(2) 固定资产使用年限是指固定资产的实际使用寿命，作为一种具有特殊性质的“空调器”，其性质属于“季节性使用的固定资产”，按照制度规定停用期间应照常计提折旧；如果停用期间不提折旧，则使用期间所计提的折旧应当是折旧年限应提折旧金额。因此，该公司计提折旧的方法或者按月份平均计提年折旧额的 1/12，或者是按实际使用月份平均分摊计提年折旧额。

(3) 融资租入固定资产的折旧年限，应根据不同情况确定。若能合理确定租赁期届满时将取得租赁资产的所有权，则应在租赁资产尚可使用年限内计提折旧；若无法合理确定租赁届满时能否取得租赁资产的所有权，则应在租赁期与租赁资产尚可使用年限两个中较短的期间内计提折旧。该公司应区别不同情况，确定融资租赁固定资产的折旧期，而不应不分情况一律在租赁资产尚可使用年限内计提折旧。

(4) 根据企业会计制度规定，已提足折旧继续使用的固定资产，不再计提折旧。该公司对其继续计提，造成多提折旧，应对多提的折旧进行冲回。

(5) 根据企业会计制度规定，当月增加的固定资产从下月开始计提折旧。该公司的650万元的吊车应从9月份开始计提折旧，而不是8月份。

(6) 企业会计制度规定，固定资产折旧方法一经确定，不得随意变更；如需要变更，应经股东大会批准，并应在会计报表附注中予以披露。该公司变更折旧方法后，未按规定程序披露，应加以纠正。

(九) 检查固定资产减值准备

注册会计师在检查固定资产减值准备时，通常实施的审计程序主要包括以下各项：

(1) 实施实质性分析程序，计算本期期末固定资产减值准备占期末固定资产原值的比率，并与期初该比率比较，分析固定资产的质量状况。

(2) 检查固定资产减值准备计提和核销的批准程序，取得书面报告等证明文件。

(3) 检查被审计单位计提固定资产减值准备的依据是否充分及会计处理是否正确。

(4) 检查被审计单位处置固定资产时原计提的减值准备是否同时结转，会计处理是否正确。

(5) 检查是否存在转回固定资产减值准备的情况，确定减值准备在以后会计期间没有被转回。

(十) 检查列报的恰当性

注册会计师应当检查固定资产在财务报表中的列报是否恰当。

根据现行会计准则的规定，企业应当在附注中披露与固定资产有关的下列信息：

(1) 固定资产的确认条件、分类、计量基础和折旧方法。

(2) 各类固定资产的使用寿命、预计净残值和折旧率。

(3) 各类固定资产的期初和期末原价、累计折旧额及固定资产减值准备累计金额。

(4) 当期确认的折旧费用。

(5) 对固定资产所有权的限制及其金额和用于担保的固定资产账面价值。

(6) 准备处置的固定资产名称、账面价值、公允价值、预计处置费用和预计处置时间等。

同步案例 4-8

甲公司未经审计的固定资产原价和累计折旧内容如下表所示。

单位：万元

固定资产类别	年初数	本年增加	本年减少	年末数
房屋及建筑物	20 930	2 655	21	23 564
通用设备	8 612	1 158	62	9 708
专用设备	10 008	3 854	121	13 741
运输工具	1 681	460	574	1 567
土地	472			472
其他设备	389	150	11	528
合计	42 092	8 277	789	49 580

（续表）

累计折旧类别	年初数	本年增加	本年减少	年末数
房屋及建筑物	3 490	898	31	4 357
通用设备	863	865	34	1 694
专用设备	3 080	1 041	20	4 101
运输工具	992	232	290	934
土地		15		15
其他设备	115	83	3	195
合计	8 540	3 134	378	11 296

要求：假定上表中的年初数已审定无误，请运用专业判断和分析程序，指出上表中可能存在的不合理之处。

答案提示：

(1)“累计折旧——土地”本年增加数为15万元，这与国家规定土地不提折旧的要求相悖。

(2)“固定资产——房屋及建筑物”的本年减少数为21万元，小于“累计折旧——房屋及建筑物”的本年减少数31万元。而根据会计核算的基本原理，考虑固定资产净残值这一因素，即使这些减少的房屋及建筑物已提足折旧，其累计折旧数也应小于相应的固定资产原价。

分析提示：在审计实务中，审计人员应正确运用分析程序，调查重要项目的比率或趋势的异常变动及其与预期数额和相关信息的差异，以发现重大错报项目。

小资料

美国废品管理公司财务舞弊手法剖析①

美国废品管理公司是当时世界上最大的垃圾处理公司，1971年在纽约证券交易所上市。1998年2月，废品管理公司承认，在1992至1996年以及1997年前三个季度，虚增利润总额17亿美元(净利润为11.06亿美元)，成为当时美国最大的利润操纵舞弊案，一时间轰动全球。废品管理公司的舞弊手法虽不高明，但简单实用。其中手法之一就是隐瞒或不适当地递延期间费用，虚增经营利润。具体包括以下各项。

1. 随意改变折旧方法，蓄意少计折旧费用

运送垃圾的车队及集装箱运输船队是废品管理公司的主要固定资产。迫于利润压力，废品管理公司的高管人员通过随意延长垃圾车和船队的预计使用年限，同时毫无根据地提高残值比率，轻而易举地达到减少当期折旧费用，夸大经营利润的目标。以运送垃圾的卡车为例，废品管理北美公司过去一直按照每辆卡车使用年限为8年且不预留残值的假设计提折旧，但废品管理公司在合并其子公司的报表时，却进行了所谓的“高层调整”，改按另一套不同的假设(每辆卡车使用年限为12年且残值为3万美元)重新调整该子公司的卡车折旧费。截至1996年，废品管理公司通过随意改变折旧方法，累计少计提的车辆、船队、设备和容器器具折旧费高达5.09亿美元。

① 黄世忠、张胜芳：《美国废品管理公司财务舞弊案例剖析》，《财务与会计》2004年第6期。

2. 故意混淆资本支出与收益支出,将期间费用资本化

自1989年起,废品管理公司通过所谓的"净账面价值法",将部分已经建成并交付使用垃圾掩埋场的利息费用继续资本化。对其进行审计的安达信会计师事务所(以下简称安达信)发现这一问题后,要求废品管理公司予以更正。废品管理公司承诺从1994年1月1日起予以更正,但到了1994年管理当局发现,如果采用安达信提出的资本化方法,废品管理公司每年都得报告约2 500万美元的利息费用,这意味着1989至1994年期间,不恰当的资本化利息费用累计已经高达1.5亿美元。最后,废品管理公司决定从1995年开始采用符合安达信要求的资本化方法,并在3年内消化遗留的不良影响。但事实上,废品管理公司不仅在对外报送的财务报表中没有披露这些内幕,而且直至1997年仍在运用"净账面价值法",继续将本应计入期间费用的利息费用资本化为在建工程或固定资产。事后调查表明,1992至1996年期间,废品管理公司累计将1.92亿美元的利息费用资本化,在夸大了利润总额的同时,也高估了在建工程和固定资产的价值。

其他不适当的资本化处理方法还包括将系统开发费用、管理费用、财产保险费用资本化。而且,资本化后的系统开发费用和财产保险费用又被武断地按照特别"经久耐用"的假设摊销,如对公司的财产保险费一律按15年期限摊销。安达信在1991年及随后年份再三地将上述摊销分录列为审计调整分录,并要求废品管理公司考虑技术发展造成系统贬值加速及保费对应的财产使用年限等因素,尽早冲销这些"虚拟资产",但废品管理公司每年都拒绝调整。

3. 利用收购兼并随意计提坏账准备,冲抵当期经营费用

按照公认会计准则的要求,废品管理公司每个会计期间都应计提一笔费用即环境补救准备,以弥补可能发生的环境负债。在年末审核环境补救准备计提的充足性时,废品管理公司管理当局借机用新近收购、兼并时虚增的环境准备负债来冲销与之不相关的、少计的垃圾掩埋场减值准备。通过将垃圾掩埋场的减值(财务报表上反映为经营费用)与虚增的环境负债对冲,废品管理公司避免确认了巨额的经营费用,从而增加了当期的盈利。安达信曾明确向管理当局指出,这种做法违背公认会计准则且已成为SEC的重点监管对象。尽管双方在"行动步骤"中曾就此达成共识,均认为必须停止这种以夸大的负债冲抵减值损失的不当会计处理,但由于担心改变这种做法将使废品管理公司达不到华尔街的盈利预期,高管人员并没有按照"行动步骤"的要求终止这种对冲行为。并且,在舞弊期间的所有年报附注及管理当局的分析和讨论中,废品管理公司均声称已经按照可能发生的环境负债提取了适当的环境准备,而实际情况却是,环境准备是在收购、兼并时随意提取的。通过将收购兼并时故意多提的环境补救准备冲减垃圾掩埋场减值损失等项目,废品管理公司在整个舞弊期间少计了1.73亿美元的期间费用。

4. 少计其他准备,凭空将准备冲抵期间费用

废品管理公司对其一些业务采取自行保险的做法,但却一直都低估应计提的自保损失负债。1991年,安达信的保险精算师指出废品管理公司计提保险准备的方法有误,1991—1996年,安达信都列示了低估的保险准备金额,但管理当局每年都拒绝调整。在"行动步骤"中,管理当局虽然同意按7年冲销累积的保险准备错报并纠正其不恰当的"折现"法,但从未付诸实施。废品管理公司继续采用过高的折现率报告其业务保险损失,低估保险准备,直至1997年舞弊行为被发现时才改用比较切合实际的保险费用和保险负债估算法。

根据公认会计准则的规定,废品管理公司每年应当确认应交的联邦和州所得税负债,并记录为交税期间的费用。但该公司的财务主管在计提所得税负债时,通过人为压低综合税率,低估了1991至1996年期间的所得税费用和所得税负债。安达信同样也量化了被低估的金额,但管理当局每年都拒绝调整。在"行动步骤"中,管理当局同意按5年冲销错报的所得税负债,但也从未付诸行动。这种舞弊行为一直延续至1997年。上述做法使得废品管理公司在舞弊期间少计了1.28亿美元的应计费用。

本章小结

■ 本章内容结构图

- 采购与付款循环的审计
  - 采购与付款循环概述
    - 不同行业类型的采购和费用支出
    - 采购与付款循环的主要业务活动
    - 采购与付款循环涉及的主要凭证、记录与账户
    - 固定资产的业务活动内容
  - 控制测试和交易的实质性程序
    - 采购交易的内部控制、控制测试和交易的实质性程序
    - 付款交易的内部控制、控制测试和交易的实质性程序
    - 固定资产的内部控制和控制测试
    - 在建工程的内部控制和控制测试
  - 应付账款审计
    - 审计目标
    - 应付账款的实质性程序
  - 固定资产审计
    - 审计目标
    - 固定资产的实质性程序

■ 重要的名词术语

采购合同：是指企业根据采购需要、确定的供应商、采购方式、采购价格等情况与供应商签订的具有法律约束力的协议，该协议对双方的权利、义务和违约责任等情况作出了明确规定（企业向供应商支付合同规定的金额、结算方式，供应商按照约定时间、期限、数量与质量、规格交付物资给采购方）。

应付账款：是指企业在正常经营过程中因购买材料、商品和接受劳务供应等经营活动而应付给供应商的款项。

固定资产：是指同时具有下列两个特征的有形资产：①为生产商品、提供劳务、出租或经营管理而持有的；②使用寿命超过一个会计年度。

固定资产清查：是指从实物管理的角度对单位实际拥有的固定资产进行实物清查，并与固定资产进行账务核对，确定盘盈、毁损、报废及盘亏资产。

实地盘点：是指平时只根据会计凭证在账簿中登记财产物资的增加数，不登记减少数，到月末，对各项财产物资进行盘点，根据实地盘点确定的实存数，倒挤出本月各项财产物资的减少数。

思考与练习

一、思考题

1. 注册会计师张敏在审计东信公司年度会计报表时，注意到与采购和付款循环相关的内部控制存在缺陷。张敏认为东信公司管理当局在财务报表日故意推迟记录发生的应付账款，于是决定实施审计程序进一步查找未入账的应付账款。请问注册会计师张敏应如何查找未入账的应付账款？

2. 计算固定资产原值与本期产量的比率，并与以前期间相关指标比较时，是否能发现

增加但尚未作会计处理的固定资产?

3. 资产账户的审计与负债账户的审计之间最大区别是什么?

4. 在对预付账款进行审计时,可以计算预付账款与主营业务成本的比率,并与以前各期期末比较;还可以将预付账款余额的增减幅度与主营业务成本的增减幅度比较,分析异常变动的原因。请问:通过上述审计程序能够发现被审计单位哪方面的问题?

5. 下面是两项查找未入账应付账款的程序:①检查财务报表日后收到的购货发票,关注购货发票的日期,确认其入账时间是否正确;②检查财务报表日后应付账款明细账贷方发生额的相应凭证,确认其入账时间是否正确。请问:上述审计程序是否重复,为什么?

6. 被审计单位在报告年度内对不需用但仍未处置的厂房设备计提了30万元折旧,并将其记入了"制造费用"账户,之后分配到"生产成本"账户。对此,注册会计师应如何处理?

7. 验证应付账款时最常用的审计证据是供应商的发票、对账单和对供应商的函证,这三者的证明力有什么不同?

二、案例讨论题

1. 达新会计师事务所首次接受委托,对东诚公司的年度财务报表进行审计。在审计过程中,注册会计师刘玉决定函证部分应付账款。以下是刘玉正在考虑的应付账款明细账户。

应付账款明细账 单位:万元

供货商	年末应付账款	全年购货金额
A	0	200
B	6	12
C	18	22
D	40	440

请问:如果你是刘玉,你认为上述四家供货商中哪两家最需要函证?为什么?

2. 注册会计师刘猛对大亚股份有限公司2×19年度会计报表进行审计。该公司2×19年度未发生并购、分立和债务重组行为,供产销形势与上年相当。该公司提供的未经审计的2×19年度合并会计报表附注的部分内容如下。(金额单位:万元)。

固定资产原价和累计折旧项目附注:

固定资产原价/累计折旧 2×19年年末余额99160/22592

固定资产原值	年初数	本年增加	本年减少	年末数
房屋建筑	41 860	5 310	42	47 128
通用设备	17 224	2 316	124	19 416
专用设备	20 016	7 708	242	27 482
运输工具	3 362	920	1 148	3 134
土　地	944			944

（续表）

固定资产原值	年初数	本年增加	本年减少	年末数
其他设备	778	300	22	1 056
合　　计	84 184	16 554	1 578	99 160
房屋建筑	6 980	1 796	62	8 714
通用设备	1 686	1 730	68	3 388
专用设备	6 160	2 082	40	8 202
运输工具	1 984	464	580	1 868
土　　地		30		30
其他设备	230	166	6	390
合　　计	17 080	6 268	756	22 592

要求：假定上述附注中的年初数和上年比较数均已审定无误，请你代刘猛运用专业判断，必要时运用分析程序，指出上述附注内容中存在或可能存在的不合理之处，并简要说明理由。

3. 凯华家具公司是一家家具批发商，有业务推销员共120人，除基本薪金外，业务员的主要收入来源是佣金收入。销售佣金每两周结算一次，由电脑印出佣金支票。电脑还打出佣金明细登记簿。

凯华公司使用线上系统处理销货订单及计算佣金。销货订单从10个地区的销售办公室通过终端机输入。电脑程式会检查推销员编号、顾客编号、产品编号、单价、顾客授信额度等资料的正确性。此外，每一种产品的佣金率也储存在电脑，因此电脑会自动计算每一销货订单之佣金并加以储存。在印出每两周的佣金支票及佣金明细登记簿之际，电脑程式会控制只有订单已交货并开出账单者才印出佣金支票。

赵高是桃园区的销售经理，受过会计师及电脑程序员之训练。在还未加入凯华公司之前，受雇于一家中型会计师事务所担任电脑稽核工作。由于接受客户贿赂，他的会计师执照被吊销。在加入凯华公司之后，他以前的资历使他迅速地熟悉公司的销售处理系统，他彻底了解程式的控制，并且知道要处理一笔销售佣金交易，必须要有销货发票号码及货品交运文件号码。虽然地区性的销售经理并不直接赚取佣金，赵高经过设计，可使他获得作弊的佣金。利用最近已离职属下的推销员编号，他输入伪造的销货订单、装运文件及销货发票等号码，为了隐瞒虚增的销货，他在每月要打出销货月报时，先做回转冲销分录。

BMG会计师事务所受聘查核凯华公司财务报表已经好几年了，可是一直未发现赵高自1988年已经开始的舞弊。张三最近才升为审计组长，被指派担任凯华公司1991年度财务报表的主查员。张三利用分析程序，根据佣金率及各地区销货收入，核算佣金支出。此一做法以前未做过，但因1991年度之佣金支出有点异常，所以张三决定测试。他也对接近总公司电脑资料的密码未加控制及未定期追踪查对销货订单及装运文件等号码，感到十分关心。此外，凯华公司在电脑处理佣金计算过程未执行记录总数核对并比较现职有效之员工编号，也令张三感到不放心。

张三的测试结果显示桃园区的佣金支出显著超过实际销货收入应付之佣金数额。怀疑可能有舞弊存在，张三与他的审计经理研商之后，认为涉及的金额尚不至于对1991年的财务报表有重大影响，但应该告知凯华公司之会计主管有关佣金处理的内部控制缺失及可能之舞弊。会计经理获悉此情况之后，请求公司内部稽核人员执行调查。经过一段时间的调查，赵高终于坦诚自1988年期虚报佣金800万元①。

要求：根据以上资料，回答下列问题。

(1) 你如何评价张三在审计过程中的一系列行为？

(2) 从上述凯华公司的舞弊案件中，我们需要吸取哪些教训？

① 林柄沧：《如何避免审计失败》，中国时代经济出版社2003年版。

第五章　生产与存货循环的审计

本章要点

- 了解生产与存货循环所涉及的主要业务活动和相关凭证与记录
- 了解存货的内部控制及其测试
- 掌握存货审计的实质性程序，熟悉相关工作底稿

适用的准则和规范

- 《中国注册会计师审计准则第 1211 号——通过了解被审计单位及其环境识别和评估重大错报风险》
- 《中国注册会计师审计准则第 1231 号——针对评估的重大错报风险采取的应对措施》
- 《中国注册会计师审计准则第 1313 号——分析程序》
- 《中国注册会计师审计准则第 1314 号——审计抽样》
- 《中国注册会计师审计准则第 1311 号——对存货等特定项目获取审计证据的具体考虑》
- 《企业内部控制应用指引第 8 号——资产管理》
- 《企业内部控制应用指引第 8 号——资产管理》解读

引例　美国道提斯食品公司审计案例

20 世纪 70 年代末，威廉·那斯温特担任了美国道提斯食品公司的销售员。该公司是上市公司，其总部设在美国弗吉尼亚的普茨茅斯。这位雄心勃勃的年轻销售员，因其努力工作及奉献精神，不久便被提拔为格雷温斯分部的总经理，专门负责批发冰冻食品给东海岸的零售商。

那斯温特很快发现，经营大规模批发比一般零售更复杂，而且压力更大。他升任后不久，该分部便因业绩不佳受到总部批评。之后，那斯温特又因未能实现目标利润而备受指责。事实上，他认为，这些目标利润是相当不切实际的。最后，他决定自己解决这些问题。为此，他在上报总部的月度业绩报告中虚增存货，并通过提高月末存货余额来降低公司产品销售成本，从而提高了毛利。

事隔多年，那斯温特声称他从未打算一直沿用上述做法。相反，他这一招只是作为缓兵之计。"我心里始终认为，我的部门终有一天能获取足够的利润以填补虚增的存货部分"。然而事与愿违，格

雷温斯分部的实际经营业绩一直不尽如人意。年复一年，那斯温特欲罢不能，被迫不断造假，通过增加越来越多的虚假存货金额，来达到目标利润。最后，他不得不向公司一位行政官员承认：几年来他一直在向公司总部提供虚假的存货报告。那斯温特当即被解雇。不久，道提斯公司聘请普华会计师事务所来确定格雷温斯分部会计记录中的存货误差程度及其对公司财务报表的影响。普华会计师事务所调查显示，道提斯公司1980年的合并净收益由于那斯温特的造假虚增了15%，而1981年虚增更大，达到了39%。

那斯温特虚增存货的方法相当简单。1980年，他在该分部年度实有存货报告书中，混入3页虚假的存货项目登记表。另外，那斯温特还更改了很多存货项目的计算单位。例如，某产品应为15盒，而他却在存货登记表上改为15箱。1981年，道提斯公司引进了存货申请电算化系统后，那斯温特造假更为简单，他只需往该部存货日记账上输入一笔虚构存货即可。

在1980年与1981年间，道提斯食品公司均由格特曼会计师事务所审计。美国证券交易委员会(SEC)披露那斯温特舞弊行为后，政府机构便着手调查1980年及1981年格特曼会计师事务所对道提斯公司的审计情况。SEC批评了格特曼事务所在审计工作中的失职行为，尤其是对他们没有严格地审核该公司的“存货”账户深表不满。而那斯温特在向SEC提供证词时，对格特曼事务所审计人员的工作态度并不欣赏。他证实自己经常要为存货短缺和转移存货，编造各种各样的借口，而审计人员显然从不证实这些借口的真伪。他还证实了审计人员们在格雷温斯分部的冷库里清点存货时马马虎虎，“审计人员们都不愿待在冷库里。那里的确太冷了”。

案例思考：审计人员可实施什么审计程序防止威廉·那斯温特虚增格雷温斯分部存货？

第一节 生产与存货循环概述

一、不同行业类型的存货性质

存货主要包括原材料、在产品、产成品、半成品、商品及周转材料等；企业代销、代管、代修、受托加工的存货，虽不归企业所有，也应纳入企业存货管理范畴。不同行业类型的存货性质有很大的分别，如表5-1所示。

表5-1　不同行业类型的存货性质

行业类型	存货性质
贸易业	从厂商、批发商或其他零售商处采购的商品
一般制造商	采购的原材料、易耗品和配件等，生成的半成品和产成品
建筑业	建筑材料、在建项目成本（一般包括建造活动发生的直接人工成本和间接费用，以及支付给分包商的建造成本等）
金融服务业	一般只有消耗品存货。例如，仅有文具、教学器材以及行政用的计算机设备等

总的来说，存货代表了不同企业的类型和交易或生产流程。也就是说，存货的计价和相关销售成本都会对利润表和财务状况产生重大的影响。注册会计师应当确认在财务报表上列示的存货金额，存货在财务报表日是否实际存在和归公司所有（满足完整性、存在性、权利和义务认定），金额是否符合计价认定。期末库存价值的高估虚增税前净利润，若低估则相

反。期末存货单位成本核算不准确，很有可能导致销售价格低于实际成本，长此以往，企业将很难持续经营。

二、生产与存货循环的主要业务活动

（一）一般业务活动

生产与存货循环所涉及的主要业务活动包括：计划和安排生产、发出原材料、生产产品、储存产成品、发出产成品等。业务活动具体包括以下各项。

1. 计划和安排生产

生产计划部门根据顾客订单或者对销售预测和产品需求的分析来决定生产授权。如决定授权生产，即签发预先编号的生产通知单。该部门通常应将发出的所有生产通知单编号并加以记录控制。此外，生产计划部门还需要编制详细的材料需求报告，并进行工时预测和成本预测，编制生产进度计划表。

2. 发出原材料

生产部门由专人负责根据生产的需要填制生产领料单，向仓库部门领取原材料。领料单上必须列示所需的材料数量和种类，以及领料部门的名称。领料单可以一料一单，也可以多料一单，通常需一式三联。仓库发料后，将其中一联连同材料交给领料部门，其余两联经仓库登记材料明细账后，送会计部门进行材料收发核算和成本核算。

3. 生产产品

生产部门投入必要的人力、物力，执行生产任务。在完成生产任务后，将完成的产品交检验员验收并办理入库手续；或是将所完成的产品移交下一个部门，作进一步加工。

4. 产成品入库及储存

产成品入库，须由仓库部门先行点验和检查，然后签收。签收后，将实际入库数量通知会计部门。据此，仓库部门确立了本身应承担的责任，并对验收部门的工作进行验证。除此之外，仓库部门还应根据产成品的品质特征分类存放，并填制标签。在内部控制良好的企业，产成品的置放应有独立的空间，并有接触限制。对产成品的控制经常被认为是销售和收款循环的一部分。

5. 发出产成品

发出产成品也是销售和收款循环的一部分。产成品的发出须由独立的发运部门进行。装运产成品时必须持有经有关部门核准的发运通知单，并据此编制出库单。出库单至少一式四联，一联交仓库部门；一联发运部门留存；一联送交顾客；一联作为给顾客开发票的依据。

6. 会计记录

企业应设置相应的总账、明细账以及日记账等，以记录生产与存货循环的有关业务活动。

另外，企业还应该重视产品成本的核算，建立健全成本会计制度，将生产控制和成本核算有机结合在一起。一方面，生产过程中的各种记录、生产通知单、领料单、计工单、入库单等文件资料都要汇集到会计部门，由会计部门对其进行检查和核对，了解和控制生产过程中存货的实物流转；另一方面，会计部门要设置相应的会计账户，会同有关部门对生产过程中的成本进行核算和控制。完善的成本会计制度应该提供原材料转为在产品，在产品转为产成品，以及按成本中心、分批生产任务通知单或生产周期所消耗的材料、人工和间接费用的分配与归集的详细资料。

7. 存货盘点

管理人员编制存货盘点指令，安排适当人员对在库产成品实物进行定期盘点，并与产成品入库单、出库单以及相关会计记录进行核对。生成存货盘点指令、盘点表、盘点标签等单据留作备查。

8. 计提存货跌价准备

财务部门根据存货货龄分析表信息及相关部门提供的有关存货状况的信息，对出现毁损、滞销、跌价等降低存货价值的情况进行分析计算，计提存货跌价准备。

上述各个环节之间的关系如图 5-1 所示。

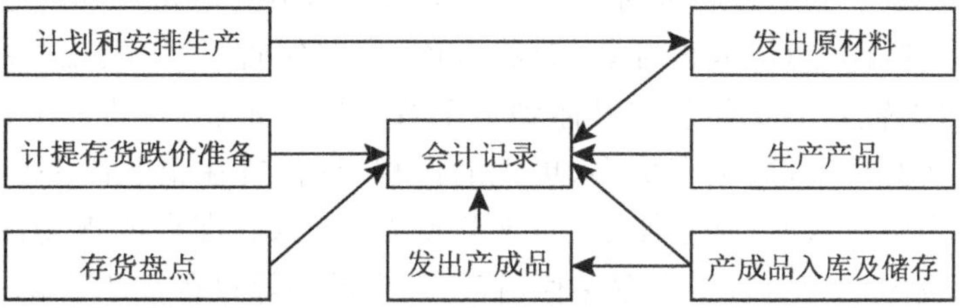

图 5-1 生产与存货循环构成内容

（二）存货流转的程序

不同类型的企业有不同的存货业务特征和管理模式；即使同一企业，不同类型存货的业务流程和管控方式也可能不尽相同。企业建立和完善存货内部控制制度，必须结合本企业的生产经营特点，针对业务流程中主要风险点和关键环节，制定有效的控制措施；同时，充分利用计算机信息管理系统，强化会计、出入库等相关记录，确保存货管理全过程的风险得到有效控制。图 5-2 和图 5-3 分别列示了生产企业和商品流通企业存货流转的程序。

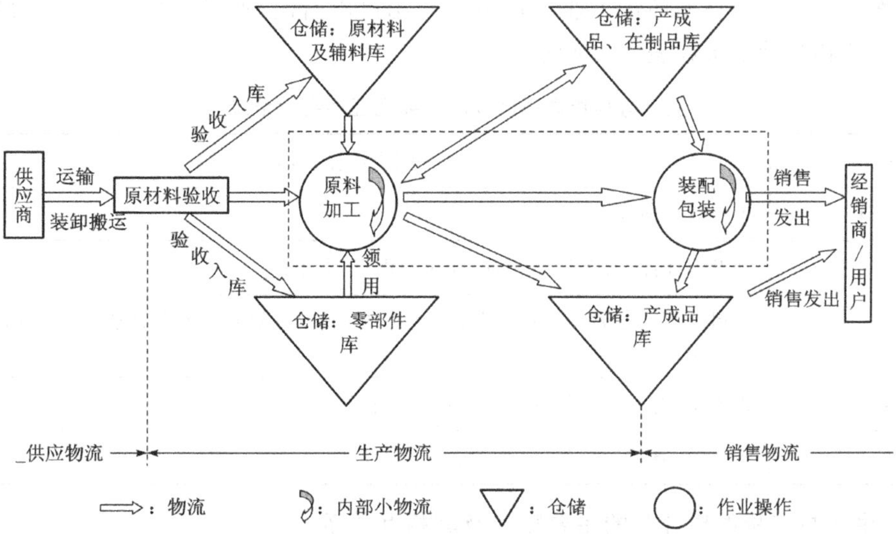

图 5-2 生产企业物流流程

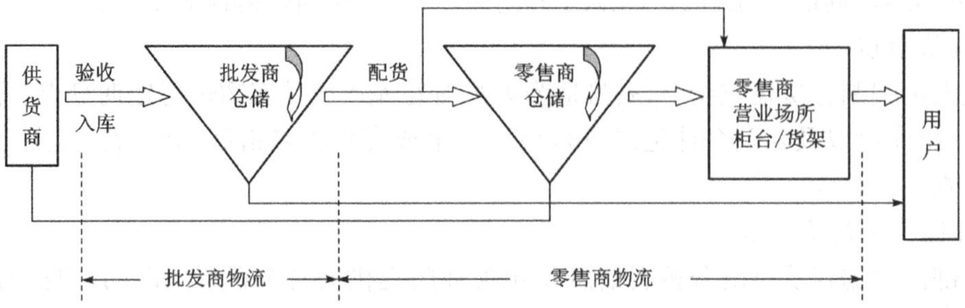

图 5-3　商品流通企业物流流程

从图 5-2 可以看出，一般生产企业的存货业务流程可分为取得、验收、仓储保管、生产加工、盘点处置等四个阶段，历经取得存货、验收入库、仓储保管、领用发出、原料加工、装配包装、盘点清查、销售处置等主要环节。具体到某个特定生产企业，存货业务流程可能较为复杂，不仅涉及上述所有环节，甚至有更多、更细的流程，且存货在企业内部要经历多次循环。比如，原材料要经历验收入库、领用加工，形成半成品后又入库保存或现场保管、领用半成品继续加工，加工完成为产成品后再入库保存，直至发出销售等过程。也有部分生产企业的生产经营活动较为简单，其存货业务流程可能只涉及上述阶段中的某几个环节。

从图 5-3 可以看出，作为商品流通企业的批发商的存货，通常经过取得、验收入库、仓储保管和销售发出等主要环节；零售商从生产企业或批发商(经销商)那里取得商品，经验收后入库保管或者直接放置在经营场所对外销售。比如，仓储式超市货架里摆放的商品就是超市的存货，商品仓储与销售过程紧密联系在一起。

三、生产与存货循环涉及的主要凭证、记录与账户

(一) 生产与存货循环涉及的主要凭证和会计记录

从前面对生产与存货循环各个业务环节的介绍可以看出，典型的生产与存货循环所涉及的主要凭证和会计记录如表 5-2 所示。

表 5-2　**生产与存货循环涉及的主要凭证和会计记录**

业务活动	涉及的主要凭证和会计记录
计划和安排生产	生产任务通知单
发出原材料	领发料凭证、有关记账凭证、相关总账及明细账
生产产品	材料费用分配表、制造费用分配汇总表、成本计算单、有关记账凭证、相关总账及明细账
储存产成品	入库单、有关记账凭证、相关总账及明细账
发出产成品	出库单、有关记账凭证、相关总账及明细账

(二) 生产与存货循环涉及的主要账户及其相互关系

生产与存货循环所涉及的主要账户及其相互关系如图 5-4 所示。

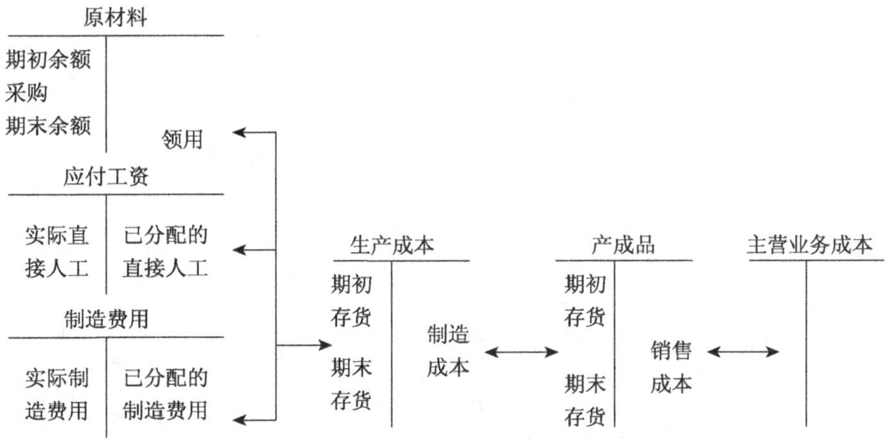

图 5-4 生产与存货循环涉及的主要账户及其相互关系①

第二节 生产与存货循环的内部控制和控制测试

一、生产与存货循环的内部控制

从总体上看，生产与存货循环的内部控制主要包括存货的内部控制和成本会计制度的内部控制两项内容；但一方面，由于生产与存货循环与其他业务循环的内在联系，生产与存货循环中某些审计测试，特别是对存货的审计测试，与其他相关业务循环的审计测试同时进行将更为有效。例如，原材料的取得和记录是作为采购与付款循环审计的一部分进行测试的，而装运产成品和记录营业收入与成本则是作为销售与收款循环审计的一部分进行测试的。另一方面，尽管不同的企业对其存货可能采取不同的内部控制，但从根本上说，均可概括为存货的数量和计价两个关键因素的控制，所以，本节对生产与存货交易的内部控制的讨论，主要集中在成本会计制度。

成本会计制度的内部控制目标、关键内部控制和审计测试的关系，如表 5-3 所示。

表 5-3 成本会计制度的内部控制目标、关键内部控制和审计测试一览表

内部控制目标	关键内部控制	常用的控制测试	常用的实质性程序
生产业务是根据管理层一般或特定的授权进行的（发生）	对以下三个关键点，应履行恰当手续，经过特别审批或一般审批：①生产指令的授权批准；②领料单的授权批准；③职工薪酬的授权批准	检查凭证中是否包括这三个关键点的恰当审批；检查生产指令、领料单、职工薪酬等是否经过授权	

① 如前所述，存货项目所涉及的账户可能还包括“材料采购”“材料成本差异”“发出商品”等，营业成本项目涉及的账户还包括“其他业务成本”，为简化起见，这里并未一一列出，仅列出了存货业务通常涉及的主要账户。

（续表）

内部控制目标	关键内部控制	常用的控制测试	常用的实质性程序
记录的成本为实际发生的而非虚构的（发生）	成本的核算是以经过审核的生产通知单、领发料凭证、产量和工时记录、工薪费用分配表、材料费用分配表、制造费用分配表为依据的	检查有关成本的记账凭证是否附有生产通知单、领发料凭证、产量和工时记录、工薪费用分配表、材料费用分配表、制造费用分配表等，原始凭证的顺序编号是否完整	对成本实施分析程序；将成本明细账与生产通知单、领发料凭证、产量和工时记录、工薪费用分配表、材料费用分配表，制造费用分配表相核对
所有耗费和物化劳动均已反映在成本中（完整性）	生产通知单、领发料凭证、产量和工时记录、工薪费用分配表、材料费用分配表、制造费用分配表均事先编号并已经登记入账	检查生产通知单、领发料凭证、产量和工时记录、工薪费用分配表、材料费用分配表、制造费用分配表的顺序编号是否完整	对成本实施分析程序；将生产通知单、领发科凭证、产量和工时记录、工薪费用分配表、材料费用分配表、制造费用分配表与成本明细账相核对
成本以正确的金额，在恰当的会计期间及时记录于适当的账户（发生、完整性、准确性、计价和分摊）	采用适当的成本核算方法，并且前后各期一致；采用适当的费用分配方法且前后各期一致；采用适当的成本核算流程和账务处理流程；内部核查	选取样本测试各种费用的归集和分配以及成本的计算；测试是否按照规定的成本核算流程和账务处理流程进行核算和账务处理	对成本实施分析程序；抽查成本计算单，检查各种费用的归集和分配以及成本的计算是否正确；对重大在产品项目进行计价测试
对存货实施保护措施，保管人员与记录、批准人员相互独立（存在、完整性）	存货保管人员与记录人员职务相分离	询问和观察存货与记录的接触控制以及相应的批准程序	
账面存货与实际存货定期核对相符（存在、完整性、准确性、计价和分摊）	定期进行存货盘点	询问和观察存货盘点程序	对存货实施监盘程序

二、生产与存货循环的控制测试

在本节前面部分，我们提供了表5-3“成本会计制度的内部控制目标、关键内部控制和审计测试一览表”，以内部控制目标和相关认定为起点，列示了相应的关键内部控制和常用的控制测试程序。由于表5-3列示的常用的控制测试程序比较清晰，无需逐一解释，因此，下面对实施生产与存货交易的控制测试时应当注意的一些内容展开讨论，并对成本会计制度的控制测试单独进行讨论。

1）注册会计师应当通过控制测试获取支持将被审计单位的控制风险评价为中或低的证据。如果能够获取这些证据，注册会计师就可以接受较高的检查风险，并在很大程度上可以通过实施实质性分析程序获取进一步的审计证据，同时减少对生产与存货交易和营业成本、存货等相关项目的细节测试的依赖。

2）对于计划和安排生产这项主要业务活动，有些被审计单位内部控制要求，根据经审批的月度生产计划书，由生产计划经理签发预先按顺序编号的生产通知单。对此，注册会计师在实施控制测试时，应抽取生产通知单检查是否与月度生产计划书中内容一致。

3）对于发出原材料这项业务活动，有些被审计单位对内部控制要求：①仓库管理员应把领料单编号、领用数量、规格等信息输入计算机系统，经仓储经理复核并以电子签名方式确认后，系统自动更新材料明细台账；②原材料仓库分别于每月、每季和年度终了，对原材料存货进行盘点，会计部门对盘点结果进行复盘。由仓库管理员编写原材料盘点明细表，发现差异及时处理，经仓储经理、财务经理和生产经理复核后调整入账。

相应地，注册会计师在实施控制测试时应当：①抽取出库单及相关领料单，检查是否正确输入并经适当层次复核；②抽取原材料盘点明细表并检查是否经适当层次复核，有关差异是否得到处理。

4）对于生产产品和核算成本这两项主要业务活动，有些被审计单位内部控制要求：①生产成本记账员根据原材料出库单，编制原材料领用凭证，与计算机系统自动生成的生产记录日报表核对材料耗用和流转信息；由会计主管审核无误后，生成记账凭证并过账至生产成本及原材料明细账和总分类账。②每月月末，由生产车间与仓库核对原材料、半成品。产成品的转出和转入记录，如有差异，仓库管理员应编制差异分析报告，经仓储经理和生产经理签字确认后交会计部门进行调整。③每月月末，由计算机系统对生产成本中各项组成部分进行归集，按照预设的分摊公式和方法，自动将当月发生的生产成本在完工产品和在产品中按比例分配；同时，将完工产品成本在各个不同产品类别中分配，由此生成产品成本计算表和生产成本分配表；由生产成本记账员编制生产成本结转凭证，经会计主管审核批准后进行账务处理。

相应地，注册会计师在实施控制测试时应当：①抽取原材料领用凭证，检查是否与生产记录日报表一致，是否经适当审核，如有差异是否及时处理。②抽取核对记录，检查差异是否得到处理。③抽取生产成本结转凭证，检查与支持性文件是否一致并经适当复核。当然，必要时应当考虑利用计算机专家的工作。

5）对于储存产成品和发出产成品这两项主要业务活动，有些被审计单位内部控制要求：①产成品入库时，质量检查员应检查并签发预先按顺序编号的产成品验收单，由生产小组将产成品送交仓库。仓库管理员应检查产成品验收单，并清点产成品数量，填写预先顺序编号的产成品入库单，经质检经理、生产经理和仓储经理签字确认后，由仓库管理员将产成品入库单信息输入计算机系统，计算机系统自动更新产成品明细台账并与采购订单编号核对。②产成品出库时，由仓库管理员填写预先顺序编号的出库单，并将产成品出库单信息输入计算机系统，经仓储经理复核并以电子签名方式确认后，计算机系统自动更新产成品明细台账并与发运通知单编号核对。③产成品装运发出前，由运输经理独立检察出库单、销售订购单和发运通知单，确认从仓库提取的商品附有经批准的销售订购单，并且，所提取商品的内容与销售订购单一致。④每月月末，生产成本记账员根据计算机系统内状态为“已处理”的订购单数量，编制销售成本结转凭证，结转相应的销售成本，经会计主管审核批准后进行账务处理。⑤产成品仓库分别于每月、每季和年度终了，对产成品存货进行盘点，由会计部门对盘点结果进行复盘。仓库管理员应编写产成品存货盘点明细表，发现差异及时处理，经仓储经理、财务经理和生产经理复核后调整入账。

相应地，注册会计师在实施控制测试时应当：①抽取产成品验收单、产成品入库单并检查输入信息是否准确；②抽取发运通知单、出库单并检查是否一致；③抽取发运单和相关销售订购单，检查内容是否一致；④抽取销售成本结转凭证，检查其与支持性文件是否一致并适当复核；⑤抽取产成品存货盘点报告并检查是否经适当层次复核，有关差异是否得到处理。

6）成本会计制度的测试，包括直接材料成本测试、制造费用测试和生产成本在当期完工产品与在产品之间分配的测试三项内容。

（1）直接材料成本控制测试。对采用定额单耗的企业，可选择并获取某一成本报告期若干种具有代表性的产品成本计算单，获取样本的生产指令或产量统计记录及其直接材料单位消耗定额，根据材料明细账或采购业务测试工作底稿中各该直接材料的单位实际成本，计算直接材料的总消耗量和总成本，与该样本成本计算单中的直接材料成本核对。并注意下列事项：生产指令是否经过授权批准；单位消耗定额和材料成本计价方法是否适当，在当年度有何重大变更。

对未采用定额单耗的企业，可获取材料费用分配汇总表、材料发出汇总表（或领料单）、材料明细账（或采购业务测试工作底稿）中各该直接材料的单位成本，作如下检查：成本计算单中直接材料成本与材料费用分配汇总表中该产品负担的直接材料费用是否相符，分配标准是否合理；将抽取的材料发出汇总表或领料单中若干种直接材料的发出总量和各该种材料的实际单位成本之积，与材料费用分配汇总表中各该种材料费用进行比较，并注意领料单的签发是否经过授权批准，材料发出汇总表是否经过适当的人员复核，材料单位成本计价方法是否适当，在当年有何重大变更。

对采用标准成本法的企业，获取样本的生产指令或产量统计记录、直接材料单位标准用量、直接材料标准单价及发出材料汇总表或领料单，检查下列事项：根据生产量、直接材料单位标准用量和标准单价计算的标准成本与成本计算单中的直接材料成本核对是否相符；直接材料成本差异的计算与账务处理是否正确，并注意直接材料的标准成本在当年度内有何重大变更。

（2）直接人工成本控制测试。对采用计时工资制的企业，获取样本的实际工时统计记录、职员分类表和职员工薪手册（工资率）及人工费用分配汇总表。作如下检查：成本计算单中直接人工成本与人工费用分配汇总表中该样本的直接人工费用核对是否相符；样本的实际工时统计记录与人工费用分配汇总表中该样本的实际工时核对是否相符；抽取生产部门若干天的工时台账与实际工时统计记录核对是否相符；当没有实际工时统计记录时，则可根据职员分类表及职员工薪手册中的工资率，计算复核人工费用分配汇总表中该样本的直接人工费用是否合理。

对采用计件工资制的企业，获取样本的产量统计报告、个人（小组）产量记录和经批准的单位工薪标准或计件工资制度，检查下列事项：根据样本的统计产量和单位工薪标准计算的人工费用与成本计算单中直接人工成本核对是否相符；抽取若干个直接人工（小组）的产量记录，检查是否被汇总计入产量统计报告。

对采用标准成本法的企业，获取样本的生产指令或产量统计报告、工时统计报告和经批准的单位标准工时、标准工时工资率、直接人工的工薪汇总等资料，检查下列事项：根据产量和单位标准工时计算的标准工时总量与标准工时工资率之积同成本计算单中直接人工成本核对是否相符；直接人工成本差异的计算与账务处理是否正确，并注意直接人工的标准成本在当年内有何重大变更。

（3）制造费用控制测试。获取样本的制造费用分配汇总表、按项目分列的制造费用明细账、与制造费用分配标准有关的统计报告及其相关原始记录，作如下检查：制造费用分配汇总表中，样本分担的制造费用与成本计算单中的制造费用核对是否相符；制造费用分配汇总表中的合计数与样本所属成本报告期的制造费用明细账总计数核对是否相符；制造费用分配汇总表选择的分配标准（机器工时数、直接人工工资、直接人工工时数、产量数）与相关的统计报告或原始记录核对是否相符，并对费用分配标准的合理性作出评估；如果企业采用预计费用分配率分配制造费用，则应针对制造费用分配过多或过少的差额，检查其是否作了适当的账务处理；如果企业采用标准成本法，则应检查样本中标准制造费用的确定是否合理，计入成本计算单的数额是否正确，制造费用差异的计算与账务处理是否正确，并注意标准制造费用在当年度内有何重大变更。

（4）生产成本在当期完工产品与在产品之间分配的控制测试。检查成本计算单中在产品数量与生产统计报告或在产品盘存表中的数量是否一致；检查在产品约当产量计算或其他分配标准是否合理；计算、复核样本的总成本和单位成本，最终对当年采用的成本会计制度作出评价。

第三节 存货审计

存货是企业财务报表中的重要项目之一。由于生产的相关业务活动本身很复杂，并且管理层经常能够对存货交易和计价进行直接控制，所以一般认为存货的风险很高。尤其是当企业处于艰难时期时，操纵存货经常成为一种虚增利润、粉饰财务报表的简易方法。有鉴于此，存货的审计通常是财务报表审计中最复杂、最费时的部分，注册会计师应当对此予以特别关注。

表 5-4 列示了有关存货的认定—审计目标—可供选择的程序之间的内在关系。

表 5-4　　存货实质性程序

被审计单位：南方工业有限公司　　索引号：　　页次：
项目：存货实质性程序　　编制人：罗军　　日期：2×20.2.16
财务报表截止日/期间：2×19.12.31　　复核人：张雷　　日期：2×20.3.1

审计目标		财务报表认定					
		存在	完整性	权利和义务	计价和分摊	分类	列报
A	资产负债表中记录的存货是存在的	√					
B	所有应当记录的存货均已记录		√				
C	记录的存货由被审计单位拥有或控制			√			
D	存货以恰当的金额包括在财务报表中，与之相关的计价调整已恰当记录				√		

（续表）

审计目标		财务报表认定					
		存在	完整性	权利和义务	计价和分摊	分类	列报
E	存货已记录于恰当的账户					√	
F	存货已按照企业会计准则的规定在财务报表中作出恰当列报						√

计划实施的实质性程序

审计目标	序号	实质性程序	存在	完整性	权利和义务	计价和分摊	分类	列报
ABD	1	获取或编制存货明细表，复核加计正确并与总账数、报表数及明细账合计数核对是否相符	√	√		√		
D	2	对存货的相关会计政策进行了解，评价其是否符合企业适用的会计准则或制度，是否与以前年度保持一贯性				√		
ABC	3	分析性复核：计算存货周转率，与上期进行比较或与其他同行业的企业进行比较；比较前后各期及各月份存货余额及其构成，以判断期末余额及其构成的总体合理性；将本期存货增加与进项税发生额、应付、预付账款贷方发生额进行核对	√	√	√			
ABCDEF	4	对分类存货的数量、计价以及账务处理的查验见各个分项目查验底稿。其中：(1)对原材料的数量、计价以及账务处理的查验。(2)对库存商品及产成品的数量、计价以及账务处理查验。(3)对发出商品的数量、计价以及账务处理的查验。(4)对委托加工物资的数量、计价以及账务处理的查验。(5)对生产成本的数量、计价以及账务处理的查验。(6)对劳务成本的数量、计价以及账务处理的查验。(7)对周转材料的数量、计价以及账务处理的查验。(8)对其他类存货的数量、计价以及账务处理的查验	√	√	√	√	√	√
A	5	存货监盘或抽盘	√					

（续表）

计划实施的实质性程序								
审计目标	序号	实质性程序	存在	完整性	权利和义务	计价和分摊	分类	列报
ABCD	6	检查与关联方的购销业务是否正常，关注交易价格、交易金额的真实性及合理性，检查对合并范围内购货记录应予合并抵销的数据是否正确，并对关联方交易进行统计和审核	√	√	√	√		
EF	7	检查存货是否已按照企业会计准则的规定在财务报表中作出恰当列报： （1）各类存货的期初和期末账面价值； （2）确定发出存货成本所采用的方法； （3）存货可变现净值的确定依据，存货跌价准备的计提方法，当期计提的存货跌价准备的金额，当期转回的存货跌价准备的金额，以及计提和转回的有关情况； （4）用于担保的存货账面价值					√	√

存货审计的实质性程序如下。

一、存货明细表测试

注册会计师应当获取或编制存货余额明细表，并将明细表数据与存货项目涵盖的各账户（包括“材料采购”或“在途物资”“原材料”“材料成本差异”“库存商品”“发出商品”“商品进销差价”“委托加工物资”“委托代销商品”“受托代销商品”“周转材料”“生产成本”“制造费用”“劳务成本”“存货跌价准备”“受托代销商品款”等）总账数、明细账合计数核对是否相符，以及将上述账户总账余额的汇总数与报表数核对是否相符。

二、实质性分析程序

分析程序在存货的审计中也十分重要。注册会计师可以根据具体情况，选择以下方法对存货实施实质性分析程序。

（1）比较本期与以前各期的毛利率，以发现“存货”和“主营业务成本”账户的高估或低估。

（2）比较本期和以前各期的存货周转率，以发现企业存在影响“存货”和“主营业务成本”账户的陈旧存货。

（3）比较本期和以前各期的存货单位成本，以发现企业存货的单位成本是否存在不合理的变动。

(4) 比较本期与以前各期增加的存货价值，以发现影响“存货”和“主营业务成本”账户的汇总、单位成本和总成本的错报。

(5) 比较本期与以前各期的制造成本，以发现影响“存货”和“主营业务成本”账户的存货单位成本，特别是直接人工和制造费用的错报。

同步案例 5-1

在对生产型企业甲公司 2×20 年度会计报表进行审计时，A 注册会计师负责生产与存货循环的审计。在审计过程中，A 注册会计师注意到某产品 2×20 年的毛利率与 2×19 年相比有所上升，甲公司提供了以下解释。请代为做出正确的专业判断，指出其中哪一项与毛利率变动不相关：

(1) 该产品的销售价格与 2×19 年相比有所上升。

(2) 该产品的产量与 2×19 年相比有所增加。

(3) 该产品的销售收入占当年主营业务收入的比例与 2×19 年相比有所上升。

(4) 该产品使用的主要原材料的价格与 2×19 年相比有所下降。

答案提示：

第(3)项与毛利率的变动不相关。该产品的销售收入占当年主营业务收入的比例增加，不一定是该产品销售收入的增长带来的。而且即使是该产品收入增加，其产品的售价和成本不变，毛利率也不会发生变动。

而第(1)、第(4)项，该产品的售价和原材料价格的变化，必然导致毛利率的变化。第(2)项该产品产量增加，会导致单位生产成本的下降，毛利率会增加。

另外，除了执行上述审查存货账面余额与其他数量或金额之间关系的分析程序以外，注册会计师通常还可以使用非财务信息评价存货相关余额的合理性。例如，关于存货产品的规模和重量、储存方法(堆、箱等)、储存设备的容积(立方米)等方面的知识能用来确定存货的账面记录是否与实际余额相一致。

三、存货的监盘

存货监盘是存货审计的重点程序之一，它是指注册会计师现场观察被审计单位存货的盘点，并对已盘点的存货进行适当检查。存货监盘针对的主要是存货的存在认定、完整性认定以及权利和义务的认定。存货监盘的目的在于获取有关存货数量和状况的审计证据，以确认被审计单位记录的所有存货确实存在，已经反映了被审计单位拥有的全部存货，并属于被审计单位的合法财产。存货监盘作为存货审计的一项核心审计程序，通常可同时实现上述多项审计目标。

(一) 制订存货监盘计划

注册会计师应当根据被审计单位存货的特点、盘存制度和存货内部控制的有效性等情况，在评价被审计单位存货盘点计划的基础上，编制存货监盘计划，对存货监盘作出合理安排。

1. 制订存货监盘计划应考虑的因素

注册会计师在制订存货监盘计划时，应考虑以下因素：

(1) 与存货相关的重大错报风险。

存货通常具有较高水平的重大错报风险，影响重大错报风险的因素具体包括：存货的数量和种类、成本归集的难易程度、陈旧过时的速度或易损坏程度、遭受失窃的难易程度。由于制造过程和成本归集制度的差异，制造企业的存货与其他企业（如批发企业）的存货相比往往具有更高的重大错报风险，对于注册会计师的审计工作而言则更具复杂性。外部因素也会对重大错报风险产生影响。例如，技术进步可能导致某些产品过时，从而导致存货价值更容易发生高估。以下类别的存货就可能增加审计的复杂性与风险：

——具有漫长制造过程的存货。制造过程漫长的企业（如飞机制造和酒类产品酿造企业）的审计重点包括递延成本、预期发生成本以及未来市场波动可能对当期损益的影响等事项。

——具有固定价格合约的存货。预期发生成本的不确定性是其重大审计问题。

——与时装相关的服装行业。由于服装产品的消费者对服装风格或颜色的偏好容易发生变化，因此，存货是否过时是重要的审计事项。

——鲜活、易腐商品存货。因为物质特性和保质期短暂，此类存货变质的风险很高。

——具有高科技含量的存货。由于技术进步，此类存货容易过时。

——单位价值高昂、容易被盗窃的存货。例如，珠宝存货的错报风险通常高于铁制纽扣之类存货的错报风险。

(2) 与存货实地盘点相关的内部控制。

在制定存货监盘计划时，注册会计师应当了解被审计单位与存货相关的内部控制，并根据内部控制的完善程度确定进一步审计程序的性质、时间安排和范围。与存货相关的内部控制涉及被审计单位供、产、销各个环节，包括采购、验收、仓储、领用、加工、装运出库等方面。需要说明的是，与存货内部控制相关的措施有很多，其有效程度也存在差异。

与采购相关的内部控制的总体目标是所有交易都已获得适当的授权与批准。使用购货订购单是一项基本的内部控制措施。购货订购单应当预先连续编号，事先确定采购价格并获得批准。此外，还应当定期清点购货订购单。

与存货验收相关的内部控制的总体目标是所有收到的商品都已得到记录。使用验收报告单是一项基本的内部控制措施。被审计单位应当设置独立的部门负责验收商品，该部门具有验收存货实物、确定存货数量、编制验收报告、将验收报告传送至会计核算部门以及运送商品至仓库等一系列职能。

与仓储相关的内部控制的总体目标是确保与存货实物的接触必须得到管理层的指示和批准。被审计单位应当采取实物控制措施，使用适当的存储设施，以使存货免受意外损毁、盗窃或破坏。

与领用相关的内部控制的总体目标是所有存货的领用均应得到批准和记录。使用存货领用单是一项基本的内部控制措施。对存货领用单，应当定期进行清点。

与加工（生产）相关的内部控制的总体目标是对所有的生产过程作出适当的记录。使用生产报告是一项基本的内部控制措施。在生产报告中，应当对产品质量缺陷和零部件使用及报废情况及时作出说明。

与装运出库相关的内部控制的总体目标是所有的装运都得到了记录。使用发运凭证是一项基本的内部控制措施。发运凭证应当预先编号，定期进行清点，并作为日后开具收款账单的依据。

被审计单位与存货实地盘点相关的内部控制通常包括：制定合理的存货盘点计划确定合理的存货盘点程序，配备相应的监督人员，对存货进行独立的内部验证，将盘点结果与永续存货记录进行独立的调节，对盘点表和盘点标签进行充分控制。

（3）对存货盘点是否制定了适当的程序，并下达了正确的指令。

注册会计师一般需要复核或与管理层讨论其存货盘点程序。在复核或与管理层讨论其存货盘点程序时，注册会计师应当考虑下列主要因素，以评价其能否合理地确定存货的数量和状况：盘点的时间安排；存货盘点范围和场所的确定；盘点人员的分工及胜任能力；盘点前的会议及任务布置；存货的整理和排列，对毁损、陈旧、过时、残次及所有权不属于被审计单位的存货的区分；存货的计量工具和计量方法；在产品完工程度的确定方法；存放在外单位的存货的盘点安排；存货收发截止的控制；盘点期间存货移动的控制；盘点表单的设计使用与控制；盘点结果的汇总以及盘盈或盘亏的分析、调查与处理。

如果认为被审计单位的存货盘点程序存在缺陷，注册会计师应当提请被审计单位调整。

（4）存货盘点的时间安排。

如果存货盘点在财务报表日以外的其他日期进行，注册会计师除实施存货监盘相关审计程序外，还应当实施其他审计程序，以获取审计证据，确定存货盘点日与财务报表日之间的存货变动是否已得到恰当的记录。

（5）被审计单位是否一贯采用永续盘存制。

存货数量的盘存制度一般为实地盘存制和永续盘存制。存货盘存制度不同，注册会计师需要作出的存货监盘安排也不同。如果被审计单位通过实地盘存制确定存货数量，则注册会计师要参加此种盘点。如果被审计单位采用永续盘存制，注册会计师应在年度中一次或多次参加。

（6）存货的存放地点，（包括不同存放地点的存货的重要性和重大错报风险），以确定适当的监盘地点。

如果被审计单位的存货存放在多个地点，注册会计师可以要求被审计单位提供一份完整的存货存放地点清单（包括期末库存量为零的仓库、租赁的仓库，以及第三方代被审计单位保管存货的仓库等），并考虑其完整性。根据具体情况下的风险评估结果，注册会计师可以考虑执行以下一项或多项审计程序：

——询问被审计单位除管理层和财务部门以外的其他人员，如营销人员、仓库人员等，以了解有关存货存放地点的情况；

——比较被审计单位不同时期的存货存放地点清单，关注仓库变动情况，以确定是否存在因仓库变动而未将存货纳入盘点范围的情况发生；

——检查被审计单位存货的出、入库单，关注是否存在被审计单位尚未告知注册会计师的仓库（如期末库存量为零的仓库）；

——检查费用支出明细账和租赁合同，关注被审计单位是否租赁仓库并支付租金，如果有，该仓库是否已包括在被审计单位提供的仓库清单中；

——检查被审计单位“固定资产——房屋建筑物”明细清单，了解被审计单位可用于存放存货的房屋建筑物。

在获取完整的存货存放地点清单的基础上，注册会计师可以根据不同地点所存放存货的重要性以及对各个地点与存货相关的重大错报风险的评估结果（例如，注册会计师在以往审计中可能注意到某些地点存在存货相关的错报，因此，在本期审计时对其予以特别关注），选择适当的地点进行监盘，并记录选择这些地点的原因。

如果识别出由于舞弊导致的影响存货数量的重大错报风险，注册会计师在检查被审计单位存货记录的基础上，可能决定在不预先通知的情况下对特定存放地点的存货实施监盘，或在同一天对所有存放地点的存货实施监盘。

同时，在连续审计中，注册会计师可以考虑在不同期间的审计中变更所选择实施监盘的地点。

(7) 是否需要专家协助。

注册会计师可能不具备其他专业领域专长与技能。在确定资产数量或资产实物状况（如矿石堆），或在收集特殊类别存货（如艺术品、稀有玉石、房地产、电子器件、工程设计等）的审计证据时，注册会计师可以考虑利用专家的工作。

当在产品存货金额较大时，可能面临如何评估在产品完工程度的问题。注册会计师可以了解被审计单位的盘点程序，如果有关在产品的完工程度未被明确列出，注册会计师应当考虑采用其他有助于确定完工程度的措施，如获取零部件明细清单、标准成本表以及作业成本表，与工厂的有关人员进行讨论等，并运用职业判断。注册会计师也可以根据存货生产过程的复杂程度考虑利用专家的工作。

2. 存货监盘计划的主要内容

存货监盘计划应当包括以下主要内容：

(1) 存货监盘的目标。存货监盘的目标是获取被审计单位财务报表日有关存货数量和状况的审计证据，检查存货的数量是否真实完整，是否归属被审计单位，存货有无毁损、陈旧、过时、残次和短缺等状况，计划以及有关管理层存货盘点程序可靠性的审计证据。

(2) 存货监盘的范围。存货监盘范围的大小取决于存货的内容、性质以及与存货相关的内部控制的完善程度和重大错报风险的评估结果。

(3) 存货监盘的时间。存货监盘的时间，包括实地察看盘点现场的时间、观察存货盘点的时间和对已盘点存货实施检查的时间等，应当与被审计单位实施存货盘点的时间相协调。

(4) 存货监盘的要点及关注事项。存货监盘的要点主要包括注册会计师实施存货监盘程序的方法、步骤，各个环节应注意的问题以及所要解决的问题。注册会计师需要重点关注的事项包括盘点期间的存货移动、存货的状况、存货的截止确认、存货的各个存放地点及金额等。

(5)存货监盘的人员组成。注册会计师应当根据被审计单位参加存货盘点人员分工、分组情况，存货监盘工作量的大小和人员素质情况，确定参加存货监盘人员的组成，各组成人员的职责和具体的分工情况，并加强督导。

(6) 检查存货的范围。注册会计师应当根据被审计单位存货盘点和被审计单位内部控制的评价结果确定检查存货的范围。在实施观察程序后，如果认为被审计单位内部控制设计良好且得到有效实施，存货盘点组织良好，可以相应缩小实施检查程序的范围。

同步案例 5-2

B注册会计师负责对乙公司2×20年度财务报表进行审计。乙公司为玻璃制造企业，2×20年年末存货余额占资产总额比重重大。存货包括玻璃、煤炭、烧碱、石英砂，其中60%的玻璃存放在外地公用仓库。

乙公司对存货核算采用永续盘存制，与存货相关的内部控制比较薄弱。

乙公司拟于2×20年11月25日至27日盘点存货，盘点工作和盘点监督工作分别由熟悉相关业务且具有独立性的人员执行。存货盘点计划的部分内容摘录如下。

(1) 存货盘点范围、地点和时间安排。

地点	存货类型	占存货总额的比例	盘点时间
A仓库	烧碱、煤炭	烧碱10%、煤炭5%	2×20年11月25日
B仓库	烧碱、石英砂	烧碱10%、石英砂10%	2×20年11月26日
C仓库	玻璃	玻璃26%	2×20年11月27日
外地公用仓库	玻璃	玻璃39%	—

(2) 存放在外地公用仓库存货的检查。对存放在外地公用仓库的玻璃，检查公用仓库签收单，请公用仓库自行盘点，并提供2×20年11月27日的盘点清单。

(3) 存货数量的确定方法。对于烧碱、煤炭和石英砂等堆积型存货，采用观察以及检查相关的收、发、存凭证和记录的方法，确定存货数量；对于存放在C仓库的玻璃，按照包装箱标明的规格和数量进行盘点，并辅以适当的开箱检查。

(4) 盘点标签的设计、使用和控制。对存放在C仓库玻璃的盘点，设计预先编号的一式两联的盘点标签。使用时，由负责盘点存货的人员将一联粘贴在已盘点的存货上，另一联由其留存；盘点结束后，连同存货盘点表交存财务部门。

(5) 盘点结束后，对出现盘盈或盘亏的存货，由仓库保管员将存货实物数量和仓库存货记录调节相符。

要求：针对上述存货盘点计划第(1)至第(5)项，逐项判断上述存货盘点计划是否存在缺陷。如果存在缺陷，简要提出改进建议。

答案提示：

(1) 存在三个缺陷。第一，A，B仓库的存货中均存在烧碱，对于同一类型的存货，建议采用同时盘点的方法，不应该安排在不同的时间；第二，对于存放在公用仓库的存货——玻璃，占存货总额的39%，是非常高比例的存货，建议安排时间进行盘点，纳入盘点范围；第三，乙公司内部控制比较薄弱，应该选择在财务报表日前后进行盘点。

(2) 存在缺陷。对于存放在公用仓库的存货，应采取的恰当的盘点方式是发函确认，由于乙公司与存货相关的内部控制薄弱，所以不能够仅仅依靠签收单作为盘点的方式。

(3) 存在缺陷。对于烧碱，煤炭和石英砂等堆积型存货，应该选择的盘点方式通常为运用工程估测、几何计算、高空勘测，并依赖详细的存货记录；如果堆场中存货堆不高，可进行实地监盘，或通过旋转存货堆加以估计。

(4) 不存在缺陷。

(5) 存在缺陷。对于盘盈或盘亏的存货，应安排与仓库保管有关的主管人员负责调节。

(二) 实施存货监盘程序

1. 评价管理层用以记录和控制存货盘点结果的指令和程序。

注册会计师需要考虑这些指令和程序是否包括下列方面：

(1) 适当控制活动的运用，例如，收集已使用的存货盘点记录，清点未使用的存货盘点表单，实施盘点和复盘程序；

(2) 准确认定在产品的完工程度，流动缓慢（呆滞）、过时或毁损的存货项目，以及第三方拥有的存货（如寄存货物）；

(3) 在适用的情况下用于估计存货数量的方法，如可能需要估计煤堆的重量；

(4) 对存货在不同存放地点之间的移动以及截止日前后期间出入库的控制。

一般而言，被审计单位在盘点过程中停止生产并关闭存货存放地点以确保停止存货的移动，有利于保证盘点的准确性。但特定情况下，被审计单位可能由于实际原因无法停止生产或收发货物。这种情况下，注册会计师可以根据被审计单位的具体情况考虑其无法停止存货移动的原因及其合理性。

同时，注册会计师可以通过询问管理层以及阅读被审计单位的盘点计划等方式，了解被审计单位对存货移动所采取的控制程序和对存货收发截止影响的考虑。例如，如果被审计单位在盘点过程中无法停止生产，可以考虑在仓库内划分出独立的过渡区域，将预计在盘点期间领用的存货移至过渡区域，对盘点期间办理入库手续的存货暂时存放在过渡区域，以此确保相关存货只被盘点一次。

在实施存货监盘程序时，注册会计师需要观察被审计单位有关存货移动的控制程序是否得到执行。同时，注册会计师可以向管理层索取盘点期间存货移动相关的书面记录以及出、入库资料作为执行截止测试的资料，为监盘结束的后续工作提供证据。

2. 观察管理层制定的盘点程序（如对盘点时及其前后的存货移动的控制程序）的执行情况。

这有助于注册会计师获取有关管理层指令和程序是否得到适当设计和执行的审计证据。尽管盘点存货时最好能保持存货不发生移动，但在某些情况下存货的移动是难以避免的。如果在盘点过程中被审计单位的生产经营仍将持续进行，注册会计师应通过实施必要的检查程序，确定被审计单位是否已经对此设置了相应的控制程序，确保在适当的期间内对存货作出了准确记录。

此外，注册会计师可以获取有关截止性信息（如存货移动的具体情况）的复印件，有助于日后对存货移动的会计处理实施审计程序。具体来说，注册会计师一般应当获取盘点日前后存货收发及移动的凭证，检查库存记录与会计记录期末截止是否正确。

注册会计师需要关注，所有在盘点日以前入库的存货项目是否均已包括在盘点范围内，所有已确认为销售但尚未装运出库的商品是否均未包括在盘点范围内。

在途存货和被审计单位直接向顾客发运的存货是否均已得到了适当的会计处理。

注册会计师通常可观察存货的验收入库地点和装运出库地点以执行截止测试。在存货入库和装运过程中采用连续编号的凭证时，注册会计师应当关注盘点日前的最后编号。如果被审计单位没有使用连续编号的凭证，注册会计师应当列出盘点日以前的最后几笔装运和入库记录。如果被审计单位使用运货车厢或拖车进行存储、运输或验收入库，注册会计师应当详细列出存货场地上满载和空载的车厢或拖车，并记录各自的存货状况。

3. 检查存货

在存货监盘过程中检查存货，虽然不一定能确定存货的所有权，但有助于确定存货的存在，以及识别过时、毁损或陈旧的存货。注册会计师应当把所有过时、毁损或陈旧存货的详细情况记录下来，这既便于进一步追查这些存货的处置情况，也能为测试被审计单位存货跌价准备计提的准确性提供证据。

4. 执行存货抽盘

在对存货盘点结果进行测试时，注册会计师可以从存货盘点记录中选取项目追查至存货实物，以及从存货实物中选取项目追查至盘点记录，以获取有关盘点记录准确性和完整性的审计证据。需要说明的是，注册会计师应尽可能避免让被审计单位事先了解将抽盘的存货项目。除记录注册会计师对存货盘点结果进行的测试情况外，获取管理层完成的存货盘点记录的复印件也有助于注册会计师日后实施审计程序，以确定被审计单位的期末存货记录是否准确地反映了存货的实际盘点结果。

注册会计师在实施抽盘程序时发现差异，很可能表明被审计单位的存货盘点在准确性或完整性方面存在错误。由于检查的内容通常仅仅是已盘点存货中的一部分，所以在检查中发现的错误很可能意味着被审计单位的存货盘点还存在着其他错误。一方面，注册会计师应当查明原因，并及时提请被审计单位更正；另一方面，注册会计师应当考虑错误的潜在范围和重大程度，在可能的情况下，扩大检查范围以减少错误的发生。注册会计师还可要求被审计单位重新盘点。重新盘点的范围可限于某一特殊领域的存货或特定盘点小组。

5. 存货监盘需要特别关注的情况

(1) 存货盘点范围与观察程序

在被审计单位盘点存货前，注册会计师应当观察盘点现场，确定应纳入盘点范围的存货是否已经适当整理和排列，并附有盘点标识，防止遗漏或重复盘点。对未纳入盘点范围的存货，注册会计师应当查明未纳入的原因。

对所有权不属于被审计单位的存货，注册会计师应当取得其规格、数量等有关资料，确定是否已单独存放、标明，且未被纳入盘点范围。在存货监盘过程中，注册会计师应当根据取得的所有权不属于被审计单位的存货的有关资料，观察这些存货的实际存放情况，确保其未被纳入盘点范围。即使在被审计单位声明不存在受托代存存货的情形下，注册会计师在存货监盘时也应当关注是否存在某些存货不属于被审计单位的迹象，以避免盘点范围不当。

(2) 对特殊类型存货的监盘

对某些特殊类型的存货而言，被审计单位通常使用的盘点方法和控制程序并不完全适用。这些存货通常或者没有标签，或者其数量难以估计，或者其质量难以确定，或者盘点人员无法对其移动实施控制。在这些情况下，注册会计师需要运用职业判断，根据存货的实际情况，设计恰当的审计程序，对存货的数量和状况获取审计证据。表5-5列举了被审计单位特殊存货的类型、通常采用的盘点方法与存在的潜在问题，以及可供注册会计师实施的监盘程序。注册会计师在审计实务中，应当根据被审计单位所处行业的特点、存货的类别和特点以及内部控制等具体情况，并在通用的存货监盘程序基础上，设计关于特殊类型存货监盘的具体审计程序。

表 5-5 特殊类型存货的监盘程序

存货类型	盘点方法与潜在问题	可供实施的审计程序
木材、钢筋盘条、管子	通常无标签，但在盘点时会做上标记或用粉笔标识。 难以确定存货的数量或等级	检查标记或标识。 利用专家或被审计单位内部有经验人员的工作
堆积型存货（如糖、煤、钢废料）	通常既无标签也不做标记。 在估计存货数量时存在困难	运用工程估测、几何计算、高空勘测，并依赖详细的存货记录。 如果堆场中的存货堆不高，可进行实地监盘，或通过旋转存货堆加以估计
使用磅秤测量的存货	在估计存货数量时存在困难	在监盘前和监盘过程中均应检验磅秤的精准度，并留意磅秤的位置移动与重新调校程序。 将检查和重新称量程序相结合。 检查称量尺度的换算问题
散装物品（如贮窖存货，使用桶、箱、罐、槽等容器储存的液体、气体、谷类粮食、流体存货等）	在盘点时通常难以加以识别和确定。 在估计存货数量时存在困难。 在确定存货质量时存在困难	使用容器进行监盘或通过预先编号的清单列表加以确定。 使用浸蘸、测量棒、工程报告以及依赖永续存货记录。 选择样品进行化验与分析，或利用专家的工作
贵金属、石器、艺术品与收藏品	在存货辨认与质量确定方面存在困难	选择样品进行化验与分析，或利用专家的工作
生产纸浆用木材、牲畜	在存货辨认与数量确定方面存在困难。可能无法对此类存货的移动实施控制	通过高空摄影以确定其存在性，对不同时点的数量进行比较，并依赖永续存货记录

6. 存货监盘结束时的工作

在被审计单位存货盘点结束前，注册会计师应当：

(1) 再次观察盘点现场，以确定所有应纳入盘点范围的存货是否均已盘点。

(2) 取得并检查已填用、作废及未使用盘点表单的号码记录，确定其是否连续编号，查明已发放的表单是否均已收回，并与存货盘点的汇总记录进行核对。注册会计师应当根据自己在存货监盘过程中获取的信息对被审计单位最终的存货盘点结果汇总记录进行复核，并评估其是否正确地反映了实际盘点结果。

如果存货盘点日不是资产负债表日，注册会计师应当实施适当的审计程序，确定盘点日与资产负债表日之间存货的变动是否已得到恰当的记录。

在实务中，注册会计师可以结合盘点日至财务报表日之间间隔期的长短、相关内部控制的有效性等因素进行风险评估，设计和执行适当的审计程序。在实质性程序方面，注册会计师可以实施的程序示例包括：

(1) 比较盘点日和财务报表日之间的存货信息以识别异常项目，并对其执行适当的审计程序（例如实地查看等）；

(2) 对存货周转率或存货销售周转天数等实施实质性分析程序；

(3) 对盘点日至财务报表日之间的存货采购和存货销售分别实施双向检查(例如,对存货采购从入库单查至其相应的永续盘存记录及从永续盘存记录查至其相应的入库单等支持性文件,对存货销售从货运单据查至其相应的永续盘存记录及从永续盘存记录查至其相应的货运单据等支持性文件);

(4) 测试存货销售和采购在盘点目和财务报表日的截止是否正确。

(三) 特殊情况的处理

1. 在存货盘点现场实施存货监盘不可行。

在某些情况下,实施存货监盘可能是不可行的。这可能是由存货性质和存放地点等因素造成的,例如,存货存放在对注册会计师的安全有威胁的地点。然而,对注册会计师带来不便的一般因素不足以支持注册会计师作出实施存货监盘不可行的决定。审计中的困难、时间或成本等事项本身,不能作为注册会计师省略不可替代的审计程序或满足于说服力不足的审计证据的正当理由。

如果在存货盘点现场实施存货监盘不可行,注册会计师应当实施替代审计程序(如检查盘点日后之前取得或购买的特定存货的文件记录),以获取有关存货的存在和状况的充分、适当的审计证据。

但在其他一些情况下,如果不能实施替代审计程序,或者实施替代审计程序可能无法获取有关存货的存在和状况的充分、适当的审计证据,注册会计师需要按照《中国注册会计师审计准则第 1502 号—在审计报告中发表非无保留意见》的规定发表非无保留意见。

2. 因不可预见的情况导致无法在存货盘点现场实施监盘。

有时,由于不可预见情况而可能导致无法在预定日期实施存货监盘,两种比较典型的情况包括:一是注册会计师无法亲临现场,即由于不可抗力导致其无法到达存货存放地实施存货监盘;二是气候因素,即由于恶劣的天气导致注册会计师无法实施存货监盘程序,或由于恶劣的天气无法观察存货,如木材被积雪覆盖。

如果由于不可预见的情况无法在存货盘点现场实施监盘,注册会计师应当另择日期实施监盘,并对间隔期内发生的交易实施审计程序。

3. 由第三方保管或控制的存货。

如果由第三方保管或控制的存货对财务报表是重要的,注册会计师应当实施下列一项或两项审计程序,以获取有关该存货存在和状况的充分、适当的审计证据:

(1) 向持有被审计单位存货的第三方函证存货的数量和状况。

(2) 实施检查或其他适合具体情况的审计程序。根据具体情况(如获取的信息使注册会计师对第三方的诚信和客观性产生疑虑),注册会计师可能认为实施其他审计程序是适当的。其他审计程序可以作为函证的替代程序,也可以作为追加的审计程序

其他审计程序的示例包括:

(1) 实施或安排其他注册会计师实施对第三方的存货监盘(如可行);

(2) 获取其他注册会计师或服务机构注册会计师针对用以保证存货得到恰当盘点和保管的内部控制的适当性而出具的报告;

(3) 检查与第三方持有的存货相关的文件记录,如仓储单;

(4) 当存货被作为抵押品时,要求其他机构或人员进行确认。

考虑到第三方仅在特定时点执行存货盘点工作,在实务中,注册会计师可以事先考虑实施函证的可行性。如果预期不能通过函证获取相关审计证据,可以事先计划和安排存货监盘等工作。

此外,注册会计师可以考虑由第三方保管存货的商业理由的合理性,以进行存货相关风险(包括舞弊风险)的评估,并计划和实施适当的审计程序,例如检查被审计单位和第三方所签署的存货保管协议的相关条款、复核被审计单位调查及评价第三方工作的程序等。

同步案例 5-3

B注册会计师接受委托,对常年审计客户乙公司 2×20 年度财务报表进行审计。乙公司为玻璃制造企业,存货主要有玻璃、煤炭和烧碱,其中少量玻璃存放于外地公用仓库。另有丙公司部分水泥存放于乙公司的仓库。乙公司拟于 2×20 年 12 月 29 日至 12 月 31 日盘点存货,以下是B注册会计师撰写的存货监盘计划的部分内容。

存货监盘计划:

(1) 存货监盘的目标。检查乙公司 2×20 年 12 月 31 日存货数量是否真实完整。

(2) 存货监盘范围。2×20 年 12 月 31 日库存的所有存货,包括玻璃、煤炭、烧碱和水泥。

(3) 监盘时间。存货的观察与检查时间均为 2×20 年 12 月 31 日。

(4) 存货监盘的主要程序。①与管理层讨论存货监盘计划。②观察乙公司盘点人员是否按照盘点计划盘点。③检查相关凭证以证实盘点截止日前所有已确认为销售但尚未装运出库的存货均已纳入盘点范围。④对于存放在外地公用仓库的玻璃,主要实施检查货运文件、出库记录等替代程序。

要求:

(1) 请指出存货监盘计划的目标、范围和时间所存在的错误,并简要说明理由。

(2) 请判断存货监盘计划所列示的主要程序是否恰当,若不恰当请予以修改。

答案提示:

(1) 存货监盘的目标不正确,应该是获取乙公司 2×20 年 12 月 31 日有关存货数量和状况的审计证据,检查存货的数量是否真实完整,是否归属被审计单位,有无毁损、陈旧、残次和短缺等状况。

存货监盘的范围不正确,应该是 2×20 年 12 月 31 日库存的玻璃、煤炭和烧碱,但是不应该包括其他公司存放在本公司的水泥。

存货监盘的时间不正确,存货监盘的时间应该包括实地察看盘点现场的时间、观察存货盘点的时间和对已盘点存货实施检查的时间等,应当与被审计单位实施存货盘点的时间相协调,所以应该是 2×20 年 12 月 29 日至 12 月 31 日。

(2) 存货监盘计划所列示的主要程序中:①"与管理层讨论存货监盘计划"不恰当,应与被审计单位管理层讨论其存货盘点计划。②"观察乙公司盘点人员是否按照盘点计划盘点"是恰当的。③"检查相关凭证以证实盘点截止日前所有已确认为销售但尚未装运出库的存货均已纳入盘点范围"不恰当,应该是检查所有在截止日以前装运出库的存货项目是否均未包括在盘点范围内,且未包括在截止日的存货账面余额中。④"对于存放在外地公用仓库的玻璃,主要实施检查装运文件、出库记录等替代程序"是不恰当的,应该主要采用函证方式查验。

在实务工作中,注册会计师可以用表 5-6 对存货监盘结果进行汇总记录。另外,如果存货盘点日不是财务报表日,注册会计师可以用表 5-7 记录如何将盘点日的存货调整为财务报表日的存货，并分析差异；如果盘点日与财务报表日一致，且被审计单位使用永续盘存记录来确定存货期末数，注册会计师可以用表 5-8 记录存货明细账与盘点记录的核对情况。

表 5-6　　存货监盘结果汇总表

被审计单位：南方工业有限公司　　索引号：C1-6

项目：存货监盘结果汇总表　　财务报表截止日：2×18.12.31

编制：罗军　　复核：张雷

日期：2×19.2.16　　日期：2×19.3.1

存货类别	存货名称	单位	监盘数量	未经确认盘点报告数量	差异数量	差异原因	索引号	审计确认盘点报告数量
…	…	…	…	…	…	…	…	…

监盘人员签名：__________

编制说明：本表适用于监盘日（盘点日）为财务报表截止日的情况。

审计说明：

表 5-7　　存货抽盘核对表

被审计单位：南方工业有限公司　　索引号：C1-8

项目：存货抽盘核对表　　财务报表截止日：2×18.12.31

编制：罗军　　复核：张雷

日期：2×19.2.16　　日期：2×19.3.1

一、财务报表日前抽盘核对表

序号	品名及规格	单位	抽盘日实存数量	加：抽盘日至财务报表日入库数量	减：抽盘日至财务报表日发出数量	财务报表日实存数量	财务报表日账面数量	差异	原因分析
1						—		—	
2						—		—	
…						—		—	

（续表）

二、财务报表日后抽盘核对表

序号	品名及规格	单位	抽盘日实存数量	加:财务报表日至抽盘日发出数量	减:财务报表日至抽盘日入库数量	财务报表日实存数量	财务报表日账面数量	差异	原因分析
1	轴承 22212	套	195	45	65	175	175	—	
2	轴承 23222	套	155	—	—	155	155	—	
3	轴承 32048X2	套	16	—	4	12	12	—	
4	钢材合结元	kg	1 140	1 200	—	2 340	2 340	—	
5	钢材碳元 45#	kg	8 134	2 700	3 500	7 334	7 334	—	
6	中板 Q235 25	吨	640	—	—	640	640	—	
7	电机 YEJ160L	台	—	3	—	3	3	—	
…	…	…	…	…	…	…	…	…	…

编制说明：本表适用于抽盘日与财务报表截止日不一致的情况。
审计说明：

表 5-8　　**存货明细账与盘点报告(记录)核对表**

被审计单位：南方工业有限公司　　索引号：C1-7
项目：存货明细账与盘点报告(记录)核对表　　财务报表截止日/期间：2×19.12.31
编制：罗军　　复核：张雷
日期：2×19.2.16　　日期：2×19.3.1

一、从明细账中选取具有代表性的样本，将明细账上的存货数量与经确认盘点报告的数量核对

序号	地点	样本描述		期末存货明细账记录			获取的存货清单	索引号	经确认的期末存货盘点表	数量差异	差异分析及处理
		存货类别	存货型号	单价	数量	金额	数量		数量		
					①		②		③	④=①−② 或②−③	
1											
…											

二、从经确认的盘点报告中抽取具有代表性的样本，将盘点报告的数量与存货明细账核对

序号	地点	样本描述		索引号	经确认的期末存货盘点表	期末存货明细账记录			被审计单位提供的存货清单的数量	数量差异	差异分析及处理
		存货类别	存货型号		数量	单价	数量	金额			
					①		②		③	④=①−② 或①−③	
1											
…											

编制说明：本表适用于监盘日(盘点日)为财务报表截止日的情况。
审计说明：

小资料

存货欺诈技巧①

美国注册会计师协会1994年7月号的"CPA letter"(注册会计师通讯)实务预警第94—2号刊载有存货盘点之审核一文,介绍了存货欺诈的一些技巧,值得注册会计师在观察存货盘点时特别注意。

(1) 所包括的存货名不符实。例如,纸箱内是空的或堆积的货品中间是中空的;纸箱外表贴的是误导的标签,里头装的是下脚、陈滞料或低价材料;他人寄销的存货,或者存货是租来的,或者是交换进来的项目;经过稀释之后的存货(例如,液体化学品加水等)。

(2) 对于注册会计师并未亲自抽点的存货项目,擅自增加或涂改其盘点数量。

(3) 利用电脑程序产生不实的存货数量清册或将存货明细表上的单价提高。

(4) 将注册会计师亲临观察盘点地点的存货盘点及汇总资料加以操纵。

(5) 将不同地点间的在途存货项目重复计算。

(6) 某一处所的存货盘点之后,移运至另一处所,使一物计算两次。

(7) 存货中包括已列为销货,但等待顾客提领的项目(即已开账单暂时代为保管的销售)。

(8) 安排对由其他公司代保管的存货做虚伪的回函确认。

(9) 存货中包括已经收到的项目,但其相对的应付账款尚未入账。

(10) 高估在产品的完工程度。

(11) 将实地盘点存货的金额与总账上的虚假金额进行调节。

(12) 在年度终了前某一日期(例如,10月31日)盘点存货,操纵盘点日后至12月31日之间的存货结转。

四、存货计价测试

存货监盘程序主要是对存货的数量进行测试。为验证财务报表上存货余额的真实性,还应当对存货的计价进行审计。存货计价测试包括两个方面:一是被审计单位所使用的存货单位成本是否正确;二是是否恰当计提了存货跌价损失准备。

在对存货的计价实施细节测试之前,注册会计师通常先要了解被审计单位本年度的存货计价方法与以前年度是否保持一致。如发生变化,变化的理由是否合理,是否经过适当的审批。

(1) 存货单位成本测试。

针对原材料的单位成本,注册会计师通常基于企业的原材料计价方法(如先进先出法,加权平均法等),结合原材料的历史购买成本,测试其账面成本是否准确,测试程序包括核对原材料采购的相关凭证(主要是与价格相关的凭证,如合同、采购订单、发票等)以及验证原材料计价方法的运用是否正确。

针对产成品和在产品的单位成本,注册会计师需要对成本核算过程实施测试,包括直接材料成本测试、直接人工成本测试、制造费用测试和生产成本在当期完工产品与在产品之间分配的测试四项内容,具体如下:

① 林柄沧:《如何避免审计失败》,中国时代经济出版社2003年版。

① 直接材料成本测试。对采用定额单耗的企业，可选择某一成本报告期若干种具有代表性的产品成本计算单，获取样本的生产指令或产量统计记录及其直接材料单位消耗定额，根据材料明细账或采购业务测试工作底稿中各该直接材料的单位实际成本，计算直接材料的总消耗量和总成本，与该样本成本计算单中的直接材料成本核对。

对未采用定额单耗的企业，可获取材料费用分配汇总表、材料发出汇总表（或领料单）、材料明细账（或采购业务测试工作底稿）中各该直接材料的单位成本，作如下检查：成本计算单中直接材料成本与材料费用分配汇总表中该产品负担的直接材料费用是否相符，分配标准是否合理；将抽取的材料发出汇总表或领料单中若干种直接材料的发出总量和各该种材料的实际单位成本之积，与材料费用分配汇总表中各该种材料费用进行比较。

对采用标准成本法的企业，获取样本的生产指令或产量统计记录、直接材料单位标准用量、直接材料标准单价及发出材料汇总表或领料单，检查下列事项：根据生产量、直接材料单位标准用量和标准单价计算的标准成本与成本计算单中的直接材料成本核对是否相符；直接材料成本差异的计算与账务处理是否正确。

② 直接人工成本测试。对采用计时工资制的企业，获取样本的实际工时统计记录员工分类表和员工工薪手册（工资率）及人工费用分配汇总表，作如下检查：成本计算单中直接人工成本与人工费用分配汇总表中该样本的直接人工费用核对是否相符；样本的实际工时统计记录与人工费用分配汇总表中该样本的实际工时核对是否相符；抽取生产部门若干天的工时台账与实际工时统计记录核对是否相符；当没有实际工时统计记录时，则可根据员工分类表及员工工薪手册中的工资率，计算复核人工费用分配汇总表中该样本的直接人工费用是否合理。

对采用计件工资制的企业，获取样本的产量统计报告、个人（小组）产量记录和经批准的单位工薪标准或计件工资制度，检查下列事项：根据样本的统计产量和单位工薪标准计算的人工费用与成本计算单中直接人工成本核对是否相符；抽取若干个直接人工（小组）的产量记录，检查是否被汇总计入产量统计报告。

对采用标准成本法的企业，获取样本的生产指令或产量统计报告、工时统计报告和经批准的单位标准工时、标准工时工资率、直接人工的工薪汇总表等资料，检查下列事项：根据产量和单位标准工时计算的标准工时总量与标准工时工资率之积同成本计算单中直接人工成本核对是否相符；直接人工成本差异的计算与账务处理是否正确，并注意直接人工的标准成本在当年内有无重大变更。

③ 制造费用测试。获取样本的制造费用分配汇总表、按项目分列的制造费用明细账、与制造费用分配标准有关的统计报告及其相关原始记录，作如下检查：制造费用分配汇总表中，样本分担的制造费用与成本计算单中的制造费用核对是否相符；制造费用分配汇总表中的合计数与样本所属成本报告期的制造费用明细账总计数核对是否相符；制造费用分配汇总表选择的分配标准（机器工时数、直接人工工资、直接人工工时数、产量等）与相关的统计报告或原始记录核对是否相符，并对费用分配标准的合理性作出评估；如果企业采用预计费用分配率分配制造费用，则应针对制造费用分配过多或过少的差额，检查其是否作了适当的账务处理；如果企业采用标准成本法，则应检查样本中标准制造费用的确定是否合理，计入

成本计算单的数额是否正确，制造费用差异的计算与账务处理是否正确，并注意标准制造费用在当年度内有无重大变更。

④ 生产成本在当期完工产品与在产品之间分配的测试。检查成本计算单中在产品数量与生产统计报告或在产品盘存表中的数量是否一致；检查在产品约当产量计算或其他分配标准是否合理；计算复核样本的总成本和单位成本。

(2) 存货跌价损失准备的测试。

注册会计师在测试存货跌价损失准备时，需要从以下两个方面进行测试：

① 识别需要计提跌价损失准备的存货项目。

注册会计师可以通过询问管理层和相关部门（生产、仓储、财务、销售等）员工，了解被审计单位如何收集有关滞销、过时、陈旧、毁损、残次存货的信息并为之计提必要的跌价损失准备。如被审计单位编制存货货龄分析表，则可以通过审阅分析表识别滞销或陈旧的存货。此外，注册会计师还要结合存货监盘过程中检查存货状况而获取的信息，以判断被审计单位的存货跌价损失准备计算表是否有遗漏。

② 检查可变现净值的计量是否合理。

在存货计价审计中，由于被审计单位对期末存货采用成本与可变现净值孰低的方法计价，所以注册会计师应充分关注其对存货可变现净值的确定及存货跌价准备的计提。

可变现净值是指企业在日常活动中，存货的估计售价减去至完工时估计将要发生的成本、估计的销售费用以及相关税费后的金额。企业确定存货的可变现净值，应当以取得的确凿证据为基础，并且考虑持有存货的目的以及资产负债表日后事项的影响等因素。注册会计师应抽样检查可变现净值确定的依据，相关计算是否正确。

同步案例 5-4

某企业 12 月份将甲材料发出的计价方法，由加权平均法改为后进先出法，据以确定的计入生产成本的材料费用为 11 000 元。已知该企业期初无在产品，期末在产品 200 件，当月完工交库 800 件，当月所销产品 400 件全部为本月所产。该企业在生产开始时一次投料。有关甲材料收发的资料如下所示。

12 月 1 日	结存	2 000 千克	4 000 元
12 月 1 日	付出	1 500 千克	
12 月 5 日	购入	4 000 千克	10 000 元
12 月 10 日	付出	2 000 千克	
12 月 25 日	付出	1 500 千克	
12 月 27 日	购入	2 000 千克	6 000 元

要求：调整财务报表中的有关项目（只列调整数），并编制调整分录。

答案提示：该企业随意变更计价方法，违规使用计价方法（我国的企业会计准则规定对存货的发出计价方法不允许采用后进先出法），建议进行审计调整。

加权平均单价＝(4 000＋10 000＋6 000)÷(2 000＋4 000＋2 000)＝2.5(元/千克)

发出材料成本＝(1 500＋2 000＋1 500)×2.5＝12 500(元)

企业少计材料成本 12 500－11 000＝1 500(元)

期末在产品调整数：1 500×(200÷1 000)＝300(元)

库存商品调整数:1 500×(400÷1 000)=600(元)

主营业务成本(未分配利润)调整数:1 500×(400÷1 000)=600(元)

调整分录:

借:生产成本	300	
库存商品	600	
未分配利润	600	
贷:原材料		1 500

在实务工作中,注册会计师可以用表 5-9、表 5-10、表 5-11、表 5-12 分别记录对生产成本及直接材料成本、直接人工成本、制造费用的检查情况。

表 5-9　**生产成本检查表**

被审计单位:南方工业有限公司　　索引号:C1-13

项目:生产成本检查表　　财务报表截止日:2×18.12.31

编制:罗军　　复核:张雷

日期:2×19.2.16　　日期:2×19.3.1

月份	投产数量(台)	成本项目				完工转出(成本结转方法:先进先出)		
		直接材料	直接人工	制造费用	合计	数量	总成本	余额
期初余额	4	56 210	8 872	1 858	66 940			
1 月		5 642	10 090	2 694	18 426	4	85 366	—
2 月					—		—	—
3 月	10	127 890	33 585	4 652	166 127		—	166 127
4 月		29 066	12 268	2 109	43 443	10	209 570	—
5 月					—		—	—
6 月					—		—	—
7 月	22	342 896	99 253	18 630	460 779	22	460 779	—
8 月					—		—	—
9 月					—		—	—
10 月					—		—	—
11 月					—		—	—
12 月	5	69 876	10 079	2 266	82 221		—	82 221
1～12 月合计		575 370	165 275	30 351	770 996		—	
占总成本比例					1.7%	—	—	—
上年同期发生额		485 962	122 052	24 496	632 510			
增减比例		18.40%	35.41%	23.90%	21.89%			

审计说明:本年转出的单位成本起伏不大,未发现重大波动和异常情况。

表 5-10 **直接材料成本检查情况表**

被审计单位：南方工业有限公司　　索引号：C-14

项目：直接材料成本检查情况表　　财务报表截止日/期间：2×18.12.31

编制：罗军　　复核：张雷

日期：2×19.2.16　　日期：2×19.3.1

月份	产品名称及规格	金额	核对内容(用"√"、"×"表示)								附件描述
			1	2	3	4	5	6	7	8	
…	…	…	…	…	…	…	…	…	…	…	…

检查内容说明：

1. 材料耗用量与材料领料单汇总核对是否相符。
2. 材料分配汇总表中该产品分配的直接材料成本与材料耗用量核对是否相符。
3. 材料成本在不同产品间的分配标准与计算方法是否合理和适当。
4. 材料成本在某产品完工产品和在产品中的分配标准与计算方法是否合理和适当。
5. 采用标准成本或定额成本的标准材料成本或定额成本的确定是否合理，材料成本差异的计算和分配是否正确。
6. 直接材料的标准成本或定额成本本年度有无重大变化。
7. ……

审计说明：

表 5-11 **直接人工成本检查情况表**

被审计单位：南方工业有限工公司　　索引号：C-15

项目：直接人工成本检查情况表　　财务报表截止日/期间：2×18.12.31

编制：罗军　　复核：张雷

日期：2×19.1.16　　日期：2×19.3.1

月份	产品名称及规格	金额	核对内容(用"√"、"×"表示)								附件描述
			1	2	3	4	5	6	7	8	
…	…	…	…	…	…	…	…	…	…	…	…

（续表）

检查内容说明：
1. 直接人工汇总表与应付职工薪酬、人事部门工时记录等核对是否相符。
2. 直接人工汇总表中的人工成本是否包括五险一金(养老、医疗、失业、工伤、生育险及住房公积金)及两费(工会经费及教育经费)。
3. 直接人工成本分配表与直接人工汇总表核对是否相符。
4. 直接人工成本在不同产品间的分配标准与计算方法是否合理和适当。
5. 直接人工成本在某产品完工产品和在产品中的分配标准与计算方法是否合理和适当。
6. 采用标准成本或定额成本的标准人工成本或定额成本的确定是否合理，直接人工成本差异的计算和分配是否正确。
7. 直接人工标准成本或定额成本本年度有无重大变化。
8. ……

审计说明：

表 5-12 **制造费用检查情况表**

被审计单位：南方工业有限公司　　索引号：C-16

项目：制造费用检查情况表　　财务报表截止日/期间：2×18.12.31

编制：罗军　　复核：张雷

日期：2×19.2.16　　日期：2×19.3.1

月份	产品名称及规格	金额	核对内容(用"√"、"×"表示)								备注
			1	2	3	4	5	6	7	8	
…	…	…	…	…	…	…	…	…	…	…	…

检查内容说明：
1. 核算制造费用的内容及范围是否正确。
2. 制造费用汇总表与相关费用项目(如折旧费用)等核对是否相符。
3. 制造费用在不同产品间的分配标准与计算方法是否合理和适当。
4. 制造费用在某产品完工产品和在产品中的分配标准和计算方法是否合理和适当。
5. 采用标准成本法的标准制造费用的确定是否合理，制造费用差异的计算和分配是否正确。
6. 标准制造费用本年度有无重大变化。
7. 是否存在异常会计事项。
8. ……

审计说明：

本章小结

■ 本章内容结构图

- 生产与存货循环的审计
  - 生产与存货循环概述
    - 不同行业类型的存货性质
    - 生产与存货循环的主要业务活动
    - 生产与存货循环涉及的主要凭证、记录与账户
  - 生产与存货循环的内部控制和控制测试
    - 生产与存货循环的内部控制
    - 生产与存货循环的控制测试
  - 存货审计
    - 存货明细表测试
    - 实质性分析程序
    - 存货的监盘
      - 制订存货监盘计划
      - 实施存货监盘
    - 检查存货的所有权
    - 存货的计价测试
      - 外购存货的计价测试
      - 自制存货的计价测试

■ 重要的名词术语

存货:是指企业在日常活动中持有以备出售的产成品或商品、处在生产过程中的在产品、在生产过程或提供劳务过程中耗用的材料、物料等。

产成品:是指在一个企业内已完成全部生产过程、按规定标准检验合格、可供销售的产品。

存货监盘:是指注册会计师现场观察被审计单位存货的盘点,并对已盘点的存货进行适当检查。

成本会计制度:是指对进行成本会计工作所作的规定。商品经济条件下,现代企业的成本会计制度内容包括成本预测、决策、规划、控制、计算、分析和考核等所作出的有关规定,指导着成本会计工作的全过程。

直接材料:是指企业生产过程中实际消耗的直接材料、辅助材料、设备材料、外购半成品、燃料、动力、包装物、低值易耗品以及其他直接材料和电力、蒸汽动力。

直接人工:是指企业直接从事产品生产人员的工资、奖金、津贴和补贴,以及直接从事产品生产人员的应付职工薪酬等。

制造费用:是指包括产品生产成本中除直接材料和直接工资以外的其余一切生产成本,主要包括企业各个生产单位(车间、分厂)为组织和管理生产所发生的一切费用。

生产成本:是指生产单位为生产产品或提供劳务而发生的各项生产费用,包括各项直接支出和制造费用。

存货跌价准备:是指在中期或年度终了,如由于存货遭受毁损、全部或部分陈旧过时或销售价格低于成本等原因,使存货成本不可以收回的部分,应按单个存货项目的成本高于其可变现净值的差额提取,并计入存货跌价损失。

思考与练习

一、思考题

1. 存货的监盘不存在满意的替代程序,是否是指存货监盘绝对不能执行替代程序?

2. 请举例说明存货的截止错误会对会计报表产生什么影响?

3. 注册会计师对被审计单位的受托代销商品是否应列入监盘范围?委托加工物资是否应列入监盘范围?

4. 为什么存货管理或控制程序发生变化会引起存货周转率的变动?

5. 被审计单位的寄销存货金额较大时,注册会计师采用函证方式确认存货数量是否仍可行?

6. 注册会计师审计某公司存货项目时,发现其中部分原材料明细账中材料数量为零或为正数,而金额为红字。请问:导致这种现象的可能原因是什么?是否正常?

7. 如果注册会计师怀疑被审计单位可能存在虚构工资问题,他应当如何进行测试?

二、选择题

1. 被审计单位A股份有限公司对期末存货采用成本与可变现净值孰低法计价。2×19年12月31日库存用于生产甲产品的原材料实际成本为50万元,预计进一步加工所需费用为16万元。预计销售费用及税金为10万元。该原材料加工完成后的产品预计销售价格为60万元。假定该公司以前年度未计提存货跌价准备。则注册会计师认为A公司2×19年12月31日该项存货应计提的跌价准备为(　　)万元。

A. 0　　B. 4　　C. 16　　D. —16

2. B注册会计师在检查乙公司存货时,注意到某些存货项目实际盘点的数量大于永续盘存记录中数量。假定不考虑其他因素,以下各项中,最可能导致这种情况的是(　　)。

A. 乙公司向客户提供销售折扣　　B. 乙公司已将购买的存货退给供应商

C. 供应商向乙公司提供购货折扣　　D. 客户已将购买的存货退给乙公司

3. A注册会计师接受委托审计乙公司2×19年财务报表。初步了解乙公司及其环境时,得知乙公司有部分存货为辐射性化学品,导致A注册会计师无法实施存货监盘,则对该部分存货注册会计师可能实施的审计程序包括(　　)。

A. 复核采购、生产和销售记录

B. 向能够接触到相关存货项目的第三方人员询证

C. 视为审计范围受到限制,并依严重程度确定对财务报表的影响

D. 如果乙公司对其生产、使用和处置存有正式报告,注册会计师可追查至有关报告

4. 对存货实施截止测试,主要实现的审计目标有(　　)。

A. 存在　　B. 权利和义务　　C. 完整性　　D. 准确性、计价和分摊

5. 对被审计单位存货监盘时,注册会计师应特别关注的问题有(　　)。

A. 注册会计师应当特别关注存货的状况,观察被审计单位是否已经恰当地区分了所有

毁损、陈旧、过时及残次的存货

B. 注册会计师应当获取盘点日前后存货收发及移动的凭证，检查库存记录与会计记录期末截止日期是否正确

C. 注册会计师应当特别关注存货的移动情况，防止遗漏或重复盘点

D. 在存货监盘过程中，注册会计师应当获取存货验收入库、装运出库以及内部转移截止等信息，以便将来追查至被审计单位的会计记录

6. 有关存货审计的下列表述中，不正确的有(　　)。

A. 对存货进行监盘是证实存货"完整性""计价和分摊"认定的重要程序

B. 存货截止测试的主要方法是抽查存货盘点日前后的购货发票与验收报告(或入库单)，确定每张发票均附有验收报告(或入库单)

C. 存货计价审计的样本应着重选择余额较大且价格变动较频繁的存货项目，同时考虑所选样本的代表性

D. 对难以盘点的存货，应根据企业存货收发制度确认存货数量

三、案例讨论题

1. 注册会计师在审查A市某企业2×19年的材料采购明细账时，发现下列情况。

(1) 5月6日向B市某企业赊购生产用油漆400桶，每桶50元，运杂费共1 000元，经了解这种油漆A市也有供应，且价格相同。

(2) 5月11日油漆到货，实际收到198桶，短缺2桶，企业将其记入"材料成本差异"。

(3) 5月19日采购员报销差旅费600元。

要求：请分析上述交易及其处理存在什么问题，并提出审计处理意见。

2. 以下是工薪审计的一些常规程序。

(1) 观察几次换班时员工的上班打卡情况。

(2) 从工时记录卡中抽取一些样本，检查其是否得到适当管理层的批准。

(3) 使用产量和销售数据估计期末的应付工资。

(4) 向自动工资系统输入一些测试数据，确定单位的扣缴是否正确，记录的应计项目是否正确。

要求：对于上述每一项程序，请分别说明：

(1) 它属于控制测试程序还是实质性程序。

(2) 该程序的设计是为了实现什么审计目标。

3. 君山公司是一家从事加工浓缩果蔬果汁的上市公司，公司主要资产包括两条先进的加工生产线和存货。截至2×16年12月31日，君山公司存货余额为73 043万元(包括用作原材料的工业苹果15 374万元，桶装果汁57 669万元)，占资产总额的45%。公司工业苹果贮存在租赁的23个地下仓库中，桶装果汁贮存在工厂仓库、租赁的5个中转仓库及发运码头。

2×16年8月，洞庭会计师事务所首次接受君山公司委托，为其2×16年度财务报表提供审计服务。在审计过程中，注册会计师对存货实施的审计程序与相关发现如下。

(1) 2×16 年 10 月预审时，对君山公司的存货内控制度设计及其运行进行了解，并观察过部分存货现场。注册会计师发现：公司用于存放工业苹果的 23 个地下仓库均系分布在苹果生产地的偏远山区的废旧防空洞，存储设施比较简陋；基于对君山公司及其环境的了解，负责该项审计业务的注册会计师将存货高估评估为重大错报风险。

(2) 君山公司于 2×16 年 12 月初通知注册会计师，公司将于 2×16 年 12 月 31 日对存货进行全面盘点。考虑到刚刚在 10 月份进行了预审，在预审时也观察过部分存货现场，并了解过存货的内控制度设计及其运行，加之君山公司的存货分布很广，注册会计师没有实施存货监盘。但考虑到存货高估被评估为具有重大错报风险的领域，注册会计师与君山公司管理层进行了协商，要求君山公司 2×17 年 3 月对存放于工厂仓库的桶装果汁安排重新盘点，注册会计师实施监盘。

(3) 按照与注册会计师的协商结果，君山公司于 2×17 年 3 月 31 日对存放于工厂仓库的桶装果汁进行了全面盘点。注册会计师向君山公司索取了存货盘点表，并进行了复核，存货盘点表未显示存在盘盈盘亏及其他异常现象。注册会计师实施了监盘，并根据财务报表日至重新盘点日的存货变动情况倒轧至 2×16 年 12 月 31 日，未发现结果与该部分存货的期末余额存在重大差异。

基于以上程序，注册会计师认可了君山公司 2×16 年年末的存货余额，对公司 2×16 年度财务报表出具了标准无保留意见的审计报告。

要求：请评价注册会计师对君山公司的存货审计。

第六章　货币资金的审计

- 本章要点
- 适用的准则和规范
- 引例
- 第一节　货币资金审计概述
- 第二节　库存现金审计
- 第三节　银行存款审计
- 本章小结
- 思考与练习

本章要点

- 了解货币资金的特点
- 明确货币资金与各个交易循环的关系
- 掌握有关货币资金内部控制的内容
- 理解并掌握库存现金和银行存款审计的内容

适用的准则和规范

- 《中国注册会计师审计准则第 1211 号——通过了解被审计单位及其环境识别和评估重大错报风险》
- 《中国注册会计师审计准则第 1231 号——针对评估的重大错报风险采取的应对措施》
- 《中国注册会计师审计准则第 1313 号——分析程序》
- 《中国注册会计师审计准则第 1314 号——审计抽样》
- 《中国注册会计师审计准则第 1312 号——函证》
- 《企业内部控制应用指引第 6 号——资金活动》
- 《企业内部控制应用指引第 6 号——资金活动》解读

引例　达美股份公司审计案例

诚信会计师事务所自 2004 年开始接受达美股份有限公司委托，对达美股份有限公司进行年度会计报表审计。达美股份有限公司是一家上市较早的商业类公司，公司主营零售业务，同时兼营一部分房地产开发业务，并与某网站合作开展网上售货业务。公司对零售业务部分采用售价金额核算法，对毛利率的计算结转采用分类毛利率法，定期对库存商品进行盘点，有一套相对严密的内部管理制度。公司自上市后业绩一直较为平稳，股价波动不大。项目经理杨福曾多次参与零售企业的审计业务，经验较为丰富，零售企业因为现金流量比较大，将货币资金审计作为重点项目来安排，确定的重要性水平也较低，为 5 000 元，并安排经验丰富的刘为负责货币资金的审计实施。

审计人员发现该公司货币资金的内部控制存在一定的漏洞，主要表现在以下几个方面：

(1) 财务部稽核人员对收款台的现金盘点上坚持不够好，未能经常进行不定期盘点。

(2) 通过查看支票登记本发现，领用的票据号码不连续，存在领用支票簿不登记的现象。

(3) 对现金和银行存款的支付基本能坚持审批制度，但在审批的职责划分上不够明确，从抽查的支付凭证来看，经常出现对相同业务的审批有时是财务经理的签字，有时是业务经理的签字，控制不够严格。

在发现了上述问题之后，审计人员确认该公司的内部控制属于中信赖程度，因此，适当地扩大了对达美股份有限公司货币资金进行实质性程序范围。如采取盘存法对现金进行突击性盘点；采取抽查法抽查现金日记账和银行存款日记账；采取审阅法、调节法和函证法对银行存款的真实性和合法性进行审查。

审计人员经过对上述内容进行认真的检查、仔细的核对，针对审计过程中发现的达美股份有限公司"服装柜组发生短款次数频繁""私设小金库""出租出借银行账号""因采购单位支付空头支票而未及时调账""短期贷款未入账""达美劳动仓储公司明显存在开阳明支票"和"短期投资记账错误"等问题与达美股份有限公司交换了意见，并严肃地提出了限期改正的要求及其纠正错误的建议。

货币资金审计需要关注的问题有哪些？在本章，我们将为你详细讲解。

第一节 货币资金审计概述

一、货币资金的特点

货币资金是指企业拥有的，以货币形式存在的资产，包括现金、银行存款和其他货币资金。作为资金运动的起点和终点，货币资金的重要性不言而喻，其主要表现出以下特点。

（一）关乎企业命脉

任何企业进行生产经营活动都必须拥有一定数额的货币资金，持有货币资金是企业生产经营活动的基本条件，关乎企业的生存与发展。只有保持健康的、正的现金流，企业才能够继续生存；如果长期出现不健康的、负的现金流，企业将会陷入财务困境，并导致市场对企业的持续经营能力产生疑虑。

（二）流动性强

货币资金是企业流动资产的重要组成部分，是企业营运能力的重要保证，是企业资产中流动性最强的一种资产。

（三）业务量大

在企业的日常生产经营活动中，货币资金的收付业务比较频繁，并且往往涉及各个交易循环，业务量大。

（四）控制较为严格

鉴于货币资金对于企业生产经营的重要意义，企业往往制定并实施比较严格的货币资金的内部控制，特别是针对库存现金和银行存款的内部控制是比较完善的。

（五）固有风险高

货币资金作为一种流通手段，是贪污、挪用等舞弊的主要对象，业务量大的特点也导致其发生错误的可能性较高，因而货币资金的固有风险水平较高。尽管有针对货币资金的比较健全的内部控制，但由于人员素质、内部控制的局限性等，货币资金领域仍然经常发生错误或舞弊。

二、货币资金与各交易循环的关系

货币资金的收付涉及企业生产经营的方方面面，因而其与各个交易循环均直接相关。

图 6-1 列示了货币资金与各个交易循环中具有代表性的会计科目或财务报表项目的资金往来关系。图 6-2 更加直观地展示了货币资金作为各个交易循环的枢纽，起到了“资金池”的作用。

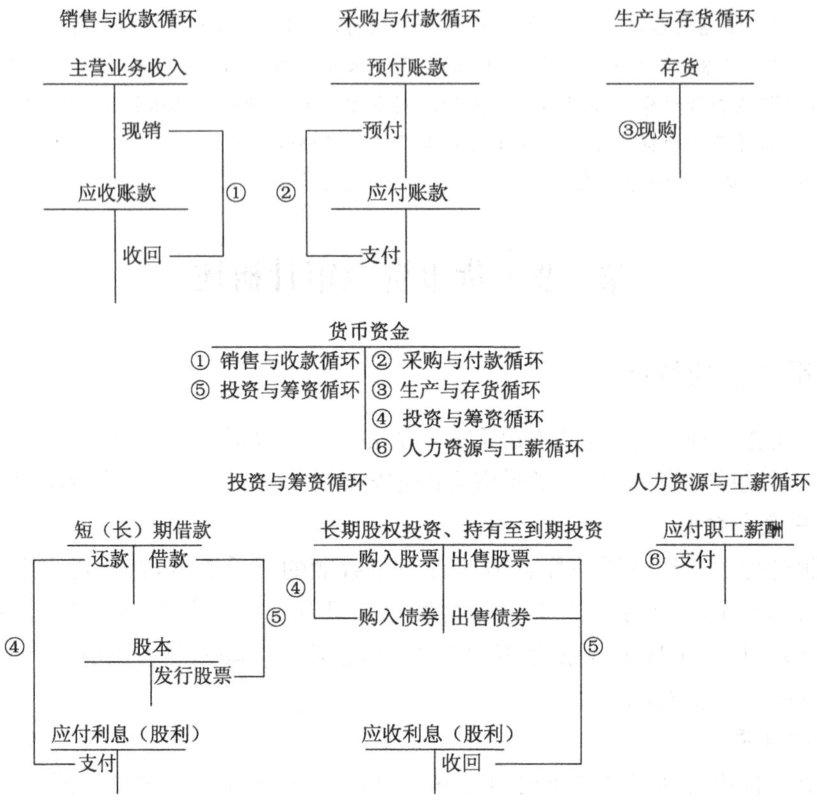

图 6-1　货币资金与交易循环的关系

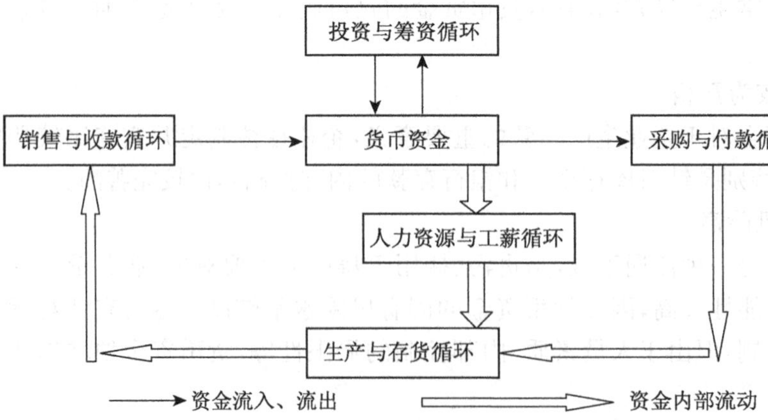

图 6-2　货币资金的“资金池”作用

三、主要凭证和会计记录

货币资金审计涉及的主要凭证和会计记录有如下几个。

(1) 库存现金盘点表。

(2) 银行对账单。

(3) 银行存款余额调节表。

(4) 有关科目的记账凭证(现金收、付款凭证,银行存款收、付款凭证等)。

(5) 有关会计账簿(现金日记账、银行存款日记账等)。

四、货币资金内部控制概述

(一) 货币资金内部控制的目标

由于货币资金关乎企业生产经营活动的正常运行,且具有流动性强、业务量大、固有风险高等特点,因而企业必须加强对货币资金的管理,建立良好的货币资金内部控制。企业货币资金内部控制一般应实现以下目标。

(1) 确保货币资金安全。

(2) 确保全部应收取的货币资金均能收取,并及时正确地予以记录。

(3) 确保全部货币资金支出是按照经批准的用途进行的,并及时正确地予以记录。

(4) 确保库存现金、银行存款报告正确,并得以恰当保管。

(5) 确保生产经营各环节资金供求的动态平衡。企业应当将资金合理安排到采购、生产、销售等各环节,做到实物流和资金流的相互协调、资金收支在数量上及在时间上相互协调。

(6) 促进资金合理循环和周转,提高资金使用效率。资金只有在不断流动的过程中才能带来价值增值,因而要努力促使资金正常周转,为短期资金寻找的适当投资机会,避免出现资金闲置和沉淀等低效现象。

(二) 货币资金内部控制的一般要求

根据货币资金存放地点及用途的不同,货币资金分为库存现金、银行存款及其他货币资金。在企业的日常生产经营活动中,三类货币资金之间的转换比较频繁,其相应的内部控制目标、内部控制措施等也大致相似。一般而言,一个良好的货币资金内部控制应该达到以下几点:①货币资金收支与记账的岗位分离;②货币资金收支要有合理、合法的凭据;③全部收支及时准确入账,并且支出要有核准手续;④控制现金坐支,当日收入现金应及时送存银行;⑤按月盘点现金,编制银行存款余额调节表,以做到账实相符;⑥加强对货币资金收支业务的内部审计。

由于每个企业的性质、所处行业、规模以及内部控制健全程度等不同,各个企业与货币资金相关的内部控制内容有所不同,但通常应当共同遵循以下要求。

1. 岗位分工及授权批准

(1) 单位应当建立货币资金业务的岗位责任制,明确相关部门和岗位的职责权限,确保办理货币资金业务的不相容岗位相互分离、制约和监督。出纳人员不得兼任稽核、会计档案保管和收入、支出、费用、债权债务账目的登记工作。单位不得由一人办理货币资金业务的全过程。

(2) 单位应当对货币资金业务建立严格的授权批准制度,明确审批人对货币资金业务的授权批准方式、权限、程序、责任和相关控制措施，规定经办人办理货币资金业务的职责范围和工作要求。审批人应当根据货币资金授权批准制度的规定，在授权范围内进行审批，不得超越审批权限。经办人应当在职责范围内，按照审批人的批准意见办理货币资金业务。对于审批人超越授权范围审批的货币资金业务，经办人员有权拒绝办理，并及时向审批人的上级授权部门报告。

（3）单位应当按照规定的程序办理货币资金支付业务：①支付申请。单位有关部门或个人用款时，应当提前向审批人提交货币资金支付申请，注明款项的用途、金额、预算、支付方式等内容，并附有效经济合同或相关证明。②支付审批。审批人根据其职责、权限和相应程序对支付申请进行审批。对不符合规定的货币资金支付申请，审批人应当拒绝批准。③支付复核。复核人应当对批准后的货币资金支付申请进行复核，复核货币资金支付申请的批准范围、权限、程序是否正确，手续及相关单证是否齐备，金额计算是否准确。支付方式、支付单位是否妥当等。复核无误后，交由出纳人员办理支付手续。④办理支付。出纳人员应当根据复核无误的支付申请，按规定办理货币资金支付手续，及时登记现金和银行存款日记账。

（4）单位对于重要货币资金支付业务，应当实行集体决策和审批，并建立责任追究制度，防范贪污、侵占、挪用货币资金等行为。

（5）严禁未经授权的机构或人员办理货币资金业务或直接接触货币资金。

同步案例 6-1

某公司出纳员张某兼管销售账目，在月结现金收入日记账和编制汇总记账凭证时，故意把现金收入合计 128 925 元列为 128 295 元，少列 630 元，使现金日记账余额减少 630 元，并将少列的 630 元据为己有。为了取得试算平衡，在月结销售收入合计时，把销售收入合计 1 635 810 元，故意列为 1 635 180 元，少列 630 元。注册会计师在审计过程中发现，该公司销售收入的合计数有误，经与原始凭证核对，终于发现该出纳员贪污了现金 630 元。

2. 现金和银行存款的管理

（1）单位应当加强现金库存限额的管理，超过库存限额的现金应及时存入银行。

（2）单位必须根据《现金管理暂行条例》的规定，结合本单位的实际情况，确定本单位现金的开支范围。不属于现金开支范围的业务应当通过银行办理转账结算。

（3）单位现金收入应当及时存入银行，不得用于直接支付单位自身的支出。因特殊情况需坐支现金的，应事先报经开户银行审查批准。单位借出款项必须执行严格的授权批准程序，严禁擅自挪用、借出货币资金。

（4）单位取得的货币资金收入必须及时入账，不得私设“小金库”，不得账外设账，严禁收款不入账。

（5）单位应当严格按照《支付结算办法》等国家有关规定，加强银行账户的管理，严格按照规定开立账户，办理存款、取款和结算。单位应当定期检查、清理银行账户的开立及使用情况，发现问题，及时处理。单位应当加强对银行结算凭证的填制、传递及保管等环节的管理与控制。

（6）单位应当严格遵守银行结算纪律，不准签发没有资金保证的票据或远期支票，套取银行信用；不准签发、取得和转让没有真实交易和债权债务的票据，套取银行和他人资金；不准无理拒绝付款，任意占用他人资金；不准违反规定开立和使用银行账户。

(7) 单位应当指定专人定期核对银行账户，每月至少核对一次，编制银行存款余额调节表，使银行存款账面余额与银行对账单调节相符。如调节不符，应查明原因，及时处理。

出纳人员一般不得同时从事银行对账单的获取、银行存款余额调节表的编制工作确需出纳人员办理上述工作的，应当指定其他人员定期进行审核、监督。

实行网上交易、电子支付等方式办理资金支付业务的企业，应当与承办银行签订网上银行操作协议，明确双方在资金安全方面的责任与义务、交易范围等。操作人员应当根据操作授权和密码进行规范操作。使用网上交易、电子支付方式的企业办理资金支付业务，不应因支付方式的改变而随意简化、变更所必需的授权审批程序。企业在严格实行网上交易、电子支付操作人员不相容岗位相互分离控制的同时，应当配备专人加强对交易和支付行为的审核。

(8) 单位应当定期和不定期地进行现金盘点，确保现金账面余额与实际库存相符。发现不符，及时查明原因，作出处理。

小资料

《人民币单位存款管理办法》规定(部分内容)

第八条　任何单位和个人不得将公款以个人名义转为储蓄存款。任何个人不得将私款以单位名义存入金融机构；任何单位不得将个人或其他单位的款项以本单位名义存入金融机构。

第十一条　存款单位支取定期存款只能以转账方式将存款转入其基本账户，不得将定期存款用于结算或从定期存款账户中提取现金。

第十二条　单位定期存款在存期内按存款存入日挂牌公告的定期存款利率计付利息，遇利息调整，不分段计算。

3. 票据及有关印章的管理

(1) 单位应当加强与货币资金相关的票据的管理，明确各种票据的购买、保管、领用、背书转让、注销等环节的职责权限和程序，并专设登记簿进行记录，防止空白票据的遗失和被盗用。

企业因填写、开具失误或者其他原因导致作废的法定票据，应当按规定予以保存，不得随意处置或销毁。对超过法定保管期限、可以销毁的票据，在履行审核手续后进行销毁，但应当建立销毁清册并由授权人员监销。

(2) 单位应当加强银行预留印鉴的管理。财务专用章应由专人保管，个人名章必须由本人或其授权人员保管。严禁一人保管支付款项所需的全部印章。

按规定需要有关负责人签字或盖章的经济业务，必须严格履行签字或盖章手续。

4. 监督检查

(1) 单位应当建立针对货币资金业务的监督检查制度，明确监督检查机构或人员的职责权限，定期和不定期地进行检查。

(2) 货币资金监督检查的内容主要包括：①货币资金业务相关岗位及人员的设置情况。重点检查是否存在货币资金业务不相容职务混岗的现象。②货币资金授权批准制度的执行情况。重点检查货币资金支出的授权批准手续是否健全，是否存在越权审批行为。③支付款项印章的保管情况。重点检查是否存在办理付款业务所需的全部印章交由一人保管的现象。④票据的保管情况。重点检查票据的购买、领用、保管手续是否健全，票据保管是否存在漏洞。

(3) 对监督检查过程中发现的货币资金内部控制中的薄弱环节，应当及时采取措施，加以纠正和完善。

(三) 货币资金内部控制的关键控制点及控制措施

财政部会计司在《企业内部控制应用指引第 6 号——资金活动》解读中指出，企业的资金营运活动大多与货币资金相关，资金营运内部控制的关键控制点主要包括以下各项。

1. 审批控制点

把收支审批点作为关键点，是为了控制资金的流入和流出，审批权限的合理划分是资金营运活动业务顺利开展的前提条件。审批活动关键点包括：制定资金的限制接近措施，经办人员进行业务活动时应该得到授权审批，任务未经授权的人员不得办理资金收支业务；使用资金的部门应提出用款申请，记载用途、金额、时间等事项；经办人员在原始凭证上签章；经办部门负责人、主管总经理和财务部门负责人审批并签章。

2. 复核控制点

复核控制点是减少错误和舞弊的重要措施。根据企业内部层级的隶属关系可以划分为纵向复核和横向复核这两种类型。前者是指上级主管对下级活动的复核；后者是指平级或无上下级关系人员的相互核对，如财务系统内部的核对。复核关键点包括：资金营运活动会计主管审查原始凭证反映的收支业务是否真实合法，经审核通过并签字盖章后才能填制记账凭证；凭证上的主管、审核、出纳和制单等印章是否齐全。

3. 收付控制点

资金的收付导致资金流入流出，反映着资金的来龙去脉。收付控制点包括：出纳人员按照审核后的原始凭证收付款，并对已完成收付的凭证加盖戳记，并登记日记账；主管会计人员及时准确地记录在相关账簿中，定期与出纳人员的日记账核对。

4. 记账控制点

资金的凭证和账簿是反映企业资金流入流出的信息源，如果记账环节出现管理漏洞，很容易导致整个会计信息处理结果失真。记账控制点包括：出纳人员根据资金收付凭证登记日记账；会计人员根据相关凭证登记有关明细分类账；主管会计登记总分类账。

5. 对账控制点

对账是账簿记录系统的最后一个环节，也是报表生成前一个环节，对保证会计信息的真实性起到重要作用。对账控制点包括账证核对、账账核对、账表核对、账实核对等。

6. 银行账户管理控制点

企业应当严格按照《支付结算办法》等国家有关规定，加强银行账户的管理，严格按规定开立账户，办理存款、取款和结算。银行账户管理的关键控制点包括银行账户的开立、使用和撤销是否有授权，下属企业或单位是否有账外账。

7. 票据与印章管理控制点

印章是明确责任、表明业务执行及完成情况的标记。印章的保管要贯彻不相容职务分离的原则，严禁将办理资金支付业务的相关印章和票据集中一人保管，印章要与空白票据分管，财务专用章要与企业法人章分管。

企业货币资金内部控制的风险控制点、控制目标与控制措施的对应关系如表 6-1 所示。

表 6-1 风险控制点、控制目标与控制措施的对应关系

风险控制点	控制目标	控制措施
审批	合法性	未经授权不得经办资金收付业务；明确不同级别管理人员的权限
复核	真实性与合法性	会计对相关凭证进行横向复核和纵向复核
收支点	收入入账完整，支出手续完备	出纳根据审核后的相关收付款原始凭证收款和付款，并加盖戳记
记账	真实性	出纳人员根据资金收付凭证登记日记账，会计人员根据相关凭证登记有关明细分类账；主管会计登记总分类账
对账	真实性和财产安全	账证核对、账表核对与账实核对
保管	财产安全与完整	授权专人保管资金；定期、不定期盘点
银行账户管理	防范小金库；加强业务管控	开设、使用与撤销的授权；是否有账外账
票据与印章管理	财产安全	票据统一印制或购买；票据由专人保管；印章与空白票据分管；财务专用章与企业法人章分管

第二节 库存现金审计

一、审计目标

库存现金是企业资产中流动性最强的一种资产。尽管其在企业资产总额中比重不大，但企业发生舞弊事件大都与现金有关，因此，注册会计师应该重视库存现金的审计。

库存现金的审计目标一般应包括以下各项（括号内为相应的财务报表认定）：

（1）确定被审计单位资产负债表的货币资金项目中的库存现金在财务报表日是否确实存在。（存在）

（2）确定被审计单位在特定期间内发生的现金收支业务是否均记录完毕，有无遗漏。（完整性）

（3）确定记录的库存现金是否为被审计单位所拥有或控制。（权利和义务）

（4）确定库存现金包括在财务报表的货币资金项目中，与之相关的计价调整已恰当记录。（准确性、计价和分摊）

（5）确定库存现金是否已按照企业会计准则的规定在财务报表中作出恰当列报。（列报）

二、库存现金内部控制的测试

(一) 库存现金内部控制的要求

由于现金是企业流动性最强的资产，加强现金管理对于保护企业资产安全完整、维护社会主义经济秩序具有重要的意义。一般而言，一个良好的现金内部控制应该达到以下几点：①现金收支与记账的岗位分离；②现金收支要有合理、合法的凭据；③全部收支及时准确入账，并且支出要有核准手续；④控制现金坐支，当日收入现金应及时送存银行；⑤按月盘点现金，以做到账实相符；⑥加强对现金收支业务的内部审计。

(二) 库存现金内部控制的测试

1. 了解现金内部控制

通常通过现金内部控制流程图来了解现金内部控制。编制现金内部控制流程图是现金控制测试的重要步骤。注册会计师在编制之前应通过询问、观察等调查手段收集必要的资料，然后根据所了解的情况编制流程图。对中小企业，也可采用编写现金内部控制说明的方法。

了解现金内部控制时，注册会计师应当注意检查库存现金内部控制的建立和执行情况，重点包括以下各项。

(1) 库存现金的收支是否按规定的程序和权限办理。

(2) 是否存在与被审计单位经营无关的款项收支情况。

(3) 出纳与会计的职责是否严格分离。

(4) 库存现金是否妥善保管，是否定期盘点、核对等。

2. 抽取一定期间的库存现金日记账与总账核对

注册会计师应抽取一定期间的库存现金日记账，检查其加总是否正确无误，库存现金日记账是否与总分类账核对相符。

3. 检查收款凭证

如果现金收款的内部控制不强，很可能会发生贪污舞弊或挪用等情况。例如，在一个小企业中，出纳员同时负责登记应收账款明细账，很可能发生循环挪用贷款的情况。为测试现金收款的内部控制，注册会计师应按现金的收款凭证分类，选取适当的样本量，作如下的检查。

(1) 核对现金日记账的收入金额是否正确。

(2) 核对现金收款凭证与应收账款明细账的有关记录是否相符。

(3) 核对实收金额与销货发票是否一致等。

4. 检查付款凭证

为测试现金付款的内部控制，注册会计师应按照现金付款凭证分类，选取适当的样本量，作如下检查：

(1) 检查付款的授权批准手续是否符合规定。

(2) 核对现金日记账的付出金额是否正确。

(3) 核对现金付款凭证与应付账款明细账的记录是否一致。

（4）核对实付金额与购货发票是否相符等。

5. 检查外币现金的折算方法是否符合有关规定，是否与上年度一致

对于有外币现金的被审计单位，注册会计师应检查外币库存现金日记账及“财务费用”“在建工程”等账户的记录，确定企业有关外币现金的增减变动是否采用交易发生日的即期汇率，将外币金额折算为记账本位币金额，或者采用按照系统合理的方法确定的、与交易发生日即期汇率近似的汇率折算为记账本位币，选择采用汇率的方法前后各期是否一致；检查企业的外币现金的期末余额是否采用期末即期汇率折算为记账本位币金额；折算差额的会计处理是否正确。

6. 检查现金盘点

对于被审计单位的现金盘点程序，注册会计师应观察是否按照盘点计划的指令和程序执行；检查被审计单位是否编制了现金盘点表，是否根据内部控制的要求经由财务部相关人员签字复核；此外，针对调节差异金额超过 2 万元的调节项，注册会计师应检查是否经财务经理批准后进行财务处理。

7. 评价库存现金的内部控制

注册会计师在完成上述程序之后，即可对库存现金的内部控制进行评价。评价时，注册会计师应首先确定库存现金内部控制可信赖的程度以及存在的薄弱环节和缺点，然后据以确定在库存现金实质性程序中对哪些环节可以适当减少审计程序，哪些环节应增加审计程序并作重点检查，以减少审计风险。

三、库存现金的实质性程序

库存现金是财务报表审计的重要项目，因而无论有关库存现金的内部控制是否有效，注册会计师均应对库存现金实施实质性程序，以实现相应审计目标。表6-2列示了有关库存现金的认定—审计目标—可供选择的审计程序之间的内在关系。

表 6-2 **库存现金实质性程序**

被审计单位：________ 项目：库存现金 编制：王林 日期：2×21.01.09	索引号：________ 财务报表截止日/期间：2×20.12.31 复核：张月 日期：2×21.02.02

（一）审计目标与认定对应关系表

审计目标	财务报表认定					
	存在	完整性	权利和义务	准确性、计价和分摊	分类	列报
A. 资产负债表中记录的货币资金是存在的	√					
B. 应当记录的货币资金均已记录，相关披露均已包括		√				

（续表）

审计目标	财务报表认定					
	存在	完整性	权利和义务	准确性、计价和分摊	分类	列报
C. 记录的货币资金由被审计单位拥有或控制			√			
D. 货币资金以恰当的金额包括在财务报表中，与之相关的计价或分摊调整已恰当记录，相关披露已得到恰当计量和描述				√		
E. 货币资金已记录于恰当的账户					√	
F. 货币资金已被恰当地汇总或分解且表述清楚，相关披露在适用的财务报告编制基础下是相关的、可理解的						√

（二）审计目标与审计程序对应关系表

审计目标	可供选择的审计程序
D	1. 核对库存现金日记账和总账的余额是否相符，检查非记账本位币的库存现金的折算汇率及折算金额是否正确
ABCD	2. 监盘库存现金
ABD	3. 抽查大额库存现金收支
F	4. 检查库存现金是否在财务报表中作出恰当列报

库存现金的实质性程序一般包括以下各项。

（一）核对现金日记账与总账的余额是否相符，检查非记账本位币库存现金的折算汇率及折算金额是否正确

注册会计师测试现金余额的起点，是核对库存现金日记账与总账的余额是否相符。如果不相符，应查明原因，并作出适当调整。

（二）监盘库存现金

对被审计单位现金盘点实施的监盘程序是用作控制测试还是实质性程序，取决于注册会计师对风险评估结果、审计方案和实施的特定程序的判断。如果注册会计师可能基于风险评估的结果判断无须对现金盘点实施控制测试，仅实施实质性程序。

企业盘点库存现金，通常包括对已收到但未存入银行的现金、零用金、找换金等的盘点。盘点库存现金的时间和人员应视被审计单位的具体情况而定，但现金出纳员和被审计单位会计主管人员必须参加，并由注册会计师进行监盘。监盘库存现金的步骤与方法主要有：

（1）查看被审计单位制定的盘点计划，以确定监盘时间。对库存现金的监盘最好实施突击性的检查，时间最好选择在上午上班前或下午下班时，监盘范围一般包括被审计单位各部门经管的所有现金。

(2) 查阅库存现金日记账并同时与现金收付凭证相核对。一方面检查库存现金日记账的记录与凭证的内容和金额是否相符;另一方面了解凭证日期与库存现金日记账日期是否相符或接近。

(3) 检查被审计单位现金实存数,并将该监盘金额与库存现金日记账余额进行核对,如有差异,应要求被审计单位查明原因,必要时应提请被审计单位作出调整;如无法查明原因,应要求被审计单位按管理权限批准后作出调整。若有冲抵库存现金的借条、未提现支票、未作报销的原始凭证,应在"库存现金监盘表"中注明,必要时应提请被审计单位作出调整。

(4) 在非资产负债表日进行监盘时,应将监盘金额调整至资产负债表日的金额,并对变动情况实施程序。

(三) 抽查大额库存现金收支

检查大额库存现金收支的原始凭证是否齐全、原始凭证内容是否完整、有无授权批准、记账凭证与原始凭证是否相符、账务处理是否正确、是否记录于恰当的会计期间等项内容。

(四) 检查库存现金是否在资产负债表上恰当列报

根据有关规定,库存现金在资产负债表的"货币资金"项目中反映,注册会计师应在实施上述审计程序后,确定"库存现金"账户的期末余额是否恰当,进而确定库存现金是否在资产负债表上恰当披露。

表 6-3 **库存现金监盘表**①

被审计单位:南方工业有限公司　　索引号: G1-4

项目: 库存现金监盘表　　财务报表截止日/期间: 2×18.12.31

编制: 王胜　　复核: 张雷

日期: 2×19.2.18　　日期: 2×19.3.1

检查盘点记录					实有库存现金盘点记录						
项目	项次	人民币	美元	某外币	面额(元)	人民币		美元		某外币	
上一日账面库存余额	①	6 947.0			1 000	张	金额	张	金额	张	金额
盘点日未记账传票收入金额	②	2 400.0			500						
盘点日未记账传票支出金额	③	1 898.0									
盘点日账面应有金额	④=①+②−③=2−3	7 449.0			100	70	7 000.0				
盘点实有库存现金数额	⑤	7 449.0			50	8	400				

① 王敏、李世辉、刘爱明:《注册会计师财务报表审计实务》,中南大学出版社 2010 年版。

（续表）

检查盘点记录						实有库存现金盘点记录						
项目		项次	人民币	美元	某外币	面额(元)	人民币		美元		某外币	
盘点日应有与实有差异		⑥=④-⑤				10	4	40.0				
差异原因分析	白条抵库(张)					5	1	50.0				
						2	2	4.0				
						1						
						0.5						
						0.2						
						0.1						
						合计		7 449.0				
追溯调整	报表日至审计日库存现金付出总额		273 472.0									
	报表日至审计日库存现金收入总额		272 023.0									
	报表日库存现金应有余额		8 898.0									
	报表日账面汇率											
	报表日余额折合本位币金额											
本位币合计												

出纳员：戴欢　　会计主管人员：黄兰　　监盘人：王胜　　检查日期：2×19.2.18

审计说明：库存现金盘点在未提前通知的情况下，与2×19年2月18日进行，盘点结果账实相符。

同步思考6-1

有关库存现金的舞弊主要有哪些类型？如何防止（或发现）这些舞弊？

第三节　银行存款审计

一、审计目标

银行存款是指企业存放在银行或其他金融机构的各种款项。按照国家有关规定，凡是独立核算的企业都必须在当地银行开设账户。企业在银行开设账户以后，除按核定的限额保留库存现金外，超过限额的库存现金必须存入银行；除了在规定的范围内可以用库存现金直接支付的款项外，在经营过程中所发生的一切货币收支业务，都必须通过银行存款账户进行结算。

银行存款的审计目标一般应包括以下各项（括号内为相应的财务报表认定）：

（1）确定被审计单位资产负债表的货币资金项目中的银行存款在财务报表日是否确实存在。（存在）

（2）确定被审计单位在特定期间内发生的银行存款收支业务是否均记录完毕，有无遗漏。（完整性）

（3）确定记录的银行存款是否为被审计单位所拥有或控制。（权利和义务）

（4）确定银行存款以恰当的金额包括在财务报表的货币资金项目中，与之相关的计价调整已恰当记录。（准确性、计价和分摊）

（5）确定银行存款是否已按照企业会计准则的规定在财务报表中作出恰当列报。（列报）

二、银行存款内部控制测试

（一）银行存款内部控制测试的要求

一般而言，一个良好的银行存款的内部控制应当达到以下几点：

（1）银行存款收支与记账的岗位分离。

（2）银行存款收支要有合理、合法的凭据。

（3）全部收支及时准确入账，并且支出要有核准手续。

（4）按月编制银行存款余额调节表，以做到账实相符。

（5）加强对银行存款收支业务的内部审计。

按照我国现金管理的有关规定，超过规定限额以上的现金支出一律使用支票。因此，企业应建立相应的支票申领制度，明确申领范围、申领批准及支票签发、支票报销等。

对于支票报销和现金报销，企业应建立报销制度。报销人员报销时应当有正常的报批手续、适当的付款凭据，有关采购支出还应具有验收手续。会计部门应对报销单据加以审核，出纳员见到加盖核准戳记的支出凭据后方可付款。

付款记录应及时登记入账，相关凭证应按顺序或内容编制会计记录的附件。

（二）银行存款的控制测试

1. 了解银行存款的内部控制

注册会计师对银行存款内部控制的了解一般与了解库存现金的内部控制同时进行。注册会计师应当注意的内容包括以下各项。

（1）银行存款的收支是否按规定的程序和权限办理。

（2）银行账户是否存在与本单位经营无关的款项收支情况。

（3）是否存在出租、出借银行账户的情况。

（4）出纳与会计的职责是否严格分离。

（5）是否定期取得银行对账单并编制银行存款余额调节表等。

2. 抽取一定期间的银行存款日记账与总账核对

注册会计师应抽取一定期间的银行存款日记账，检查其有无计算错误，并与银行存款总分类账核对。

3. 检查银行存款收款凭证

注册会计师应选取适当的样本量，作如下几项检查。

(1) 核对收款凭证与存入银行账户的日期和金额是否相符。

(2) 核对银行存款日记账的收入金额是否正确。

(3) 核对收款凭证与银行对账单是否相符。

(4) 核对收款凭证与应收账款明细账的有关记录是否相符。

(5) 核对实收金额与销货发票是否一致等。

4. 检查银行存款付款凭证

为测试银行存款付款内部控制，注册会计师应选取适当的样本量，作如下几项检查。

(1) 检查付款的授权批准手续是否符合规定。

(2) 核对银行存款日记账的付出金额是否正确。

(3) 核对付款凭证与银行对账单是否相符。

(4) 核对付款凭证与应付账款明细账的记录是否一致。

(5) 核对实付金额与购货发票是否相符等。

5. 抽取一定期间银行存款余额调节表，查验其是否按月正确编制并经复核

为证实银行存款记录的正确性，注册会计师必须抽取一定期间的银行存款余额调节表，将其同银行对账单、银行存款日记账及总账进行核对，确定被审计单位是否按月正确编制并复核银行存款余额调节表。

6. 检查外币银行存款的折算方法是否符合有关规定，是否与上年度一致

对于有外币银行存款的被审计单位，注册会计师应检查外币银行存款日记账及“财务费用”“在建工程”等账户的记录，确定有关外币银行存款的增减变动是否采用交易发生日的即期汇率将外币金额折算为记账本位币金额，或者采用按照系统合理的方法确定的、与交易发生日即期汇率近似的汇率折算为记账本位币，选择采用汇率的方法前后各期是否一致；检查企业的外币银行存款的余额是否采用期末即期汇率折算为记账本位币金额；折算差额的会计处理是否正确。

7. 评价银行存款的内部控制

注册会计师在完成上述程序之后，即可对银行存款的内部控制进行评价。评价时，注册会计师应首先确定银行存款内部控制可信赖的程度以及存在的薄弱环节和缺点，然后据以确定在银行存款实质性程序中对哪些环节可以适当减少审计程序，哪些环节应增加审计程序并作重点检查，以减少审计风险。

三、银行存款的实质性程序

银行存款是财务报表审计的重要项目，因而无论有关银行存款的内部控制是否有效，注册会计师均应对银行存款实施实质性程序，以实现相应审计目标。

银行存款审计的实质性程序一般包括如下几项。

(一) 核对银行存款日记账与总账的余额是否相符

注册会计师测试银行存款余额的起点，是核对银行存款日记账与总账的余额是否相符。

如果不相符，应查明原因，并考虑是否应建议作出适当调整。

如果对被审计单位银行账户的完整性存有疑虑，例如，当被审计单位可能存在账外账或资金体外循环时，注册会计师可以考虑额外实施以下实质性程序：

(1) 注册会计师亲自到中国人民银行或基本存款账户开户行查询并打印《已开立银行结算账户清单》，以确认被审计单位账面记录的银行人民币结算账户是否完整。

(2) 结合其他相关细节测试，关注原始单据中被审计单位的收(付)款银行账户是否包含在注册会计师已获取的开立银行账户清单内。

(二) 实施实质性分析程序

计算银行存款累计余额应收利息收入，分析比较被审计单位银行存款应收利息收入与实际利息收入的差异是否恰当，评估利息收入的合理性，检查是否存在高息资金拆借，确认银行存款余额是否存在，利息收入是否已经完整记录。

(三) 检查银行存款账户发生额

注册会计师还可以考虑对银行存款账户的发生额实施以下程序：

(1) 分析不同账户发生银行日记账漏记银行交易的可能性，获取相关账户相关期间的全部银行对账单。

(2) 如果对被审计单位银行对账单的真实性存有疑虑，注册会计师可以在被审计单位的协助下亲自到银行获取银行对账单。在获取银行对账单时，注册会计师要全程关注银行对账单的打印过程。

(3) 从银行对账单中选取交易的样本与被审计单位银行日记账记录进行核对；从被审计单位银行存款日记账上选取样本，核对至银行对账单。

(4) 浏览银行对账单，选取大额异常交易，如银行对账单上有一收一付相同金额，或分次转出相同金额等，检查被审计单位银行存款日记账上有无该项收付金额记录。

同步案例 6-2

审计人员在审计新欣公司银行存款时，发现该公司 20×5 年 12 月 31 日银行存款日记账账面余额为 3 185 000 元，银行对账单余额为 3 183 000 元。审计人员将银行存款日记账和银行对账单主笔核对后，发现下列情况。

(1) 12 月 2 日公司账上开出＃134905 转账支票 1 张，金额为 3 200 元，银行对账单上无此记录。

(2) 12 月 8 日银行对账单上收到外地汇款 30 000 元，该公司日记账无此记录。

(3) 12 月 14 日银行付出 1 800 元，经查系采购员不慎遗失的＃134896 空白转账支票，被人冒用。

(4) 12 月 16 日银行付出 29 000 元，该公司日记账无此记录。

(5) 12 月 21 日银行付出现金 1 600 元，该公司日记账无此记录。

(6) 12 月 31 日公司银行存款日记账显示存入银行转账支票一张，计 2 800 元，银行对账单上无此记录。

(四) 取得并检查银行对账单和银行存款余额调节表

取得并检查银行对账单和银行存款余额调节表是证实资产负债表中所列银行存款是否存在的重要程序。银行存款余额调节表通常应由被审计单位根据不同的银行账户及货币种类分别编制。具体测试程序通常包括：

（1）取得并检查银行对账单。

① 取得被审计单位加盖银行印章的银行对账单，注册会计师应对银行对账单的真实性保持警觉，必要时，亲自到银行获取对账单，并对获取过程保持控制。

② 将获取的银行对账单余额与银行日记账余额进行核对，如存在差异，获取银行存款余额调节表；

③ 将被审计单位资产负债表日的银行对账单与银行询证函回函核对，确认是否一致。

（2）取得并检查银行存款余额调节表。

① 检查调节表中加计数是否正确，调节后银行存款日记账余额与银行对账单余额是否一致。

② 检查调节事项。对于企业已收付、银行尚未入账的事项，检查相关收付款凭证，并取得期后银行对账单，确认未达账项是否存在，银行是否已于期后入账；对于银行已收付、企业尚未入账的事项，检查期后企业入账的收付款凭证，确认未达账项是否存在，如果企业的银行存款余额调节表存在大额或较长时间的未达账项，注册会计师应查明原因并确定是否需要提请被审计单位进行调整。

③ 关注长期未达账项，查看是否存在挪用资金等事项。

④ 特别关注银付企未付、企付银未付中支付异常的领款事项，包括没有载明收款人、签字不全等支付事项，确认是否存在舞弊。

（五）函证银行存款余额，编制银行函证结果汇总表，检查银行回函

应注意：

银行函证程序是证实资产负债表所列银行存款是否存在的重要程序。通过向银行函证，不仅可了解资产的存在，还可了解账面反映所欠银行债务的情况，并有助于发现企业未入账的银行借款和未披露的或有负债。

注册会计师应当对银行存款（包括零余额账户和在本期内注销的账户）、借款及与金融机构往来的其他重要信息实施函证程序，除非有充分证据表明某一银行存款、借款及与金融机构往来的其他重要信息对财务报表不重要且与之相关的重大错报风险很低。如果不对这些项目实施函证程序，注册会计师应当在审计工作底稿中说明理由。

当实施函证程序时，注册会计师应当对询证函保持控制，当函证信息与银行回函结果不符时，注册会计师应当调查不符事项，以确定是否表明存在错报。

在实施银行函证时，注册会计师需要以被审计单位名义向银行发函询证，以验证被审计单位的银行存款是否真实、合法、完整。根据《关于进一步规范银行函证及回函工作的通知》（财会〔2016〕13 号）（以下简称《通知》），各银行应对询证函列示的全部项目作出回应，并在收到询证函之日起 10 个工作日内，将回函直接寄往会计师事务所。通知中给出的银行询证函格式（通用格式）如下。

审计业务银行询证函（通用格式）

编号：

××（银行）：

本公司聘请的××会计师事务所正在对本公司年度（或期间）的财务报表进行审计，按照中国注册会计师审计准则的要求，应当询证本公司与贵行相关的信息。下列第 1～14 项信息出自本公司的记录：

（1）如与贵行记录相符，请在本函“结论”部分签字、签章；

（2）如有不符，请在本函“结论”部分列明不符项目及具体内容，并签字和签章。

本公司谨授权贵行将回函直接寄至××会计师事务所，地址及联系方式如下：

回函地址：

联系人：　　　　电话：　　　　传真：　　　　邮编：

电子邮箱：

本公司谨授权贵行可从本公司××账户支取办理本询证函回函服务的费用。

截至年月日，本公司与贵行相关的信息列示如下：

1. 银行存款

除上述列示的银行存款外，本公司并无在贵行的其他存款。

账户名称	银行账号	币种	利率	账户类型	余额	起止日期	是否用于担保或存在其他使用限制	备注

注：“起止日期”一栏仅适用于定期存款，如为活期或保证金存款，可只填写“活期”或“保证金”字样；“账户类型”列明账户性质，如基本户、一般户等。

2. 银行借款

除上述列示的银行借款外，本公司并无自贵行的其他借款。

注：如存在本金或利息逾期未付行为，在“备注”栏中予以说明。

借款人名称	银行账号	币种	余额	借款日期	到期日期	利率	抵(质)押品/担保人	备注

3. 自　年　月　日起至年月日期间内注销的账户

除上述列示的注销账户外，本公司在此期间并未在贵行注销其他账户。

账户名称	银行账号	币种	注销账户日

4. 本公司作为贷款方的委托贷款

账户名称	银行账号	资金借入方	币种	利率	余额	贷款起止日期	备注

除上述列示的委托贷款外，本公司并无通过贵行办理的其他委托贷款。

注：如资金借入方存在本金或利息逾期未付行为，在“备注”栏中予以说明。

5. 本公司作为借款方的委托贷款

账户名称	银行账号	资金借出方	币种	利率	余额	贷款起止日期	备注

除上述列示的委托贷款外，本公司并无通过贵行办理的其他委托贷款。

注：如存在本金或利息逾期未付行为，在“备注”栏中予以说明。

6. 担保（包括保函）

（1）本公司为其他单位提供的、以贵行为担保受益人的担保

被担保人	担保方式	担保余额	担保到期日	担保合同编号	备注

除上述列示的担保外，本公司并无其他以贵行为担保受益人的担保。

注：如采用抵押或质押方式提供担保的，应在“备注”栏中说明抵押或质押物情况；如被担保方存在本金或利息逾期未付行为，在“备注”栏中予以说明。

（2）贵行向本公司提供的担保

被担保人	担保方式	担保金额	担保到期日	担保合同编号	备注

除上述列示的担保外，本公司并无贵行提供的其他担保。

7. 本公司为出票人且由贵行承兑而尚未支付的银行承兑汇票

银行承兑汇票号码	承兑银行名称	结算账户账号	票面金额	出票日	到期日

除上述列示的银行承兑汇票外，本公司并无由贵行承兑而尚未支付的其他银行承兑汇票。

8. 本公司向贵行已贴现而尚未到期的商业汇票

商业汇票号码	付款人名称	承兑人名称	票面金额	出票日	到期日	贴现日	贴现率	贴现净额

除上述列示的商业汇票外，本公司并无向贵行已贴现而尚未到期的其他商业汇票。

9. 本公司为持票人且由贵行托收的商业汇票

商业汇票号码	承兑人名称	票面金额	出票日	到期日

除上述列示的商业汇票外，本公司并无由贵行托收的其他商业汇票。

10. 本公司为申请人、由贵行开具的、未履行完毕的不可撤销信用证

信用证号码	受益人	信用证金额	到期日	未使用金额

除上述列示的不可撤销信用证外，本公司并无由贵行开具的、未履行完毕的其他不可撤销信用证。

11. 本公司与贵行之间未履行完毕的外汇买卖合约

类别	合约号码	买卖币种	未履行的合约买卖金额	汇率	交收日期
贵行卖予本公司					
本公司卖予贵行					

除上述列示的外汇买卖合约外，本公司并无与贵行之间未履行完毕的其他外汇买卖合约。

12. 本公司存放于贵行托管的有价证券或其他产权文件

除上述列示的有价证券或其他产权文件外，本公司并无存放于贵行托管的其他有价证券或其他产权文件。

有价证券或其他产权文件名称	产权文件编号	数量	金额

13. 本公司购买的由贵行发行的未到期银行理财产品

产品名称	产品类型	认购金额	购买日	到期日	币种

除上述列示的银行理财产品外，本公司并无购买其他由贵行发行的理财产品。

14. 其他

注：此项应填列注册会计师认为重大且应予函证的其他事项，

如欠银行的其他负债或者或有负债、除外汇买卖外的其他衍生交易、贵金属交易等。

（预留印鉴）

年　月　日

经办人：

职务：

电话：

结论：

经本行核对，所函项目与本行记载信息相符。特此函复。 年　月　日 经办人：　职务：　电话： 复核人：　职务：　电话： （银行盖章） 经本行核对，存在以下不符之处。 年　月　日 经办人：　职务：　电话： 复核人：　职务：　电话： （银行盖章）

（六）检查银行存款账户存款人是否为被审计单位

检查银行存款账户存款人是否为被审计单位，若存款人非被审计单位，应获取该账户户主和被审计单位的书面声明，确认财务报表日是否需要调整。

（七）关注是否存在质押、冻结等对变现有限制或存在境外的款项

如果存在，是否已提请被审计单位作必要的调整和披露。

（八）关注是否存在不符合现金及现金等价物的银行存款

对不符合现金及现金等价物条件的银行存款在审计工作底稿中予以列明，以考虑对现金流量表的影响。

（九）抽查大额银行存款收支的原始凭证

抽查大额银行存款收支的原始凭证，检查原始凭证是否齐全、记账凭证与原始凭证是否相符、账务处理是否正确、是否记录于恰当的会计期间等项内容。

检查是否存在非营业目的的大额货币资金转移，并核对相关账户的进账情况；如有与被审计单位生产经营无关的收支事项，应查明原因并作相应的记录。

（十）检查银行存款收支的截止是否正确

选取资产负债表日前后若干张、一定金额以上的凭证实施截止测试，关注业务内容及对应项目，如有跨期收支事项，应考虑是否提请被审计单位进行调整。

（十一）检查银行存款是否在财务报表中作出恰当列报

根据有关规定，企业的银行存款在资产负债表的“货币资金”项目中反映，所以，注册会计师应在实施上述审计程序后，确定银行存款账户的期末余额是否恰当，进而确定银行存款是否在资产负债表中恰当披露。此外，如果企业的银行存款存在抵押、冻结等使用限制情况或者潜在回收风险，注册会计师应关注企业是否已经恰当披露有关情况。

同步思考 6-2

A注册会计师负责嘉禾公司2×19年度的财务报表的外勤审计工作。在审计货币资金项目时，A注册会计师发现嘉禾公司在总部和分店均设有出纳部门，为了保证库存现金监盘的顺利进行，A注册会计师在监盘前一天通知嘉禾公司会计主管人员，让其做好监盘的准备。考虑到出纳日常的工作安排，对总部和分店库存现金的监盘时间分别定在上午十点和下午十四点。监盘时，由于会计主管临时有急事，监盘由其助理人员代为执行。出纳把现金放入保险柜，并将已办妥现金收付手续的交易登入库存现金日记账，结出库存现金日记账余额。然后，A注册会计师当场盘点库存现金，在与库存现金日记账核对后填写"库存现金盘点表"，并在签字后形成审计工作底稿。请指出上述库存现金盘点工作中存在哪些不当之处，并提出改进建议。

本 章 小 结

■ 本章内容结构图

- 货币资金的审计
  - 货币资金审计概述
    - 货币资金的特点
      - 关乎企业命脉
      - 流动性强
      - 业务量大
      - 控制较为严格
      - 固有风险高
    - 货币资金与各交易循环的关系
    - 主要凭证和会计记录
    - 货币资金内部控制概述
      - 货币资金内部控制的目标
      - 货币资金内部控制的一般要求
      - 货币资金内部控制的关键控制点及控制措施
  - 库存现金审计
    - 审计目标
    - 库存现金内部控制的测试
      - 库存现金内部控制的要求
      - 库存现金内部控制的测试
    - 库存现金的实质性程序
  - 银行存款审计
    - 审计目标
    - 银行存款内部控制测试
      - 银行存款内部控制测试的要求
      - 银行存款的控制测试
    - 银行存款的实质性程序

■ 重要的名词术语

货币资金：是指企业生产经营过程中处于货币形态的那部分资金，按其形态和用途不同可分为库存现金、银行存款和其他货币资金。

库存现金监盘：是指必须有现金出纳员和会计主管人员参加，并由注册会计师进行监督的对被审计单位库存现金的盘点，是证实资产负债表中所列库存现金是否存在的一项重要程序。

银行存款余额调节表：是指在银行对账单余额与企业账面余额的基础上，各自加上对方已收、本单位未收账项数额，减去对方已付、本单位未付账项数额，以调整双方余额使其一致的一种调节方法。

银行存款函证：是指注册会计师在执行审计业务过程中，以被审计单位名义向银行等有关单位发函询证，以验证被审计单位的银行存款是否真实、合法、完整。

思考与练习

一、思考题

1. 货币资金有哪些重要的特点？
2. 货币资金与各个交易循环之间是什么关系？
3. 货币资金涉及哪些主要凭证和会计记录？
4. 货币资金内部控制的主要目标包括哪些？
5. 简述货币资金内部控制的一般要求。
6. 简述货币资金内部控制的主要控制点及相应的控制措施。
7. 简述库存现金监盘的主要步骤和方法。
8. 简述银行存款审计中控制测试的主要步骤。

二、选择题

1. 货币资金内部控制的以下关键控制环节中，存在重大缺陷的是（　　）。

A. 财务专用章由专人保管，个人人名章由本人或其授权人员保管

B. 对重要货币资金支付业务，实行集体决策

C. 现金收入及时存入银行，特殊情况下，经主管领导审查批准方可坐支现金

D. 指定专人定期核对银行账户，每月核对一次，编制银行存款余额调节表，使银行存款账面余额与银行对账单调节相符

2. 注册会计师实施的下列各项审计程序中，能够证实银行存款是否存在的有（　　）。

A. 分析定期存款占银行存款的比例

B. 检查银行存款余额调节表

C. 函证银行存款余额

D. 检查银行存款收支的正确截止

3. 在进行年度会计报表审计时，为了证实被审计单位在临近12月31日签发的支票未给予入账，注册会计师实施的最有效审计程序是（　　）。

A. 审查12月31日的银行存款余额调节表

B. 函证12月31日的银行存款余额

C. 审查12月31日的银行对账单

D. 审查12月份的支票存根

4. 针对与货币资金相关的内部控制，注册会计师应提出改进建议的有（　　）。

A. 现金收入必须及时存入银行，不得直接用于公司的支出

B. 在办理费用报销的付款手续后，出纳员应及时登记现金、银行存款日记账和相关费用明细账

C. 指定负责成本核算的会计人员每月核对一次银行存款账户

D. 期末应当核对银行存款日记账余额和银行对账单余额。对余额核对相符的银行存款账户，无须编制银行存款余额调节表

5. 下列与现金业务有关的职责可以不分离的是(　　)。

A. 现金支付的审批与执行

B. 现金保管与现金日记账的记录

C. 现金的会计记录与审计监督

D. 现金保管与现金总分类账的记录

6. 盘点库存现金，不能实现的审计目标是(　　)。

A. 确定现金在财务报表日是否确实存在，是否为被审计单位所有

B. 确定在特定期间内发生的现金收支业务是否均已记录完毕

C. 确定现金的余额是否正确

D. 确定现金在报表上的列报是否恰当

三、案例讨论题

1. 注册会计师对某公司现金内部控制状况进行调查，发现以下情况。

(1) 出纳员负责现金收付、收取、保管和开具银行支票，保管法人代表印鉴，开具销售发票，登记库存现金和银行存款日记账，不定期盘点库存现金，每年编制一次银行存款余额调节表(不论收到几张对账单)，3 天去一次银行存取现金，并收取银行账单。

(2) 3 名会计员分别登记库存现金、银行存款总账及收入、费用总账和明细账，但不了解银行存款未达账项，也不作任何账务处理。

(3) 副总经理以上领导及批准的特殊人员，可以根据需要到出纳处开取印章齐全的空白支票，供用款之需。

(4) 出差人员可以到出纳处预支差旅费，填写特地印刷的借条，经副总经理以上领导批准后付款，出差人员回来报销后收回借条销毁。

要求：指出上述内部控制存在的问题，并提出相应的改进建议。

2. 注册会计师在对某厂进行审计时，发现以下情况。

(1) 审核该厂提供的银行存款余额调节表时，发现未达账项“银行已收企业未收”中 1 200 万元；“银行已付企业未付”中 1 500 万元；“企业已收银行未收”中1 300万元；“企业已付银行未付”中 1 400 万元的发生时间有相当部分账龄在 3～5 年。

(2) 追查审阅“银行对账单”时，发现银行对账单其中有两份的户名分别为 A 单位和 B 单位。经询问该厂有关财务人员，据称为回避银行扣款，而将款项以 A，B 两单位的名义开立账户记载收支事项。

(3) 审阅不同存款账户明细账时，发现工商银行 3890016 账户银行存款余额为负数。

要求：如果你是注册会计师，你如何看待上述事项？

第七章　对舞弊和法律法规的考虑

本章要点

- 理解舞弊的含义和种类
- 理解管理层、治理层与注册会计师对防止和发现舞弊的责任
- 掌握识别和评估舞弊风险的审计程序以及应对舞弊风险的措施
- 理解两类不同的法律法规
- 理解管理层和注册会计师对遵守法律法规的责任
- 掌握识别违反法律法规时实施的审计程序
- 了解对识别出或怀疑存在违反法律法规行为的报告

适用的准则和规范

- 《中国注册会计师审计准则第 1411 号——财务报表审计中与舞弊相关的责任》
- 《中国注册会计师审计准则第 1142 号——财务报表审计中对法律法规的考虑》

引例　奥林巴斯财务丑闻案

2011 年 11 月，日本医用设备及数码相机制造商奥林巴斯发布公告，承认连续 13 年隐瞒投资亏损高达 13 亿美元，成为日本历史上最大的公司财务丑闻案。奥林巴斯总裁高山修一正式承认，该公司用了超过 10 亿美元，来掩盖 20 世纪 90 年代的投资失利引发的财务损失，并且长期隐瞒公司的投资亏损，高管更是利用连续的多宗收购来清理账目，共同对外隐瞒。在奥林巴斯会计舞弊一案中，毕马威和安永并没有发挥应有的职责，巨额的投资亏损、一系列的企业并购以及高额的咨询费理应引起审计人员的职业关注，但负责审计的毕马威和安永会计师事务所并没有对这些行为作出进一步的测试和查证，其疏忽责任显而易见①。

第一节　财务报表审计中与舞弊相关的责任

一、舞弊的含义和种类

（一）舞弊的含义

舞弊是指被审计单位的管理层、治理层、员工或第三方使用欺骗手段获取不当或非法利

① 赵兴富：《奥林巴斯会计舞弊案例的相关启示》，《中国证券期货》，2012 年第 4 期。

益的故意行为。舞弊是现代经济社会的一个“毒瘤”，其发生比较普遍。据美国注册舞弊调查师联合会2002年的一份研究报告估计，美国每年因舞弊导致的损失达6 000亿美元，占企业营业收入的6%，尚不包括因公司财务报告舞弊导致的投资者损失。例如，2001年安然公司财务报告造假曝光后，其股票价格狂跌，投资者损失约900亿美元。2019年二季度至四季度，瑞幸咖啡虚构交易22亿元，导致一个交易日内股价暴跌85%，市值蒸发近50亿美元。

（二）舞弊的种类

舞弊是一个宽泛的法律概念，但在财务报表审计中，注册会计师关注的是导致财务报表发生重大错报的舞弊。与财务报表审计相关的故意错报，包括编制虚假财务报告导致的错报和侵占资产导致的错报。

1. 编制虚假财务报告导致的错报

编制虚假财务报告涉及为欺骗财务报表使用者而作出的故意错报（包括对财务报表金额或披露的遗漏）。这可能是由于管理层通过操纵利润来影响财务报表使用者对被审计单位业绩和盈利能力的看法而造成的。此类利润操纵可能从一些小的行为，或对假设的不恰当调整和对管理层判断的不恰当改变开始。压力和动机可能使这些行为上升到编制虚假财务报告的程度。由于承受迎合市场预期的压力或追求以业绩为基础的个人报酬最大化，管理层可能故意通过编制存在重大错报的财务报表而导致虚假财务报告。美国的安然、世通（Worldcom）以及我国的琼民源、银广夏、红光实业等舞弊案件都属于这一种类。在某些被审计单位，管理层可能有动机大幅降低利润以降低税负，或虚增利润以向银行融资。

小资料

1996年12月，以生产珠宝、玉器为主业的西安达尔曼实业股份有限公司在上海证券交易所上市，是当时陕西第一家民营上市公司，享有“中华珠宝第一股”的美誉。2004年4月，有新闻曝出达尔曼2003年年报有重大问题。随后，达尔曼董事长卷款出逃。经查，达尔曼“通关”上市，虚增销售收入，造假8年，为了做到天衣无缝，该公司不惜以高额税负作为代价，比如每一笔完成的交易都按章缴纳增值税，形成的利润也正常缴纳所得税。

管理层可能通过以下方式编制虚假财务报告：

（1）对编制财务报表所依据的会计记录或支持性文件进行操纵、弄虚作假（包括伪造）篡改。

（2）在财务报表中错误表达或故意漏记事项、交易或其他重要信息。

（3）故意地错误使用与金额、分类、列报或披露相关的会计准则。

编制虚假财务报告通常涉及管理层凌驾于控制之上，而这些控制却看似有效运行。管理层通过凌驾于控制之上实施舞弊的手段主要包括以下各项。

（1）编制虚假会计分录，特别是在临近会计期末时，从而操纵经营成果或实现其他目的。

（2）不恰当地调整对账户余额作出估计时使用的假设和判断。

（3）在财务报表中漏记、提前或推迟确认报告期内发生的事项和交易。

（4）隐瞒或不予披露可能影响财务报表金额的事实。

(5) 构造复杂交易,以歪曲财务状况或经营成果。

(6) 篡改与重大和异常交易相关的记录和条款。

2. 侵占资产导致的错报

侵占资产包括盗窃被审计单位资产,通常的做法是员工盗窃金额相对较小且不重要的资产、侵占资产也可能涉及管理层,他们通常更能够通过难以发现的手段掩饰或隐瞒侵占资产的行为。侵占资产可以通过以下方式实现。

(1) 贪污收到的款项。例如,侵占收到的应收账款或将与已注销账户相关的收款转移至个人银行账户。

(2) 盗窃实物资产或无形资产。例如,盗窃存货以自用或出售、盗窃废料以再销售、通过向被审计单位竞争者泄露技术资料与其串通以获取回报。

(3) 使被审计单位对未收到的商品或未接受的劳务付款。例如,向虚构的供应商支付款项、供应商向采购人员提供回扣以作为其提高采购价格的回报、向虚构的员工支付工资。

(4) 将被审计单位资产挪为私用。例如,将被审计单位资产作为个人或关联方贷款的抵押。

侵占资产通常伴随着虚假或误导性的记录或文件,其目的是隐瞒资产丢失或未经适当授权而被抵押的事实。

二、治理层、管理层的责任与注册会计师的责任

(一) 治理层、管理层的责任

被审计单位治理层和管理层对防止或发现舞弊负有主要责任。

管理层在治理层的监督下,高度重视对舞弊的防范和遏制是非常重要的。对舞弊进行防范可以减少舞弊发生的机会;对舞弊进行遏制,即发现和惩罚舞弊行为,能够警示被审计单位人员不要实施舞弊。对舞弊的防范和遏制需要管理层营造诚实守信和合乎道德的文化,这一文化能够在治理层的有效监督下得到强化。

美国注册会计师协会和其他职业会计团体一起出版了《管理层反舞弊方案和控制:防范和发现舞弊指南》(以下简称《指南》)。《指南》认为,三方面的行动有助于防范舞弊的发生。

(1) 营造和保持讲诚信,讲道德的文化。

(2) 评估舞弊风险并实施方案以控制、化解风险。

(3) 建立适当的舞弊监督程序,如由审计委员会监督内部控制和财务报告。

治理层的监督包括考虑管理层凌驾于控制之上或对财务报告过程施加其他不当影响的可能性。例如,管理层为了影响分析师对被审计单位业绩和盈利能力的看法而操纵利润。

(二) 注册会计师的责任

对于注册会计师发现舞弊的责任,注册会计师职业界与社会公众之间存在期望差。在重大的财务报告舞弊案件发生后,社会公众总是会问"注册会计师干什么去了"。注册会计师职业界往往会辩解财务报表审计不是专门的舞弊调查,在发现舞弊方面有很大的局限性。期望差的存在影响社会公众对注册会计师行业的信心,也是准则制定机构不断修订这方面准则的主要动力。

注册会计师对发现舞弊方面的责任可以从正反两个方面界定。

一方面，在按照审计准则的规定执行审计工作时，注册会计师有责任对财务报表整体是否不存在由于舞弊或错误导致的重大错报提供合理保证

编制虚假财务报告直接导致财务报表产生错报，侵占资产通常伴随着虚假或误导性的文件记录。因此，对能够导致财务报告产生重大错报的舞弊，注册会计师应当合理保证能够予以发现，这是实现财务报表审计目标的内在要求，也是财务报表审计的价值所在。审计准则还规定，在获取合理保证时，注册会计师有责任在整个审计过程中保持职业怀疑，考虑管理层凌驾于控制之上的可能性，并认识到对发现错误有效的审计程序未必对发现舞弊有效。

另一方面，由于审计的固有限制，即使注册会计师按照审计准则的规定恰当计划和执行了审计工作，也不可避免地存在财务报表中的某些重大错报未被发现的风险。注册会计师不能对财务报表整体不存在重大错报提供绝对保证

在舞弊导致错报的情况下，固有限制的潜在影响尤其重大。舞弊导致的重大错报未被发现的风险，大于错误导致的重大错报未被发现的风险。其原因是舞弊可能涉及精心策划和蓄意实施以进行隐瞒（如伪造证明或故意漏记交易），或者有意向注册会计师提供虚假陈述。如果涉及串通舞弊，注册会计师可能更加难以发现蓄意隐瞒的企图。串通舞弊可能导致原本虚假的审计证据被注册会计师误认为具有说服力。

管理层舞弊导致的重大错报未被发现的风险，通常大于员工舞弊导致的重大错报未被发现的风险。其原因是管理层往往可以利用职务之便，直接或间接操纵会计记录，提供虚假的财务信息，或凌驾于为防止其他员工实施类似舞弊而建立的控制之上。

因此，如果在完成审计工作后发现舞弊导致的财务报表重大错报，特别是串通舞弊或伪造文件记录导致的重大错报，并不必然表明注册会计师没有遵守审计准则。注册会计师是否按照审计准则的规定实施了审计工作，取决于其是否根据具体情况实施了审计程序，是否获取了充分、适当的审计证据，以及是否根据证据评价结果出具了恰当的审计报告。

三、风险评估程序和其他活动

注册会计师在财务报表审计中考虑舞弊时，同样需要采用风险导向审计的总体思路，即首先识别和评估舞弊风险，然后采取恰当的措施有针对性地予以应对。注册会计师通常采用下列程序来识别和评估舞弊风险。

（一）询问

1. 询问对象

询问程序对于注册会计师获取信息、评估舞弊风险十分有用。注册会计师应当询问治理层、管理层、内部审计人员，以确定其是否知悉任何舞弊事实、舞弊嫌疑或舞弊指控。注册会计师通过询问管理层可以获取有关员工舞弊导致的财务报表重大错报风险的有用信息。然而，这种询问难以获取有关管理层舞弊导致的财务报表重大风险的有用信息。因此，注册会计师还应当询问被审计单位内部的其他相关人员，为这些人员提供机会，使他们能够向注册会计师传递一些信息，而这些信息是他们本身没有机会与其他人沟通的。注册会计师应

当考虑向被审计单位内部的下列人员询问。

(1) 不直接参与财务报告过程的业务人员。

(2) 拥有不同级别权限的人员。

(3) 参与生成、处理或记录复杂或异常交易的人员及对其进行监督的人员。

(4) 内部法律顾问。

(5) 负责道德事务的主管人员或承担类似职责的人员。

(6) 负责处理舞弊指控的人员。

2. 询问内容

注册会计师应当根据不同的询问对象，运用职业判断，确定询问内容。

在了解被审计单位及其环境时，注册会计师应当向管理层询问下列事项。

(1) 管理层对财务报表可能存在由于舞弊导致的重大错报风险的评估，包括评估的性质、范围和频率等。

(2) 管理层对舞弊风险的识别和应对过程，包括管理层识别出的或注意到的特定舞弊风险，或可能存在舞弊风险的各类交易、账户余额或披露。

(3) 管理层就其对舞弊风险的识别和应对过程向治理层的通报。

(4) 管理层就其经营理念和道德观念向员工的通报。

除非治理层全部成员参与管理被审计单位，注册会计师应当了解治理层如何监督管理层对舞弊风险的识别和应对过程，以及为降低舞弊风险而建立的内部控制；应当询问治理层，以确定其是否知悉任何影响被审计单位的舞弊事实、舞弊嫌疑或舞弊指控。治理层对这些询问的答复，还可在一定程度上作为管理层答复的佐证的信息。注册会计师可通过参加相关会议、阅读会议纪要或询问治理层等审计程序了解有关情况。

如果被审计单位设有内部审计，注册会计师应当询问内部审计人员，以确定其是否知悉任何影响被审计单位的舞弊事实、舞弊嫌疑或舞弊指控，并获取这些人员对舞弊风险的看法。

(二) 实施分析程序

注册会计师实施分析程序有助于识别异常的交易或事项，以及对财务报表和审计产生影响的金额、比率和趋势。在实施分析程序以了解被审计单位及其环境时，注册会计师应当评价在实施分析程序时识别出的异常或偏离预期的关系(包括与收入账户有关的关系)，是否表明存在由于舞弊导致的重大错报风险。

(三) 考虑其他信息

注册会计师应当考虑获取的其他信息是否表明存在由于舞弊导致的重大错报风险。其他信息可能来源于项目组内部的讨论、客户承接或续约过程以及向被审计单位提供其他服务所获得的经验。

(四) 组织项目组讨论

项目组就由于舞弊导致财务报表发生重大错报的可能性进行的讨论可以达到以下目的：

(1) 具有较多经验的项目组成员有机会与其他成员分享关于财务报表易于发生由于舞

弊导致的重大错报的方式和领域的见解。

(2) 针对财务报表易于发生由于舞弊导致的重大错报的方式和领域考虑适当的应对措施，并确定分派哪些项目组成员实施特定的审计程序。

(3) 确定如何在项目组成员中共享实施审计程序的结果，以及如何处理可能引起注册会计师注意的舞弊指控。

项目组内部讨论的内容可能包括以下各项：

(1) 项目组成员认为财务报表易于发生由于舞弊导致的重大错报的方式和领域、管理层可能编制和隐瞒虚假财务报告的方式以及侵占资产的方式等。

(2) 可能表明管理层操纵利润的迹象，以及管理层可能采取的导致虚假财务报告的利润操纵手段。

(3) 已知悉的对被审计单位产生影响的外部和内部因素，这些因素可能产生动机或压力使管理层或其他人员实施舞弊、可能提供实施舞弊的机会、可能表明存在为舞弊行为寻找借口的文化或环境。

(4) 对接触现金或其他易被侵占资产的员工，管理层对其实施监督的情况。

(5) 注意到的管理层或员工在行为或生活方式方法上出现的异常或无法解释的变化。

(6) 强调在整个审计过程中对由于舞弊导致重大错报的可能性保持适当关注的重要性。

(7) 遇到的哪些情形可能表明存在舞弊。

(8) 如何在拟实施审计程序的性质、时间安排和范围中增加不可预见性。

(9) 为应对由于舞弊导致财务报表发生重大错报的可能性而选择实施的审计程序，以及特定类型的审计程序是否比其他审计程序更为有效。

(10) 注册会计师注意到舞弊指控。

(11) 管理层凌驾于控制之上的风险。

四、评价舞弊风险因素

注册会计师应当评价通过上述审计程序和相关活动获取的信息，是否表明存在舞弊风险因素。存在舞弊风险因素并不必然表明发生了舞弊，但在舞弊发生时通常存在舞弊风险因素，舞弊风险因素可能表明存在由于舞弊导致的重大错报风险。

根据舞弊存在时通常伴随着的三种情况，这些风险因素可以分为以下三类。

1. 实施舞弊的动机或压力

舞弊者具有舞弊的动机是舞弊发生的首要条件。例如，高级管理人员的报酬与财务业绩或公司股票的市场表现挂钩、公司正在申请融资等情况都可能促使管理层产生舞弊的动机。

2. 实施舞弊的机会

舞弊者需要具有舞弊的机会，舞弊才可能成功。舞弊的机会均一般源于内部控制在设计和运行上的缺陷，如公司对资产管理松懈，公司管理层能够凌驾于内部控制之上，可以随意操纵会计记录等。

3. 为舞弊行为寻找借口的能力

借口是指存在某种态度、性格或价值观念,使管理层或雇员能够做出不诚实的行为,或者管理层或雇员所处的环境促使其能够将舞弊行为予以合理化。借口是舞弊发生的重要条件之一。只有舞弊者能够对舞弊行为予以合理化,舞弊者才可能做出舞弊行为,并心安理得。例如,侵占资产的员工可能认为单位对自身的待遇不公,编制虚假财务报告者可能认为造假不是出于个人私利而是出于公司集体利益。

上述风险因素也被称为"舞弊三角"。这三个风险因素在两类舞弊行为中有不同的体现,表 7-1 和表 7-2 分别列示了注册会计师在执业过程中可能遇到的与两类舞弊行为相关的风险因素。尽管所列示的风险因素涵盖了多种情形,但它们只是一些举例,注册会计师可能识别出其他不同的风险因素。这些举例并非在所有情况下都相关,对于不同规模、不同所有权特征或情况的被审计单位而言,风险因素的重要性可能不同。此外,风险因素示例的列示顺序并不反映它们的相对重要性或发生频率。

表 7-1　　与编制虚假信息财务报告导致的错报相关的舞弊风险因素

舞弊发生的因素	舞弊风险因素细类	舞弊风险因素具体示例
动机或压力	财务稳定性或盈利能力受到经济环境、行业状况或被审计单位经营情况的威胁	竞争激烈或市场饱和,且伴随着利润率的下降
		难以应对技术变革、产品过时、利率调整等因素的急剧变化
		客户需求大幅下降,所在行业或总体经济环境中经营失败的情况增多
		经营亏损使被审计单位可能破产、丧失抵押品赎回权或遭恶意收购
		在财务报表显示盈利或利润增长的情况下,经营活动产生的现金流量经常出现负数,或经营活动不能产生现金流入
		高速增长或具有异常的盈利能力,特别是在与同行业其他企业相比时
		新发布会计准则、法律法规或监管要求
	管理层为满足第三方要求或预期而承受过度的压力	投资分析师、机构投资者、重要债权人或其他外部人士对盈利能力或增长趋势存在预期(特别是过分激进的或不切实际的预期),包括管理层在过于乐观的新闻报道和年报信息中作出的预期
		需要进行额外的举债或权益融资以保持竞争力,包括为重大研发项目或资本性支出融资
		满足交易所的上市要求、偿债要求或其他债务合同要求的能力较弱
		报告较差财务成果将对正在进行的重大交易(如企业合并或签订合同)产生可察觉的或实际的不利影响
	管理层或治理层的个人财务状况受到被审计单位财务业绩的影响	在被审计单位中拥有重大的经济利益
		其报酬中有相当一部分(如奖金、股票期权、基于盈利能力的支付计划)取决于被审计单位能否实现激进的目标(如在股份、经营成果,财务状况或现金流量方面)
		个人为被审计单位的债务提供了担保

（续表）

舞弊发生的因素	舞弊风险因素细类	舞弊风险因素具体示例
动机或压力	管理层或经营者面对更高级管理层或治理层对财务或经营指标过高要求的压力	治理层为管理层设定了过高的销售业绩或盈利能力等激励指标
机会	被审计单位所在行业或其业务的性质为编制虚假财务报告提供了机会	从事超出正常经营过程的重大关联方交易，或者与未经审计或由其他会计师事务所审计的关联企业进行重大交易
		被审计单位具有强大的财务实力或能力，使其在特定行业中处于主导地位，能够对与供应商客户签订的条款或条件作出强制规定，从而可能导致不适当、不公允的交易
		资产、负债、收入或费用建立在重大估计的基础上，这些估计涉及主观判断或不确定性，难以印证
		从事重大、异常或高度复杂的交易（特别是临近期末发生的复杂交易，对该交易是否按照“实质重于形式”原则处理存在疑问）
		在经济环境及文化背景不同的国家或地区从事重大经营或重大跨境经营
		利用商业中介，而此项安排似乎不具有明确的商业理由
		在属于“避税天堂”的国家或地区开立重要银行账户或者设立子公司或分公司进行经营，而此类安排似乎不具有明确的商业理由
	组织结构复杂或不稳定	难以确定对被审计单位持有控制性权益的组织或个人
		组织结构过于复杂，存在异常的法律实体或管理层级
		高级管理人员、法律顾问或治理层频繁更换
	对管理层的监督失效	管理层由 1 人或少数人控制（在非业主管理的实体中），且缺乏补偿性控制
		治理层对财务报告过程和内部控制实施的监督无效
	内部控制要素存在缺陷	对控制的监督不充分，包括自动化控制以及针对中期财务报告（如要求对外报告）的控制
		由于会计人员、内部审计人员或信息技术人员不能胜任而频繁更换
		会计系统和信息系统无效，包括内部控制存在值得关注的缺陷的情况
态度或借口	管理层态度不端或缺乏诚信	管理层未能有效地传递、执行、支持或贯彻被审计单位的价值观或道德标准，或传递了不适当的价值观或道德标准
		非财务管理人员过度参与或过于关注会计政策的选择或重大会计估计的确定
		被审计单位、高级管理人员或治理层存在违反证券法或其他法律法规的历史记录，或由于舞弊或违反法律法规而被指控

（续表）

舞弊发生的因素	舞弊风险因素细类	舞弊风险因素具体示例
态度或借口	管理层态度不端或缺乏诚信	管理层过于关注保持或提高被审计单位的股票价格或利润趋势
		管理层向分析师、债权人或其他第三方承诺实现激进的或不切实际的预期
		管理层未能及时纠正发现的值得关注的内部控制缺陷
		为了避税的目的，管理层表现出有意通过使用不适当的方法使报告利润最小化
		高级管理人员缺乏士气
		业主兼经理未对个人事务与公司业务进行区分
		股东人数有限的被审计单位股东之间存在争议
		管理层总是试图基于重要性原则解释处于临界水平的或不适当的会计处理
	管理层与责任或前任注册会计师之间的关系紧张	在会计、审计或报告事项上经常与现任或前任注册会计师产生争议
		对注册会计师提出不合理的要求，如对完成审计工作或出具审计报告提出不合理的时间限制
		对注册会计师接触某些人员、信息或治理层进行有效沟通施加不适当的限制
		管理层对注册会计师表现出盛气凌人的态度特别是试图影响注册会计师的工作范围或者影响对执行审计业务的人员或被咨询人员的选择和保持

表 7-2　**与侵占资产导致的错报相关的舞弊风险因素**

舞弊发生的因素	舞弊风险因素细类	舞弊风险因素具体示例
动机或压力	个人的生活方式或财务状况问题	接触现金或其他易被侵占（通过盗窃）资产的管理层或员工负有个人债务，可能会产生侵占这些资产的压力
	接触现金或其他易被盗窃资产的员工与被审计单位之间存在的紧张关系	已知或预期会发生裁员
		近期或预期员工报酬或福利计划会发生变动
		晋升、报酬或其他奖励与预期不符
机会	资产的某些特性或特定情形可能增加其被侵占的可能性	持有或处理大额现金
		体积小、价值高或需求较大的存货
		易于转手的资产，如无记名债券、钻石或计算机芯片
		体积小、易于销售或不易识别所有权归属的固定资产

（续表）

舞弊发生的因素	舞弊风险因素细类	舞弊风险因素具体示例
机会	与资产相关的不恰当的内部控制可能增加资产被侵占的可能性	职责分离或独立审核不充分
		对高级管理人员的支出(如差旅费及其他报销费用)的监督不足
		管理层对负责保管资产的员工的监管不足(如对保管偏远地区的资产的员工监管不足)
		对接触资产的员工选聘不严格
		对资产的记录不充分
		对交易(如采购)的授权及批准制度不健全
	与资产相关的不恰当的内部控制可能增加资产被侵占的可能性	对现金、投资、存货或固定资产等的实物保管措施不充分
		未对资产作出完整、及时的核对调节
		未对交易作出及时、适当的记录(如销货退回未作冲销处理)
		对处于关键控制岗位的员工未实行强制休假制度
		管理层对信息技术缺乏了解，从而使信息技术人员有机会侵占资产
		对自动生成的记录的访问控制(包括对计算机系统日志的控制和复核)不充分
态度或借口	管理层或员工不重视相关控制	忽视监控或降低与侵占资产相关的风险的必要性
		忽视与侵占资产相关的内部控制，如凌驾于现有的控制之上或未对已知的内部控制缺陷采取适当的补救措施
		被审计单位人员在行为或生活方式方面发生的变化可能表明资产已被侵占
		容忍小额盗窃资产的行为
	对被审计单位存在不满甚至敌对情绪	被审计单位人员的行为表明其对被审计单位感到不满，或对被审计单位对待员工的态度感到不满

小资料

当前上市公司的舞弊十招①

自我交易：不少上市公司设立空壳公司或皮包公司，通过资金运作虚增收入、资产或虚减费用、债务；这些空壳公司为同一控制人所控制，是实质意义上的关联方。

循环交易：一些上市公司经常通过多方交易进行循环交易，如上市公司销售商品或提供劳务给B，B又卖给C，C再卖回到上市公司，这样的财务安排，可以达到既增加营收规模，又节税的目标。

阴阳交易：一些上市公司开具阴阳发票、订立阴阳合同粉饰交易的真相，*ST源药就是这方面造假的典范，这家公司在出售子公司股权时，签订了阴阳协议，使名义的出售价格低于实际出售价格，差额部分作为收

① http://www.sina.com.cn，2006年08月19日16:20，全景网络—证券时报。

入入账;在收购子公司股权时,又通过阴阳协议,使名义收购价大于实际收购价,差额部分也作为收入入账。

填塞渠道:在期末时通过调节经销商库存以调节收入确认金额,科龙就是这方面的典范,最近披露的长征电器主要财务舞弊手法也是填塞渠道,这种会计数字游戏在实务中被广泛运用,很多人不认为是一种财务舞弊,但事实上其可能提前或者推迟确认收入。

不断并购:厦门国家会计学院黄世忠老师曾在安然、世通事件发生后发出警告称,收购兼并是滋生财务舞弊的温床,并提醒投资者注意公允价值容易被滥用。实际上,不断并购是财务舞弊最强的征兆之一,大量的"系"垮台也证明了这一点,不断并购的背后是资金链紧张以及业绩的实质下滑,一些上市公司将并购作为拆东墙补西墙的手段。

会计差错:一些上市公司利用前期会计差错追溯调整的规定,将亏损往前移,典型案例很多,在会计估计变更与会计差错之间,更多的上市公司选择了会计差错,因为会计估计变更导致的损益要直接进入当期损益。

大洗澡:某公司2005年年报曝出了30多亿元的亏损,这是中国上市公司又一起非常恶劣的大洗澡,而且这也不是上市公司第一次玩这种数字游戏,亏过头实际上是隐瞒净资产,在以后期间可以释放出来作利润。在中国只要上市公司控制权发生转移,基本上都会玩这个游戏,这导致控制权转移后的公司实际经营业绩基本不可信。

报表重组:不少上市公司通过置出不良资产、置入优质资产等方式对财务报表进行清洗,以降低巨额潜亏带来的资产减值或财务造假压力,但实际上,所谓的优质资产往往是虚假的优质资产;此外,一些上市公司通过托管、承包、租赁等方式账面冻结不良资产,这也只能是临时过渡手法,实质上也严重违反了会计准则规定。

隐瞒炒股:炒股并不是上市公司的主业,而且风险也比较高;在牛市时,一些上市公司通过与庄家合作、配合提供炒作素材等方式,投入巨额资金炒作自己的股票,而这些收益是不能见光的,于是通过财务手法粉饰为主营业务收入,东方电子就是这种手法的"典范";而在熊市时,这些巨额资金在股市灰飞烟灭,这时上市公司高管可能要承担挪用资金刑事责任,于是上市公司又费尽心思将这些亏损变成主营业务亏损或者是担保引发的亏损等,如安徽一家上市公司总资产只有十几个亿,曝出近10亿元的窟窿,事后认定主要是虚构存货,笔者不相信存货虚构会高达近10亿元,并怀疑这10亿元亏损背后是巨额资产挪作他用,最后颗粒无收造成的。

现金陷阱:2005年,我们发现不少上市公司账面巨额现金(货币资金)不实,我们指控近30家上市公司虚构现金、隐瞒现金受限事实,结果例无虚发,有10多家公司很快就在年报或临时报告中承认做假。2006年是清欠年,占用上市公司巨额资金不还将承担刑事责任,一些责任人也被公安机关法办,在这种压力下,不少公司玩隐瞒占资、占资假还的游戏。目前,一些上市公司隐瞒借款、隐瞒出具银票、隐瞒担保现象还很严重,这是危害上市公司质量的最大祸患之一。

五、评估舞弊导致的重大错报风险

在评估舞弊导致的重大错报风险时,注册会计师应当特别关注被审计单位收入确认方面的舞弊风险。COSO的一份研究报告显示,在1987—1997年期间提供虚假财务报告的美国公司中,其中有一半采取的手法是提前确认收入或虚构产生收入的交易。对财务信息作出虚假报告导致的重大错报通常源于多计或少计收入。因此,审计准则规定,在识别和评估由于舞弊导致的重大错报风险时,注册会计师应当基于收入确认存在舞弊风险的假定,评价哪些类型的收入、收入交易或认定导致舞弊风险。如果认为收入确认存在舞弊风险的假定不适用于业务的具体情况,从而未将收入确认作为由于舞弊导致的重大错报风险领域,注册会计师应当在审计工作底稿中记录得出结论的理由。

六、应对舞弊导致的重大错报风险

在识别和评估舞弊导致的重大错报风险后，注册会计师需要采取适当的应对措施，以将审计风险降至可接受的低水平。舞弊导致的重大错报风险属于特别风险，注册会计师应当按照审计准则的规定予以应对。注册会计师通常从三个方面应对此类风险：①总体应对措施；②针对舞弊导致的认定层次的重大错报风险实施的审计程序；③针对管理层凌驾于控制之上的风险实施的程序。

（一）总体应对措施

在针对评估的由于舞弊导致的财务报表层次重大错报风险确定总体应对措施时，注册会计师应当作如下考虑。

(1) 在分派和督导项目组成员时，考虑承担重要业务职责的项目组成员所具备的知识、技能和能力，并考虑由于舞弊导致的重大错报风险的评估结果。

(2) 评价被审计单位对会计政策（特别是涉及主观计量或复杂交易的交易的会计政策）的选择和运用，是否可能表明管理层通过操纵利润对财务信息作出虚假报告。

(3) 在选择审计程序的性质、时间安排和范围时，增加审计程序的不可预见性。

（二）针对舞弊导致的认定层次重大错报风险实施的审计程序

按照《中国注册会计师审计准则第 1231 号——针对评估的重大错报风险采取的应对措施》的规定，注册会计师应当设计和实施进一步审计程序，审计程序的性质、时间安排和范围应当能够应对评估的由于舞弊导致的认定层次重大错报风险。

注册会计师应当考虑通过下列方式，应对舞弊导致的认定层次重大错报风险。

(1) 改变拟实施审计程序的性质，以获取更为可靠、相关的审计证据，或获取其他佐证性信息，包括更加重视实地观察或检查，在实施函证程序时改变常规函证内容，询问被审计单位的非财务人员等。

(2) 改变实质性程序的时间，包括在期末或接近期末实施实质性程序，或针对本期较早时间发生的交易事项或贯穿于本会计期间的交易事项实施测试。

(3) 改变审计程序的范围，包括扩大样本规模、采用更详细的数据实施分析程序等。

注册会计师针对舞弊导致的认定层次重大错报风险所采取的具体应对措施，取决于已发现的舞弊风险因素类型以及各类具体的交易、账户余额相关认定。表 7-3 和表 7-4 分别列举了针对两大类舞弊风险的若干审计程序。表中所列程序不可能穷尽所有可实施的审计程序，在不同业务中各个审计程序的相关性和效果也存在差异，因此，表中所列仅供参考。

表 7-3　**具体应对措施——由于编制虚假财务报告导致的错报**

特定认定	应对程序	举例或解释
收入确认	针对收入项目，使用分解的数据实施实质性分析程序	例如，按照月份、产品线或业务分部将本期收入与具有可比性的以前期间收入进行比较。利用计算机辅助审计技术可能有助于发现异常的或未预期到的收入关系或交易

（续表）

特定认定	应 对 程 序	举例或解释
收入确认	向被审计单位的客户函证相关的特定合同条款以及是否存在背后协议	因为相关的会计处理是否适当，往往会受到这些合同条款或协议的影响，并且这些合同条款或协议所涉及的销售折扣或其相关期间往往记录得不清楚。例如，商品接受标准、交货与付款条件、不承担期后或持续性的卖方义务、退货权、保证转售金额以及撤销或退款等条款在此种情形下通常是相关的
	向被审计单位的销售和营销人员或内部法律顾问询问临近期末的销售或发货情况，以及他们所了解的与这些交易相关的异常条款或条件	
	期末在被审计单位的一处或多处发货现场实地观察发货情况或准备发出的货物情况（或待处理的退货），并实施其他适当的销售及存货截止测试	实施此类程序的目的在于验证收入的真实性和确认截止时点的准确性
	对于通过电子方式自动生成、处理、记录的销售交易实施控制测试	此类控制测试可以确定这些控制是否能够为所记录的收入交易已真实发生并得到适当地记录提供保证
存货数量	检查被审计单位的存货记录	以识别在被审计单位盘点过程中或结束后需要特别关注的存货存放地点或存货项目
	在不预先通知的情况下对特定存放地点的存货实施监盘，或在同一天对所有存放地点实施存货监盘	
	要求被审计单位在报告期末或临近期末的时点实施存货盘点	目的是降低被审计单位在盘点日与报告期末之间操纵存货数量的风险
	在观察存货盘点的过程中实施额外的程序	例如，更严格地检查包装箱中的货物，货物堆放方式（如堆为中空）或标记方式、液态物质（如香水、特殊的化学物质）的质量特征（如纯度、品级或浓度）。利用专家的工作可能在此方面有所帮助
	按照存货的等级或类别、存放地点或其他分类标准，将本期存货数量与前期进行比较，或将盘点数量与永续盘存记录进行比较	
	利用计算机辅助审计技术进一步测试存货实物盘点目录的编制	例如，按标签号进行检索以测试存货的标签控制，或按照项目的顺序编号进行整理以检查是否存在漏记或重复编号

（续表）

特定认定	应对程序	举例或解释
管理层估计	聘用专家作出独立估计，并与管理层的估计进行比较	
	将询问范围延伸至管理层和会计部门以外的人员，以印证管理层完成与作出会计估计相关的计划的能力和意图	

表 7-4　　**具体应对措施——由于侵占资产导致的错报**

特定认定	应对程序	举例或解释
货币资金、有价证券	在期末或临近期末对现金或有价证券进行监盘	
	直接向被单位的客户询证所审计期间的交易活动	包括赊销记录、销售退回情况、付款日期等
	分析已注销账户的恢复使用情况	
存货	按照存货存放地点或产品类型分析存货短缺情况	
	将关键存货指标与行业正常水平进行比较	如存货周转率、存货周转天数等
	对于发生减计的永续盘存记录，复核其支持性文件	
采购活动	利用计算机技术将供货商名单与被审计单位员工名单进行对比，以识别地址或电话号码相同的数据	该程序可用以识别员工在采购环节牟取私利的行为
劳务（包括应付工资、相关费用等）	利用计算机技术检查工资单记录中是否存在重复的地址、员工身份证明、纳税识别编号或银行账号	该程序可用以识别虚领工资或薪酬的行为
	检查人事档案中是否存在只有很少记录或缺乏记录的档案，如缺少绩效考评的档案	该程序可用以识别虚假的员工身份记录及潜在的舞弊（如虚领工资、虚开劳务报酬）
销售活动	分析销售折扣和销售退回等	该程序可以识别异常的模式或趋势
	向第三方函证合同的具体条款	
	获取合同是否按照规定的条款得以执行的审计证据	
费用开支	复核大额和异常的费用开支是否适当	
	复核高级管理人员提交的费用报告的金额及适当性	
向员工提供资金担保	复核被审计单位向高级管理人员和关联提供的贷款的授权及其账面价值	

（三）针对管理层凌驾于控制之上的风险实施的审计程序

由于管理层在被审计单位的地位，管理层凌驾于控制之上的风险几乎在每个审计项目中都会存在。对财务信息作出虚假报告通常与管理层凌驾于控制之上有关。COSO报告显示，在1987到1997年期间提供虚假财务报告的美国公司中，有83%以上的舞弊案件涉及首席执行官或财务主管。管理层通过凌驾于控制之上实施舞弊的手段主要包括：编制虚假的会计分录，特别是在临近会计期末时；滥用或随意变更会计政策；不恰当地调整会计估计所依据的假设及改变原先做出的判断；故意漏记、提前确认或推迟确认报告期内发生的交易或事项；隐瞒可能影响财务报表金额的事实；构造复杂或虚假的交易以歪曲财务状况或经营成果；篡改与重大或异常交易相关的会计记录和交易条款。

管理层凌驾于控制之上的风险属于特别风险。无论对管理层凌驾于控制之上的风险评估结果如何，注册会计师都应当设计和实施审计程序。

1. 测试日常会计核算过程中编制的会计分录以及编制财务报表过程中作出的其他调整是否适当

在设计和实施审计程序，以测试日常会计核算过程中编制的会计分录以及编制财务报表过程中作出的其他调整是否适当时，注册会计师应当作以下考虑：

（1）向参与财务报告过程的人员询问与处理会计分录和其他调整相关的不恰当或异常的活动。

（2）选择在报告期末编制的会计分录和作出的其他调整。

（3）考虑是否有必要测试整个会计期间的会计分录和其他调整。

2. 复核会计估计是否存在偏向，并评价产生这种偏向的环境是否表明存在由于舞弊导致的重大错报风险

在复核会计估计是否存在偏向时，注册会计师应当作以下考虑：

（1）评价管理层在作出会计估计时所作出的判断和决策是否反映出管理层的某种偏向（即使判断和决策单独看起来是合理的），从而可能表明存在由于舞弊导致的重大错报风险。如果存在偏向，注册会计师应当从整体上重新评价会计估计。

（2）追溯复核与以前年度财务报表反映的重大会计估计相关的管理层判断和假设。

3. 对于超出被审计单位正常经营过程的重大交易，或基于对被审计单位及其环境的了解以及在审计过程中获取的其他信息而显得异常的重大交易，评价其商业理由（或缺乏商业理由）是否表明被审计单位从事交易的目的是为了对财务信息作出虚假报告或掩盖侵占资产的行为

以下迹象可能表明被审计单位从事超出其正常经营过程的重大交易或虽然未超出其正常经营过程，但显得异常的重大交易。从事这些交易的目的可能是为了对财务信息作出的虚假报告或掩盖侵占资产的行为：

（1）交易的形式显得过于复杂（例如，交易涉及集团内部多个实体，或涉及多个非关联的第三方）。

（2）管理层未与治理层就此类交易的性质和会计处理进行过讨论，且缺乏充分的记录。

（3）管理层更强调采用某种特定的会计处理的需要，而不是交易的经济实质。

(4) 对于涉及不纳入合并范围的关联方(包括特殊目的实体)的交易,治理层未进行适当的审核与批准。

(5) 交易涉及以往未识别出的关联方,或涉及在没有被审计单位帮助的情况下不具备物质基础或财务能力完成交易的第三方。

七、发现舞弊时对审计的影响

(1) 重新评估重大错报风险,并考虑重新评估的结果对审计程序的性质、时间安排和范围的影响。

(2) 重新考虑此前获取的审计证据的可靠性,包括管理层声明的完整性和可信性,以及作为审计证据的文件和会计记录的真实性,并考虑管理层与员工或第三方串通舞弊的可能性。

(3) 考虑对审计报告的影响。如果认为财务报表存在舞弊导致的重大错报,或虽认为存在舞弊但无法确定其对财务报表的影响,注册会计师应当根据《中国注册会计师审计准则第 1221 号——计划和执行审计工作时的重要性》和《中国注册会计师审计准则第 1502 号——在审计报告中发表非无保留意见》的要求,考虑错报对审计意见的影响。

八、与管理层、治理层和监管机构的沟通

1. 与管理层的沟通

当注册会计师已获取的证据表明存在或可能存在舞弊时,尽快提请适当层级的管理层关注这一事项是很重要的。即使该事项(如被审计单位组织结构中处于较低职位的员工挪用小额公款)可能被认为不重要,注册会计师也应当这样做。确定拟沟通的适当层级的管理层,需要运用职业判断,并且这一决定受串通舞弊的可能性、舞弊嫌疑的性质和重要程度等事项的影响。通常情况下,适当层级的管理层至少要比涉嫌舞弊人员高出一个级别。

2. 与治理层的沟通

如果确定或怀疑舞弊涉及管理层、在内部控制中承担重要职责的员工以及其舞弊行为可能导致财务报表重大错报的其他人员,注册会计师应当尽早就此类事项与治理层沟通。

如果怀疑舞弊涉及管理层,注册会计师应当将此怀疑向治理层通报,并与其讨论为完成审计工作所必需的审计程序的性质、时间安排和范围。

如果根据判断认为还存在与治理层职责相关的、涉及舞弊的其他事项,注册会计师应当就此与治理层沟通。这些事项可能包括:①对管理层评估的性质、范围和频率的疑虑,这些评估是针对旨在防止和发现舞弊的控制及财务报表可能存在的重大错报风险而实施的;②管理层未能恰当应对识别出的值得关注的内部控制缺陷或舞弊;③注册会计师对被审计单位控制环境的评价,包括对管理层胜任能力和诚信的疑虑;④可能表明存在编制虚假财务报告的管理层行为。例如,对会计政策的选择和运用可能是表明管理层操纵利润,以影响财务报表使用者对被审计单位业绩和盈利能力的看法,从而欺骗财务报表使用者。⑤对超出正常经营过程的交易的授权的适当性和完整性的疑虑。

3. 与监管机构的沟通

如果识别出舞弊或怀疑存在舞弊，注册会计师应当确定是否有责任向被审计单位以外的机构报告。

尽管注册会计师对客户信息负有的保密义务可能妨碍这种报告，但如果法律法规要求注册会计师履行报告责任，注册会计师应当遵守法律法规的规定。

同步思考 7-1

注册会计师是否有责任查处所有的舞弊？讨论注册会计师在发现舞弊时的固有限制都有哪些？

第二节 财务报表审计中对法律法规的考虑

违反法律法规是指被审计单位有意或无意地违背除适用的财务报告编制基础以外的现行法律法规的行为。违反法规行为具体涉及下列三个方面：①被审计单位从事的违反法规行为；②以被审计单位名义从事的违反法规行为。例如，控股股东以被审计单位名义从事的违反法规行为；③管理层或员工以被审计单位名义从事的违反法规行为，但不包括管理层和员工个人从事的、与被审计单位经营活动无关的不当行为。

一、需要遵守的两类不同的法律法规

不同的法律法规对财务报表的影响差异很大。被审计单位需要遵守的所有法律法规，构成注册会计师在财务报表审计中需要考虑的法律法规构架。某些法律法规的规定对财务报表有直接影响，决定财务报表中报告的金额和披露。而有些法律法规需要管理层遵守，或规定了允许被审计单位开展经营活动的条件，但不会对财务报表产生直接影响。某些被审计单位属于高度管制的行业，如银行或化工企业等。而有些被审计单位仅受到通常与经营活动相关的法律法规的制约，如安全生产线和公平就业等。因此，概括起来，被审计单位需要遵守以下两类不同的法律法规。

（1）通常对决定财务报表中的重大金额和披露有直接影响的法律法规（如税收和企业年金方面的法律法规）。

（2）对决定财务报表中的金额和披露没有直接影响的其他法律法规，但遵守这些法律法规（如遵守经营许可条件、监管机构对偿债能力的规定或环境保护要求）对被审计单位的经营活动、持续经营能力或避免大额罚款至关重要；违反这些法律法规，可能会对财务报表产生重大影响。

被审计单位的违反法规行为可能与财务报表相关，有些违反法规行为还可能产生重大财务后果，进而影响财务报表的合法性和公允性。如果不实施必要的审计程序，则可能导致注册会计师出具不恰当的审计报告。因此，在设计和实施审计程序以及评价和报告审计结果时，注册会计师应当充分关注被审计单位违反法规行为可能对财务报表产生的重大影响。

二、管理层遵守法律法规的责任

管理层的责任是在治理层的监督下确保被审计单位的经营活动符合法律法规的规定。

通常,为防止和发现违反法律法规行为,管理层执行的政策和程序包括以下各项。

(一)跟踪法律法规的变化,确保设计的经营程序符合法律法规的规定

管理层应当建立有效的制度,通过各种途径和形式(例如,指派专门的部门和人员收集、传达法律法规信息,或聘请法律顾问等),确保及时、全面地了解适用于本企业及所在行业的相关法律法规及其变化,并根据法律法规的要求,制定和修改经营程序,使之符合法律法规的规定。

(二)建立和执行适当的内部控制

这是确保被审计单位遵守法律法规的一个重要举措。管理层应当按照国家有关规定和企业实际情况,建立和执行适当的内部控制,以合理保证经营活动符合现行法律法规的要求。

(三)制定、公布和落实行为守则

管理层应当在了解相关法律法规要求的基础上,制定符合法律法规要求的行为规范,并予以公布,通过使每个员工和各项活动都遵守行为规范,确保整体经营管理活动的合法性。

(四)确保员工得到适当培训,了解行为守则

被审计单位虽然公布了行为规范,但有的员工可能不知道或者不能准确理解这些行为规范。因此,有必要对员工进行适当的培训。培训可以使所有员工了解行为守则,明确自己的日常行为哪些是正确的,哪些可能违反了法律法规。

(五)监控行为守则的遵守情况,对违反行为守则的员工采取恰当的措施给予处分

由于利益驱动或其他原因,被审计单位虽然公布了行为规范并提供了必要的培训,但员工仍然可能故意或无意地违反行为规范。因此,有必要采取措施监控行为规范的遵守情况,并适当处罚违反行为规范的员工,这样有利于促使全体员工自觉遵守行为规范。

(六)聘请法律顾问以帮助管理层跟踪法律法规的变化

由于专业限制等原因,管理层可能无法非常准确地了解和运用适用于本单位的所有相关法律法规,因此,聘请法律顾问通常是很有必要的。

(七)汇编重要的、被审计单位在其所处行业必须遵守的法律法规,保存被投诉的记录

汇编必须遵守的所有法律法规,是一项极其重要的基础性管理工作。为确保经营活动的合法性而设计相关内部控制、制定员工行为规范和实施适当培训等,都是在这个基础上进行的。保存被投诉的记录也有积极的作用,不仅有利于管理层和员工了解被审计单位某些方面存在的缺陷与不足,还有利于根据投诉记录及其调查结果作出适当的处理,修订经营程序,完善相关的行为规范。

(八)对于大型被审计单位,将适当的职责分派给内部审计机构、审计委员会和合规部门(法律部门),帮助管理层履行防止和发现违反法规行为的责任

有的被审计单位可能设立了专门的内部审计机构和审计委员会,有的则可能仅配备了专门的内部审计人员,以履行内部审计职能。被审计单位可以根据需要和实际情况,将部分职责(例如,拟订或修改行为规范和内部控制制度、对员工提供适当的培训、监控行为规范的遵守情况等)分配给内部审计机构、审计委员会和合规部门(法律部门),以帮助管理层履行防止和发现违反法规行为的责任。

三、注册会计师的责任

注册会计师有责任对财务报表整体不存在由于舞弊或错误导致的重大错报提供合理保证。

在执行财务报表审计时，注册会计师需要考虑适用于被审计单位的法律法规框架。由于审计的固有限制，即使注册会计师按照审计准则的规定恰当地计划和执行审计工作，也不可避免地存在财务报表中的某些重大错报未被发现的风险。就法律法规而言，由于下列审计的固有限制对注册会计师发现重大错报的能力的潜在影响会加大：①许多法律法规主要与被审计单位经营活动相关，通常不影响财务报表，且不能被与财务报告相关的信息系统所获取；②违反法律法规可能涉及故意隐瞒的行为，如共谋、伪造、故意漏记交易、管理层凌驾于控制之上或故意向注册会计师提供虚假陈述；③某行为是否构成违反法律法规，最终只能由法院认定。

因此，注册会计师没有责任防止被审计单位违反法律法规行为，也不能期望其发现所有的违反法律法规行为。

针对前述被审计单位需要遵守的两类不同的法律法规，注册会计师应当承担不同的责任：

（1）针对被审计单位需要遵守的第一类法律法规，注册会计师的责任是，就被审计单位遵守这些法律法规的规定获取充分、适当的审计证据。

（2）针对被审计单位需要遵守的第二类法律法规，注册会计师的责任仅限于实施特定的审计程序，以有助于识别可能对财务报表产生重大影响的违反这些法律法规的行为。

在审计过程中，为了对财务报表形成审计意见而实施的其他审计程序，可能使注册会计师识别出或怀疑被审计单位存在违反法律法规行为，注册会计师对此应保持警觉。事实上，考虑到法律法规对被审计单位产生影响的范围，注册会计师在整个审计过程中均应保持职业怀疑。

四、对被审计单位遵守法律法规的考虑

（一）对法律法规框架的了解

在了解被审计单位及其环境时，注册会计师应当总体了解下列事项：适用于被审计单位及其所处行业或领域的法律法规框架；被审计单位如何遵守这些法律法规框架。

为了总体了解法律法规框架以及被审计单位如何遵守该框架，注册会计师可以采取下列措施：

（1）利用对被审计单位行业状况、监管环境以及其他外部因素的了解。

（2）更新对直接决定财务报表中的报告金额和列报的法律法规的了解。

（3）向管理层询问对被审计单位经营活动预期可能产生至关重要影响的其他法律法规。

（4）向管理层询问被审计单位制订的有关遵守法律法规的政策和程序。

（5）向管理层询问在识别、评价和会计处理诉讼索赔时采用的政策和程序。

（二）对决定财务报表中的重大金额和披露有直接影响的法律法规

某些法律法规已经较为完善，为被审计单位及其所在行业或部门所知悉，并与被审计单位财务报表相关。这些法律法规可能与下列事项相关。

（1）财务报表的格式和内容。

（2）特定行业的财务报告问题。

（3）根据政府合同对交易进行的会计处理。

（4）所得税费用或退休金成本的应计或确认。

这些法律法规的某些规定可能与财务报表中的特定认定直接相关（如所得税费用的完整性），而其他规定可能与财务报表整体直接相关（如规定的构成整套财务报表的报表）。针对通常对决定财务报表中的重大金额和披露有直接影响的法律法规的规定，注册会计师应当获取被审计单位遵守这些规定的充分、适当的审计证据。

（三）识别违反其他法律法规的行为的程序

其他法律法规可能因其对被审计单位的经营活动具有至关重要的影响，需要注册会计师予以特别关注。违反此类法律法规可能导致被审计单位终止业务活动或对其持续经营能力产生疑虑。例如，违反许可证规定或经营的权限（如对银行来说违反资本或投资规定），可能产生这种后果。同时，存在许多与被审计单位经营活动相关的法律法规，它们并不对财务报表产生影响，也不会被与财务报告相关的信息系统反映。

因此，注册会计师应当实施下列审计程序，以有助于识别可能对财务报表产生重大影响的违反其他法律法规的行为。

（1）向管理层和治理层（如适用）询问被审计单位是否遵守了这些法律法规。

（2）检查被审计单位与许可证颁发机构或监管机构的往来函件。

（四）书面声明

注册会计师应当向管理层获取书面声明，以表明被审计单位已将其知悉的、影响财务报表的所有违反或可能违反相关法律法规的情况告知注册会计师。

由于法律法规对财务报表的影响差异很大，对于管理层识别出的或怀疑存在的，可能对财务报表产生重大影响的违反法律法规行为，书面声明可以提供必要的审计证据。然而，管理层声明是非独立来源的审计证据，其可靠性较弱，并不提供充分、适当的审计证据，因此，不影响注册会计师拟获取的其他审计证据的性质和范围。

五、识别出或怀疑存在违反法律法规行为时实施的审计程序

（一）识别出违反法律法规行为相关的信息时的审计程序

如果注册会计师发现下列事项或相关信息，可能表明被审计单位存在违反法律法规行为。

（1）受到监管机构、政府部门的调查，或者支付罚金或受到处罚。

（2）向未指明的服务付款，或向顾问、关联方、员工或政府雇员提供贷款。

（3）与被审计单位或所处行业正常支付水平或实际收到的服务相比，支付过多的销售佣金或代理费用。

（4）采购价格显著高于或低于市场价格。

（5）异常的现金支付，以银行本票向持票人付款的方式采购。

（6）与在“避税天堂”注册的公司存在异常交易。

（7）向货物或服务原产地以外的国家或地区付款。

（8）在没有适当的交易控制记录的情况下付款。

（9）现有的信息系统不能（因系统设计存在问题或因突发性故障）提供适当的审计轨迹或充分的证据。

（10）交易未经授权或记录不当。

（11）负面的媒体评论。

如果注意到、识别出违反法律法规行为相关的上述信息，注册会计师应当：

（1）了解违反法律法规行为的性质及其发生的环境。

（2）获取进一步的信息，以评价对财务报表可能产生的影响，包括：①违反法律法规行为对财务报表产生的潜在财务后果，如受到罚款、处分、赔偿、封存财产、强制停业和诉讼等；②潜在财务后果是否需要列报；③潜在财务后果是否严重，以致对财务报表的公允反映产生怀疑或导致财务报表产生误导。

（二）怀疑被审计单位存在违反法律法规行为时的审计程序

如果治理层能够提供额外的审计证据，注册会计师可以与治理层讨论其发现。例如，对与可能导致违反法律法规的交易或事项相关的事实和情况，注册会计师可以证实治理层是否对此具有相同的理解。

如果管理层或治理层（如适用）不能向注册会计师提供充分的信息，证明被审计单位遵守了法律法规，注册会计师可以考虑向被审计单位内部或外部的法律顾问咨询有关法律法规在具体情况下的运用，包括舞弊的可能性以及对财务报表的影响。如果认为向被审计单位法律顾问咨询是适当的或不满意其提供的意见，注册会计师可以考虑向所在会计师事务所的法律顾问咨询，以确定被审计单位是否存在违反法律法规行为、可能导致的法律后果（包括舞弊的可能性），以及可能采取的进一步行动。

（三）评价违反法律法规行为的影响

（1）评价对风险评估和书面声明可靠性的影响。注册会计师应当评价违反法律法规行为对审计的其他方面可能产生的影响，包括对注册会计师风险评估和被审计单位书面声明可靠性的影响。注册会计师识别出的违反法律法规行为的影响，取决于该行为的实施和隐瞒与具体控制活动之间的关系，以及牵涉的管理人员或员工的级别，尤其是被审计单位最高权力机构参与违反法律法规行为所产生的影响。

（2）在例外情况下，如果管理层或治理层没有采取适合具体情况的补救措施，即使违反法律法规行为对财务报表不重要，如果法律法规允许，注册会计师也可能考虑是否有必要解除业务约定。在决定是否有必要解除业务约定时，注册会计师可以考虑征询法律意见。

（3）如果不能解除业务约定，可考虑替代方案，包括在审计报告的其他事项段中描述违反法律法规行为。

六、对识别出的或怀疑存在的违反法律法规行为的报告

（一）与治理层沟通

1. 与治理层沟通的总体要求

除非治理层全部成员参与管理被审计单位，因而知悉注册会计师已沟通的、涉及识别出

的或怀疑存在的违反法律法规行为的事项，注册会计师应当与治理层沟通审计过程中注意到的有关违反法律法规的事项，但不必沟通明显不重要的事项。这有利于注册会计师尽到职业责任，为治理层履行对管理层的监督责任提供有用信息。

沟通通常采用书面形式，将书面文件送治理层签收，并将文件副本及签收记录作为审计工作底稿予以保管。如果采用口头沟通方式，应形成沟通记录，并提请沟通对象签字确认。

2. 违反法规行为情节严重时的沟通要求

(1) 对故意和重大的违反法规行为的沟通要求。如果根据判断认为需要沟通的违反法律法规行为是故意和重大的，注册会计师应当就此尽快向治理层通报。

所谓“故意”是就违反法规行为的性质而言的，“重大”是就违反法规行为的情节和后果而言的。判定一项违反法规行为足否“故意”或“重大”，除了依据获取的审计证据外，还需要注册会计师运用职业判断。注册会计师一旦发现故意和重大的违反法规行为应尽快与治理层沟通，以便治理层及时了解违反法规行为的严重性，采取相应措施。

(2) 怀疑违反法律法规行为涉及管理层或治理层时的沟通要求。如果怀疑违反法律法规行为涉及管理层或治理层，注册会计师应当向被审计单位审计委员会或监事会等更高层级的机构通报。如果不存在更高层级的机构，或者注册会计师认为被审计单位可能不会对通报作出反应，或者注册会计师不能确定向谁报告，注册会计师应当考虑是否需要征询法律意见。

之所以要求注册会计师向被审计单位内部的审计委员会或监事会等更高层次的机构报告，是因为审计委员会或监事会等机构的一项里要职责就是监督和评价管理层等是否存在违反法律法规或者公司章程的行为，并对违法行为予以纠正。

(二) 出具审计报告

1. 考虑财务报表是否恰当反映

如果认为违反法律法规行为对财务报表具有重大影响，注册会计师应当要求被审计单位在财务报表中予以恰当反映。

如果被审计单位在财务报表中对该违反法规行为作出恰当反映，注册会计师应当出具无保留意见的审计报告。

如果认为违反法规行为对财务报表有重大影响，且未能在财务报表中得到恰当反映，注册会计师应当出具保留意见或否定意见的审计报告。

2. 考虑审计范围受到限制的影响

(1) 来自被审计单位的限制。如果因管理层或治理层阻挠而无法获取充分、适当的审计证据，以评价是否存在或可能存在对财务报表产生重大影响的违反法律法规行为，注册会计师应当根据审计范围受到限制的程度，发表保留意见或无法表示意见。

(2) 其他条件的限制。如果由于审计范围受到管理层或治理层以外的其他方面的限制而无法确定被审计单位是否存在违反法律法规行为，注册会计师应当评价这一情况对审计意见的影响。实务中，审计范围受到其他条件限制的情况较多。例如，客观因素致使注册会计师不能实施审计程序。

（三）向监管机构和执法机构报告违反法律法规行为

如果识别出或怀疑存在违反法律法规行为，注册会计师应当考虑是否有责任向被审计单位以外的监管机构和执法机构等相关机构或人员报告。

值得注意的是，注册会计师考虑是否报告的是经注册会计师发现和确定的严重违反法律法规的行为。所谓“严重”主要是指有重大法律后果或涉及社会公众利益。注册会计师应当了解相关法律法规是否要求报告违反法规行为。例如，商业银行监管法规可能要求注册会计师报告商业银行参与洗钱行为。同时，注册会计师应考虑采取何种方式、何时以及向谁进行报告。

如果无法确定是否有相关法律法规要求向监管机构报告发现的被审计单位的违反法规行为，或者无法确定某项违反法规行为是否应该向监管机构报告，注册会计师通常需要征询相关的法律意见，然后再确定如何处理。

同步思考 7-2

哪些信息表明被审计单位可能违反了法律法规？

本章小结

■ 本章内容结构图

- 对舞弊和法律法规的考虑
  - 财务报表审计中与舞弊相关的责任
    - 舞弊的含义和种类
    - 治理层、管理层的责任与注册会计师的责任
    - 风险评估程序和其他活动
    - 评价舞弊风险因素
    - 评估舞弊导致的重大错报风险
    - 应对舞弊导致的重大错报风险
      - 总体应对措施
      - 针对舞弊导致的认定层次重大错报风险实施的审计程序
      - 针对管理层凌驾于控制之上的风险实施的审计程序
    - 发现舞弊时对审计的影响
    - 与管理层、治理层和监管机构的沟通
  - 财务报表审计中对法律法规的考虑
    - 需要遵守的两类不同的法律法规
    - 管理层遵守法律法规的责任
    - 注册会计师的责任
    - 对被审计单位遵守法律法规的考虑
    - 识别出或怀疑存在违反法律法规行为时实施的审计程序
    - 对识别出的或怀疑存在的违反法律法规行为的报告

■ 重要的名词术语

舞弊：是指被审计单位的管理层、治理层、员工或第三方使用欺骗手段获取不当或非法利益的故意行为。

舞弊三角：是指实施舞弊的动机或压力、实施舞弊的机会、为舞弊行为寻找借口的能力。

违反法律法规行为:是指被审计单位有意或无意地违反会计准则和相关会计制度之外的法律法规的行为。违反法规行为具体涉及下列三个方面:①被审计单位从事的违反法规行为;②以被审计单位名义从事的违反法规行为;③管理层或员工以被审计单位名义从事的违反法规行为,但不包括管理层和员工个人从事的、与被审计单位经营活动无关的不当行为。

思考与练习

一、思考题

1. 舞弊的种类有哪些?

2. 注册会计师发现舞弊的责任是什么?

3. 识别和评估舞弊风险的审计程序有哪些?

4. 针对舞弊导致的认定层次的重大错报风险,注册会计师可采取的审计程序有哪些?

5. 针对管理层凌驾于控制之上的风险应实施的审计程序有哪些?

6. 识别出或怀疑存在违反法律法规的行为,注册会计师应采取的措施有哪些?

二、选择题

1. 注册会计师应考虑通过(　　)方式,应对舞弊导致的认定层次的重大错报风险。

A. 复核会计估计是否有失公允,从而识别可能产生舞弊导致的重大错报

B. 改变实施实质性程序的时间,包括在期末或者是接近期末实施实质性程序,或针对本期较早期间发生的交易事项或贯穿于整个本期的交易事项实施测试

C. 改变审计程序的范围,包括扩大样本,采用更详细的数据实施分析性程序

D. 审计程序的性质,以获取更为可靠的、相关的审计证据,或获取其他佐证性信息,包括更加重视实地观察或检查,在实施函证时改变常规函证内容,询问被审计单位的非财务人员

2. 在识别和评估因舞弊导致的财务报表重大错报风险时,下列做法正确的是(　　)。

A. 考虑是否存在舞弊风险因素

B. 考虑在实施分析性程序时发现的异常关系或偏离预期的关系

C. 考虑客户承接和续约过程中获取的信息

D. 询问管理层针对舞弊设计和实施的内部控制

3. 在实施审计过程中,发现财务经理贪污 5 万元,对该事项,注册会计师应当采取的措施有(　　)。

A. 重新评估舞弊导致的重大错报风险,并考虑重新评估结果对审计程序性质、时间和范围的影响

B. 直接向监管机构报告

C. 尽早向公司治理层报告

D. 重新考虑此前获取的审计证据的可靠性

4. 注册会计师实施(　　)审计程序,有可能发现被审计单位可能存在影响财务报表的违反法律法规的行为。

A. 阅读会议记录

B. 向管理层和法律顾问询问有关诉讼、索赔和税务纠纷情况

C. 对各类交易、账户余额和列报实施实质性程序

D. 检查被审计单位与许可证颁发机构或监管机构的往来函件

5. 下列有关对法律法规考虑的说法中，不正确的是(　　)。

A. 违反法规行为，是被审计单位有意或无意地违反会计准则和相关会计制度的法律法规的行为

B. 保证经营活动符合法律法规的规定，防止和发现违反法规行为是被审计单位管理层的责任

C. 违反法规行为与通常反映在财务报表中的交易和事项相关度越小，注册会计师越不可能注意到或识别出可能存在的违反法规行为

D. 注册会计师执行财务报表审计业务的目标和责任在于对财务报表发表审计意见。注册会计师的这一责任不能与被审计单位管理层的责任相混淆，更不能以注册会计师对财务报表的审计代替管理层应承担的遵守法律法规的责任

三、案例分析题

A 注册会计师在对 X 公司审计的过程中，获得了如下有关 X 公司的信息。

(1) 治理层为管理层设定了过高的销售业绩激励指标。

(2) 某高级管理人员近来投资失利，导致债台高筑。

(3) X 公司管理层不重视相关控制，容忍小额盗窃资产的行为。

(4) 从事超出正常经营过程的重大关联方交易。

(5) 管理层在会计、审计和报告事项上经常与现任或前任注册会计师产生争议。

(6) 高级管理人员和治理层频繁更换。

(7) X 公司在市场上竞争激烈，利润率在逐步下滑。

(8) 出纳预知 X 公司近期会发生裁员，且认为个人报酬过低。

(9) X 公司众多员工对公司晋升及奖励机制不满。

(10) X 公司产品体积小、价值高且易于流转。

(11) X 公司对资产的记录不充分。

(12) 高级管理人员缺乏士气。

要求：根据对舞弊风险因素的区分，将上述信息分类归入下表中(每一项信息勿重复)。

与编制虚假财务报告导致的错报相关			与侵占资产导致的错报相关		
动机或压力	机会	态度或借口	动机或压力	机会	态度或借口

第八章　其他特殊项目的审计

本章要点

- 了解和掌握会计估计审计
- 了解和掌握关联方交易审计
- 了解和掌握期初余额审计
- 了解和掌握期后事项和或有事项的识别和审计
- 了解和掌握对被审计单位持续经营能力的评价

适用的准则和规范

- 《中国注册会计师审计准则第 1321 号——审计会计估计(包括公允价值会计估计)和相关披露》
- 《中国注册会计师审计准则第 1323 号——关联方》
- 《中国注册会计师审计准则第 1331 号——首次审计业务涉及的期初余额》
- 《中国注册会计师审计准则第 1324 号——持续经营》
- 《中国注册会计师审计准则第 1332 号——期后事项》

引例　特殊项目审计的特点

在会计报表审计中，除了前面讲述的货币资金等具体会计报表项目审计以外，还有一些特殊项目审计。之所以称为特殊项目，是由于对会计估计、关联方、期初余额等特殊项目的审计通常具有内容特殊、性质敏感、金额较大、情况复杂等特点，对其中某些项目，我国财政部还制定了相应的企业会计准则，因此，审计实务往往由专业理论知识比较扎实、职业经验比较丰富的注册会计师专门实施，并单独编制相应的审计工作底稿。

第一节　会计估计审计

一、会计估计的性质

会计估计是指在缺乏精确计量手段的情况下采用的某项金额的近似值。会计估计一般包括存在估计不确定性时以公允价值计量的金额，以及其他需要估计的金额。例如，对应收款项估计坏账准备，对存货估计跌价准备，对长期股权投资估计减值准备，对固定资产估计折旧年限或总工作量、净残值和减值准备，对在建工程估计减值准备，对无形资产估计收益期限和减值准备，在建造合同中确认收入及费用时采用完工百分比法估计完工进度，估计未决诉讼损失和产品质量保证准备金，以及在资产负债表债务法下对递延所得税资产和递延所得税负债的估计。

被审计单位管理层应当对其作出的包括财务报表中的会计估计负责。而按照中国注册会计师审计准则的规定，获取充分、适当的审计证据，评价被审计单位作出的会计估计是否合理、披露是否充分，则是注册会计师的责任。

会计估计通常是被审计单位在不确定情况下作出的，其准确程度取决于管理层对不确定的交易或事项的结果作出的主观判断。由于会计估计的主观性、复杂性和不确定性，管理层作出的会计估计发生重大错报的可能性比较大，注册会计师应当按照《中国注册会计师审计准则第 1211 号——了解被审计单位及其环境并评估重大错报风险》的规定，确定会计估计的重大错报风险是否属于特别风险。

值得注意的是，管理层为达到预期结果，可能会利用会计估计的上述特征，误用、滥用会计估计，或者不恰当地调整会计估计所依据的假设及改变原先作出的判断，凌驾于有关会计估计的内部控制之上，从而增大财务报表出现重大错报的可能性。注册会计师应当按照《中国注册会计师审计准则第 1141 号——财务报表审计中与舞弊相关的责任》并针对该风险审计和实施进一步审计程序。

二、会计估计的审计目标

注册会计师的目标是，获取充分、适当的审计证据以确定以下各项。

（1）根据适用的财务报告框架，财务报表中确认或披露的会计估计（包括公允价值会计估计）是否合理。

（2）根据适用的财务报告框架，财务报表中的相关披露是否充分。

同步案例 8-1

AA 公司是国有法人成立的有限责任公司，主要经营水力发电业务。截至 2×20 年 12 月 31 日，AA 公司的资产总额为 450 000 万元，负债总额为 340 000 万元，2×20 年度利润总额为 3 000 万元，公司的经济事项及会计处理：AA 公司资产的主要构成为固定资产，其中大坝资产金额为 350 000 万元，按 60 年折旧计提，净残值率为 2%，年折旧额为 5 717 万元。该公司以前年度财务报表未经过审计，2×20 年按照股东的要求，需要提交经审计的财务报表，故聘请会计师事务所对其财务报表进行审计。

注册会计师对固定资产实施的审计程序：①根据公司的折旧政策重新测算了大坝应累计折旧，并实施了将其与 AA 公司账面累计折旧核对的工作；②通过检查大坝决算文件及大坝运行记录、观察大坝运行情况，得出资产存在状况良好的结论；③实施上述审计程序后确认了资产的期末计价。

在审计中，注册会计师未对公司选择和运用的会计政策是否符合适用的会计准则和相关会计制度作出评价，也未对固定资产折旧年限这一重要的会计估计是否合理实施审计程序并获取有效的审计证据。

提示：被审计单位以前年度财务报表未经审计，故本次注册会计师为首次接受业务委托，因此注册会计师应当获取充分、适当的审计证据以确定被审计单位是否一贯运用恰当的会计政策，或对会计政策的变更作出正确的会计处理和恰当的列报①。

三、风险评估程序和相关活动

在实施风险评估程序和相关活动，以了解被审计单位及其环境时，注册会计师应当了解下列内容，作为识别和评估会计估计重大错报风险的基础。

1. 了解适用的会计准则和相关会计制度中有关会计估计的要求

通过了解相关要求，可以帮助注册会计师明确适用的会计准则和相关会计制度中所规定的会计估计的确认条件或计量方法，某些允许或要求采用公允价值计量的条件以及要求作出或允许作出的披露。同时也为注册会计师就被审计单位如何运用适当的会计准则和相关会计制度中有关会计估计的规定与管理层进行讨论提供了基础。

2. 了解管理层如何识别是否需要作出会计估计

了解管理层如何识别需要作出会计估计的交易、事项和情况，管理层负责作出会计估计，并在必要时建立计量会计估计的程序，包括恰当的内部控制等。注册会计师可以询问管理层是否已考虑下列情况的变化：①企业可能已从事需要作出会计估计的新型交易；②需要作出会计估计的交易条款可能已改变；③适用的会计准则和相关会计制度中有关会计估计的要求可能已发生变化；④法规或管理层无法控制的其他变化可能要求管理层修订原有的会计估计或作出新的会计估计；⑤需要作出会计估计的新情况或事项。

3. 了解管理层如何作出会计估计

管理层作出会计估计的方法和依据包括以下各项：

(1) 用以作出会计估计的方法，包括模型(如适用)。有时，适用的财务报告编制基础可能规定会计估计的计量方法，如计量公允价值会计估计的特定模型。但在许多情况下，适用的财务报告编制基础没有规定计量方法，或可能规定了多种可供选择的计量方法。

当适用的财务报告编制基础没有规定具体环境下采用的特定计量方法时，注册会计师在了解管理层作出会计估计所采用的方法或模型(如适用)时可能考虑的事项包括：①在选择特定方法时，管理层如何考虑需要作出估计的资产或负债的性质；②被审计单位是否在某些业务领域、行业或环境中从事经营活动，而这些业务领域、行业或环境存在用于作出特定类型会计估计的通用方法。

如果管理层作出会计估计时采用了内部开发的模型或偏离了某一特定行业或环境中所采用的通用方法，则可能存在更大的重大错报风险。

(2) 相关控制。编制财务报表也要求管理层建立针对会计估计的财务报告过程(包括适当的内部控制)。这些过程通常包括：①选择适当的会计政策，并规定作出会计估计的流程，包括适当的估计或估值的方法或模型(如适用)；②形成或识别影响会计估计的相关数据和假设；③定期复核需要作出会计估计和在必要时重新作出会计估计的情形。

在了解相关控制时，注册会计师可能考虑的事项包括作出会计估计的人员的经验与胜

① 林丽：《审计学》，清华大学出版社 2011 年版。

任能力，以及与下列情况相关的控制：①管理层如何确定作出会计估计所使用的数据的完整性、相关性和准确性；②由适当层级的管理层和治理层（如适用）对会计估计（包括使用的假设或输入数据）进行复核和批准；③将批准交易的人员和负责作出会计估计的人员进行职责分离，包括职责分配是否恰当地考虑了被审计单位的性质以及产品或服务的性质。

（3）管理层是否利用专家的工作。管理层可能拥有作出点估计必要的经验和胜任能力，或者被审计单位可能雇用那些具备作出点估计必要的经验和胜任能力的人员。但在某些情况下，管理层可能需要聘请专家作出或者帮助其作出会计估计。

（4）会计估计所依据的假设。假设是会计估计不可或缺的组成部分。在了解构成会计估计基础的假设时，注册会计师可能考虑的事项包括：①假设的性质；②管理层如何评价假设是否相关和完整（即考虑了所有相关变量）；③管理层如何确定所采用假设的内在一致性（如适用）；④假设是否与管理层所能控制的事项相关（如对可能影响资产使用年限的维修计划的假设），以及这些假设是否与被审计单位的经营计划和外部环境相关，或者假设与管理层控制之外的事项相关（如对利率、死亡率、潜在的司法或监管行为或未来理金流量的变动和时间安排的假设）；⑤支持假设的文件记录（如存在）的性质和范围。管理层可能使用来源于内部和外部不同类型的信息来支持假设，这些信息的相关性和可靠性各不相同。

（5）用以作出会计估计的方法是否已经发生或应当发生不同于上期的变化以及变化的原因。在评价管理层如何作出会计估计时，注册会计师需要了解用以作出会计估计的方法与前期相比是否已经发生变化或应当发生变化。当影响被审计单位的环境或情况，或者适用的财务报告编制基础的要求发生变化时，需要改变估计方法加以应对。如果管理层改变了用于作出会计估计的方法，则注册会计师需要确定管理层能够证明新方法更加恰当，或者新方法本身就是对变化的应对。

（6）管理层是否评估以及如何评估估计不确定性的影响。在了解管理层是否以及如何评估估计不确定性的影响时，注册会计师可能考虑的事项包括：①管理层是否已经考虑以及如何考虑各种可供选择的假设或结果，如通过敏感性分析确定假设变化对会计估计的影响；②当敏感性分析表明存在多种可能结果时，管理层如何作出会计估计；③管理层是否监控上期作出会计估计的结果，以及管理层是否已恰当应对实施监控程序的结果。④复核前期财务报表中作出的会计估计的结果，或对其进行重新估计。

注册会计师应当复核上期财务报表中会计估计的结果，或者复核管理层在本期财务报表中对上期会计估计作出的后续重新估计（如适用）。在确定复核的性质和范围时，注册会计师应当考虑会计估计的性质，以及复核时获取的信息是否可能与识别和评估本期财务报表中会计估计的重大错报风险相关。但是，注册会计师复核的目的不是质疑上期依据当时可获得的信息而作出的判断。

会计估计的结果与上期财务报表中已确认金额之间的差异，并不必然表明上期财务报表存在错报。但是，由于没有运用或错误运用下列两类信息而产生的差异可能表明上期财务报表存在错报：①在上期财务报表编制完成阶段管理层可以获得的信息；②合理预期管理层已经获得并在编制和列报财务报表时已予以考虑的信息。

四、识别并评估会计估计的重大错报风险

注册会计师应当识别与评估会计估计存在的重大错报风险，评价被审计单位管理层是否恰当运用会计准则中的相关规定；判断被审计单位作出会计估计的方法是否恰当，是否得到一贯运用；明确会计估计不确定性的影响因素并判断是否会导致特别风险。

（一）管理层是否恰当运用会计估计相关准则

许多财务报告编制基础规定会计估计的确认条件，并详细说明作出会计估计的方法和需要作出的披露。这些规定可能较为复杂，并要求运用判断。根据实施风险评估程序时了解的情况，注册会计师需要重点关注适用的财务报告编制基础中容易被误用或产生不同解释的相关要求。

注册会计师确定管理层是否恰当地遵守适用的财务报告编制基础的要求，在某种程度上依据其对被审计单位及其环境的了解。例如，对某些项目（如在企业并购中获得的无形资产）的公允价值进行计量需要特别考虑被审计单位的性质及其经营活动的影响。

在某些情况下，为了确定管理层是否恰当地遵守适用的财务报告编制基础的要求，注册会计师有必要实施追加的审计程序，如检查资产当前实物状况。

（二）作出会计估计的方法是否恰当，是否得到一贯运用

在情况没有发生变化或没有出现新的信息时，对会计估计或估计方法作出改变是武断的。武断的改变会导致各期财务报表不一致，并可能产生财务报表重大错报，或显示存在管理层偏向。因此，注册会计师考虑会计估计或其估计方法自上期以来发生的变化是非常重要的。

管理层通常能够为不同期间基于环境的变化对会计估计或其估计方法的改变提供很好的理由。注册会计师需要根据判断确定该理由支持管理层观点（即环境已经发生变化，需要对会计估计或其估计方法作出改变）的充分性。

（三）会计估计不确定性的影响因素

在识别和评估重大错报风险时，注册会计师应当评价与会计估计相关的估计不确定性的程度，并根据职业判断确定识别出的具有高度估计不确定性的会计估计是否会导致特别风险。

1. 估计不确定性

与会计估计相关的估计不确定性的程度受下列因素的影响：

（1）会计估计对判断的依赖程度。

（2）会计估计对假设变化的敏感性。

（3）是否存在可以降低估计不确定性的经认可的计量技术。

（4）预测期的长度和从过去事项得出的数据对预测未来事项的相关性。

（5）是否能够从外部来源获得可靠数据。

（6）会计估计依据可观察到的或不可观察到的输入数据的程度。

在评估重大错报风险时，注册会计师考虑的事项也可能包括以下事项。

（1）会计估计的实际的或预期的重要程度。

（2）会计估计的记录金额（即管理层的点估计）与注册会计师预期应记录金额的差异。

（3）管理层在作出会计估计时是否利用专家工作。

（4）对上期会计估计进行复核的结果。

2. 具有高度估计不确定性的会计估计

可能存在高度估计不确定性的会计估计的例子很多，比如以下各项：

（1）高度依赖判断的会计估计，如对未决诉讼的结果或未来现金流量的金额和时间安排的判断，而未决诉讼的结果或未来现金流量的金额和时间安排取决于多年后才能确定结果的不确定事项。

（2）未采用经认可的计量技术计算的会计估计。

（3）注册会计师对上期财务报表中类似会计估计进行复核的结果表明最初会计估计与实际结果之间存在很大差异，在这种情况下管理层作出的会计估计。

（4）采用高度专业化的、由被审计单位自主开发的模型，或在缺乏可观察到的输入数据的情况下作出的公允价值会计估计。

在某些情况下，估计不确定性非常高，以致难以作出合理的会计估计。因此，适用的财务报告编制基础可能禁止在财务报表中对此进行确认或以公允价值计量。在这种情况下，特别风险不仅与会计估计是否应予确认或以公允价值计量相关，而且与披露的充分性相关。针对这种会计估计，适用的财务报告编制基础可能要求披露会计估计和与之相关的高度估计不确定性。如果认为会计估计导致特别风险，注册会计师需要了解与会计估计相关的控制，包括控制活动。如果会计估计的估计不确定性可能导致对被审计单位的持续经营能力产生重大疑虑，《中国注册会计师审计准则第 1324 号——持续经营》及其应用指南针对这种情况作出了规定并提供了指引。

五、针对会计估计的重大错报风险的应对措施

注册会计师应当设计和实施进一步审计程序，获取充分、适当的审计证据，以判断特定环境下的会计估计是否合理，并在必要时是否得以充分披露。在审计会计估计时注册会计师应当采取下列一种或多种审计程序。

（一）确定截至审计报告日发生的事项是否提供有关会计估计的审计证据

截至审计报告日发生的事项有时可能提供有关会计估计的充分、适当的审计证据。例如，期后不久出售某被替代的产品的全部存货，可能提供有关其可变现净值估计的审计证据。如果截至审计报告日可能发生的事项预期发生并提供用以证实或否定会计估计的审计证据，确定这些事项是否提供有关会计估计的审计证据可能是恰当的应对措施。在这种情况下，可能没有必要对会计估计实施追加的审计程序。

而对于某些会计估计，截至审计报告日发生的事项不可能提供审计证据。例如，与某些会计估计相关的情况或事项需要较长时间才有进展；同样，由于公允价值会计估计的计量目标，期后信息可能不反映财务报表存在的事项或情况，因而可能与公允价值会计估计的计量无关。注册会计师对此可能采取的应对重大错报风险的其他措施将在后文述及。并且，即使决定对特定会计估计不采取这种方法，注册会计师仍需要遵守《中国注册会计师审计准则

第1332号——期后事项》及其应用指南的相关规定。注册会计师需要实施审计程序，获取充分、适当的审计证据，以确定财务报表日至审计报告日之间发生的、需要在财务报表中调整或披露的事项是否已经按照适用的财务报告编制基础在财务报表中得到恰当反映。由于除公允价值会计估计外的许多会计估计的计量通常取决于未来情况、交易或事项的结果，《中国注册会计师审计准则第1332号——期后事项》规定的审计工作对于这些会计估计尤为相关。

（二）测试管理层如何作出会计估计以及会计估计所依据的数据

在进行测试时，注册会计师应当评价：①采用的计量方法；②确定的计量目标；③管理层使用的假设是否合理；④测试会计估计所依据的数据的准确性、完整性和相关性，以及管理层是否使用这些数据和假设恰当地作出会计估计；⑤考虑外部数据或信息的来源、相关性和可靠性，包括从管理层聘请的、用以协助其作出会计估计的外部专家那里获取的数据或信息；⑥重新计算会计估计，并复核有关会计估计信息的内在一致性；⑦考虑管理层的复核和批准流程。

下面，着重就评价计量方法、评价模型的使用和评价管理层使用的假设三个方面进行讨论。

1. 评价计量方法

为了评价计量方法是否适用于具体情况，注册会计师可能需要考虑如下事项：

（1）管理层选择计量方法的理由是否合理。

（2）管理层是否充分评价和恰当运用适用的财务报告编制基础提供的、用以支持所选择的计量方法的标准（如存在）。

（3）根据被估计的资产或负债的性质和适用的财务报告编制基础的要求，评价计量方法是否适用于具体情况。

（4）计量方法相对于被审计单位开展的业务、所处行业和环境是否恰当。

在某些情况下，管理层可能已确定采用不同的估计方法会导致一系列显著不同的会计估计。在这种情况下，了解被审计单位如何调查导致这些差异的原因可能有助于注册会计师评价管理层所选择方法的恰当性。

2. 评价模型的使用

在某些情况下，特别是作出公允价值会计估计时，管理层可能使用模型。使用的模型是否适用于具体情况，可能取决于多种因素，如被审计单位的性质及其环境，包括被审计单位所处的行业和需要计量的特定资产或负债。

根据所处的不同环境，在测试模型时，注册会计师可能需要考虑一些事项，这些事项的相关程度取决于具体情况，包括模型是否公开供特定部门或行业使用，或是专有的模型。在某些情况下，被审计单位可能利用专家来开发和测试模型。这些事项包括：

（1）在使用前是否验证模型，并定期复核以确保其能持续满足预定用途。

（2）是否存在针对模型变更的恰当控制政策和程序。

（3）是否定期校准和测试模型的有效性，特别是当输入数据具有主观性时。

（4）是否对模型输出数据作出调整，包括作出公允价值会计估计时，这些调整是否反映市场参与方在类似环境中所使用的假设。

(5) 模型是否得到恰当记录，包括模型的特定用途、局限性和关键参数、要求的输入数据和实施验证分析的结果。

3. 评价管理层使用的假设

首先应当明确的是，注册会计师对管理层使用的假设的评价，仅以其在审计时可获得的信息为基础。针对管理层假设而实施审计程序是为了财务报表审计的目的，而不是为了针对假设本身发表意见。

在评价管理层使用的假设的合理性时，注册会计师可能需要考虑：

(1) 单项假设是否显得合理。

(2) 假设是否相互依赖且具有内在一致性。

(3) 当将这些假设汇总起来考虑或结合其他假设考虑时，无论是对于特定会计估计还是其他会计估计，这些假设是否显得合理。

(4) 对于公允价值会计估计，假设是否恰当地反映可观察到的市场假设。

(三) 测试与管理层如何作出会计估计相关的控制的运行有效性，并实施恰当的实质性程序

审计准则规定，当存在下列情形之一时，注册会计师需要测试控制运行的有效性。

(1) 在评估认定层次重大错报风险时，预期针对会计估计流程的控制的运行是有效的。

(2) 仅实施实质性程序不能提供认定层次充分、适当的审计证据。

如果管理层作出会计估计的流程的设计、执行和维护良好，测试管理层如何作出会计估计相关的控制运行的有效性可能是适当的。这样的例子比如：存在适当层级的管理层和治理层(如适用)对会计估计进行复核和批准的控制；会计估计源于审计单位会计系统对数据的常规处理。

(四) 作出注册会计师的点估计或区间估计，以评价管理层的点估计

注册会计师应当针对下列两种情况分别予以处理：

(1) 如果使用有别于管理层的假设或方法，注册会计师应当充分了解管理层的假设或方法，以确定注册会计师在作出点估计或区间估计时已考虑了相关变量，并评价与管理层的点估计存在的任何重大差异。

注册会计师的点估计或区间估计，是指从审计证据中得出的、用于评价管理层点估计的金额或金额区间。当注册会计师作出点估计或区间估计并使用有别于管理层的假设或方法时，注册会计师需要充分了解管理层在作出会计估计时使用的假设或方法。这种了解可能向注册会计师提供与其作出恰当点估计或区间估计相关的信息，并有助于了解和评价任何有别于管理层点估计的重大差异。例如，差异可能源于注册会计师与管理层使用不同但同样有效和假设。这可能显示出会计估计对某些假设高度敏感，因此，受高度估计不确定性的影响，这意味着会计估计可能存在特别风险。此外，差异也可能是由于管理层造成的事实错误所导致。根据具体情况，注册会计师在得出结论时，与管理层使用的假设的基础及其有效性、作出会计估计的方法差异(如存在)进行讨论可能是有帮助的。

(2) 如果认为使用区间估计是恰当的，注册会计师应当基于可获得的审计证据来缩小区间估计，直至该区间估计范围内的所有结果均可被视为合理。

当注册会计师认为运用区间估计（注册会计师的区间估计）来评价管理层点估计的合理性是恰当的时，作出的区间估计需要包括所有“合理”的结果而不是所有可能的结果。这是因为包括所有可能结果的区间估计太宽泛以至于不能有效地确定会计估计是否存在错报。如果注册会计师的区间估计范围足够小以至于能够确定会计估计是否存在错报，它就是有用和有效的。

通常情况下，当区间估计的区间已缩小至等于或低于实际执行的重要性时，该区间估计对于评价管理层的点估计是适当的。而对于某些特定行业，可能难以将区间缩小至低于某一金额。这并不必然否定管理层对会计估计的确认，但是可能意味着与会计估计相关的估计不确定性可能导致特别风险。

六、实施进一步实质性程序以应对特别风险

在审计导致特别风险的会计估计时，注册会计师在实施进一步实质性程序时需要重点评价：①管理层是如何评估估计不确定性对会计估计的影响，以及这种不确定性对财务报表中会计估计的确认的恰当性可能产生的影响的；②相关披露的充分性。

（一）评价管理层是否适当处理估计不确定性

对导致特别风险的会计估计，除实施《中国注册会计师审计准则第1231号——针对评估的重大错报风险采取的应对措施》规定的其他实质性程序外，注册会计师还应当实施以下审计程序。

1. 评价管理层如何考虑替代性的假设或结果，以及拒绝采纳的原因，或者在管理层没有考虑替代性的假设或结果的情况下，评价管理层在作出会计估计时如何处理估计不确定性

管理层可能根据具体情况采用多种方法评价会计估计的可供选择的假设或结果。方法之一是敏感性分析，可能涉及确定会计估计的金额如何随着假设的不同而变化。即使对于公允价值会计估计，由于不同市场参与方使用不同的假设，会计估计仍然可能存在差异。敏感性分析可能针对“乐观”和“悲观”等不同情形得出一系列结果。敏感性分析结果可能表明会计估计对特定假设的变化不敏感，也可能表明会计估计对一个或多个假设敏感，因而这些假设成为注册会计师重点关注的对象。

在处理估计不确定性时，某种特定方法（如敏感性分析）并不一定比其他方法更合适，管理层也并不一定需要通过细致的过程和详尽的记录来体现对可供选择的假设或结果的考虑。重要的是管理层是否已评估了估计不确定性影响会计估计的方式，而不是所采用的具体评估方法。相应地，当管理层没有考虑可供选择的假设或结果时，注册会计师有必要与管理层讨论其如何处理估计不确定性对会计估计的影响，并要求管理层提供支持性证据。

2. 评价管理层使用的重大假设是否合理

如果在作出会计估计时运用的某些假设的合理变化可能对会计估计的计量产生重大影响，则这些假设被视为重大假设。

注册会计师从管理层建立的持续战略分析和风险管理流程中可能获得相关信息，以支持管理层根据其了解的情况作出的重大假设。

3. 当管理层实施特定措施的意图和能力与其使用的重大假设的合理性或对适用的财务报告编制基础的恰当应用相关时，评价这些意图和能力

（二）作出区间估计

如果根据职业判断认为管理层没有适当处理估计不确定性对导致特别风险的会计估计的影响，注册会计师应当在必要时作出用于评价会计估计合理性的区间估计。

在编制财务报表时，管理层可能确信已经适当地处理了估计不确定性对导致特别风险的会计估计的影响。但是，在某些情况下，注册会计师可能认为管理层的工作是不够的。例如，注册会计师可能作出以下判断：

(1) 通过评价管理层如何处理估计不确定性的影响不能获取充分、适当的审计证据。

(2) 有必要进一步分析与会计估计相关的估计不确定性的程度。例如，注册会计师注意到类似环境下类似会计估计的结果存在较大差别。

(3) 不大可能通过如复核截至审计报告日发生的事项等审计程序获得其他审计证据。

(4) 可能有迹象表明管理层在作出会计估计时存在管理层偏向。

（三）确定确认和计量的标准是否符合适用的编制基础

对导致特别风险的会计估计，注册会计师应当获取充分、适当的审计证据，以确定下列方面是否符合适用的财务报告编制基础的规定。

1. 管理层对会计估计在财务报表中予以确认或不予确认的决策

如果管理层在财务报表中确认一项会计估计，注册会计师评价的重点是会计估计的计量是否足够可靠，能否满足适用的财务报告编制基础规定的确认标准。对于没有在财务报表中确认的会计估计，注册会计师评价的重点是会计估计是否在实质上已满足适用的财务报告编制基础规定的确认标准。即使某一项会计估计没有得到确认，且注册会计师认为这种处理是恰当的，可能仍然有必要在财务报表附注中披露具体情况。注册会计师也可能认为有必要在审计报告中增加强调事项段，以提醒财务报表使用者关注重大不确定性的存在。

2. 作出会计估计所选择的计量基础

对于公允价值会计估计，某些适用的财务报告编制基础在要求或者允许进行公允价值计量和披露时，是以公允价值可以可靠计量这一假定作为前提条件的。在某些情况下，如不存在恰当的计量方法或基础，这种假定可能不成立。在这种情况下，注册会计师评价的重点是管理层用以推翻适用的财务报告编制基础所规定的与采用公允价值相关的假定的依据是否恰当。

七、评价会计估计的合理性并确定错报

注册会计师应当根据获取的审计证据，评价财务报表中的会计估计在适用的财务报告编制基础下是合理的还是存在错报。根据获取的审计证据，注册会计师可能认为这些证据指向与管理层的点估计不同的会计估计。当审计证据支持点估计时，注册会计师的点估计与管理层的点估计之间的差异构成错报。当注册会计师认为使用其区间估计能够获取充分、适当的审计证据时，则在注册会计师区间估计之外的管理层的点估计得不到审计证据的支持。在这种情况下，错报不小于管理层的点估计与注册会计师区间估计之间的最小差异。

管理层根据其对环境变化的主观判断而改变某项会计估计，或者改变上期作出会计估计的方法时，基于获取的审计证据，注册会计师可能认为会计估计被管理层随意改变而产生错报，或者将其视为可能存在管理层偏向的迹象。

一项错报，无论是由于舞弊还是错误导致，当与会计估计相关时，可能是由于下列因素导致的：

(1) 毋庸置疑地存在错报(事实错报)。

(2) 由注册会计师认为管理层对会计估计作出的判断不合理，或认为管理层对会计政策的选择或运用不恰当而产生的差异(判断错报)。

(3) 注册会计师对总体中错报的最佳估计，包括由审计样本中识别出的错报推断出总体中的错报(推断错报)。

在某些涉及会计估计的情形中，错报可能由上述因素共同导致，因此难以或不可能区分出由哪一具体因素导致。

评价在财务报表附注中的会计估计和相关披露(无论是由适用的财务报告编制基础要求的还是属于自愿披露的)的合理性时考虑的事项，与在审计财务报表中确认的会计估计时考虑的事项在实质上是相同的。

八、其他相关审计程序

(一) 关注与会计估计相关的披露

注册会计师应当获取充分、适当的审计证据，以确定与会计估计相关的财务报表披露是否符合适用的财务报告编制基础的规定。对导致特别风险的会计估计，注册会计师还应当评价在适用的财务报告编制基础下，财务报表对估计不确定性的披露的充分性。

按照适用的财务报告编制基础列报财务报表，包括对重大事项的充分披露。适用的财务报告编制基础可能允许或规定与会计估计相关的披露，并且某些实体可能在财务报表附注中自愿披露额外信息。这些披露可能包括：

(1) 使用的假设。

(2) 使用的估计方法，包括适用的模型。

(3) 选择估计方法的基础。

(4) 改变上期估计方法产生的影响。

(5) 估计不确定性的原因和影响。

这些披露与财务报表使用者理解在财务报表中确认或披露的会计估计相关，注册会计师需要就其披露是否符合适用的财务报告编制基础的规定获取充分、适当的审计证据。

对具有特别风险的会计估计，即使已按照适用的财务报告编制基础的要求进行了披露，注册会计师仍可能根据所涉及的情况和事实认为对估计不确定性的披露是不充分的。会计估计可能结果的区间估计相对于重要性越大，注册会计师对估计不确定性的披露充分性的评价越重要。

当注册会计师认为管理层在财务报表中对估计不确定性的披露不充分或存在误导时，应当考虑其对审计报告的影响。

(二)识别可能存在管理层偏向的迹象

注册会计师应当复核管理层在作出会计估计时的判断和决策,以识别是否可能存在管理层偏向的迹象。

在审计过程中,注册会计师可能注意到管理层作出的、可能导致出现管理层偏向迹象的判断和决策。这些迹象可能影响注册会计师对有关风险评估结果和相关应对措施是否仍然恰当的判断,并且注册会计师可能有必要考虑对审计其他方面的影响。进一步讲,这些迹象可能影响注册会计师对财务报表整体是否不存在重大错报的评估。与会计估计相关的、可能存在管理层偏向迹象的例子包括:

(1) 管理层主观地认为环境已经发生变化,并相应地改变会计估计或估计方法。

(2) 针对公允价值会计估计,被审计单位的自有假设与可观察到的市场假设不一致,但仍使用被审计单位的自有假设。

(3) 管理层选择或作出重大假设以产生有利于管理层目标的点估计。

(4) 选择带有乐观或悲观倾向的点估计。

(三)获取书面声明

注册会计师应当向管理层和治理层(如适用)获取书面声明,以确定其是否认为在作出会计估计时使用的重大假设是合理的。

在审计过程中,注册会计师应当将识别出的可能存在管理层偏向的迹象形成审计工作底稿,这有助于注册会计师确定风险评估结果和相关应对措施是否仍然恰当,以及评价财务报表整体是否不存在重大错报。

同步思考8-1

如何根据会计估计的高度不确定性判断其会导致的特别风险?

第二节 关联方交易审计

一、关联方及关联方交易的概念

在适用的财务报告框架对关联方作出规定的情况下,关联方是指财务报告框架定义的关联方。《企业会计准则第36号——关联方披露》规定,一方控制、共同控制另一方或对另一方施加重大影响,以及两方或两方以上同受一方控制、共同控制或重大影响的,构成关联方。

关联方交易是指关联方之间转移资源、劳务或义务的行为,而不论是否收取价款。关联方交易的类型通常包括:购买或销售商品,购买或销售商品以外的其他资产,提供或接受劳务、担保、提供资金(贷款或股权投资)、租赁、代理、研究与开发项目的转移、许可协议、代表企业或由企业代表另一方进行债务结算,关键管理人员薪酬等。

许多关联方交易是在正常经营过程中发生的,与类似的非关联方交易相比,这些关联方交易可能并不具有更高的财务报表重大错报风险。但是,在某些情况下,关联方关系及其交易的性质可能导致关联方交易比非关联方交易具有更高的财务报表重大错报风险。例如：

(1) 关联方可能通过广泛而复杂的关系和组织结构进行运作，相应增加关联方交易的复杂程度。

(2) 信息系统可能无法有效识别或汇总被审计单位与关联方之间的交易和未结算项目的金额。

(3) 关联方交易可能未按照正常的市场条款和条件进行。例如，某些关联方交易可能没有相应的对价。

二、关联方交易的审计目标

注册会计师的审计目标是：

(1) 无论适用的财务报告框架是否对关联方作出规定，充分了解关联方关系及其交易，以便能够确认由此产生的、与识别和评估由于舞弊导致的重大错报风险相关的舞弊风险因素(如有)；根据获取的审计证据，就财务报表受到关联方关系及其交易的影响而言，确定财务报表是否实现公允反映，或是否不存在误导。

(2) 如果适用的财务报告框架对关联方作出规定，获取充分、适当的审计证据，确定关联方关系及其交易是否已按照适用的财务报告框架得到恰当识别、会计处理和披露。

三、风险评估程序和相关工作

注册会计师在审计过程中应当实施风险评估程序和相关工作，以获取与识别关联方关系及其交易相关的重大错报风险的信息。

(一) 了解关联方关系及其交易

1. 项目组内部的讨论

项目部按照《中国注册会计师审计准则第 1211 号——通过了解被审计单位及其环境识别和评估重大错报风险》和《中国注册会计师审计准则第 1141 号——财务报表审计中与舞弊相关的责任》的规定进行内部讨论时，应当特别考虑由于关联方关系及其交易导致的舞弊或错误使得财务报表存在重大错报的可能性。

项目组内部讨论的内容可能包括以下各项。

(1) 关联方关系及其交易的性质和范围(如利用在每次审计后更新的有关识别出的关联方的记录进行讨论)。

(2) 强调在整个审计过程中对关联方关系及其交易导致的潜在重大错报风险保持职业怀疑的重要性。

(3) 可能显示管理层以前未识别或未向注册会计师披露的关联方关系或关联方交易的情形或状况(如被审计单位组织结构复杂，利用特殊目的实体从事表外交易，或信息系统不够完善)。

(4) 可能显示存在关联方关系或关联方交易的记录或文件。

(5) 管理层和治理层对关联方关系及其交易(如果适用的财务报告编制基础对关联方作出规定)进行识别、恰当会计处理和披露的重视程度，以及管理层凌驾于相关控制之上的风险。

在对舞弊进行讨论时，项目组内部讨论的内容还可能包括对关联方可能如何参与舞弊的特殊考虑。例如：①如何利用管理层控制的特殊目的实体进行利润操纵；②如何安排被审计单位与已知关键管理人员的商业伙伴之间进行交易，以达到侵占资产的目的。

2. 询问管理层

注册会计师应当向管理层询问下列事项：

(1) 关联方的名称和特征，包括关联方自上期以来发生的变化。

(2) 被审计单位和关联方之间关系的性质。

(3) 被审计单位在本期是否与关联方发生交易，如发生交易的类型、定价政策和目的。

如果适用的财务报告编制基础对关联方作出了规定，管理层可能容易获得有关关联方名称和特征的信息，因为被审计单位的信息系统需要记录、处理和汇总关联方关系及其交易，以满足适用的财务报告编制基础对关联方关系及其交易的会计处理和披露的要求。因此，管理层可能拥有关联方的详细清单以及自上期以来关联方发生变化情况的详细清单。在连续审计的情况下，向管理层进行询问，可以为注册会计师提供将其在以前审计中形成的有关关联方的工作记录与管理层提供的信息进行比较的基础。

如果适用的财务报告编制基础没有对关联方作出规定，被审计单位可能就没有上述信息系统。在这种情况下，管理层可能无法知悉所有关联方。尽管如此，管理层仍可能注意到存在关联方。在这种情况下，注册会计师对被审计单位关联方名称和特征的询问，可能构成其根据《中国注册会计师审计准则第 1211 号——通过了解被审计单位及其环境识别和评估重大错报风险》的规定所实施风险评估程序和相关活动的一部分。

如果被审计单位与另一实体受同一方控制，且这种关系对被审计单位具有重大经济影响，则管理层更可能注意到这种关系。此时，如果注册会计师重点询问与被审计单位从事重大交易或共享众多资源的另一实体是否为关联方，则询问可能更有效。

对于集团审计业务，审计准则要求集团项目组向组成部分注册会计师提供集团管理层编制的关联方清单，以及集团项目组知悉的任何其他关联方。如果被审计单位是集团的一个组成部分，这些信息有助于注册会计师就关联方的名称和特征向管理层进行询问。

当然，通过在业务接受或保持过程中对管理层的询问，注册会计师也可以获取有关关联方名称和特征的某些信息。

3. 与关联方关系及其交易相关的控制

如果管理层建立了下列与关联方关系及其交易相关的控制，注册会计师应当询问管理层和被审计单位内部其他人员，实施其他适当的风险评估程序，以获取对相关控制的了解：①按照适用的财务报告编制基础，对关联方关系及其交易进行识别、会计处理和披露；②授权和批准重大关联方交易和安排；③授权和批准超出正常经营过程的重大交易和安排。

执行审计工作的前提是管理层和治理层(如适用)已认可并理解其应当承担按照适用的财务报告编制基础编制财务报表，包括使其承担公允反映的责任，以及设计、执行和维护内部控制，使得编制的财务报表不存在由于舞弊或错误导致的重大错报的责任。因此，如果适用的财务报告编制基础对关联方作出规定，编制财务报表要求管理层在治理层的监督下设计、执行和维护与关联方关系及其交易相关的适当控制，使得关联方关系及其交易能够按照适用的财务报告编制基础的要求得到识别、适当的会计处理和披露。

治理层担当监督的角色，负责监督管理层如何履行这些控制责任。无论适用的财务报告编制基础是否对关联方作出规定，在履行监督责任的过程中，治理层需要向管理层获取信息，以了解关联方关系及其交易的性质和商业理由。

在实务中，由于某些原因，被审计单位可能不存在与关联方关系及其交易相关的控制或控制存在缺陷。例如：①管理层对识别和披露关联方关系及其交易的重视程度较低；②缺乏治理层的适当监督；③由于披露关联方可能会泄露管理层认为敏感的某些信息（如关联方交易涉及管理层家庭成员），管理层有意忽视相关控制；④管理层未能充分了解适用的财务报告编制基础对关联方的有关规定；⑤适用的财务报告编制基础没有对关联方披露作出规定。

如果这些控制无效或者不存在，注册会计师可能无法就关联方关系及其交易获取充分、适当的审计证据。在这种情况下，注册会计师需要考虑对审计工作（包括审计意见）的影响。

虚假财务报告通常与管理层凌驾于控制之上有关，而此时控制可能看似有效运行。如果管理层和参与交易的另一方之间具有控制或重大影响的关系，管理层凌驾于控制之上的风险就越高，其原因是这些关系可能表明管理层有更大的动机和机会实施舞弊。管理层在特定关联方中的财务利益可能驱使其通过下列方式凌驾于控制之上：①指示被审计单位从事损害自身利益但能够使关联方获益的交易；②与关联方串通或控制其行动。

实施舞弊的例子很多，例如：①虚构关联方交易条款，以对交易的商业理由作出不实表述；②采用欺诈方式，安排与管理层或其他人员之间按照显著高于或低于市价的金额进行资产转让交易；③与关联方（如特殊目的实体）从事复杂的交易，以使被审计单位财务状况或经营成果存在不实表述。

（二）在检查记录或文件时对关联方信息保持警觉

某些安排或其他信息可能显示管理层以前未识别或未向注册会计师披露的关联方关系或关联方交易，在审计过程中检查记录或文件时，注册会计师应当对这些安排或其他信息保持警觉。

1. 检查记录或文件

为确定是否存在管理层以前未识别或未向注册会计师披露的关联方关系或关联方交易，注册会计师应当对某些可能提供有关关联方关系及其交易信息的记录或文件进行检查。这些记录或文件可能是：

（1）注册会计师实施审计程序时获取的银行和律师的询证函回函。

（2）股东会和治理层会议的纪要。

（3）除了向银行和律师获取的询证函回函外，注册会计师自其他第三方取得的询证函回函。

（4）被审计单位的所得税纳税申报表。

（5）被审计单位提供给监管机构的信息。

（6）被审计单位的股东登记名册（用以识别主要股东）。

（7）管理层和治理层的利益冲突声明。

（8）被审计单位有关投资和养老金计划的记录。

（9）与关键管理层或治理层成员签订的合同和协议。

(10) 超出被审计单位正常经营过程的重要合同和协议。

(11) 被审计单位与专业顾问的往来函件和发票。

(12) 被审计单位购买的人寿保险保单。

(13) 被审计单位在报告期内重新商定的重要合同。

(14) 内部审计人员的报告。

(15) 被审计单位向证券监管机构报送的文件(如招股说明书)。

2. 询问管理层

在实施上述审计程序时,如果识别出被审计单位超出正常经营过程的重大交易,注册会计师应当向管理层询问这些交易的性质以及是否涉及关联方。

超出正常经营过程的交易的例子可能也包括:

(1) 复杂的股权交易,如公司重组或收购。

(2) 与处于公司法制不健全的国家或地区的境外实体之间的交易。

(3) 对外提供厂房租赁或管理服务,而没有收取对价。

(4) 具有异常大额折扣或退货的销售业务。

(5) 循环交易,如售后回购交易。

(6) 在合同期限届满之前变更条款的交易。

就超出正常经营过程的重大交易获取进一步的信息,有助于注册会计师评价是否存在舞弊风险因素,并能够在适用的财务报告编制基础对关联方作出规定的情况下识别重大错报风险。

注册会计师针对超出正常经营过程的重大交易的性质所进行的询问,通常涉及了解交易的商业理由、交易的条款和条件、如果交易涉及关联方,由于关联方参与超出正常经营过程的重大交易,可以通过成为交易的一方直接影响该交易,或是通过中间机构间接影响该交易,这些影响可能表明存在舞弊风险因素。

同步案例8-2

注册会计师张华审计A公司的固定资产时,经询问有关人员,获得A公司用一账面原值为1 000万元的综合楼为华丰公司提供贷款担保,华丰公司由于这项担保从银行获得贷款800万元。张华通过检查A公司董事会会议纪要、担保合同及其相关的文件,了解到华丰公司是A公司主要董事会成员现任总经理的妻子所开办的。根据注册会计师已掌握的A公司关联方资料,张华未发现A公司的资料中有华丰公司的有关资料,根据注册会计师审计准则的要求,张华应提请A公司在年度会计报表附注中给予充分的披露。

四、识别和评估重大错报风险

根据《中国注册会计师审计准则第1211号——通过了解被审计单位及其环境识别和评估重大错报风险》的规定,注册会计师应识别和评估关联方关系及其交易导致的重大错报风险,考虑特别风险以及关联方对被审计单位或管理层施加的支配性影响。

(一) 考虑特别风险

注册会计师应识别和评估与关联方及其交易有关的重大错报风险,并确定这些风险是否为特别风险。在确定时，注册会计师应当将识别出的、超出被审计单位正常经营过程的重大关联方交易导致的风险确定为特别风险。

（二）考虑支配性影响

如果在实施与关联方有关的风险评估程序和相关工作中识别出舞弊风险因素，包括与能够对被审计单位或管理层施加支配性影响的关联方有关的情形，注册会计师应当在识别和评估由于舞弊导致的重大错报风险时考虑这些信息。关联方施加的支配性影响可能表现在下列方面：

(1) 关联方否决管理层或治理层作出的重大经营决策；

(2) 重大交易需经关联方的最终批准；

(3) 对关联方提出的业务建议，管理层和治理层未曾或很少进行讨论；

(4) 对涉及关联方（或与关联方关系密切的家庭成员）的交易，极少进行独立复核和批准；

(5) 关联方对被审计单位的设立和日后经营管理均发挥主导作用。

在出现其他风险因素的情况下，存在具有支配性影响的关联方，可能表明存在由于舞弊导致的特别风险。例如：

(1) 异常频繁变更高级管理人员或专业顾问，可能表明被审计单位为关联方谋取利益而从事不道德或虚假的交易；

(2) 利用中间机构从事难以判断是否具有正当商业理由的重大交易，可能表明关联方出于欺诈目的，通过控制这些中间机构从交易中获利；

(3) 有证据显示关联方过度干涉或关注会计政策的选择或重大会计估计的作出，可能表明存在虚假财务报告。

五、针对重大错报风险的应对措施

针对评估的与关联方关系及其交易有关的重大错报风险，注册会计师应当设计和实施进一步审计程序，以获取充分、适当的审计证据。

（一）识别出可能表明存在管理层以前未识别出或未披露的关联方关系或交易的安排或信息

如果识别出可能表明存在管理层以前未识别出或未向注册会计师披露的关联方关系或交易的安排信息，注册会计师应当确定相关情况是否能够证实关联方关系或关联方交易的存在。

（二）识别出管理层以前未识别出或未披露的关联方关系或重大关联方交易

(1) 如果识别出管理层以前未识别出或未向注册会计师披露的关联方关系或重大关联方交易，注册会计师应当立即将相关信息向项目组其他成员通报。

及时向项目组成员传达有关新识别的关联方信息，有助于项目组成员确定这些信息是否对已实施风险评估程序的结果和由此得出的结论产生影响，包括是否需要重新评估重大错报风险。

(2) 在适用的财务报告编制基础对关联方作出规定的情况下，要求管理层识别与新识别出的关联方之间发生的所有交易，以便注册会计师作出进一步评价，并询问与关联方关系及其交易相关的控制为何未能识别或披露该关联方关系或交易。

(3) 对新识别出的关联方或重大关联方交易实施恰当的实质性程序。

注册会计师可能实施的实质性程序的例子包括:①询问被审计单位与新识别出的关联方之间的关系的性质,包括向对被审计单位及其业务非常了解的外部人士询问(如适用,并且法律法规或注册会计师职业道德守则未予禁止)。这些外部人士包括法律顾问、主要代理商、主要业务代表、咨询专家、担保人或其他关系密切的商业伙伴等。②分析与新识别出的关联方进行的交易的会计记录,可采用计算机辅助审计技术进行分析。③核实新识别出的关联方交易的条款和条件,评价是否已经按照适用的财务报告编制基础的规定对关联方交易进行恰当会计处理和披露。

(4) 重新考虑可能存在管理层以前未识别出或未向注册会计师披露的其他关联方或重大关联方交易的风险,如有必要,实施追加的审计程序。

(5) 如果管理层不披露关联方关系或交易看似是有意的,因而显示可能存在由于舞弊导致的重大错报风险,评价这一情况对审计的影响。注册会计师因此还可能考虑是否有必要重新评价管理层对询问的答复以及管理层声明的可靠性。

(三) 识别出超出正常经营过程的重大关联方交易

对于识别出的超出正常经营过程的重大关联方交易,注册会计师应当进行如下处理。

1. 检查相关合同或协议(如有)

如果检查相关合同或协议,注册会计师应当评价:

(1) 交易的商业理由(或缺乏商业理由)是否表明被审计单位从事交易的目的可能是为了对财务信息作出虚假报告或为了隐瞒侵占资产的行为。

(2) 交易条款是否与管理层的解释一致。

(3) 关联方交易是否已按照适用的财务报告编制基础得到恰当会计处理和披露。

2. 获取交易已经恰当授权和批准的审计证据

如果超出正常经营过程的重大关联方交易经管理层、治理层或股东(如适用)授权和批准,可以为注册会计师提供审计证据,表明该项交易已在被审计单位内部的适当层面进行了考虑,并在财务报表中恰当披露了交易的条款和条件。

如果存在未经授权和批准的这类交易,且注册会计师与管理层或治理层进行讨论后仍未获取合理解释,则可能表明存在由于舞弊或错误导致的重大错报风险。在这种情况下,注册会计师可能需要对其他类似性质的交易保持警觉。

当然,授权和批准本身不足以就是否不存在由于舞弊或错误导致的重大错报风险得出结论,原因在于如果被审计单位与关联方串通舞弊或关联方对被审计单位具有支配性影响,被审计单位与授权和批准相关的控制可能是无效的。

(四) 管理层在财务报表中作出认定

如果管理层在财务报表中作出认定,声明关联方交易是按照等同于公平交易中通行的条款执行的,注册会计师应当就该项认定获取充分、适当的审计证据。

针对关联方交易与类似公平交易的价格比较情况,注册会计师可以比较容易地获取审计证据。但实务中存在的困难,限制了注册会计师获取关联方交易与公平交易在所有其他方面都等同的审计证据。例如，注册会计师可能能够确定关联方交易是按照市场价格执行的，却不能确定该项交易的其他条款和条件（如信用条款、或有事项以及特定收费等）是否与独立各方之间通常达成的交易条款相同。因此，如果管理层认定关联方交易是按照等同于公平交易中通行的条款执行的，则可能存在重大错报风险。

根据《企业会计准则第 36 号——关联方披露》的规定，被审计单位管理层只有在提供确凿证据的情况下，才能披露关联方交易是公平交易。如果管理层认定关联方交易是按照等同于公平交易中通行的条款执行的，则管理层在编制财务报表时需要证实这项认定。管理层用于支持这项认定的措施可能包括：①将关联方交易条款与相同或类似的非关联方交易的条款进行比较；②聘请外部专家确定交易的市场价格，并确认交易的条款和条件；③将关联方交易条款与公开市场进行的类似交易的条款进行比较。因此，注册会计师应当检查关联方交易披露的充分性，同时就关联方交易为公平交易的披露进行评价。

如果无法获取充分、适当的审计证据，合理确信管理层关于关联方交易是公平交易的披露，注册会计师可以要求管理层撤销此披露。如果管理层不同意撤销，注册会计师应当考虑其对审计报告的影响。

六、评价会计处理和披露

当按照《中国注册会计师审计准则第 1501 号——对财务报表形成审计意见和出具审计报告》的规定对财务报表形成审计意见时，注册会计师应当评价：

（1）识别出的关联方关系及其交易是否已按照适用的财务报告编制基础得到恰当会计处理和披露。

（2）关联方关系及其交易是否导致财务报表未实现公允反映。《中国注册会计师审计准则第 1251 号——评价审计过程中识别出的错报》要求注册会计师在评价错报是否重大时，考虑错报的金额和性质以及错报发生的特定情况。对财务报表使用者而言，某项交易的重要程度，可能不仅取决于所记录的交易金额，还取决于其他特定的相关因素，如关联方关系的性质。

注册会计师按照适用的财务报告编制基础的规定，评价被审计单位对关联方关系及其交易的披露，需要考虑被审计单位是否已对关联方关系及其交易进行了恰当汇总和列报，以使披露具有可理解性。当存在下列情形之一时，表明管理层对关联方交易的披露可能不具有可理解性：①关联方交易的商业理由以及交易对财务报表的影响披露不清楚，或存在错报；②未适当披露为理解关联方交易所必需的关键条款、条件或其他要素。

七、其他相关审计程序

（一）获取书面声明

如果适用的财务报告编制基础对关联方作出规定，注册会计师应当向管理层和治理层（如适用）获取下列书面声明。

（1）已经向注册会计师披露了全部已知的关联方名称和特征、关联方关系及其交易。

（2）已经按照适用的财务报告编制基础的规定，对关联方关系及其交易进行了恰当的会计处理和披露。

在下列情况下，注册会计师向治理层获取书面声明可能是适当的：

(1) 治理层批准某项特定关联方交易，该项交易可能对财务报表产生重大影响或涉及管理层。

(2) 治理层就某些关联方交易的细节向注册会计师作出口头声明。

(3) 治理层在关联方或关联方交易中享有财务或者其他利益。

注册会计师还可能决定就管理层作出的某项特殊认定获取书面声明，如管理层对特殊关联方交易不涉及某些未予披露的“背后协议”的声明。

(二) 与治理层沟通

除非治理层全部成员参与管理被审计单位，注册会计师应当与治理层沟通审计工作中发现的与关联方相关的重大事项。

注册会计师与治理层沟通审计工作中发理的与关联方相关的重大事项，有助于双方就这些事项的性质和解决方法达成共识。与关联方相关的重大事项的例子包括：

(1) 管理层有意或无意未向注册会计师披露关联方关系或重大关联方交易。沟通这一情况可以提醒治理层关注以前未识别的重要关联方和关联方交易。

(2) 识别出的未经适当授权和批准的、可能产生舞弊嫌疑的重大关联方交易。

(3) 注册会计师与管理层在按照适用的财务报告编制基础的规定披露重大关联方交易方面存在分歧。

(4) 违反适用的法律法规有关禁止或限制特定类型关联方交易的规定。

(5) 在识别被审计单位最终控制方时遇到的困难。

同步思考8-2

关联方施加的支配性影响体现在哪些方面?

第三节 首次接受审计时对期初余额的审计

一、期初余额审计的总体要求

广义地讲，期初余额的审计既包括注册会计师首次接受委托对被审计单位的财务报表进行审计时所涉及的如何审计财务报表期初余额问题，也包括注册会计师执行连续审计业务时所涉及的如何审计财务报表期初余额问题。对于后者，注册会计师在当期审计中通常只需关注被审计单位经审计的上期期末余额是否已正确结转至本期，或在适当的情况下已作出重新表述，很少再实施其他专门的审计程序。因此，本节主要针对注册会计师首次接受委托对被审计单位的财务报表进行审计时所涉及的期初余额审计问题进行阐述。

注册会计师首次接受委托对被审计单位的财务报表进行审计，必然会面临如何审计财务报表期初余额问题，应当注意把握以下两个方面：

一方面，注册会计师应当保持应有的执业谨慎，充分考虑期初余额对所审计财务报表的影响。所谓应有的执业谨慎，是指注册会计师履行专业职责时应当具备足够的专业胜任能力，具有一丝不苟的责任感并保持应有的慎重态度。注册会计师在首次接受委托时会涉及期初余额，而期初余额是本期财务报表的基础，往往对本期财务报表产生重要的影响，因此，注册会计师应以高度的责任感和慎重的态度判断期初余额对所审计财务报表影响的程度。

另一方面，注册会计师接受委托审计的毕竟是被审计单位本期的财务报表，如果对期初余额审计过于详细，势必会增加审计成本，延长审计时间，并给被审计单位带来审计费用过高等负担。因此，注册会计师对期初余额的审计应该遵循适度原则。

二、期初余额的审计目标

在执行首次审计业务时，注册会计师针对期初余额的审计目标是，获取充分、适当的审计证据以确定：①期初余额是否含有对本期财务报表产生重大影响的错报；②期初余额反映的恰当的会计政策是否在本期财务报表中得到一贯运用，或会计政策的变更是否已按照适用的财务报告编制基础作出恰当的会计处理和充分的列报与披露。

（一）确定期初余额是否含有对本期财务报表产生重大影响的错报

要确定期初余额是否存在对本期财务报表产生重大影响的错报，主要是判断期初余额的错报对本期财务报表使用者进行决策的影响程度，是否足以改变或影响其判断。如果期初余额存在对本期财务报表产生重大影响的错报，则注册会计师在审计中必须对此提出恰当的审计调整或披露建议；反之，注册会计师无须对此予以特别关注和处理。

例如，上期财务报表中对某项新增固定资产的初始计量存在重大差错，这一差错不仅会影响本期期末资产负债表中固定资产项目和资产总额项目的正确列报，同时还会因此影响本期损益核算的正确性，进而可能使本期财务报表使用者在决策时作出错误判断。这一差错就属于对本期财务报表产生重大影响的错报，注册会计师在审计中应建议被审计单位按照《企业会计准则第 28 号——会计政策、会计估计变更和差错更正》的相关规定采用追溯重述法予以更正。

（二）确定期初余额反映的恰当的会计政策是否在本期财务报表中得到一贯运用，或会计政策的变更是否已按照适用的财务报告编制基础作出恰当的会计处理和充分的列报与披露

会计政策是指企业在会计确认、计量和报告中所采用的原则、基础和会计处理方法。按照《企业会计准则第 28 号——会计政策、会计估计变更和差错更正》的规定，企业采用的会计政策，在每一会计期间和前后各期应当保持一致，不得随意变更。但是，在满足下列条件之一的情形下，可以变更会计政策：①法律、行政法规或者国家统一的会计制度等要求变更会计政策。②会计政策变更能够提供更可靠、更相关的会计信息。会计政策变更能够提供更可靠、更相关的会计信息的，应当采用追溯调整法处理，即将会计政策变更累积影响数调整列报前期最早期初留存收益，其他相关项目的期初余额和列报前期披露的其他比较数据也应当一并调整，但确定该项会计政策变更累积影响数不切实可行的情况除外。《企业会计准则第 28 号——会计政策、会计估计变更和差错更正》同时对本期财务报表附注中披露与会计政策变更相关的信息方面的问题提出了明确要求。

因此，在审计期初余额时，注册会计师应当按照《企业会计准则第 28 号——会计政策、会计估计变更和差错更正》的有关要求，评价被审计单位是否一贯运用恰当的会计政策，或是否对会计政策的变更作出了正确的会计处理和恰当的列报。

三、审计程序

为达到上述期初余额审计目标，注册会计师应当阅读审计单位最近期间的财务报表和相关披露，以及前任注册会计师出具的审计报告（如有），获取与期初余额相关的信息。审计程序通常包括以下几项。

（一）确定上期期末余额是否已正确结转至本期，或在适当的情况下已作出重新表述

上期期末余额已正确结转至本期，主要是指：①上期账户余额计算正确；②上期总账余额与各明细账余额合计数或日记账余额合计数相等；③上期各总账余额和相应的明细账余额或日记账余额已经分别恰当地过入本期的总账和相应的明细账或日记账。

（二）确定期初余额是否反映对恰当会计政策的运用

首先，注册会计师应了解、分析被审计单位所选用的会计政策是否恰当，是否符合适用的财务报告编制基础的要求，按照所选用会计政策对被审计单位发生的交易或事项进行处理，是否能够提供可靠、相关的会计信息；其次，如果认定被审计单位所选用的会计政策恰当，应确认该会计政策是否在每一会计期间和前后各期得到一贯执行，有无变更；最后，如果发现会计政策发生变更，应审核其变更理由是否充分，是否按规定予以变更，或者由于具体情况发生变化，会计政策变更能够提供更可靠、更相关的会计信息，并关注被审计单位是否已经按照适用的财务报告编制基础的要求，对会计政策变更作出适当的会计处理和充分披露。

如果被审计单位上期适用的会计政策不恰当或与本期不一致，注册会计师在实施期初余额审计时应提请被审计单位进行调整或予以披露。

（三）实施一项或多项审计程序

注册会计师实施的一项或多项审计程序包括以下几项。

1. 如果上期财务报表已经审计，查阅前任注册会计师的审计工作底稿，以获取有关期初余额的审计证据

（1）查阅前任注册会计师的工作底稿。在执行首次审计业务时，如果被审计单位上期财务报表已经前任注册会计师审计，后任注册会计师在对被审计单位本期财务报表进行审计时，就应当在征得被审计单位同意后，考虑与前任注册会计师沟通、利用前任注册会计师的工作。沟通的方式包括举行会谈、电话询问或发送调查问卷等，但最有效和常用的方式是查阅前任注册会计师的审计工作底稿。查阅的重点通常限于对本期审计产生重大影响的事项，如前任注册会计师对上期财务报表发表的审计意见的类型和主要内容，针对上期财务报表的审计计划和审计总结等。

（2）考虑前任注册会计师的独立性和专业胜任能力。注册会计师能否通过查阅前任注册会计师的审计工作底稿获取有关期初余额的充分、适当的审计证据，在很大程度上依赖于注册会计师对前任注册会计师的独立性和专业胜任能力的判断。如果认为前任注册会计师

不具有独立性，或者不具有应有的专业胜任能力，则无法通过查阅其审计工作底稿获取有关期初余额的充分、适当的审计证据。

(3) 与前任注册会计师沟通时的考虑。在与前任注册会计师沟通时，注册会计师应当遵守职业道德守则和《中国注册会计师审计准则第 1153 号——前任注册会计师和后任注册会计师的沟通》的规定。该准则要求，注册会计师无论在接受委托前、接受委托后，还是在发现前任注册会计师审计的财务报表可能存在重大错报时，均应当采取相应的措施。这些同样是注册会计师在与前任注册会计师沟通时所必须遵守的。

2. 评价本期实施的审计程序是否提供了有关期初余额的审计证据

3. 实施其他专门的审计程序，以获取有关期初余额的审计证据

注册会计师应当根据期初余额有关账户的不同性质实施相应的审计程序。账户的性质主要按照账户属于资产类还是负债类、属于流动性还是非流动性等标准加以区分。

(1) 对流动资产和流动负债的审计程序。对流动资产和流动负债，注册会计师通常可以通过本期实施的审计程序获取部分审计证据。对于存货，注册会计师还应当按照《中国注册会计师审计准则第 1311 号——对存货、诉讼和索赔、分部信息等特定项目获取审计证据的具体考虑》的规定，实施追加的审计程序。

相对于非流动资产和非流动负债而言，流动资产和流动负债的流动性比较强，存在的期限比较短。期初流动资产和流动负债在本期的交易事项中通常会有所反映，因此，通过本期实施的审计程序有时可以印证期初流动资产和流动负债的存在性与金额。例如，本期应收账款的收回(或应付账款的支付)为其在期初的存在、权利和义务、完整性和计价提供了部分审计证据。然而，就存货而言，因为委托时间滞后，注册会计师可能未能对上期期末存货实施监盘，本期对存货的期末余额实施的审计程序，几乎无法提供有关期初持有存货的审计证据。因此，注册会计师有必要实施追加的审计程序。下列一项或多项审计程序可能提供有关期初存货余额的充分、适当的审计证据：①监盘当前的存货数量并调节至期初存货数量；②对期初存货项目的计价实施审计程序；③对毛利和存货截止实施审计程序。

(2) 对非流动资产和非流动负债的审计程序。对非流动资产和非流动负债，注册会计师通常检查形成期初余额的会计记录和其他信息。在某些情况下，注册会计师可向第三方函证期初余额，或实施追加的审计程序。

相对于流动资产和流动负债而言，非流动资产和非流动负债比较稳定，变动较少，如长期股权投资、固定资产和长期借款，注册会计师可以通过检查形成期初余额的会计记录和其他信息获取审计证据。在某些情况下，注册会计师还可以通过向第三方函证获取有关期初余额(如长期借款和长期股权投资的期初余额)的部分审计证据。而在另外一些情况下，注册会计师还可能需要实施追加的审计程序。

如果上期财务报表已由前任注册会计师审计，并发表了非无保留意见，注册会计师应当按照《中国注册会计师审计准则第 1211 号——通过了解被审计单位及其环境识别和评估重大错报风险》的规定，在评估本期财务报表重大错报风险时，评价导致对上期财务报表发表非无保留意见的事项的影响。

四、审计结论和审计报告

在对期初余额实施审计程序后，注册会计师应当分析已获取的审计证据，区分不同情况形成对被审计单位期初余额的审计结论，在此基础上确定其对本期财务报表出具审计报告的影响。

（一）审计后不能获取有关期初余额的充分、适当的审计证据

如果不能针对期初余额获取充分、适当的审计证据，注册会计师需要在审计报告中发表下列类型之一的非无保留意见：

（1）发表适合具体情况的保留意见或无法表示意见。

（2）除非法律法规禁止，对经营成果和现金流量（如相关）发表保留意见或无法表示意见，而对财务状况发表无保留意见。

（二）期初余额存在对本期财务报表产生重大影响的错报

如果期初余额存在对本期财务报表产生重大影响的错报，注册会计师应当告知管理层；如果上期财务报表由前任注册会计师审计，注册会计师还应当考虑提请管理层告知前任注册会计师。如果错报的影响未能得到正确的会计处理和恰当的列报，注册会计师应当对财务报表发表保留意见或否定意见。

（三）会计政策变更对审计报告的影响

如果认为按照适用的财务报告编制基础与期初余额相关的会计政策未能在本期得到一贯运用，或者会计政策的变更未能得到恰当的会计处理或适当的列报与披露，注册会计师应当对财务报表发表保留意见或否定意见。

（四）前任注册会计师对上期财务报表发表了非无保留意见

如果前任注册会计师对上期财务报表发表了非无保留意见，注册会计师应当考虑该审计报告对本期财务报表的影响。如果导致出具非标准审计报告的事项对本期财务报表仍然相关和重大，注册会计师应当对本期财务报表发表非无保留意见。

前任注册会计师对上期财务报表出具了非标准审计报告，对本期财务报表可能产生影响，也可能不再产生影响，注册会计师在审计中应当对具体问题作具体分析，不能一概而论。在某些情况下，导致前任注册会计师发表非无保留意见的事项可能与对本期财务报表发表的意见既不相关也不重大。例如，上期存在范围限制，但在本期导致范围限制的事项已得到解决，那么注册会计师在本期审计时就无需因此而发表非无保留意见。反之，如果该重大事项在本期仍然存在并且对本期财务报表的影响仍然大，而被审计单位继续坚持不在本期财务报表附注中予以披露，那么注册会计师在本审计时仍需因此而发表非无保留意见。

同步案例8-3

AA股份有限公司期初余额审计

（一）审计概况

1）审计人：康华会计师事务所。事务所派以刘名为项目组长及以何杰、张仪芳、赵多为组员的项目组参加审计。

2）被审计人：AA股份有限公司。

3）审计内容：康华会计师事务所自2×12年2月6日首次接受AA股份有限公司董事会委托，于2×12年2月7至3月6日对该公司2×11年度的会计报表进行审计。由于AA股份有限公司的审计基本已接近尾声，对相关业务的交易测试和余额测试已经完成，因对AA股份有限公司是首次接受委托，需要对期初余额进行确认。所以本案例主要反映的是对AA股份有限公司期初余额审计的主要过程及相关问题。

4）公司背景。AA股份有限公司在2×06年经原国有企业改制后上市，主营批发和零售业，下属有批发公司和两个大型百货商场。上市之初该股票市场表现非常活跃，曾被追捧为市场热点，股价几度翻番，公司业绩也跻身绩优股行列。从2×09年起，随着市场形势的变化，商业业态经营形式发生了较大的变化，新兴的连锁经营得到了长足发展，商业的利润点开始转移，毛利率水平大幅度下滑，面对新的形势，AA股份有限公司未能及时调整经营策略，开始进入亏损行列，且亏损额巨大，在2×09年年末股票被特别处理，进入"ST"行列，2×10年年度报告显示再次亏损，且已资不抵债，原承接年报审计的信诚会计师事务所对其年报出具了保留意见的审计报告，经2001年股东大会讨论通过要更换会计师事务所，在2×12年2月康华事务所接任AA股份有限公司的年报审计。

5）审计方法：在审计人员首先对信诚会计师事务所的独立性和专业胜任能力进行分析后未发现任何异常的情况下，同时，调阅了负责上年该公司审计的信诚会计师事务所出具的审计报告，并根据信诚会计师事务所提供的发表保留意见的相关资料，审计人员就底稿所反映的内容和被审计单位上年的会计资料，运用审阅法、核对法、抽查法对往来款项、存货、投资额、固定资产和在建工程等进行了核对和抽查，发现以下问题。

(1) 2×10年已经逾期3年的应收账款320万元仍未收回，对该项债权AA股份有限公司仅按5%提取了16 000元的坏账准备，在2×11年审核后发现对该项逾期债权也未再增提坏账准备。

(2) 2×10年年末其他应收款中应收集团母公司的数额为3 450万元，未提坏账准备，从信诚会计师事务所提供的底稿来看，去年该所负责审核的注册会计师对此就提出了调整意见，但被审计单位未接受调整意见。

(3) 2×10年年末应收票据(商业承兑汇票)已经逾期的金额为120万元，但未将其转入应收账款，也未计提坏账准备。2×11年的审计底稿中也未对其进行调整。

(4) 从上年审计报告可知，AA股份有限公司对上海SG公司2×10年所发生的投资损益3 000万元未入账。故使2×11年的期初余额不正确。

(5) AA股份有限公司在2×10年11月有一商用机器设备，价值200万元安装完毕后投入使用，但在12月份未提折旧，上年的审计底稿中也提到了此问题，但被审计单位未进行调整。

倘若对2×11年报表已经审计完毕，对本期业务审核中未发现需要调整但被审计单位未与调整的事项，但对期初余额的调整因数额巨大，合计调增亏损额3 270.5万元，并使2×11年的累积亏损额增加，所有者权益出现负值，资产负债率超过100%，使其持续经营能力受到质疑，被审计单位拒绝调整，理由是上年已经审计的数额不能变动。审计人员经与公司管理层沟通后，对方仍然拒绝调整，因为未调整数额巨大，它将直接影响2×11年度的报表数，对此审计人员出具了保留意见的审计报告。

(二) 本案例需要关注的问题

(1) 对新客户或首次接受审计的客户，在审计时要对期初余额予以充分关注。期初余额的审核是审计报告出具前重要的审计环节，在接手新客户或被审计单位初次接受审计时，对期初余额的审核尤其要重视。注册会计师应当根据已获取的审计证据，形成对期初余额的审计结论，并确定其对本期会计报表审计意见的影响。

(2) 对期初余额的重要错报或漏报必须要求被审计单位调整或披露。如本案例所述，该公司期初余额存在严重影响本期会计报表的错报或漏报，注册会计师应当提请被审计单位进行调整或披露。如被审计单位不接受建议，注册会计师应当对本期会计报表发表保留意见或否定意见。上期会计报表如经其他会计师事务所审计，注册会计师应当提请被审计单位或经其授权，将上述情况告知前任注册会计师。

(3) 充分重视和利用前任注册会计师的工作底稿和审计报告的结论。从本案例的审核过程来看，前任事务所出具的审计报告结论对期初余额的确认具有非常大的影响。在进行期初余额的审计时，对新接手的客户取得前任注册会计师的合作是非常重要的，根据上年工作底稿中所揭示的问题发现线索进行审核，能提高审计效率，并取得较好的效果。

(4) 在审计过程中应注重分析原报告中所提及事项的影响在本期是否已消除。在期初余额的审核过程中，应分析原报告中提到的相关事项的影响是否已经消除，通过对当年已经发生的业务记录进行查找，若已消除可不再考虑；若在当年并未得到证实，影响也还存在，本年业务中也未得到处理，发现后应对该类业务进行调整。如本案例中对其他应收款计提坏账准备业务；对外投资亏损额的调整入账。

(5) 当期初余额对本期会计报表有重大影响时，但无法对其获取充分、适当的审计证据；或期初余额中存在严重影响本期会计报表的错报或漏报，被审计单位拒绝进行调整，注册会计师应当对本期会计报表出具非无保留意见的审计报告。

同步思考8-3

上期注册会计师发表了非无保留意见对本期审计有什么影响？

第四节 其他特殊审计项目

一、期后事项审计

(一) 期后事项的涵义

期后事项是指财务报表日至审计报告日之间发生的事项，以及注册会计师在审计报告日后知悉的事实。

(二) 期后事项的种类

可能对财务报表和审计报告产生影响的期后事项有两类。

1. 财务报表日后调整事项

财务报表日后调整事项是指对财务报表日已经存在的情况提供了新的或进一步证据的事项。如财务报表日后诉讼案件结案，法院判决证实了企业在财务报表日已经存在现时义务，需要调整原先确认的讼案件相关的预计负债，或确认一项新负债；财务报表日后取得确凿证据，表明某项资产在财务报表日发生了减值或者需要调整该项资产原先确认的减值金额；财务报表日后进一步确定了财务报表日前购入资产的成本或售出资产的收入；财务报表日后发现了财务报表舞弊或差错。

2. 财务报表日后非调整事项

财务报表日后非调整事项是指表明财务报表日后发生的情况的事项。如财务报表日后发生的下列事项：重大诉讼、仲裁、承诺；资产价格、税收政策、外汇汇率发生重大变化；因自然灾害导致资产发生重大损失；发行股票和债券以及其他巨额举债；资本公积转增资本；发生巨额亏损；发生企业合并或处置子公司。

从审计角度来考察，期后事项可分为三段，如图 8-1 所示。

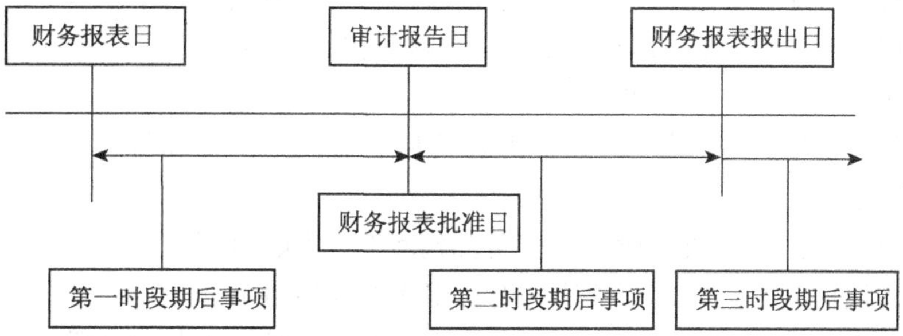

图 8-1 期后事项分段示意图①

(1) 第一时段期后事项：财务报表日后至审计报告日之间发生的事项。注册会计师应当实施必要的审计程序主动识别。

(2) 第二时段期后事项：审计报告日后至财务报表报出日之间发生的事项。注册会计师无需实施审计程序或进行专门查询，但管理层有责任告知注册会计师可能影响财务报表的事实。

(3) 第三时段期后事项：财务报表报出日后发生的事实。注册会计师没有义务进行查询，但有可能通过其他途径知悉。

财务报表日是指财务报表涵盖的最近期间的截止日期。审计报告日是指注册会计师按照《中国注册会计师审计准则第 1501 号——对财务报表形成审计意见和出具审计报告》的规定在对财务报表出具的审计报告上签署的日期。财务报表报出日是指审计报告和已审计财务报表提供给第三方的日期。

(三) 期后事项的审计目标

注册会计师通过对期后事项实施审计程序，主要实现以下目标：

(1) 获取充分、适当的审计证据，以确定财务报表日至审计报告日之间发生的、需要在财务报表中调整或披露的事项是否已经按照适用的财务报告框架在财务报表中得到恰当反映。

(2) 恰当应对在审计报告日后注册会计师知悉的、且如果在审计报告日知悉可能导致注册会计师修改审计报告的事实。

(四) 期后事项的审计程序

1. 第一时段期后事项

注册会计师应当设计和实施审计程序，获取充分、适当的审计证据，以确定所有在财务报表日至审计报告日之间发生的、需要在财务报表中调整或披露的事项(即第一时段期后事项)均已得到识别。注册会计师有责任主动识别第一时段期后事项，并设计专门的审计程序来识别这些期后事项，并根据这些事项的性质判断其对财务报表的影响，并进而确定是调整事项，还是披露事项。

注册会计师应当尽量在接近审计报告日实施以下审计程序，以便识别需要在财务报表

① 刘明辉：《审计与鉴证服务》，高等教育出版社 2007 年版。

中调整或披露事项：

(1) 复核被审计单位管理层建立的用于确保识别期后事项的程序。

(2) 查阅股东会、董事会及其专门委员会在财务报表日后举行的会议的纪要，并在不能获取会议纪要时询问会议讨论的事项。

(3) 查阅最近的中期财务报表，如认为必要和适当，还应当查阅预算、现金流量预测及其他相关管理报告。

(4) 向被审计单位律师或法律顾问询问有关诉讼和索赔事项。

(5) 向管理层询问是否发生可能影响财务报表的期后事项。

如果被审计单位的分支机构、子公司等组成部分的财务信息由其他注册会计师审计，注册会计师应当考虑其他注册会计师对财务报表日后事项所实施的审计程序。

在实施了相应的审计程序后，如果知悉对财务报表有重大影响的期后事项，注册会计师应当考虑这些事项在财务报表中是否得到恰当的会计处理或充分披露。

如果所知悉的期后事项属于调整事项，注册会计师应当考虑被审计单位是否已对财务报表作出适当的调整。如果所知悉的期后事项属于非调整事项，注册会计师应当考虑被审计单位是否在财务报表附注中充分披露。

2. 第二时段期后事项

在审计报告日后，注册会计师没有责任对财务报表实施审计程序或进行专门查询。但是，这一阶段，被审计单位的财务报表并未报出，管理层有责任将发现的可能影响财务报表的事实告知注册会计师。当然，注册会计师还可能从媒体报道、举报信或者证券监管部门告知等途径获悉影响财务报表的期后事项。

在审计报告日后至财务报表报出日前，如果知悉了某事实，且若在审计报告日知悉该事实可能导致修改审计报告，注册会计师应当：①与管理层和治理层(如适用)讨论该事项；②确定财务报表是否需要修改；③如果需要修改，询问管理层将如何在财务报表中处理该事项。

(1) 管理层修改财务报表时的处理。如果管理层修改了财务报表，注册会计师应当根据具体情况对有关修改实施必要的审计程序；以获取充分、适当的审计证据验证管理层根据期后事项所作出的财务报表调整或披露是否符合企业会计准则和相关会计制度的规定。例如，被审计单位在财务报表报出日前取得了法院关于诉讼赔偿案的最终判决，因此，管理层根据企业会计准则的相关规定，将此笔赔偿款反映于财务报表中。在这种情况下，注册会计师就应当实施与预计负债相关的审计程序。

且除下述情况外，应将第一时段期后事项审计程序延伸至新的审计报告日，并针对修改后的财务报表出具新的审计报告。新的审计报告日不应早于修改后的财务报表被批准的日期。

在有关法律法规或适用的财务报告框架未禁止的情况下，如果管理层对财务报表的修改仅限于导致修改的期后事项的影响，被审计单位权力机构也仅对有关修改进行批准，注册会计师可以仅针对有关修改将第一时段期后事项审计程序延伸至新的审计报告日。在这种情况下，注册会计师应当选用下列处理方式之一：①修改审计报告，针对财务报表修改部分增加补充报告日期，从而表明注册会计师对期后事项实施的审计程序仅限于财务报表相关附注所述的修改；②出具新的或经修改的审计报告，在强调事项段或其他事项段中说明注册会计师对期后事项实施的审计程序仅限于财务报表相关附注所述的修改。

(2) 管理层不修改财务报表时的处理。如果注册会计师认为应当修改财务报表而管理层没有修改，并且审计报告尚未提交给被审计单位，注册会计师应当出具保留意见或否定意见的审计报告。

如果注册会计师认为应当修改财务报表而管理层没有修改，并且审计报告已提交给被审计单位，注册会计师应当通知治理层不要将财务报表和审计报告向第三方报出。

如果财务报表仍被报出，注册会计师应当采取措施防止财务报表使用者信赖该审计报告。例如，针对上市公司，注册会计师可以利用证券传媒，刊登必要的声明，防止使用者信赖审计报告。注册会计师采取的措施取决于自身的权利和义务以及所征询的法律意见。

3. 第三时段期后事项

财务报表报出日后发生的事实，注册会计师没有义务进行查询，但有可能通过其他途径知悉。需要注册会计师在知悉后采取行动的第三时段期后事项是有严格限制的：①这类期后事项应当是在审计报告日已经存在的事实；②该事项如果被注册会计师在审计报告日前获知，可能影响审计报告。

在财务报表报出后，如果知悉了某事实，且若在审计报告日知悉该事实可能导致修改审计报告，注册会计师应当：①与管理层和治理层(如适用)讨论该事项；②确定财务报表是否需要修改；③如果需要修改，询问管理层将如何在财务报表中处理该事项。

(1) 管理层修改财务报表时的处理。如果管理层修改了财务报表，注册会计师应当根据具体情况对有关修改实施必要的审计程序，确定管理层对财务报表的修改是否恰当；复核管理层采取的措施能否确保所有收到原财务报表和审计报告的人士了解这一情况。且除下述情况外，应将第一时段期后事项审计程序延伸至新的审计报告日，并针对修改后的财务报表出具新的审计报告。新的审计报告日不应早于修改后的财务报表被批准的日期。

在有关法律法规或适用的财务报告框架未禁止的情况下，如果管理层对财务报表的修改仅限于导致修改的期后事项的影响，被审计单位权力机构也仅对有关修改进行批准，注册会计师可以仅针对有关修改将第一时段期后事项审计程序延伸至新的审计报告日。在这种情况下，注册会计师应当选用下列处理方式之一：①修改审计报告，针对财务报表修改部分增加补充报告日期，从而表明注册会计师对期后事项实施的审计程序仅限于财务报表相关附注所述的修改；②出具新的或经修改的审计报告，在强调事项段或其他事项段中说明注册会计师对期后事项实施的审计程序仅限于财务报表相关附注所述的修改。

注册会计师应当在新的或经修改的审计报告中增加强调事项段或其他事项段，提醒财务报表使用者关注财务报表附注中有关修改原财务报表的详细原因和注册会计师提供的原审计报告。

(2) 管理层未采取行动时的处理。如果管理层没有采取必要措施确保所有收到原财务报表的人士了解这一情况，也没有在注册会计师认为需要修改的情况下修改财务报表，注册会计师应当通知管理层和治理层(除非治理层全部成员参与管理被审计单位)其将设法防止财务报表使用者信赖该审计报告。

如果注册会计师已经通知管理层或治理层，而管理层或治理层没有采取必要措施，注册会计师应当采取适当措施,以设法防止财务报表使用者信赖该审计报告。

(3) 临近公布下一期财务报表时的处理。如果知悉第三时段期后事项时,已临近公布下一期财务报表或下一期财务报表已编制完成,且能够在下一期财务报表中进行充分披露,注册会计师应当根据法律法规的规定确定是否仍有必要提请被审计单位修改财务报表,并出具新的审计报告。

(五) 期后事项对审计报告的影响

期后事项对审计报告的影响如下所示。

(1) 对能为财务报表日已存在情况提供证据的事项,提请被审计单位调整财务报表。如不调整,注册会计师应发表保留意见或否定意见的审计报告。

(2) 对不影响财务报表金额,但可能影响正确理解财务报表的事项,提请被审计单位披露。如不披露,注册会计师应发表保留意见或否定意见的审计报告。

二、或有事项审计

(一) 或有事项审计的概念

或有事项是指过去的交易或事项形成的,其结果须通过未来不确定事项的发生或不发生予以证实的不确定事项。常见的或有事项主要包括:未决诉讼或仲裁、债务担保、产品质量保证、承诺、亏损合同、重组义务、环境污染整治等。由于或有事项具有不确定性这一特征,其结果只能由未来发生的事项确定,需要注册会计师具备相当程度的专业判断能力。

(二) 或有事项审计的审计目标

注册会计师对或有事项进行审计所要达到的审计目标一般包括:

(1) 确定或有事项是否完整。

(2) 确定或有事项的确认和计量是否符合会计准则的规定。

(3) 确定或有事项的列报是否恰当。或有事项的审计主要是发现未记录的业务或事项。

需要指出的是,在实施其他程序的过程中,注册会计师可能已经获取了有关或有事项的部分审计证据。在临近审计工作结束时,注册会计师如果对或有事项进行审计,多数也是复核,而非初次关注。

(三) 或有事项审计的审计程序

总结起来,针对或有事项的审计程序通常如下:

(1) 向被审计单位管理层询问其确定、评价与控制或有事项方面的有关方针政策和工作程序。

(2) 向被审计单位管理层索取下列资料,作必要的审核和评价:①被审计单位管理层的书面声明,保证其已按照有关规定,对其全部或有事项作了反映;②被审计单位现存的有关或有负债的全部文件和凭证;③被审计单位与银行之间的往来函件;④被审计单位的债务说明书。

(3) 向被审计单位的法律顾问和律师进行函证,获取财务报表日业已存在的,以及财务报表日至复函日期间存在的或有事项的确认证据。进行法律费用分析,从法律顾问和律师处复核发票和说明,视其是否足以说明存在或有事项。

(4) 复核上期和审计期间税务机构的税收结算报告。

(5) 向与被审计单位有业务往来的银行寄发含有要求银行提供被审计单位或有负债的函证书。

(6) 审阅截至审计外勤工作完成日止被审计单位历次董事会纪要和股东大会会议记录,确定是否存在或有事项的记录。

(7) 复核现存的审计工作底稿,寻找任何可以说明潜在或有事项的资料。

(8) 寻查被审计单位对未来事项和协议的财务承诺,并向被审计单位管理层询问。

(9) 确定或有事项在财务报表上的披露是否恰当。

三、持续经营审计

(一) 持续经营假设的含义

持续经营假设是指被审计单位在编制财务报表时,假定其经营活动在可预见的将来会继续下去,不拟也不必终止经营或破产清算,可以在正常的经营过程中变现资产、清偿债务。持续经营假设是会计确认和计量的四项基本假设之一,对财务报表的编制和审计关系重大。例如,对于固定资产,企业在持续经营假设基础下,以历史成本计价,并在预计使用年限内对该项资产计提折旧。通过此方式,可将资产的成本分摊到不同期间的费用中去,据以核算各个期间的损益。如果这一假设不再成立,该项资产应以清算价格计价。

(二) 持续经营假设的审计目标

(1) 确定被审计单位的持续经营假设是否合理。

(2) 根据被审计单位的持续经营假设的情况,确定财务报表项目的分类及计价基础是否需作调整。

(三) 持续经营假设的审计程序

为实现上述目标,注册会计师通常实施下列审计程序。

(1) 关注被审计单位在财务、经营等方面存在的持续经营假设不再合理的各种迹象。

(2) 了解被审计单位管理层对于存在的持续经营假设不再合理的迹象计划采取的措施,并判断其能否缓解对持续经营假设的影响。

(3) 与管理层分析、讨论最近的财务报表。

(4) 与管理层分析、讨论现金流量预测、盈利预测及其他预测。

(5) 审核影响持续经营能力的期后事项、财务承诺及或有事项。

(6) 检查借款合同及债务契约条款等的履行情况。

(7) 查阅股东大会、董事会会议及其他重要会议有关财务困境的记录。

(8) 向被审计单位的法律顾问或律师询问有关诉讼、索赔的情况。

(9) 检查有无改善措施及财务救助计划,并评估其合法性和可行性。

(10) 向被审计单位管理层索取其关于持续经营假设的书面声明。

(11) 对于应予披露的持续经营事项,验明是否已作恰当披露。

(四) 持续经营假设对审计意见的影响

注册会计师应当根据上述审计程序所获取的审计证据,确定可能导致对被审计单位持续经营能力产生重大疑虑的事项或情况是否存在重大不确定性,并考虑对审计报告的影响。

1. 被审计单位在编制财务报表时运用持续经营假设是适当的

如果认为被审计单位在编制财务报表时运用持续经营假设是适当的，但可能导致对持续经营能力产生重大疑虑的事项或情况存在重大不确定性，注册会计师应当考虑。

（1）财务报表是否已充分描述导致对持续经营能力产生重大疑虑的主要事项或情况，以及管理层针对这些事项或情况提出的应对计划。

（2）财务报表是否已清楚指明，可能导致对持续经营能力产生重大疑虑的事项或情况存在重大不确定性，被审计单位可能无法在正常的经营过程中变现资产、清偿债务。

如果财务报表已作出充分披露，注册会计师应当出具无保留意见的审计报告，并在审计意见段之后增加强调事项段，强调可能导致对持续经营能力产生重大疑虑的事项或情况存在重大不确定性的事实，并提醒财务报表使用者注意财务报表附注中对有关事项的披露。例如：

“强调事项

我们提醒财务报表使用者关注，如财务报表附注×所述，截至20×1年12月31日，该公司当年发生净亏损×万元，在20×1年12月31日，该公司流动负债高于资产总额×万元。这些情况连同附注×所示的其他事项，表明存在可能导致对该公司持续经营能力产生重大疑虑的重大不确定性。本段内容不影响已发表的审计意见。”

在极端情况下，如果同时存在多项重大不确定性，注册会计师应当考虑出具无法表示意见的审计报告，而不是在审计意见段之后增加强调事项段。当被审计单位有多项可对其持续经营能力产生重大疑虑的事项或情况存在重大不确定性时，如果注册会计师难以判断财务报表的编制基础是否适合继续采用持续经营假设，应将其视为对注册会计师的审计范围构成重大限制。在这种情况下，如果财务报表已作出充分披露，注册会计师应当考虑无法表示意见的审计报告，而不是在审计意见段之后增加强调事项段。例如：

“导致无法表示意见的事项

ABC公司已连续3个会计年度发生巨额亏损，主要财务指标显示其财务状况严重恶化，巨额逾期债务无法偿还，且存在巨额对外担保。截至审计报告日，ABC公司管理层在其书面评价中表示已开始采取包括债务重组、资产置换在内的多项措施。但由于该等措施正处于实施初期，我们无法获取充分、适当的审计证据以确证其能否有效改善ABC公司的持续经营能力，因此无法判断ABC公司继续按照持续经营假设编制20×1年度财务报表是否恰当。

无法表示意见

由于‘导致无法表示意见的事项’段所述事项的重要性，我们无法获取充分适当的审计证据以为发表审计意见提供基础。因此，我们不对ABC公司财务报表发表意见。”

如果财务报表未能作出充分披露，注册会计师应当出具保留意见或否定意见的审计报告。审计报告应当具体提及可能导致对持续经营能力产生重大疑虑的事项或情况存在重大不确定性的事实，并指明财务报表未对该事实作出披露。例如：

“导致保留意见的事项

该公司融资协议到期，且未偿付金额将于20×2年3月19日到期。该公司未能重新商定协议或获取替代性融资。这种情况表明存在可能导致对该公司持续经营能力产生重大疑虑的重大不确定性。因此，该公司可能无法在正常经营过程中变现资产、清偿债务。财务报表及其附注并未对这一事实作出全面披露。

保留意见

我们认为，除'导致保留意见的事项'段所述事项产生的影响外，ABC公司财务报表在所有重大方面按照企业会计准则的规定编制，公允反映了ABC公司20×1年12月31日的财务状况及20×1年度的经营成果和现金流量。"

2. 被审计单位将不能持续经营，但财务报表仍然按持续经营假设编制

如果判断被审计单位将不能持续经营，但财务报表仍然按持续经营假设编制，注册会计师应当出具否定意见的审计报告。例如：

"导致否定意见的事项

ABC公司已连续3个会计年度发生巨额亏损，主要财务指标显示其财务状况严重恶化，逾期债务无法偿还，且存在巨额对外担保。截至审计报告日，无任何证据表明ABC公司采取的各项措施能够有效改善公司的财务和经营状况。根据我们的判断，ABC公司不具有持续经营能力。因此，ABC公司继续按照持续经营假设编制20×1年度财务报表是不适当的。

否定意见

我们认为，由于'导致否定意见的事项'段所述事项的重大性，ABC公司财务报表没有在所有重大方面按照企业会计准则的规定编制，未能公允反映ABC公司20×1年12月31日的财务状况及20×1年度的经营成果和现金流量。"

3. 被审计单位不能持续经营，以其他基础编制财务报表

如果管理层认为以持续经营假设为基础编制财务报表不再合理，可以选用其他基础编制财务报表。在这种情况下，注册会计师应当实施补充的审计程序。如果认为管理层选用的其他编制基础是适当的，且财务报表已作出充分披露，注册会计师可以出具无保留意见的审计报告，并考虑在审计意见段之后增加强调事项段，提醒财务报表使用者关注管理层选用的其他编制基础。

4. 管理层拒绝对持续经营能力作出评估或评估期间未能涵盖自财务报表日起的12个月

对持续经营能力作出适当评估是管理层的责任。当存在以下情况时，注册会计师应当提请管理层对持续经营能力作出评估或将评估期间延伸至自财务报表日起的12个月。

(1) 管理层没有对持续经营能力作出评估。

(2) 管理层未就超出评估期间的事项或情况对持续经营能力的影响作出评估。

(3) 管理层评估持续经营能力涵盖的期间少于自财务报表日起的12个月。

如果管理层拒绝注册会计师的要求，注册会计师应评价在管理层拒绝评估或延伸评估期间的情况下所取得的审计证据的充分性和适当性，判断审计范围受到限制的程度，并考虑出具审计报告的意见类型。例如：

"导致无法表示意见的事项

ABC公司已连续两年亏损，巨额逾期债务无法偿还，管理层拒绝对公司的持续经营能力作出书面评价，且我们也无法通过其他程序就管理层运用持续经营假设编制财务报表的合理性获取充分、适当的审计证据。

无法表示意见

由于'导致无法表示意见的事项'段所述事项的重要性，我们无法获取充分、适当的审计证据以为发表审计意见提供基础，因此，我们不对ABC公司财务报表发表审计意见。"

本章小结

■ 本章内容结构图

- 其他特殊项目的审计
  - 会计估计审计
    - 会计估计的性质
    - 会计估计的审计目标
    - 风险评估程序和相关活动
    - 识别并评估会计估计的重大错报风险实施的审计程序
    - 针对会计估计的重大错报风险的应对措施
    - 实施进一步实质性程序以应对特别风险
    - 评价会计估计的合理性并确定错报
    - 其他相关审计程序
  - 关联方交易审计
    - 关联方及关联方交易的概念
    - 关联方交易的审计目标
    - 风险评估程序和相关活动
    - 识别并评估重大错报风险
    - 针对重大错报风险的应对措施
    - 评价会计处理和披露
    - 其他相关审计程序
  - 首次接受委托时对期初余额的审计
    - 期初余额审计的总体要求
    - 期初余额的审计目标
    - 审计程序
    - 审计结论和审计报告
  - 其他特殊审计项目
    - 期后事项审计
      - 期后事项的涵义
      - 期后事项的种类
      - 期后事项的审计目标
      - 期后事项的审计程序
      - 期后事项对审计报告的影响
    - 或有事项审计
      - 或有事项审计的概念
      - 或有事项审计的审计目标
      - 或有事项审计的审计程序
    - 持续经营审计
      - 持续经营假设的含义
      - 持续经营假设的审计目标
      - 持续经营假设的审计程序
      - 持续经营假设对审计意见的影响

■ 重要的名词术语

期初余额:是指期初存在的账户余额。

会计估计:是指在缺乏精确计量手段的情况下采用的某项金额的近似值。会计估计一般包括存在估计不确定性时以公允价值计量的金额,以及其他需要估计的金额。

关联方:是指在适用的财务报告框架对关联方作出很少规定或没有作出规定的情况下,关联方是指符合下列条件之一的人员或实体:①直接或间接(通过一家或多家中间机构)控制报告实体或对报告实体施加重大影响的人员或其他实体;②报告实体直接或间接(通过一家或多家中间机构)控制的或施加重大影响的另一实体;③与报告实体受同一方控制的另一实体(受同一方控制是指报告实体与另一实体具有共同的控股股东、所有者为关系密切的家庭成员或具有共同的关键管理人员)。仅受国家控制而不存在其他关联方关系的实体,不构成关联方。

会计政策:是指企业在会计核算中所遵循的具体原则以及企业所采用的具体会计处理方法。

思考与练习

一、思考题

1. 注册会计师在对会计估计实施风险评估程序和相关活动时,应了解哪些内容?

2. 期初余额审计的目标是什么? 简述期初余额的审计程序及方法。

3. 如何识别关联方及关联方交易?

4. 董事长从公司领取薪金为什么说是关联方交易呢?

5. 关联方及其交易审计的目的是什么?

6. 什么是期后事项? 期后事项可分为哪几类? 注册会计师对截至审计报告日发生的期后事项应当实施哪些程序?

7. 期后事项对审计报告产生哪些影响?

8. 或有事项有哪几类? 在审计中,应当对或有事项实施哪些程序?

9. 会计上的或有事项、财务报表日后事项与审计上的不确定事项、期后事项之间有何区别与联系?

10. 如何理解企业的持续经营能力? 不确定事项与审计范围受限是否是一个意思? 不确定事项是否等于被审计单位没有遵守国家颁布的企业会计准则和相关会计制度? 从哪些方面评价被审计单位持续经营能力是否遭受威胁?

11. 持续经营审计的结论对审计意见会产生怎样的影响?

12. 如果认为被审计单位编制会计报表所依据的持续经营假设是合理的,但存在可能导致对持续经营能力产生重大疑虑的事项或情况,注册会计师应该怎么做?

二、选择题

1. 以下有关会计估计审计的说法中,不正确的是(　　)。

A. 如果注册会计师认为,管理层作出会计估计的程序和方法符合相关规定及企业的实际情况,可靠性强,则可不对会计估计进行测试,直接认定其合理性

B. 如果涉及特殊技术的复杂会计估计过程,注册会计师应当根据具体情况考虑是否需要利用专家的工作

C. 会计估计公式的持续适当性将直接影响会计估计的合理性

D. 会计估计的计算过程越复杂,出现重大错报的可能性就越大,就需要实施更有效的审计程序

2. 会计估计是财务工作的特殊问题，它具有其他业务所没有的特点。以下有关会计估计的说法中，你认可的是(　　)。

A. 估计的交易或事项一般都具有不确定性

B. 估计的基础是最近可利用的具体信息

C. 会计估计纯属会计知识，无需聘请专家

D. 会计估计的重大错报的可能性较大

3. 会计估计的主观性、复杂性和不确定性决定了与会计估计相关的领域存在重大错报风险的可能性大大高于其他领域。注册会计师应当针对会计估计实施风险评估程序。可供注册会计师选择的风险评估程序有(　　)。

A. 了解适用的会计准则和相关的会计制度中有关会计估计的要求

B. 了解管理层如何识别需要作出会计估计的交易、事项和情况

C. 了解管理层作出会计估计时依赖的假设及对不确定性的评价

D. 复核前期财务报表中作出的会计估计的结果或进行重新估计

4. 注册会计师对财务报表进行审计时，一般无须专门对期初余额发表审计意见。在以下对其含义进行的各种表述中，不正确的表述是(　　)。

A. 如期初余额存在影响本期报表的重大错报，则应在审计意见中反映

B. 如期初余额不存在影响本期财务报表的重大错报，则无须在审计意见中反映

C. 无论期初余额是否存在影响本期报表的重大错报，都应在审计意见中反映

D. 即使期初余额存在重大错报，也可能不在审计意见中反映

5. 下列各项关于期初余额审计的表述中，错误的是(　　)。

A. 如果与期初余额相关的会计政策未能在本期得到一贯运用，并且会计政策的变更未能得到正确的会计处理和恰当的列报，注册会计师应当出具保留意见或否定意见的审计报告

B. 注册会计师在执行财务报表审计时，必须对期初余额发表专门的审计意见

C. 注册会计师应当保持应有的执业谨慎，充分考虑期初余额对所审财务报表的影响

D. 注册会计师应当根据已获取的审计证据，形成对期初余额的审计结论，并在此基础上，确定其对审计意见的影响

6. 如果被审计单位未能按照适用的会计准则和相关的会计制度的要求，在财务报表中对关联方和关联方交易进行充分披露，注册会计师应根据其对财务报表的影响程度，出具(　　)的审计报告。

A. 标准无保留意见

B. 保留或者无法表示意见

C. 保留或者否定意见

D. 带强调事项段的无保留意见

7. 最不可能存在以前尚未识别的关联方的情况是(　　)。

A. 以市场公允价格出售紧俏商品

B. 大量购入并不需要的材料或滞销的商品

C. 采用预付货款的方式采购市场上并不紧缺的原材料或商品

D. 收取大量的货款却迟迟不发货

8. 以下说法中正确的是(　　)。

A. 注册会计师在针对关联方及其相关交易的完整性实施审计程序时，为获取充分、适当的审计证据询问了前任注册会计师并了解到有关关联方的相关信息，此时直接可以得出关联方及其相关交易的披露是否完整的结论

B. 只有企业当年发生了关联方交易，才需要在报表附注中披露有关关联方的信息，否则没有变化无需每年披露

C. 上市公司的股权登记机构是工商登记机关

D. 通过查阅股东会和董事会的会议纪要以及其他相关的法定记录可以帮助注册会计师识别被审计单位的关联方

9. 下列不属于针对会计估计实施的风险评估程序的是(　　)。

A. 了解适用的会计准则和相关会计制度中有关会计估计的要求

B. 评价会计估计使用的主要假设是否有合理的依据

C. 复核前期财务报表中作出的会计估计的结果，或对其进行重新估计

D. 了解管理层如何识别需要作出会计估计的交易、事项和情况

三、案例分析题

A会计师事务所首次接受D公司委托，对D公司2×18年财务报表进行审计。D公司2×17年度财务报表由C会计师事务所审计，并且因应收账款项目无法获取充分适当的审计证据出具了保留意见的审计报告。

要求：根据以上资料，回答下列问题。

(1) 上期财务报表已由C会计师事务所进行审计，注册会计师针对种情况，应当实施哪些审计程序？

(2) 在查阅前任注册会计师审计工作底稿后，注册会计师对前任注册会计师的审计结论不满意，请按下表所列顺序，简单设计出恰当的审计程序。

相 关 项 目	相应的审计程序
对于存货项目	
对于固定资产项目	
对于长期银行借款项目	

(3) 假设审计过程中，注册会计师发现前任注册会计师所审计的财务报表中有未发现的重大错报，在向前任注册会计师沟通时注册会计师该采取何种措施。

(4) 如果导致上期出具非标准审计意见的事项本期依然存在，请分析注册会计师该怎样确定审计意见类型。

第九章　审阅和其他鉴证业务

本章要点

- 了解财务报表审阅的目标、范围和保证程度
- 掌握财务报表审阅的基本程序以及审阅报告的编制
- 了解预测性财务信息及相关概念
- 熟悉实施预测性财务信息的程序以及审核报告的编制
- 了解网络认证的含义与形成背景
- 了解网络认证程序与原则
- 了解系统认证的含义
- 了解系统认证的原则与标准

适用的准则和规范

- 《中国注册会计师审阅准则第 2101 号——财务报表审阅》
- 《中国注册会计师其他鉴证业务准则第 3101 号——历史财务信息审计或审阅以外的鉴证业务》

引例　ABC 公司年报财务报表审阅

2010 年 1 月 20 日 M 会计师事务所完成了对 ABC 公司 2009 年财务报表的审阅业务。在审阅过程中，审计人员了解了 ABC 公司及其环境；询问了 ABC 公司采用的会计准则和相关会计制度，并对交易和事项的确认、计量和报告进行了重点询问。ABC 公司管理层告诉审计人员，由于存货可变现净值难以确定，对存货按成本进行期末计价，审计人员发现其存货已存在减值迹象。审计人员对所审阅财务报表应该提出什么结论？

第一节　审 阅 业 务

注册会计师的业务范围经历了由法定审计业务向其他领域拓展的过程。从国内外有关注册会计师的法律看，法定审计业务是注册会计师的核心业务。例如，在美国，有关注册会计师的立法始于 1896 年的纽约州，到了 20 世纪 20 年代中期，各个州都已制定了相应的注册会计师法。尽管各个州出台的注册会计师法有所不同，但有一个共同点，即

授予注册会计师从事法定审计业务的特许权，除注册会计师外，其他组织和人士不得承办法定审计业务。我国《注册会计师法》，同样规定了注册会计师的法定审计业务范围。随着经济的发展和社会的需求，注册会计师应及时调整专业服务的性质，拓展服务的范围和领域①。

由于注册会计师具有良好的职业形象和较强的专业能力，这使得其日益成为政府部门和社会公众信赖的专业人士。在许多国家和地区，注册会计师除了承办传统审计业务外，还承办其他鉴证业务，以增强信息使用者对所鉴证信息的信赖程度。同时，面对全球化、多元化和竞争激烈的会计市场，注册会计师实现审计业务收入的持续增长已非易事，必须不断地开拓新的市场和业务。从目前情况看，无论在国外，还是在我国，注册会计师承办的业务范围已经十分广泛。目前我国注册会计师承办业务类型较多，其中还有审阅业务。

注册会计师的专业服务除了财务报表审计和验资这两种历史财务信息审计业务以外，还包括历史财务信息审阅业务、其他鉴证业务和相关服务等业务。

财务报表审阅是注册会计师对财务报表执行的一类重要的鉴证业务。财务报表审阅，是指注册会计师接受委托，主要通过实施询问和分析程序为主的审阅程序，获取充分适当的证据，对财务报表提供有限保证。审阅提供的保证程度低于审计，适用于被审阅单位或者财务信息的其他使用者不需要审计，但又对信息质量有一定要求的情况。

一、审阅的目标

财务报表审阅的目标，是注册会计师在实施审阅程序的基础上，说明是否注意到某些事项，使其相信财务报表没有按照适用的会计准则和相关会计制度的规定编制，未能在所有重大方面公允反映被审阅单位的财务状况、经营成果和现金流量。

在财务报表审阅业务中，要求注册会计师将审阅风险降至该业务环境下可接受的水平（高于财务报表审计中可接受的低水平），对审阅后的财务报表提供低于高水平的保证（即有限保证），在审阅报告中对财务报表采用消极方式提出结论。相对审计而言，审阅程序简单，保证程度有限，审阅成本也较低。

在审阅业务中，注册会计师应当遵守相关的职业道德规范，恪守诚信、独立、客观的原则，保持专业胜任能力和应有的关注，并对执业过程中获知的信息保密。同时还需要注册会计师应当按照《中国注册会计师审阅准则第 2101 号——财务报表审阅》准则的规定，签订业务约定书，计划审阅工作，确定审阅程序，记录为审阅报告提供证据的重大事项和按本准则规定执行审阅业务的证据，形成审阅结论，出具审阅报告。

目标的差异是审计、审阅、相关服务这三类业务的最根本差异。其他差异，如业务性质、保证程度、独立性的要求等都是从目标的差异派生出来的，如表 9-1 所示。

① 中国注册会计师协会：《审计》，经济科学出版社 2010 年版。

表 9-1 **审计、审阅、相关服务的差异①**

项目	审计(如:财务报表审计)	审阅(如:财务报表审阅)	相关服务(如:执行商定程序)
目标	注册会计师通过执行审计工作,对财务报表的下列方面发表审计意见:①财务报表是否在所有重大方面按照适用的会计准则编制;②财务报表是否公允反映被审计单位的财务状况、经营成果和现金流量	注册会计师在实施审阅程序的基础上,说明是否注意到某些事项,使其相信财务报表没有在所有重大方面按照适用的会计准则的规定编制,未能公允反映被审阅单位的财务状况、经营成果和现金流量	注册会计师对特定财务数据、单一财务报表或整套财务报表等财务信息执行与特定主体商定的具有审计性质的程序,并就执行的商定程序及其结果出具报告
业务性质	合理保证的鉴证业务	有限保证的鉴证业务	相关服务(非鉴证业务)
执业标准	《中国注册会计师审计准则》	《中国注册会计师审阅准则第 2101 号——财务报表审阅》	《中国注册会计师相关服务准则第 4101 号——对财务信息执行商定程序》等
对注册会计师独立性的要求	作为鉴证业务,注册会计师在执行审计、审阅业务时必须具有形式上和实质上的独立性		不对商定程序业务提出独立性要求,但如果业务约定书或委托目的对注册会计师的独立性提出要求,注册会计师应当从其规定。如果注册会计师不具有独立性,应当在商定程序业务报告中说明这一事实
所使用的程序和方法	审计程序的实施范围较广,程度较深,种类较多,包括检查记录或文件、检查有形资产、观察、询问、函证、重新计算、重新执行、分析程序等	以询问和分析程序为主,只有当有理由相信所审阅的财务报表可能存在重大错报时才需要追加其他程序	视执行商定程序的对象和委托目的而定,可能使用询问和分析,重新计算、比较和其他核对方法,观察,检查,函证等方法中的全部或者一部分
提供的保证程度	以积极方式提供合理保证	以消极方式提供有限保证	不提供任何保证
结论的类型	无保留意见、保留意见、无法表示意见、否定意见 4 种,其中无保留意见和保留意见可以加强调事项段	类似于审计意见的类型,包括无保留、保留、否定、无法提供任何程度的保证 4 种	只要求在报告中说明执行商定程序的结果,包括详细说明发现的错误和例外事项,不要求提出鉴证结论

同步思考 9-1

在什么情况下公司需要聘请注册会计师执行财务报表审阅业务?

① 中国注册会计师协会:《审计》,经济科学出版社 2010 年版。

二、审阅范围和保证程度

（一）审阅范围

审阅范围是指为实现财务报表审阅目标，注册会计师根据《中国注册会计师审阅准则第2101号——财务报表审阅》（以下简称《审阅准则》）准则和职业判断实施的恰当的审阅程序的总和。注册会计师应当根据《审阅准则》确定执行财务报表审阅业务所要求的程序。必要时，还应当考虑业务约定条款的要求。

（二）保证程度

在财务报表审阅业务中，注册会计师提供的保证水平低于在财务报表审计业务中提供的保证水平。与审计相比，审阅在证据收集程序的性质、时间、范围等方面是有意识地加以限制的。注册会计师通常无须执行在审计业务中执行的某些程序。例如，对内部控制进行测试，对存货进行监盘，对应收款项实施函证等，注册会计师只是对财务报表实施以询问和分析程序为主的程序。只有在有理由相信财务报表可能存在重大错报的情况下，注册会计师才会实施追加的或更为广泛的程序。

由于审阅程序有限，注册会计师通过实施审阅程序，通常不能获取足以支持较高程度保证（即合理保证）的证据，而只能获取支持有限保证的证据。但注册会计师实施的证据收集程序至少应当足以获取有意义的保证水平，作为以消极方式提出结论的基础。

三、业务约定书

注册会计师应当按照《审阅准则》的规定与被审阅单位就业务约定条款达成一致意见，并签订业务约定书。

业务约定书是由会计师事务所和委托人签订的，用以记录和确认审阅业务的委托与受托关系、审阅目标和范围、双方责任以及报告的格式等事项的书面协议。签订业务约定书有助于注册会计师更好地计划审阅工作，明确注册会计师和委托人各自的责任，避免在审阅业务的目标和范围等方面产生误解，维护双方的合法权益①。

业务约定书应当包括下列内容。

（1）审阅业务的目标。

（2）管理层对财务报表的责任。

（3）审阅范围。审阅范围应提及按照《审阅准则》的规定执行审阅工作。

（4）注册会计师不受限制地接触审阅业务所要求的记录、文件和其他信息。

（5）预期提交的报告样本。为了便于委托人理解审阅与审计的区别，注册会计师应当在业务约定书中加入预定的报告格式，或者将预定的报告格式作为业务约定书的附件。

（6）说明不能依赖财务报表审阅揭示错误、舞弊和违反法规行为。注册会计师执行财务报表审阅业务，并非是为了揭示错误、舞弊和违反法规行为。由于审阅业务实施的程序有

① 刘明辉：《审计与鉴证服务》，高等教育出版社2007年版。

限，提供的保证程序相对较低，因此，委托人不能依赖财务报表审阅揭示错误、舞弊和违反法规行为。

（7）说明没有实施审计，因此注册会计师不发表审计意见，不能满足法律法规或第三方对审计的要求。注册会计师实施审阅程序最终形成的是审阅结论，没有实施审计，因此不发表审计意见。委托人或其他使用人如果要求注册会计师提供财务报表审计服务，需要与会计师事务所另行签订审计业务约定书。

同步案例 9-1

财务报表审阅业务约定书

委托方（甲方）：××××公司

受托方（乙方）：天职国际会计师事务所有限公司

兹由甲方委托乙方对20××年度财务报表进行审阅，经双方协商，达成以下约定。

一、业务范围与审阅目标

（一）乙方接受委托，对甲方按照企业会计准则编制20××年××月××日的资产负债表，20××年度的利润表、股东权益变动表和现金流量表以及财务报表附注（以下统称财务报表）进行审阅。

（二）乙方在实施审阅程序的基础上，说明是否注意到某些事项，使乙方相信所审阅的财务报表没有在所有重大方面按照企业会计准则的规定编制，未能公允反映甲方的财务状况、经营成果和现金流量。

二、甲方的责任与义务

……

三、乙方的责任与义务

……

四、审阅收费

……

五、审阅报告和审阅报告的使用

（一）乙方按照《中国注册会计师审阅准则第2101号——财务报表审阅》规定的格式和类型出具审阅报告。

（二）乙方向甲方致送审阅报告一式××份。该审阅报告仅限甲方在以下范围内使用：

[此处注明审阅报告的预定用途]，若甲方将审阅报告用于上述范围以外的其他用途，甲方须书面征得乙方同意。由于使用不当所造成的后果，与乙方及签署审阅报告的注册会计师无关。

（三）甲方提交或对外公布审阅报告和已审阅财务报表时，不得修改乙方出具的审阅报告及其后附的已审阅财务报表。当甲方认为有必要修改会计数据、报表附注和所作的说明时，应当事先通知乙方，乙方将考虑有关的修改对审阅报告的影响，必要时，将重新出具审阅报告。

六、本约定书的有效期间

本约定书自签署之日起生效，并在双方履行完毕本约定书约定的所有义务后终止，但本约定书第三（二）2、四、五、八、九、十项并不因本约定书终止而失效。

七、约定事项的变更

如果出现不可预见的情况，影响审阅工作如期完成，或需要提前出具审阅报告时，甲、乙双方均可要求变更约定事项，但应及时通知对方，并由双方协商解决。

八、违约责任

……

九、终止条款

……

十、适用法律和争议解决

……

十一、双方对其他有关事项的约定

本约定书一式四份，甲、乙方各执两份，具有同等法律效力。

委托方：(盖章)	受托方：天职国际会计师事务所
有限公司(盖章)	
定代表人或授权代表：(签章)	法定代表人或授权代表：(签章)
年　　月　　日	年　　月　　日
联系人：	联系人：
电话：	电话：010-88018766
传真：	传真：010-88018737
甲方地址：乙19号华通大厦B座	乙方地址：北京市海淀区车公庄西路
邮政编码：	邮政编码：100044

四、审阅计划

计划审阅工作对注册会计师顺利完成审阅工作和控制审阅风险具有重要意义。充分的审阅计划有助于注册会计师关注重点审阅领域、及时发现和解决潜在的问题及恰当地组织和管理审阅工作，以使审阅工作更加有效。同时，充分的审阅计划还可以帮助注册会计师对项目组成员进行恰当的分工和监督指导，并复核其工作，还有助于协调其他注册会计师和专家的工作。注册会计师应当计划审阅工作，以有效执行审阅业务。

在计划审阅工作时，注册会计师应当了解被审阅单位及其环境，或更新以前了解的内容，包括考虑被审阅单位的组织结构、会计信息系统、经营管理情况以及资产、负债、收入和费用的性质等。对上述情况了解，使注册会计师能够有针对性地进行询问和设计适当的程序，并对作出的答复与获取的其他信息作出评价。

审阅计划包括总体审阅策略和具体审阅计划两个部分。总体审阅策略用以确定审阅的范围、时间和方向，并指导制订具体审阅计划。具体审阅计划比总体审阅策略更加详细，包括为获取充分、适当的审阅证据以将审阅风险降至可接受的水平，项目组拟实施的审阅程序的性质、时间和范围等①。

一份完整的审阅业务约定书还应当包括其他内容，如签约双方的名称、业务收费金额以及支付方式、出具报告的时间要求、报告的使用责任、业务约定书的有效期限、违约责任、签约日期、双方法定代表人的签名盖章等。

① 刘明辉：《审计与鉴证服务》，高等教育出版社2007年版。

五、审阅程序和审阅证据

（一）确定审阅程序的性质、时间和范围时应考虑的因素

注册会计师在确定审阅程序的性质、时间和范围时，应当考虑下列因素：

（1）以前期间执行财务报表审计或审阅所了解的情况。

（2）对被审阅单位及其环境的了解，包括适用的会计准则和相关会计制度、行业惯例。

（3）会计信息系统。

（4）管理层的判断对特定项目的影响程度。

（5）各类交易和账户余额的重要性。

（二）对重要性水平的考虑

与审计业务类似，在执行审阅业务时也需要考虑重要性水平问题。尽管由于审阅程序有限，保证程度较低，未能发现重大错报的风险大于审计业务中的同类风险，但对于重要性水平，注册会计师判断的依据是错报是否影响到信息使用者根据财务报表所作出的决策，而不是所提供的保证程度。因此，在财务报表审阅中注册会计师采用的重要性水平应当与对财务报表执行审计业务时相同。

（三）审阅程序

审阅业务中对证据的收集主要集中在询问管理层和执行分析程序。因此，审阅业务所需要的程序低于审计程序。审阅业务程序不包括了解内部控制、内部控制测试、交易的实质性测试和像应收账款函证或者存货的监盘的细节测试。

财务报表审阅程序通常包括：

（1）了解被审阅单位及其环境。

（2）询问被审阅单位采用的会计准则和相关会计制度、行业惯例。

（3）询问被审阅单位对交易和事项的确认、计量、记录和报告的程序。

（4）询问财务报表中所有重要的认定。

（5）询问股东会、董事会以及其他类似机构决定采取的可能对财务报表产生影响的措施。

（6）阅读财务报表，以考虑是否遵循指明的编制基础。

（7）获取其他注册会计师对被审阅单位组成部分财务报表出具的审计报告或审阅报告。

（四）应当特别询问的事项

注册会计师应当向负责财务会计事项的人员询问下列事项。

（1）所有交易是否均已记录。

（2）财务报表是否按照指明的编制基础编制。

（3）被审阅单位业务活动、会计政策和行业惯例的变化。

（4）在实施审阅程序时所发现的问题。

此外，注册会计师应当询问在财务报表日后发生的、可能需要在财务报表中调整或披露的期后事项。注册会计师没有责任实施程序以识别审阅报告日后发生的事项。

（五）财务报表可能存在重大错报时的处理

如果有理由相信所审阅的财务报表可能存在重大错报，注册会计师应当实施追加的或更为广泛的程序，以便能够以消极方式提出结论或确定是否出具非无保留结论的报告。

在实施审阅程序后，如果获悉在审阅过程中所获取的信息有不正确、不完整，或者在其他方面不能令人满意的情况，注册会计师应当实施其认为必要的更为广泛的程序。

在扩大询问范围和获取额外解释之后，如果仍然存在重大疑问，且该疑问可能显示财务报表存在重大错报，注册会计师应当实施其认为必要的追加程序，以便能够以消极方式提出或确定是否出具非无保留结论的报告；由于财务报表审阅业务提供的保证程度较低，注册会计师实施的追加程序应当限于形成审阅结论所必需的程序。

（六）审阅证据

注册会计师应当主要通过询问和分析程序获取充分、适当的证据，作为得出审阅结论的基础。

在财务报表审阅业务中，注册会计师提供的保证水平低于在财务报表审计业务中提供的保证水平。因此，与审计相比，审阅在证据收集程序的性质、时间、范围等方面是有意识地加以限制的。注册会计师通常无须执行在审计业务中执行的某些程序。例如，对内部控制进行测试，对存货进行监盘，对应收款项实施函证等，注册会计师只是对财务报表实施以询问和分析程序为主的程序，这就决定了所获取的审阅证据无论在数量和质量上通常都不如审计证据。但注册会计师实施的证据收集程序至少应当足以获取有意义的保证水平，作为以消极方式提出结论的基础①。

六、审阅报告

注册会计师根据已实施的工作，评估在审阅过程中获知的信息是否表明财务报表没有按照适用的会计准则和相关会计制度的规定编制，未能在所有重大方面公允反映被审阅单位的财务状况、经营成果和现金流量，并据此编制审阅报告。注册会计师复核和评价根据审阅证据得出的结论后，在审阅报告中清楚地表达有限保证的结论。

（一）审阅报告的要素

（1）标题。审阅报告的标题应当统一规范为“审阅报告”。

（2）收件人。收件人是审阅报告的致送对象。审阅报告的收件人应当为审阅业务的委托人。审阅报告应当载明收件人的全称。

（3）引言段。审阅报告的引言段应当说明下列内容：①所审阅财务报表的名称。审阅报告的引言段应当指明所审阅财务报表的名称。例如，某一时点的资产负债表、某一期间的利润表和现金流量表，以及相关的财务报表附注等。需要注意的是，审阅报告中提及的所审阅财务报表的名称、日期或涵盖的期间应与报告后所附的经过管理层批准报出的财务报表一致。②管理层的责任和注册会计师的责任。注册会计师应当在审阅报告引言段中说明：“这些财务报表的编制是××公司管理层的责任，我们的责任是在实施审阅工作的基础上对

① 刘明辉：《审计与鉴证服务》，高等教育出版社2007年版。

这些财务报表出具审阅报告”。

需要注意的是，如果无法对所审阅财务报表提供任何保证，则应当删除该段中对注册会计师责任的表述。

（4）范围段。审阅报告的范围段应当说明审阅的性质，包括下列内容：①审阅业务所依据的准则；②审阅主要限于询问和实施分析程序，提供的保证程度低于审计；③没有实施审计，因而不发表审计意见。

注册会计师应当在审阅报告中说明审阅范围，以便信息使用者更准确地理解所实施的审阅工作的性质，并着重指明注册会计师并未实施审计，因此不发表审计意见。

范围段中应当清楚说明财务报表审阅业务与审计业务的差异。由于财务报表审阅的范围一般限于实施询问和分析程序，提供的保证程度与审计相比较低，注册会计师有必要在审阅报告中予以说明，以提示委托人和审阅报告的其他使用者，避免不恰当地使用或者依赖审阅报告。

需要注意的是，如果无法对财务报表提供任何保证，在审阅报告中应当删除本段内容。

（5）结论段。审阅报告的结论段是表述注册会计师所形成的审阅结论的段落。结论段中应当说明：根据注册会计师的审阅，是否注意到某些事项，使注册会计师相信财务报表没有按照适用的会计准则和相关会计制度的规定编制，未能在所有重大方面公允反映被审阅单位的财务状况、经营成果和现金流量。这与审阅业务的目标相对应。

注册会计师应当根据实施审阅程序的情况，在审阅报告的结论段中提出下列之一的结论：①根据注册会计师的审阅，如果没有注意到任何事项使其相信财务报表没有按照适用的会计准则和相关会计制度的规定编制，未能在所有重大方面公允反映被审阅单位的财务状况、经营成果和现金流量，注册会计师应当提出无保留结论。②如果注意到某些事项使其相信财务报表没有按照适用的会计准则和相关会计制度的规定编制，未能在所有重大方面公允反映被审阅单位的财务状况、经营成果和现金流量，注册会计师应当在审阅报告的结论段前增设说明段，说明这些事项对财务报表的影响，并提出保留结论。如果这些事项对财务报表的影响非常重大和广泛，以至于认为仅提出保留结论不足以揭示财务报表的误导性或不完整性，注册会计师应当对财务报表提出否定结论，即财务报表没有按照适用的会计准则和相关会计制度的规定编制，未能在所有重大方面公允反映被审阅单位的财务状况、经营成果和现金流量。③如果存在重大的范围限制，注册会计师应当在审阅报告中说明，假定范围不受限制，注册会计师可能发现需要调整财务报表的事项，因而提出保留结论。如果范围限制的影响非常重大和广泛，以至于注册会计师认为不能提供任何程度的保证时，不应提供任何保证。

（6）注册会计师的签名和盖章。审阅报告应当由注册会计师签名并盖章。

（7）会计师事务所的名称、地址及盖章。审阅报告应当载明会计师事务所的名称和地址，并加盖会计师事务所公章。需要注意的是，对于会计师事务所地址，一般只需标注到其所在城市的名称，这与审计报告的要求是类似的。

（8）报告日期。审阅报告应当注明报告日期。审阅报告的日期是指注册会计师完成审阅工作的日期，不应早于管理层批准财务报表的日期。

注册会计师在确定审阅工作完成日时，应当考虑：①实施的程序是否已经完成；②要求被审阅单位调整或披露的事项是否已经提出，被审阅单位是否已经作出或拒绝作出调整或披露；③被审阅单位管理层是否已经正式签署财务报表。审阅报告应当后附已审阅的财务报表。为了避免审阅报告的误用，审阅报告一般应与已审阅的财务报表一并使用。

在某些情况下，如果注册会计师与委托人约定，审阅报告仅限于特定使用者或者特定方面使用，或者仅限于特定用途，则应当在审阅报告的结论段后增设一段，对审阅报告的分发和使用限制予以明确说明。

（二）审阅结论的类型及其适用条件

注册会计师应当根据实施审阅程序的情况，在审阅报告的结论段中提出下列之一的结论。

1. 无保留结论

注册会计师对所审阅财务报表提出无保留结论，应当同时满足以下条件。

(1) 注册会计师没有注意到任何事项使其相信财务报表没有按照适用的会计准则和相关会计制度的规定编制，未能在所有重大方面公允反映被审阅单位的财务状况、经营成果和现金流量。

(2) 注册会计师已经按照审阅准则的规定计划和实施审阅工作，在审阅过程中未受到限制。

2. 保留结论

注册会计师对所审阅财务报表提出保留结论适用于以下两种情况。

(1) 注册会计师注意到某些事项使其相信财务报表没有按照适用的会计准则和相关会计制度的规定编制，未能在所有重大方面公允反映被审阅单位的财务状况、经营成果和现金流量。这些事项虽然影响重大，但其影响尚未达到“非常重大和广泛”的程度，尚不足以导致注册会计师提出否定结论。

(2) 注册会计师的审阅存在重大的范围限制。该范围限制虽然影响重大，但其影响尚未达到“非常重大和广泛”的程度，尚不足以导致注册会计师无法提供任何保证。

在上述第(2)种情况下，注册会计师还需要在审阅报告的范围段中提及审阅范围受限制的情况，典型的措辞如：“除下段（注：即说明段）所述事项外，我们按照《审阅准则》的规定执行了审阅业务”。

在提出保留结论的情况下，审阅报告的结论段中需使用“除了上述……所造成的影响外”等术语。

3. 否定结论

如果注册会计师注意到某些事项使其相信财务报表没有按照适用的会计准则和相关会计制度的规定编制，未能在所有重大方面公允反映被审阅单位的财务状况、经营成果和现金流量，且这些事项对财务报表的影响非常重大和广泛，以至于注册会计师认为提出保留结论不足以揭示财务报表的误导性或错报的严重程度，注册会计师应当对财务报表提出否定结论，即财务报表没有按照适用的会计准则和相关会计制度的规定编制，未能在所有重大方面公允反映被审阅单位的财务状况、经营成果和现金流量。

由此可见，导致注册会计师提出否定结论的事项，就其类型而言与前述保留结论的第(1)种情况是类似的，但是根据注册会计师的职业判断，认为其影响的程度和范围较导致提出保留结论的事项更为重大和广泛，以至于所审阅财务报表整体已经不再符合适用的会计准则和相关会计制度，仅提出保留结论不足以表明所审阅财务报表的误导性和错报的严重程度。

在提出否定结论时，注册会计师应使用“由于受到前段所述事项的重大影响”“财务报表未能按照企业会计准则和《××会计制度》的规定编制”等术语。

4. 无法提供任何保证

如果存在重大的范围限制且该范围限制的影响非常重大和广泛，以至于注册会计师认为不能提供任何程度的保证时，不应提供任何保证。

由此可见，导致注册会计师无法提供任何保证的事项，就其类型而言与前述保留结论的第(2)种情况是类似的，但是根据注册会计师的职业判断，认为其影响的程度和范围较导致提出保留结论的事项更为重大和广泛，以至于注册会计师认为不能提供任何程度的保证。

在无法提供任何保证的审阅报告中，注册会计师应当删除引言段中对于注册会计师责任的表述，删除范围段，在说明段中说明审阅范围受限的情况，并在结论段中使用“由于受到前段所述事项的重大影响”“我们无法对财务报表提供任何保证”等术语。

(三) 审阅报告参考形式

1. 无保留结论的审阅报告参考格式

审 阅 报 告

ABC股份有限公司全体股东：

我们审阅了后附的ABC股份有限公司(以下简称ABC公司)财务报表，包括20×1年12月31日的资产负债表，20×1年度的利润表、股东权益变动表和现金流量表以及财务报表附注。这些财务报表的编制是ABC公司管理层的责任，我们的责任是在实施审阅工作的基础上对这些财务报表出具审阅报告。

我们按照《中国注册会计师审阅准则第2101号——财务报表审阅》的规定执行了审阅业务。该准则要求我们计划和实施审阅工作，以对财务报表是否不存在重大错报获取有限保证。审阅主要限于询问公司有关人员和对财务数据实施分析程序，提供的保证程度低于审计。我们没有实施审计，因而不发表审计意见。

根据我们的审阅，我们没有注意到任何事项使我们相信财务报表没有在所有重大方面按照企业会计准则的规定编制，未能公允反映被审阅单位的财务状况、经营成果和现金流量。

××会计师事务所　　　　中国注册会计师：×××

（签名并盖章）

（盖章）　　　　中国注册会计师：×××

（签名并盖章）

中国××市　　　　二〇×二年××月××日

2. 保留结论的审阅报告参考格式

审 阅 报 告

ABC 股份有限公司全体股东：

我们审阅了后附的 ABC 股份有限公司(以下简称 ABC 公司)财务报表，包括 20×1 年 12 月 31 日的资产负债表，20×1 年度的利润表、股东权益变动表和现金流量表以及财务报表附注。这些财务报表的编制是 ABC 公司管理层的责任，我们的责任是在实施审阅工作的基础上对这些财务报表出具审阅报告。

我们按照《中国注册会计师审阅准则第 2101 号——财务报表审阅》的规定执行了审阅业务。该准则要求我们计划和实施审阅工作，以对财务报表是否不存在重大错报获取有限保证。审阅主要限于询问公司有关人员和对财务数据实施分析程序，提供的保证程度低于审计。我们没有实施审计，因而不发表审计意见。

ABC 公司管理层告知我们，存货以高于可变现净值的成本计价。由 ABC 公司管理层编制并经过我们审阅的计算表显示，如果根据企业会计准则规定的成本与可变现净值孰低法计价，存货的账面价值将减少××元，净利润和股东权益将减少××元。

根据我们的审阅，除了上述存货价值高估所造成的影响外，我们没有注意到任何事项使我们相信财务报表没有在所有重大方面按照适用的会计准则的规定编制，未能公允反映被审阅单位的财务状况、经营成果和现金流量。

××会计师事务所　　　　　　　　中国注册会计师：×××

　　　　　　　　　　　　　　　　（签名并盖章）

（盖章）　　　　　　　　　　　　中国注册会计师：×××

　　　　　　　　　　　　　　　　（签名并盖章）

中国××市　　　　　　　　　　　二〇×二年××月××日

3. 否定结论的审阅报告参考格式

审 阅 报 告

ABC 股份有限公司全体股东：

我们审阅了后附的 ABC 股份有限公司(以下简称 ABC 公司)财务报表，包括 20×1 年 12 月 31 日的资产负债表，20×1 年度的利润表、股东权益变动表和现金流量表以及财务报表附注。这些财务报表的编制是 ABC 公司管理层的责任，我们的责任是在实施审阅工作的基础上对这些财务报表出具审阅报告。

我们按照《中国注册会计师审阅准则第 2101 号——财务报表审阅》的规定执行了审阅业务。该准则要求我们计划和实施审阅工作，以对财务报表是否不存在重大错报获取有限保证。审阅主要限于询问公司有关人员和对财务数据实施分析程序，提供的保证程度低于审计。我们没有实施审计，因而不发表审计意见。

如财务报表附注所述，ABC 公司在编制财务报表时对各合营企业的长期股权投资以成本法核算。根据企业会计准则的规定，ABC 公司应当对各合营企业的长期股权投资采用权益法核算。

根据我们的审阅，由于受到前段所述事项的重大影响，财务报表未能按照企业会计准则的规定编制。

××会计师事务所　　　　　　　　中国注册会计师：×××

　　　　　　　　　　　　　　　　（签名并盖章）

（盖章）　　　　　　　　　　　　中国注册会计师：×××

　　　　　　　　　　　　　　　　（签名并盖章）

中国××市　　　　　　　　　　　二〇×二年××月××日

4. 无法提供任何保证的审阅报告参考格式

审 阅 报 告

ABC股份有限公司全体股东：

我们接受委托，对后附的ABC股份有限公司（以下简称ABC公司）财务报表（包括20×1年12月31日的资产负债表，20×1年度的利润表、股东权益变动表和现金流量表以及财务报表附注）进行审阅。这些财务报表的编制是ABC公司管理层的责任。

为了审阅的需要，我们向ABC公司管理层及有关人员就若干重大事项进行了询问，但ABC公司管理层及有关人员拒绝对我们的询问作出回答。我们的审阅范围受到了严重限制，我们无法确定该事项对ABC公司财务报表整体合法性的影响程度。

由于受到前段所述事项的重大影响，我们无法对财务报表提供任何保证。

××会计师事务所　　　　中国注册会计师：×××

（签名并盖章）

（盖章）　　　　中国注册会计师：×××

（签名并盖章）

中国××市　　　　二〇×二年××月××日

同步思考9-2

资料：C注册会计师负责对常年审计客户丙公司20×1年1～6月的财务报表进行审阅。在实施了必要的审阅程序后，C注册会计师草拟了以下审阅报告。

审 阅 报 告

丙公司全体股东：

我们审阅了后附的丙公司财务报表，包括20×1年6月30日的资产负债表，20×1年1～6月的利润表、所有者权益变动表和现金流量表。这些财务报表的编制是丙公司管理层的责任，我们的责任是在实施审阅工作的基础上对这些财务报表出具审阅报告。

我们按照中国注册会计师审计准则的规定执行了审阅业务。该准则要求我们计划和实施审阅工作，以对财务报表是否不存在重大错报获取有限保证。审阅主要限于询问公司有关人员和对财务数据实施分析程序，提供的保证程度低于审计。

根据我们的审阅，我们认为丙公司财务报表已经在所有重大方面按照企业会计准则的规定编制，公允反映了丙公司的财务状况、经营成果和现金流量。

我们审计了丙公司20×0年度的财务报表，为了更好地理解丙公司的财务状况、经营成果和现金流量，20×1年1～6月的财务报表应当与20×0年度的已审计财务报表及其审计报告一并阅读。

××会计师事务所　　　　中国注册会计师：××

（签名并盖章）

（盖章）　　　　中国注册会计师：××

（签名并盖章）

中国××市　　　　二〇×二年××月××日

请指出上述审阅报告中存在的不当之处，并提出修改建议。

第二节 预测性财务信息审核

除了审计和审阅业务外，注册会计师还承办其他鉴证业务，如预测性财务信息审核、系统鉴证等，这些鉴证业务可以增强使用者的信任程度。

一、预测性财务信息及相关概念

在经济决策中，除了历史财务信息外，还经常需要面向未来的预测性信息。例如，在对一项投资进行可行性研究时需要该项投资的未来的现金流量信息；按照证券发行相关信息披露规范的要求，在招股说明书、募集说明书中向潜在投资者提供关于发行人未来发展前景的信息；申请贷款时向银行提供未来现金流量的预测。注册会计师接受委托对预测性财务信息实施审核并出具报告，可增强该信息的可信赖程度。

预测性财务信息是指被审核单位依据对未来可能发生的事项或采取的行动的假设而编制的财务信息。预测性财务信息可以表现为预测、规划或者两者的结合，可能包括财务报表整体（即包含资产负债表、利润表、股东权益变动表和现金流量表以及财务报表附注在内的一套完整的财务报表）或者财务报表的一项或者多项要素（其中一张报表或者一张报表中的一个或者多个要素项目等）。

所谓预测是指管理层在最佳估计假设的基础上编制的预测性财务信息。最佳估计假设，是指截至编制预测性财务信息日，管理层对预期未来发生的事项和采取的行动作出的假设。盈利预测是一种最典型的预测，是指被审核单位（如证券发行人）的管理层在对未来经营业绩所作最佳估计假设的基础上编制的预测性财务信息。

所谓规划是指管理层基于推测性假设，或同时基于推测性假设和最佳估计假设编制的预测性财务信息。推测性假设，是指管理层对未来事项和采取的行动作出的假设，该事项或行动预期在未来未必发生。例如，企业尚处于营业初期，未来经营状况的不确定性较大；或者管理层正在考虑进行重大的业务转型，而该转型的效果尚有较大的不确定性等。规划信息多见于“如果……那么……”的分析中，即在给定的推测性假设下估算相关财务指标的可能结果。例如，假定市场占有率分别为8%、19%和26%，在此基础上分别推算各种情况下可能获得的净利润。这时，假定的市场占有率数据属于推测性假设，所预测的财务信息属于规划。

对于那些以一套完整的财务报表形式出现的预测性财务信息，通常称为预测性财务报表。在列报预测性财务报表时，一般需要在附注中提供编制该预测性财务报表所依据的重要假设和会计政策。预测性财务信息所涵盖的期间可以有一部分是历史期间（例如，在2×10年3月编制2×10年全年的预测性财务报表时，其中1～2月份的数据是已实现数），但不能全部是历史期间，必须至少有一部分属于未来期间。

由于预测性财务信息所涉及的是截至目前尚未发生的事项，因此不可避免地带有高度的主观性，并且在编制过程中需要作出大量的估计和判断。这是预测性财务信息的一项重要特征。

二、预测性财务信息审核的目标

预测性财务信息审核的目标是注册会计师对被审核单位预测性财务信息所依据的最佳估计假设是否合理、推测性假设与信息的编制目的是否相适应、预测性财务信息是否在假设的基础上恰当地编制、预测性财务信息是否恰当列报、预测性财务信息的编制基础与历史财务报表是否一致，是否选用了恰当的会计政策进行判断，并发表审核意见。

具体来说，注册会计师在执行预测性财务信息审核业务时，应当就下列事项获取充分、适当的证据。

(1) 管理层编制预测性财务信息所依据的最佳估计假设并非不合理；在依据推测性假设的情况下，推测性假设与信息的编制目的是相适应的。

(2) 预测性财务信息是在假设的基础上恰当编制的。

(3) 预测性财务信息已恰当列报，所有重大假设已充分披露，包括说明采用的是推测性假设还是最佳估计假设。

(4) 预测性财务信息的编制基础与历史财务报表一致，并选用了恰当的会计政策。

同步案例 9-2

预测性财务信息审核

——"第一滴血"合伙人公司案例①

1982 年年底，电影《第一滴血》在全美公映并很快创造票房纪录。1981 年 7 月，当这部电影还在前期制作中时，为了取得对这部电影的所有权，一个名为"第一滴血"合伙人的公司成立了。在私下募资备忘录中，有一则很长的财务预测报告，名为"关于本公司在截至 1992 年 12 月 31 日的 11 年内，在经营税费、资金流动及 50%税种的投资人，税后利润等方面计划清算的报告"。预测报告的很大篇幅，是这部电影的总体财务计划图表，之后是关于这部电影的重大财务设想，然后是会计师事务所出具的 3 页报告，以下是塔奇·罗丝会计师事务所出具报告的摘录：

本会计小组已经完成以上联合财务计划书的分析工作。这些分析工作包含以下内容：审阅私下募资备忘录、计划附注和各种设想；从所述假想的角度，检查计划书的编纂过程；质询了计划书的内涵是否固守同一原则；询问了可能影响经营结果的有关事项。根据以上所作分析，我们确信，计划书是基于所述依据编写的，且这些依据的描述符合要求。

……

但不可以避免的是：某些设想可能实现不了，某些出乎意料的情况会产生。该公司的实际经营结果和分配给有限责任合伙人的实际货币资金、应税所得(损失)及其他税负，可能会与计划书描述的内容有所出入，且这种出入可能会很大。

……

因为该公司在编写计划书时，某些有关重大事项未被考虑，且我们所作的分析工作有限，我们不能对"计划书关于公司在计划期内经营成果和有限责任合伙人的应得利益等设想是否完整合理"这一问题，得出完全肯定的结论。

---

① 中南财经政法大学审计教学网。

由于适用于各个合伙人的联邦和州的法规各不相同，并且可能涉及其他法律和经济事项，每位未来的有限责任合伙人最好向他的私人税收投资顾问咨询。

三、责任与保证程度

（一）管理层与注册会计师的责任

管理层负责编制预测性财务信息，包括识别和披露预测性财务信息依据的假设。但是由于预测性财务信息所涉及的是截至目前尚未发生的事项，其能否实现取决于多个因素的共同作用，甚至有些因素对于管理层而言是不可控的，因此管理层无法对预测性财务信息未来能否实现作出保证。

注册会计师接受委托对预测性财务信息实施审核并出具报告，可增强该信息的可信赖程度。在执行预测性财务信息审核业务的过程中，注册会计师应当遵守相关的职业道德规范，恪守独立、客观、公正的原则，保持专业胜任能力和应有的关注，并对执业过程中获知的信息保密，并在了解被审核单位的情况以及预测性财务信息涵盖期间的基础上，实施相应的审核程序，获取充分、适当的审核证据，作为形成审核结论和发表审核意见的基础。注册会计师的责任包括：对管理层采用假设是否合理发表有限保证审核意见，对预测性财务信息是否依据这些假设恰当编制并按照适用的会计准则和相关会计制度的规定进行列报发表合理保证的审核意见，但是注册会计师的责任并不包括对预测性财务信息的结果能否实现发表意见。

注册会计师与管理层应当通过审核业务约定书以及管理层声明书明确各自的责任，并且注册会计师应当在出具的预测性财务信息审核报告中对管理层的责任作出清晰的界定，借以提示预测性财务信息的使用者。

（二）保证程度

1. 不对预测性财务信息的结果能否实现发表意见

预测性财务信息是被审核单位管理层对未来所作的预测和规划，所涉及的是截至目前尚未发生的事项，因此不可避免地带有高度的主观性，在编制过程中需要作出大量的估计和判断。所涉及的事项和行动通常并非如预期的那样发生，并且变动可能重大，实际结果可能与预测性财务信息存在差异。所以，注册会计师不应对预测性财务信息的结果能否实现发表意见。

2. 对管理层采用假设的合理性提供有限保证

鉴证业务的保证程度分为合理保证和有限保证，有限保证的保证程度低于合理保证。注册会计师在对预测性财务信息所依据假设的合理性进行评价时，由于根据所能获取的支持性证据不能从正面断定假设的合理性，而只能判断有无任何证据表明假设不合理。因此，注册会计师对管理层采用的假设的合理性发表意见时，仅提供有限保证而非合理保证。

3. 提供合理保证的事项

在执行预测性财务信息审核业务中，注册会计师对预测性财务信息是否依据假设恰当编制，并按照适用的会计准则和相关会计制度的规定进行列报发表意见时，通常提供合理保证而并非有限保证。

因此，在同一份预测性财务信息审核报告中往往会出现两种保证共存的情况，即对于假设的合理性提供有限保证，同时对预测性财务信息的编制与假设的一致性，以及是否按照适用的会计准则和相关会计制度的规定进行列报提供合理保证。注册会计师应当注意区分不同性质的保证及其各自的适用范围，以免发生混淆。

四、预测性财务信息审核的流程

（一）接受业务委托并签订业务约定书

注册会计师在接受预测性财务信息审核业务委托之前，应当与委托人商谈预测性财务信息审核的目的与范围，双方的责任、义务，考虑自身的能力和能否保持独立性，并考虑下列因素：信息的预定用途；信息是广泛分发还是有限分发；假设的性质，即假设是最佳假设还是推测性假设；信息中包含的要素；信息涵盖的期间，以确定是否接受委托。

注册会计师在承接预测性财务信息业务时，或者在业务执行的过程之中，如果发现被审核单位的假设明显不切实际，或者认为预测性财务信息并不适合预定用途，应当拒绝接受业务委托或者解除业务约定。

注册会计师应当与被审核单位就业务约定条款达成一致意见，并签订业务约定书。

（二）了解被审核单位情况

1. 了解管理层是否识别出编制预测性财务信息所要求的全部重要假设

注册会计师应当充分了解被审核单位情况，以评价管理层是否识别出编制预测性财务信息所要求的全部重要假设。例如，在盈利预测审核业务中，注册会计师需要重点了解的事项包括如下几个。

（1）能否获得开展经营活动所需的资源，以及获取这些资源所需付出的成本。

（2）被审核单位提供的产品或劳务的销售状况和市场状况。

（3）与被审核单位所处行业有关的特定风险因素。

（4）有关被审核单位过去的经营业绩的情况，或与被审核单位具有可比性的其他企业的过去经营业绩的情况。

2. 了解预测性财务信息的编制过程

在了解被审核单位基本情况的基础上，注册会计师还应当通过考虑下列事项，熟悉被审核单位编制预测性财务信息的过程。

（1）与编制预测性财务信息相关的内部控制，以及负责编制预测性财务信息的人员的专业技能和经验。

（2）支持管理层作出假设的文件的性质。

（3）运用统计、数学方法及计算机辅助技术的程度。

（4）形成和运用假设时使用的方法。

（5）以前期间编制预测性财务信息的准确性，及其与实际情况出现重大差异的原因。

3. 了解编制预测性财务信息时对历史财务信息的依赖

注册会计师应当考虑被审核单位编制预测性财务信息时依赖历史财务信息的程度是否合理。

注册会计师应当了解被审核单位的历史财务信息，以评价预测性财务信息与历史财务信息的编制基础是否一致，并为考虑管理层假设提供历史基准。这里的编制基础包括会计主体的确定、合并财务报表范围的确定、资产和负债的计量基础，以及所采用的其他会计政策等。如果编制基础不一致，就会降低管理层编制的预测性财务信息的可信赖程度。了解被审核单位的历史财务信息，还可以为注册会计师考虑管理层假设的合理性提供历史基准。

注册会计师应当确定相关财务历史财务信息是否已经审计或者审阅，是否选用了恰当的会计政策。

五、预测性财务信息审核的程序

（一）确定审核程序的性质、时间和范围时应考虑的因素

实施审核程序的目标是获取充分、适当的审核证据，出具审核报告，增强所审核的预测性财务信息的可信赖程度。注册会计师应当通过确定和实施恰当的审核程序来实现这一目标。在确定审核程序的性质、时间和范围时，注册会计师应当考虑下列因素。

（1）重大错报的可能性。

（2）以前期间执行业务所了解的情况。

（3）管理层编制预测性财务信息的能力。

（4）预测性财务信息受管理层判断影响的程度。

（5）基础数据的恰当性和可靠性。

（二）评估最佳估计假设与推测性假设

注册会计师应当评估支持管理层作出最佳估计假设的证据的来源和可靠性。注册会计师可以从内部或外部来源获取支持这些假设的充分、适当的证据。

内部来源主要包括预算、劳动合同、专利许可使用协议、已签订但尚未履行的购销合同、债务协议和董事会拟订的公司战略计划等；外部来源主要包括政府公报、专业机构的研究报告、行业出版物、宏观经济预测、相关法律法规（包括正处于立法进程中的新法律法规），以及关于技术进步问题的报告等。

当使用推测性假设时，注册会计师应当确定这些假设的所有重要影响是否已得到考虑。对推测性假设，注册会计师不需要获取支持性的证据，但应当确定这些假设与编制预测性财务信息的目的相适应，并且没有理由相信这些假设明显不切合实际。

在确定推测性假设时，不能出于不当目的而选取过于乐观或者过于谨慎的假设。其他假设必须建立在该推测性假设成立的前提下，并且各假设之间不存在矛盾，也就是说，其他假设应当可以描述在该推测性假设成立的前提下可能出现的情况。

如果推测性假设与编制预测性财务信息的目的不相适应，或者有理由相信这些假设明显不切合实际，注册会计师应提请管理层修正这些假设。如果管理层拒绝作出修正，注册会计师应当考虑这些假设对审核报告的影响，出具保留或否定意见的审核报告，或者解除业务约定。

注册会计师在评价编制预测性财务信息所依据的假设时，应当重点关注具有以下特征的假设。

（1）对预测性财务信息具有重大影响的假设。

（2）对内外部因素的变化特别敏感的假设。

（3）与历史模式或趋势不相符的假设。

（4）存在重大不确定性的假设。

注册会计师可以通过下列程序，识别具有上述特征的假设。

(1) 分析被审核单位的有关文档资料及其中的原始数据，确定可能对被审核的预测性财务信息产生重大影响的关键因素。

(2) 获取与被审核单位类似单位的预测性财务信息，识别这些单位的预测性财务信息中的关键假设。

(3) 分析以前期间的经营成果，识别可能对经营成果产生重要影响的因素。

(4) 获取和查阅已批准报出的财务报表、公开媒体报道、正式计划、董事会会议纪要等文件，注意其中是否包含关于将来的计划、合同或者具有法律约束力的协议等事项的信息。

(5) 询问管理层，确定是否还存在其他需要考虑的因素，以及已作出的关于这些关键因素的假设是否可能发生变化。

(6) 利用对被审核单位及其所处行业的了解，分析被审核单位经营活动中风险特别高或者特别敏感的领域。

(7) 与相关行业的专家讨论，确定所依据的假设哪些存在上述情形，以帮助判断这些假设的合理性。

(三) 评价预测性财务信息是否依据管理层确定的假设恰当编制

注册会计师应当通过检查数据计算准确性和内在一致性等，确定预测性财务信息是否依据管理层确定的假设恰当编制。

(四) 关注敏感领域对预测性财务信息的影响

注册会计师应当关注对变化特别敏感的领域，并考虑该领域影响预测性财务信息的程度。

“对变化特别敏感的领域”是指那些一旦发生变化(可能只是很微小的变化)就可能对预测性财务信息及其所依据的假设产生重大影响的领域。例如，被审核单位的销售高度依赖于少数重要客户，且其所处行业内各企业争夺客户的竞争相当激烈，而在编制预测性财务信息时，被审核单位依据的假设是能够在预测期间留住现有的所有重要客户。注册会计师对这一领域就应当特别关注。

如果被审核单位存在对变化特别敏感的领域，注册会计师通常应当实施更详细的审核程序，以获取适当的证据；同时还应当提请被审核单位在预测性财务信息中充分披露该领域的有关情况。

(五) 审核预测性财务信息时的特别考虑

1. 审核预测性财务信息的一项或多项要素时的考虑

当接受委托审核预测性财务信息的一项或多项要素时，注册会计师应当考虑该要素与财务信息其他要素之间的关联关系。

2. 预测性财务信息包含本期部分历史信息时的考虑

当预测性财务信息包括本期部分历史信息时，注册会计师应当考虑对历史信息需要实施的程序的范围。

如果预测性财务信息的涵盖期间有一部分是历史期间，且针对该历史期间的历史财务数据是可以获取的，注册会计师应当考虑该历史财务数据相对于预测性财务信息整体的重要性。例如，该历史期间的长度占预测性财务信息的整个涵盖期间的比例。

如果该历史期间构成了预测性财务信息涵盖期间的重要组成部分，注册会计师应根据相关审计、审阅准则的规定，对该历史期间的财务数据实施必要的审计或者审阅程序，并提请管理层将已经过审计或审阅的历史财务数据作为预测性财务信息中该历史期间的数据。

3. 假设的有效性取决于信息使用者的行动时的考虑

在某些情况下，预测性财务信息依据的某项重要假设与该预测性财务信息的使用者未来将采取的行动直接相关。例如，某项假设可能涉及股票或者债券发行后公司的财务状况、经营业绩，而编制该预测性财务信息本身就是为了此次募集资金；又如，某项假设可能涉及某项议案被股东大会通过后公司的有关状况，而编制该项预测性财务信息就是供股东在股东大会上对该议案投票的决策依据之一。在此情况下，注册会计师可能难以获取关于该项假设的支持性证据。

如果该假设涉及事项最终可能有多种结果，注册会计师应当要求被审核单位提供对该假设的支持性证据，否则不能出具无保留意见的审核报告。

如果该假设涉及事项最终结果只有两种，则只要该假设不存在明显不合理的情形，注册会计师就可以在不要求获取关于该假设的支持性证据的情况下出具审核报告。在此情况下，如果信息使用者并未实际采取假设所涉及的行动(因而假设并未实现)，信息使用者就不应当继续依赖该预测性财务信息；相应地，只要在预测性财务信息中披露了对该信息有用性和用途的上述限制，注册会计师所出具的审核报告就可以免受该假设缺乏支持性证据这一事实的影响。

(六) 出具预测性财务信息审核报告

注册会计师应当在实施必要的审核程序后，以经过核实的证据为依据，形成审核意见，出具审核报告。

六、审核报告

(一) 审核报告的要素

注册会计师对预测性财务信息出具的审核报告应当包括下列内容。

(1) 标题。标题一般统一规范为“审核报告”。

(2) 收件人。收件人是注册会计师致送审核报告的对象。

(3) 指出所审核的预测性财务信息。即对预测性财务信息作出的界定与描述。应特别注意的是，审核报告中提及的预测性财务信息的各项识别特征(如报表或者所涉及项目的名称、日期、涵盖期间等)应与后附的管理层签署的预测性财务信息一致。

(4) 提及审核预测性财务信息时依据的准则。

(5) 说明管理层对预测性财务信息(包括编制该信息所依据的假设)负责。

(6) 适当时，提及预测性财务信息的使用目的和分发限制。指明预测性财务信息仅限于已经明确识别的特定主体使用，或者仅限用于在业务约定书中明确的用途。

(7) 以消极方式说明假设是否为预测性财务信息提供合理基础。

(8) 对预测性财务信息是否依据假设恰当编制，并按照适用的会计准则和相关会计制度的规定进行列报发表意见。

(9) 对预测性财务信息的可实现程度作出适当警示。典型的措辞如：“由于预期事项通常并非如预期那样发生，并且变动可能重大，实际结果可能与预测性财务信息存在差异。”该警示表明注册会计师不对该预测性财务信息未来的可实现程度作出保证。

(10) 注册会计师的签名及盖章。

(11) 会计师事务所的名称、地址及盖章。

(12) 报告日期。报告日期应为完成审核工作的日期。报告日期不应早于被审核单位管理层批准和签署预测性财务信息的日期。

(二) 预测性财务信息的列报不恰当时的处理

在评价预测性财务信息的列报(包括披露)时，注册会计师除考虑相关法律法规的具体要求外，还应当考虑下列事项。

(1) 预测性财务信息的列报是否提供有用信息且不会产生误导。

(2) 预测性财务信息的附注中是否清楚地披露会计政策。

(3) 预测性财务信息的附注中是否充分披露所依据的假设，是否明确区分最佳估计假设和推测性假设；对于涉及重大且具有高度不确定性的假设，是否已充分披露该不确定性以及由此导致的预测结果的敏感性。

(4) 预测性财务信息的编制日期是否得以披露，管理层是否确认截至该日期止，编制该预测性财务信息所依据的各项假设仍然适当。

(5) 当预测性财务信息的结果以区间表示时。是否已清楚说明在该区间内选取若干点的基础，该区间的选择是否不带偏见或不产生误导。

(6) 从最近历史财务信息披露以来，会计政策是否发生变更、变更的原因及其对预测性财务信息的影响。

如果认为预测性财务信息的列报不恰当。注册会计师应当对预测性财务信息出具保留或否定意见的审核报告，或解除业务约定。

(三) 当预测不能为预测性财务信息提供合理基础时的处理

当假设不能为预测性财务信息提供合理基础时，由于注册会计师对两类预测性财务信息发表的意见不同，因此注册会计师所需考虑的问题也相应地有所不同。

在预测性财务信息属于预测的情况下，如果认为一项或者多项重大假设不能为依据最佳估计假设编制的预测性财务信息提供合理基础，注册会计师应当对预测性财务信息出具否定意见的审核报告，或解除业务约定。

在预测性财务信息属于规划的情况下，通常并不能验证推测性假设是否为规划提供一个合理的基础，但注册会计师应当考虑除推测性假设以外的其他重要假设是否能在推测性假设成立的前提下为规划提供合理的基础。在给定的推测性假设下，如果认为一项或者多项重大假设不能为依据推测性假设编制的预测性财务信息提供合理基础，注册会计师应当对预测性财务信息出具否定意见的审核报告，或解除业务约定。

(四) 审核范围受到限制时的处理

如果审核范围受到限制，导致无法实施必要的审核程序，注册会计师应当解除业务约定，或出具无法表示意见的审核报告，并在报告中说明审核范围受到限制的情况。

注册会计师的审核范围受到限制可能是由于以下两方面的原因：

（1）被审核单位施加的限制，导致一项或多项必要的审核程序无法实施。

（2）外部环境因素导致的限制。例如，难以获取适当的支持性证据以评价假设的合理性。

（五）审核报告参考格式①

1. 无保留意见审核报告（以预测为基础）

审 核 报 告

ABC股份有限公司：

我们审核了后附的ABC股份有限公司（以下简称ABC公司）编制的预测（列明预测涵盖的期间和预测的名称）。我们的审核依据是《中国注册会计师其他鉴证业务准则第3111号——预测性财务信息的审核》。ABC公司管理层对该预测及其所依据的各项假设负责。这些假设已在附注×中披露。

根据我们对支持这些假设的证据的审核，我们没有注意到任何事项使我们认为这些假设没有为预测提供合理基础。而且，我们认为，该预测是在这些假设的基础上恰当编制的，并按照××编制基础的规定进行了列报。

由于预期事项通常并非如预期那样发生，并且变动可能重大，实际结果可能与预测性财务信息存在差异。

××会计师事务所　　　　中国注册会计师：×××

（签名并盖章）

（盖章）　　　　中国注册会计师：×××

（签名并盖章）

中国××市　　　　二〇×二年××月××日

2. 保留意见审核报告（以预测为基础）

审 核 报 告

ABC股份有限公司：

我们审核了后附的ABC股份有限公司（以下简称ABC公司）编制的预测（列明预测涵盖的期间和预测的名称）。我们的审核依据是《中国注册会计师其他鉴证业务准则第3111号——预测性财务信息的审核》。ABC公司管理层对该预测及其所依据的各项假设负责。这些假设已在附注×中披露。

根据《企业会计准则第18号——所得税》的有关规定，ABC公司应当披露所得税费用（收益）与会计利润关系的说明。但ABC公司在该预测中对此未予披露。

根据我们对支持这些假设的证据的审核，我们没有注意到任何事项使我们认为这些假设没有为预测提供合理基础。另外，除了前段所述的ABC公司未在该预测中披露所得税费用（收益）与会计利润关系的说明以外，该预测是在这些假设的基础上恰当编制的，并按照××编制基础的规定进行了列报。

由于预期事项通常并非如预期那样发生，并且变动可能重大，实际结果可能与预测性财务信息存在差异。

××会计师事务所　　　　中国注册会计师：×××

（签名并盖章）

（盖章）　　　　中国注册会计师：×××

（签名并盖章）

中国××市　　　　二〇×二年××月××日

① 中国注册会计师协会：《审计》，经济科学出版社2010年版。

3. 否定意见审核报告(以预测为基础)

审 核 报 告

ABC股份有限公司:

我们审核了后附的ABC股份有限公司(以下简称ABC公司)编制的预测(列明预测涵盖的期间和预测的名称)。我们的审核依据是《中国注册会计师其他鉴证业务准则第3111号——预测性财务信息的审核》。ABC公司管理层对该预测及其所依据的各项假设负责。这些假设已在附注×中披露。

如该预测的附注"本预测所依据的重要假设的说明"所示,ABC公司对该预测期间内的销售收入额的预测所依据的重要假设之一是在该预测期间内,相关政府部门向ABC公司的订货量能够继续维持目前的水平。但是,ABC公司目前与相关政府部门之间的供货合同将在20×2年5月份期满,截至目前尚未签订新的供货合同,也并未就签订新的购货合同进行接洽。并且,相关政府部门已就采购目前由ABC公司供应的货物的相关事宜,与另一家公司签订了合同。

由于前段所述事项的重大影响,我们认为这些假设没有为预测提供合理基础。并且,该预测的列报不符合××编制基础的规定。

××会计师事务所　　　　中国注册会计师:×××

（签名并盖章）

(盖章)　　　　中国注册会计师:×××

（签名并盖章）

中国××市　　　　二〇×二年××月××日

4. 无法表示意见审核报告(以预测为基础)

审 核 报 告

ABC股份有限公司:

我们接受委托,对后附的ABC股份有限公司(以下简称ABC公司)编制的预测(列明预测涵盖的期间和预测的名称)进行审核。ABC公司管理层对该预测及其所依据的各项假设负责。这些假设已在附注×中披露。

如该预测的附注"本预测所依据的重要假设的说明"部分所示,该预测所示的预测期内预计净利润中包含来自按照权益法核算的被投资单位XYZ公司的投资收益,即按照ABC公司在XYZ公司中所持有的股权比例计算的在XYZ公司预测期内的净利润中所享有的份额。该项来自XYZ公司的投资收益占该预测所示的预测期内ABC公司净利润的比例为60%。由于XYZ公司并未编制和提供该期间内的盈利预测,因此,我们无法获取该项假设的充分、适当的支持性证据。

由于我们未能对前段所述的假设以及与之相关的其他假设实施审核程序,我们无法对这些假设是否为预测提供合理基础,以及该预测的编制和列报是否符合××编制基础的规定发表意见。

××会计师事务所　　　　中国注册会计师:×××

（签名并盖章）

(盖章)　　　　中国注册会计师:×××

（签名并盖章）

中国××市　　　　二〇×二年××月××日

第三节 信息技术的鉴证服务

就信息技术鉴证来说，管理层就电子信息的可靠性和安全性作出各种各样的认定。随着现代信息技术的广泛应用，网络和电子商务得到了飞速的发展，使人们在享受其带来的诸多便利的同时，也存在着一些疑虑，比如网上交易的安全性问题和消费者私人信息的保密问题等。为了消除消费者的这些疑虑，就产生了各种各样的保证服务需求。有许多诸如订货和支付等的商业职能都是通过网络或利用电子数据交换直接在两台电脑之间执行的，所以，随着交易和信息的在线和实时分享，商业人士更需要关于信息、交换以及保护他们安全性的保证服务。网络认证和系统认证就是适应这个需要开发出来的鉴证服务。

AICPA 和 CICA 共同开发了评价和测试系统在某些领域（如安全性和数据的完整性）可靠性的系统认证鉴证服务。网络认证保证服务主要是为登录网站的第三方使用者提供保证，而注册会计师执行的系统认证服务主要是为管理层、董事会或者第三方提供关于用以生产实时信息的信息系统可靠性的保证。

小资料

2000 年年初，一群匿名黑客利用从互联网上免费下载的较为简单的软件，联手攻击无数大型互联网零售商和其他企业，时间长达若干天。此次攻击的目的是针对目标网站制造大量虚假顾客，使网络超载，造成网络的反应速度严重下降，并彻底摧毁某些网站。尽管此次攻击对目标公司造成的损失并不严重，对在线顾客而言也只是带来一些麻烦，但攻击的成功使人们注意到电子商务容易受到恶意行为的影响。

一、网络认证服务

（一）网络认证的涵义与形成背景①

网络认证是一种被用来为顾客和企业之间进行网上交易建立信任、信心的综合性的认证服务。注册会计师通过在网站上进行个人电子网络签章来为网站使用者提供相关保证。这种签章使网站的使用者相信，该网站的经营者在业务实践、保证交易的完整性以及信息处理过程上均符合既定标准。网络认证签章是一种标志，它代表了注册会计师关于管理当局对电子商务活动的披露所作的认定出具的报告。

网络认证源于电子商务的发展。随着互联网的发展，电子商务得到了飞速发展。电子商务不仅为人们带来了诸多的便利，如使商业信息更有效地实现企业之间的传递、节约社会活动成本，而且也使商品物资更便捷、迅速地从厂商送到消费者手中。但是同时，电子商务也带来了相应的风险，如同步案例 9-3 就指出了电子商务的一个问题。网上交易的安全性问题和消费者私人信息的保密问题逐渐成为人们关注的焦点，同时人们对交易的有效性和合法性持怀疑态度。为提高消费者群体对电子商务的信心，就需要独立的第三方对电子商务的安全性和合法性进行监测认证，从而促使了一项新业务——网络认证的诞生。

① 张继勋：《审计学》，清华大学出版社 2008 年版。

为了指导网络认证业务的发展，加拿大特许会计师协会和美国注册会计师协会于1997年9月发起网络认证业务，并于1999年率先发布了网络认证准则。在美国和加拿大等许多国家和地区的会计师事务所都已开展了此项业务。

同步案例9-3

电子商务的问题

1999年圣诞节，互联网购物数量达到了当时的最高峰。但圣诞节过后，销售退回处理给零售商和顾客带来很多麻烦。许多电子零售商没有为巨大的退货数量做好充分准备。不管是何种零售渠道，退货处理都成了一个难题，将产品邮回给零售商或安排更换产品很不方便，这让公众对互联网购物留下了不好的印象。在2000年年初，UPS宣布了一项尝试性的方案，即与星巴克咖啡店联手开设小型包裹处理场所，缓解互联网的退货处理难题。

(二) 网络认证的程序与内容

任何鉴证业务都要遵循一定的程序进行，作为鉴证业务之一的网络认证也不例外。网络认证一般应遵循以下程序。

1. 电子商务公司提出申请

网络认证是电子商务公司的一种自愿行为，须经其委托方可进行。需要进行网络认证的公司首先应向具有网络认证能力的会计师事务所提出申请，会计师事务所根据具体情况决定是否接受申请。在没有委托的情况下，会计师事务所和注册会计师无权对进行电子商务的企业进行鉴证。

与被鉴证单位签订业务约定书后，一项重要工作就是了解被鉴证企业管理当局的声明。因为网络认证是对电子商务企业的商业惯例披露、交易完整性和信息安全性等方面进行的测试，因此，首先必须获取被审查企业在上述方面的信息，而这些信息都包括在被审查企业管理当局在网上发布的声明中。管理当局的声明具体包括：①惯例披露；②完整性措施；③信息安全性措施。

一般而言，对于首次审查业务，管理当局的声明应当最少涵盖2个月，典型情况是3个月，或者由注册会计师确定的更长的时间。

2. 对电子商务公司进行鉴证

会计师事务所接受委托后，对电子商务公司管理部门的声明进行鉴证，判断其是否符合相关标准。鉴证的内容主要包括：①电子商务交易的披露；②交易的真实性和完整性；③对交易信息的保护。

3. 授予电子印章

如果申请公司符合网络认证的准则和标准的要求，注册会计师就可以发表无保留意见的鉴证报告，并授予其“网络认证电子印章”。

4. 连续检查

授予电子印章后，必须定期对管理当局的声明进行鉴证，只有继续获得无保留意见鉴证报告的企业才能继续保持电子印章。间隔时间最长不能超过3个月。间隔时间长短主要取决于以下事项。

（1）业务的性质和复杂性。

（2）发生重大变化的频率。

（3）保证符合网络认证的一贯性，网站实施管理、控制、改革的有效性。

（4）会计师的职业判断。

在鉴证间隔期内，企业有义务向注册会计师报告业务政策、业务经营、业务程序及有关控制方面的重大变更，特别是在这些变化可能对符合网络认证准则产生影响的情况下，注册会计师应决定是否需要进行重新审核和更新鉴证报告。

同步案例 9-4

对于一家以互联网为依托的音乐制品零售商，黑客能够接触其顾客文件，并获得大约100 000个顾客的信用卡卡号。然后，他会索取赎金，否则将信用卡号贴在互联网上供大众接触。不付赎金，就会有20 000个信用卡卡号公布于众。在这种情况下，零售商和信用卡公司可能要承担巨大的责任。网络认证包括审查客户信息的安全性，如果发现公司系统中存在的潜在不足能让黑客在未经授权的情况下接触有关信息，审计人员就告诉公司警惕这一现象。

（三）网络认证的原则

根据美国注册会计师协会和加拿大特许会计师协会2001年发布的《鉴证服务原则和标准》（第1版）的规定，网络认证准则包括以下五项原则。

1. 安全性原则

安全性原则是指保护系统的逻辑的和物理的组成部分，防止未经授权者进入。在电子商务系统中，各方都希望确保提供的信息只有那些需要完成交易或服务者才可使用。当这些信息存放在其他人的系统中或进行传输时，很容易遭到未经授权的接触。

对系统组成部分的接触性限制，有助于防止系统功能和软件的滥用、资源的盗窃及信息的非法使用、更改、破坏和泄漏。

2. 有效性原则

有效性原则是指系统、产品或服务符合广告的内容或可达到合同、服务标准或其他协议的规定。本原则强调计算机系统在需要进行业务处理、监控和维护时是否可以使用，同时也关注在进行例行处理时系统是否具有可接触性，以及系统生成的信息在需要时是否能够及时得到。

3. 处理的完整性

处理的完整性是指系统过程的完全、准确、及时和授权。其中，完全是指所有的交易或服务被正常地执行，交易和服务的处理不多于一次。准确是指保证与交易相关的信息在全部交易处理过程中被准确地保存。服务提供的及时性和货物运送的及时性是对如承担运送这样的任务而言的。授权包括保证电子商务的处理遵循系统管理政策要求的许可和特许。

4. 在线私人信息原则

在线私人信息原则是指要保护一个组织通过电子商务系统从它的客户那里可能收集到的个人信息隐私，即按照事先的承诺或约定收集、使用、披露和保存这些信息。个人信息包括客户的姓名、地址、电子信箱及信用卡等信息。但是，这并不意味着要对所有的个人信息在任何时候进行保护。

5. 保密性原则

保密性原则主要关注的是被指定作为保密的信息。企业要披露其与保护授权进入、使用、分享制定作为保密信息的方式相关的实务。

(四) 网络认证报告与电子印章

1. 网络认证报告

与其他鉴证业务一样，在网络认证工作的最后，注册会计师要向被鉴证的企业出具网络认证报告，并授予电子印章。网络认证报告并不像审计报告那样有多种形式，只有一种形式——无保留意见的鉴证报告，只有当被鉴证的企业符合加拿大特许会计师协会和美国注册会计师协会制定的鉴证安全和保密标准时，它们才能得到注册会计师的无保留意见的鉴证报告，并获得电子印章，否则，注册会计师不出具网络认证报告。网络认证报告将在被审查企业的网上公布。

美国注册会计师协会和加拿大特许会计师协会制定的“鉴证服务的原则和标准”的网络认证报告的格式如下。

审计师网络认证报告①

致 ABC 公司管理当局：

我们根据 CICA/AICPA 的鉴证安全和保密标准，审查了 ABC 公司 2×18 年 8 月 1 日至 2×18 年 10 月 31 日期间系统安全和保密控制的有效性。这些控制的有效性是 ABC 公司管理当局的责任，我们的责任是根据我们的审查对管理当局的声明发表意见。

我们的审计所依据的是加拿大特许会计师协会建立的认证业务准则，这些准则要求我们认真计划和执行审计，达到一个合理的保证水平，并以此作为发表意见的基础。我们的审计包括：①了解 ABC 公司制定的安全和保密政策及相关的安全和保密控制；②测试和评估控制运行的有效性；③实施了该环境下我们认为必要的其他程序。我们相信这些审查为我们的意见提供了合理的基础。

我们认为 ABC 公司 2×18 年 8 月 1 日至 2×18 年 10 月 31 日期间，在所有的重要方面保持了对系统安全和保密的有效控制，它为根据安全政策防止未经授权的物理和逻辑的进入和为根据保密政策防止进入保密信息提供了合理保证，符合 CICA/AICPA 的鉴证服务的安全和保密标准。

由于控制措施所固有的局限性，有可能存在发生了差错和舞弊但未被察觉的情况。

而且，根据我们的发现推测未来时期的任何结论都可因下述情况而产生风险：①制度和控制的改变；②处理要求的改变；③因时间推移要求的改变；④遵循这些政策和程序的程度可能改变这种结论的有效性。

ABC 网站上的电子商务保证标志构成本报告内容的象征性代表，它不是为了，也不能被解释为本报告的更新或任何附加保证的提供。

会计师事务所：　　　　　　　　　　地点：

注册会计师：　　　　　　　　　　　日期：

2. 电子印章

电子印章是网络认证报告的象征性代表。只有注册会计师发表了无保留意见的鉴证报告，才能够授予申请公司电子印章。

① 张继勋：《审计学》，清华大学出版社 2008 年版。

电子印章放置在申请公司的主页上,客户可以通过点击电子印章图标查看注册会计师出具的鉴证报告。

电子印章表示注册会计师独立验证了公司的电子商务业务,并认为其符合网络认证准则,但并不表示注册会计师保证消费者能在网站买到理想、合用的产品。注册会计师对于消费者与公司的交易均不负有责任,也不会保证公司的盈利前景和持续经营等财务问题。

二、系统认证服务

(一) 系统认证的涵义

鉴于众多组织依靠信息技术,因此计算机系统的安全性、可获用性及准确性就非常重要。一个不可靠的系统可能引发一系列对公司顾客、供应商及其他商业伙伴产生负面影响的商业事件。系统认证服务是为管理层、董事会或第三方提供关于用于产生实时信息的信息系统可靠性保证的业务。注册会计师根据拟订的原则和标准,对客户信息系统的可靠性进行认证,并提出无保留意见或有保留意见的认证报告的过程。它不是其他鉴证服务的简单延伸,而是完成了从实质鉴证到过程鉴证的质的飞跃。系统认证使内部和外部使用者都受益。可靠信息对内部而言显然十分重要,因为管理层需要用它来制定战略目标,监测组织的发展情况。而战略伙伴间的实质整合趋势,也使得对内部系统可靠性进行外部认证的需要不断加强,这在内部系统与外部组织有联系时表现得尤为突出。当独立组织需要依赖对方的信息系统时,系统可靠性问题就特别关键。互联网使这一趋势更加明显,而注册会计师最适合为依赖对方信息系统的各独立方提供系统可靠性的认证服务。

由于公司中影响决策的大量信息来自传统的财务报告系统外部,因此有必要定期监测和评价这类信息的可靠性。系统认证并不要求管理层对可靠性作出具体认定,同时它也不限于财务报告。一般而言,注册会计师在受聘评价系统可靠性时会测试信息系统的完整性,并指出系统可能不可靠的各种情况。

在系统认证业务中,拥有系统认证执照的注册会计师应用确信服务原则和标准评价公司的计算机系统,以确定系统内部控制是否存在。然后,注册会计师执行相关测试以确定这些控制在既定期间是否得到有效运行。如果系统符合确信服务原则和标准的要求,就可根据注册会计师的鉴证业务准则出具一个无保留意见的鉴证报告。这类报告可以就单一确信服务原则或若干个确信服务原则的组合签发。

一个组织可能需要对运行前的系统执行一个网络认证鉴证业务。对于这种业务,注册会计师只对控制设计的合适性出具报告,且该类报告是针对一个时点而不是一段期间的。

小资料

系统认证服务的产生背景

在几乎完全整合的供应链中,许多独立组织共享物料的库存水平、采购和运送方面的信息,因而有关各方就有正当的理由关注组织间信息流动的完整性和安全性。一个公司怎么知道其他公司的信息是可靠的?怎么知道机密信息不被其他方故意或意外地泄露给外部人士?例如,在2000年年初一家网上营销和广告公司Double Click被发现其编程存在缺陷,因而造成它的软件除了支持客户网站上交互式的标语广告外,还捕获访问者的机密信息,并将资料发送给Double Click公司。该公司声称这属于令人遗憾的编程错误,所捕获的信息已被销毁。然而，这个问题使人们在处理复杂的互联网技术时特别担忧信息泄露。

（二）系统认证的原则与标准

美国注册会计师协会与加拿大特许会计师协会一起共同制定了信息系统可靠性方面的验证业务（称为系统认证）准则。一般而言：注册会计师可以受聘审查管理层的认定——它在特定时期对系统可靠性进行了有效的控制。此外，注册会计师还可以受聘直接验证控制的有效性。

可靠的系统是指能够在某一特定时期的特定环境下正常运行，不出现重大错误或疏漏。表 9-2 列出了作为系统认证评价依据的 4 个原则和相关标准：系统可用性、安全性、完整性和可维护性。系统可用性是指系统能否按计划随时使用。安全性则涉及未经授权就使用、接触系统或其数据的问题。系统的完整性是指信息处理的完整、准确、及时和授权。可维护性则涉及系统变更或升级问题以及在进行变更或升级时是否对系统的可用性、安全性或完整性产生负面影响。针对每一个原则，注册会计师都要确定公司是否制定了适当的政策和准则，是否利用计算机资源和员工去实施相关政策和准则，是否监测相应政策和准则的遵守情况？如果注册会计师认为公司在所有重大方面符合系统认证的标准，就可以签发无保留意见的报告。在其他情况下，注册会计师就希望签发保留或否定意见的报告。

表 9-2　　系统认证的原则和标准①

原　　则	标　　准
可用性：系统能够按照服务水平协议随时可供执行和使用	· 实体已经为系统可用性制定并传达了执行目标、政策和准则。 · 实体利用程序、人员、软件、数据和基础设施来实现其系统可用性目标。 · 实体监测系统并采取行动，以实现其系统可用性目标
安全性：保护系统免受未经授权的物理或逻辑进入	· 实体已经为系统安全性制定并传达了执行目标、政策和准则。 · 实体利用程序、人员、软件、数据和基础设施来实现其系统安全性目标。 · 实体监测系统并采取行动，以实现其系统安全性目标
完整性：系统处理完整、准确、及时并经过授权	· 实体已经为系统处理完整性制定并传达了执行目标、政策和准则。 · 实体利用程序、人员、软件、数据和基础设施来实现其系统处理完整性目标
可维护性：为了继续保持系统的可用性、安全性和完整性，能够对系统进行必要的更新	· 实体监测系统并采取行动，以实现其系统处理完整性目标。 · 实体已经为系统可维护性制定并传达了执行目标、政策和准则。 · 实体利用程序、人员、软件、数据和基础设施来实现其系统可维护性目标。 · 实体监测系统并采取行动，以实现其系统可维护性目标

① W·罗伯特·克涅科（程悦译）：《审计——认证服务与风险》，中信出版社 2007 年版。

本章小结

■ 本章内容结构图

- 审阅和其他鉴证业务
  - 审阅业务
    - 审阅的目标
    - 审阅范围和保证程度
      - 审阅范围
      - 保证程度
    - 业务约定书
    - 审阅计划
    - 审阅程序和审阅证据
      - 确定审阅程序的性质、时间和范围时应考虑的因素
      - 对重要性水平的考虑
      - 审阅程序
      - 应当特别询问的事项
      - 财务报表可能存在重大错报时的处理
      - 审阅证据
    - 审阅报告
      - 审阅报告的要素
      - 审阅结论的类型及其适用条件
      - 审阅报告参考格式
  - 预测性财务信息审核
    - 预测性财务信息及相关概念
    - 预测性财务信息审核的目标
    - 责任与保证程度
      - 管理层与注册会计师的责任
      - 保证程度
    - 预测性财务信息审核的流程
      - 接受业务委托并签订业务约定书
      - 了解被审核单位情况
    - 预测性财务信息审核的程序
      - 确定审核程序的性质、时间和范围时应考虑的因素
      - 评估最佳估计假设与推测性假设
      - 评价预测性财务信息是否依据管理层确定的假设恰当编制
      - 关注敏感领域对预测性财务信息的影响
      - 审核预测性财务信息时的特别考虑
      - 出具预测性财务信息审核报告
    - 审核报告
  - 信息技术的鉴证服务
    - 网络认证服务
      - 网络认证的涵义与形成背景
      - 网络认证的程序与内容
      - 网络认证的原则
      - 网络认证报告与电子印章
    - 系统认证服务
      - 系统认证的涵义
      - 系统认证的原则与标准

■ 重要的名词术语

财务报表审阅：是指注册会计师接受委托，主要通过实施询问和分析程序为主的审阅程序，获取充分适当的证据，对财务报表提供有限保证。

审阅计划：包括总体审阅策略和具体审阅计划两个部分。

总体审阅策略:是指用以确定审阅的范围、时间和方向,并指导制订具体审阅计划。

具体审阅计划:包括为获取充分、适当的审阅证据以将审阅风险降至可接受的水平,项目组拟实施的审阅程序的性质、时间和范围等。

预测性财务信息:是指被审核单位依据对未来可能发生的事项或采取的行动的假设而编制的财务信息。可以表现为预测、规划或者两者的结合,可能包括财务报表整体或者财务报表的一项或者多项要素。

预测:是指管理层在最佳估计假设的基础上编制的预测性财务信息。

最佳估计假设:是指截至编制预测性财务信息日,管理层对预期未来发生的事项和采取的行动作出的假设。

规划:是指管理层基于推测性假设,或同时基于推测性假设和最佳估计假设编制的预测性财务信息。

推测性假设:是指管理层对未来事项和采取的行动作出的假设,该事项或行动预期在未来未必发生。

网络认证:是指一种被用来为顾客和企业之间进行网上交易建立信任、信心的综合性的认证服务。注册会计师通过在网站上进行个人电子网络签章来为网站使用者提供相关保证。

网络认证签章:是指一种标志,它代表了注册会计师关于管理当局对电子商务活动的披露所作的认定出具的报告。

系统认证服务:是指为管理层、董事会或第三方提供关于用于产生实时信息的信息系统可靠性保证的业务,是注册会计师根据拟定的原则和标准,对客户信息系统的可靠性进行认证,并提出无保留意见或有保留意见的认证报告的过程。

思考与练习

一、思考题

1. 什么是财务报表审阅?
2. 审计、审阅这两类业务之间的不同之处是什么?
3. 注册会计师执行财务报表审阅的程序有哪些?
4. 审阅报告包括哪些要素?
5. 什么是预测性财务信息审核的目标?
6. 在预测性财务信息审核中,管理层与注册会计师的责任分别有哪些?
7. 注册会计师执行预测性财务信息审核的程序有哪些?
8. 什么是网络认证? 网络认证的程序有哪些?
9. 什么是系统认证? 系统认证的原则、标准有哪些?

二、选择题

1. 与财务报表审计相比,财务报表审阅的特点在于(　　)。

A. 财务报表审阅的范围较大

B. 财务报表审阅的程序较少

C. 财务报表审阅的保证程度较低

D. 财务报表审阅的保证程度较高

2. 下列说法正确的有(　　)。

A. 财务报表审阅以询问和分析程序为主,只有当有理由相信所审阅的财务报表可能存在重大错报时才需要追加其他程序

B. 在财务报表审阅业务中,注册会计师以积极方式提供合理保证

C. 在财务报表审阅业务中,注册会计师提出的审阅意见的类型,包括无保留、保留、否定、无法提供任何程度的保证 4 种

D. 财务报表审阅属于鉴证业务

3. 财务报表审阅的程序包括(　　)。

A. 了解被审阅单位及其环境

B. 询问被审阅单位采用的会计准则和相关会计制度、行业惯例

C. 询问被审阅单位对交易和事项的确认、计量、记录和报告的程序

D. 询问股东会、董事会以及其他类似机构决定采取的可能对财务报表产生影响的措施

4. 注册会计师应当向负责财务会计事项的人员特别询问的事项有(　　)。

A. 所有交易是否均已记录

B. 财务报表是否按照指明的编制基础编制

C. 被审阅单位业务活动、会计政策和行业惯例的变化

D. 在财务报表日后发生的、可能需要在财务报表中调整或披露的期后事项

5. 审阅报告的包括的内容有(　　)。

A. 引言段

B. 管理层的责任和注册会计师的责任

C. 审阅业务所依据的准则

D. 审计意见

6. 注册会计师对所审阅财务报表提出保留结论适用的情况有(　　)。

A. 注册会计师注意到某些事项使其相信财务报表没有按照适用的会计准则和相关会计制度的规定编制,未能在所有重大方面公允反映被审阅单位的财务状况、经营成果和现金流量。这些事项虽然影响重大,但其影响尚未达到“非常重大和广泛”的程度,尚不足以导致注册会计师提出否定结论

B. 注册会计师没有注意到任何事项使其相信财务报表没有按照适用的会计准则和相关会计制度的规定编制,未能在所有重大方面公允反映被审阅单位的财务状况、经营成果和现金流量

C. 注册会计师的审阅存在重大的范围限制。该范围限制虽然影响重大,但其影响尚未达到“非常重大和广泛”的程度,尚不足以导致注册会计师无法提供任何保证

D. 如果注册会计师注意到某些事项使其相信财务报表没有按照适用的会计准则和相

关会计制度的规定编制，未能在所有重大方面公允反映被审阅单位的财务状况、经营成果和现金流量，且这些事项对财务报表的影响非常重大和广泛，以至于注册会计师认为提出保留结论不足以揭示财务报表的误导性或错报的严重程度

7. 下列说法正确的有(　　)。

A. 预测性财务信息是指被审核单位依据对未来可能发生的事项或采取的行动的假设而编制的财务信息

B. 预测是指管理层基于推测性假设，或同时基于推测性假设和最佳估计假设编制的预测性财务信息

C. 最佳估计假设是指管理层对未来事项和采取的行动作出的假设，该事项或行动预期在未来未必发生

D. 规划是指管理层在最佳估计假设的基础上编制的预测性财务信息

8. 注册会计师在执行预测性财务信息审核业务时，应当就(　　)事项获取充分、适当的证据。

A. 管理层编制预测性财务信息所依据的最佳估计假设并非不合理

B. 预测性财务信息是在假设的基础上恰当编制的

C. 预测性财务信息已恰当列报，所有重大假设已充分披露

D. 预测性财务信息的编制基础与历史财务报表一致，并选用了恰当的会计政策

9. 在确定审核程序的性质、时间和范围时，注册会计师应当考虑下列因素(　　)。

A. 重大错报的可能性

B. 以前期间执行业务所了解的情况

C. 管理层编制预测性财务信息的能力

D. 预测性财务信息受管理层判断影响的程度

10. 在网络认证工作的最后，注册会计师要向被认证单位出具(　　)网络认证报告。

A. 无保留意见　　B. 无保留意见加强调事项段

C. 无保留意见或者保留意见　　D. 无法表示意见

11. 系统认证的原则包括(　　)。

A. 可用性　　B. 安全性　　C. 完整性　　D.合理性

三、案例讨论题

X会计师事务所为ABC股份有限公司(以下简称ABC公司，该公司系上市公司)提供包括财务报表审计业务在内的多项业务。2×19年5月、7月和10月，X会计师事务所承担了ABC公司一季度季报、半年报和三季度季报的审阅工作。在实施审阅工作时，X会计师事务所的项目负责人主要是审查了ABC公司通过电子邮件和邮政快递发来的有关财务资料及相关信息，并且通过电话与ABC公司的财务经理沟通了一些具体情况。

2×19年8月，ABC公司聘请X事务所对其下属子公司A公司的内部控制进行审核，由于A公司的管理层已对本公司的内部控制有效性出具了自查报告，ABC公司要求X事务所对该报告发表意见。

2×19 年 9 月，ABC 公司聘请 X 事务所负责其财务信息系统的升级工作，并同其签订了业务约定书，X 事务所拟由其咨询部门来完成此项工作。

2×19 年 12 月，ABC 公司决定继续聘请 X 事务所来完成其 2×19 年度财务报表的审计工作，X 事务所正在考虑是否接受该项委托。

要求：根据以上资料，回答如下问题。

(1) X 会计师事务所承担的季报和半年报审阅工作属于何种类型的鉴证业务？这种业务与财务报表审计业务在提供的保证程度、证据数量、鉴证业务风险和提出结论的方式这些方面有何不同？

(2) X 会计师事务所在审阅业务中采取的工作方法是否适当？财务报表审计是否可以采取相同的工作方法？

第十章　相关服务业务

本章要点

- 了解相关服务业务的主要特点
- 了解注册会计师开展相关服务业务的重要意义
- 掌握相关服务业务的具体范围
- 掌握代编财务信息和执行商定程序的相关程序、方法
- 掌握代编财务信息和执行商定程序的相关报告格式

适用的准则和规范

- 《中国注册会计师相关服务准则第4101号——对财务信息执行商定程序》
- 《中国注册会计师相关服务准则第4111号——代编财务信息》
- 《注册会计师业务指导目录(2012年)》

引例　第四届注册会计师论坛

2010年，由中国注册会计师协会主办的第四届注册会计师论坛在北京市召开。论坛的主题为“拓展注册会计师新业务领域，服务我国经济发展方式转变”。围绕《注册会计师业务指导目录(2010年)》(以下简称《指导目录》)相关话题，财政部副部长王军、中国注册会计师协会会长刘仲藜等发表了演讲。

中国注册会计师协会秘书长陈毓圭介绍，注册会计师行业的“传统业务”主要是财务会计报告审计、资本验证等。目前，注册会计师行业现有的业务过度集中于包括审计在内的鉴证业务，市场相对饱和，导致过度竞争和竞相压价，执业质量和诚信水平受到威胁。《指导目录》对目前注册会计师行业的业务项目进行了全面的梳理，按鉴证业务和咨询服务业务列示，共11大类262项，基本涵盖了社会经济活动的所有领域。其中，鉴证业务158项，咨询服务业务104项。注册会计师行业业务领域得到了扩展，既包括审计业务，又包括非审计业务；既包括依法已经开展的业务，又包括根据市场需要进一步拓展和开发的新业务，还包括国际上已经开展，我国有待开发的潜在业务。注册会计师行业的专业服务正在从财务会计报告审计、资本验证、涉税鉴证等，向企事业单位内部控制、管理咨询、并购重组、资信调查、专项审计、业绩评价、司法鉴定、投资决策、政府购买服务等相关业务领域延伸。

陈毓圭认为，拓展注册会计师行业各类新业务领域，有利于把会计师事务所和从业人员的视线引导到开发新业务上来，进而从根本上转变服务理念、服务方式和服务结构，迅速形成行业新的增长空间，进而推动行业健康、有序发展。此外，当前中国经济正处于发展方式转型升级的变革期，高投入、高消耗、高污染、低产出的粗放式经济增长难以适应中国经济发展的现实和未来需求。大力发展包括注册会计师行业在内

的高端服务业，是注册会计师行业积极响应中央号召，投身于服务我国经济发展方式转变，勇于担当社会责任的重要实践。

第一节 相关服务业务概述

注册会计师的业务范围除了包括鉴证业务，还包括相关服务业务。相关服务业务包括对财务信息执行商定程序、代编财务信息、税务服务、管理咨询以及会计服务等，共同构成了注册会计师业务的重要组成部分。本节将阐述相关服务业务的主要特点，以与鉴证业务相区分，并介绍相关服务业务的具体范围以及开展相关服务业务的重要意义。

一、相关服务业务的特点

（一）不提出鉴证结论

与鉴证业务相比，相关服务业务的一个显著特点是注册会计师并不提出任何鉴证结论。以对财务信息执行商定程序和代编财务信息业务为例，相关准则规定如下：

（1）注册会计师执行商定程序业务，仅报告执行的商定程序及其结果，并不提出鉴证结论，报告使用者自行对注册会计师执行的商定程序及其结果作出评价，并根据注册会计师的工作得出自己的结论。

（2）注册会计师执行代编业务使用的程序并不旨在、也不能对财务信息提出任何鉴证结论。

（二）不提出独立性要求

注册会计师在执行鉴证业务时，一个重要的要求是保持独立性。但在执行相关服务业务时，通常不提出独立性要求。同样以对财务信息执行商定程序和代编财务信息业务为例，相应准则规定如下：

（1）不对商定程序业务提出独立性要求；但如果业务约定书或委托目的对注册会计师的独立性提出要求，注册会计师应当从其规定。如果注册会计师不具有独立性，应当在商定程序业务报告中说明这一事实。

（2）不对代编业务提出独立性要求。但如果注册会计师不具有独立性，应当在代编业务报告中说明这一事实。

虽然相关准则不对注册会计师执行相关服务业务提出独立性要求，但注册会计师仍应遵守职业道德规范，恪守客观、公正的原则，保持专业胜任能力和应有的关注，并对执业过程中获知的信息保密。

（三）应用的程序性质不同，方式相对简单

注册会计师在执行鉴证业务时，要通过实施严格的鉴证程序获取充分、适当的证据，为提出鉴证结论提供基础。但在执行相关服务业务时，注册会计师可能并不采取鉴证性质的程序或采取相对比较简单、灵活的程序。例如，在代编财务信息业务中，注册会计师运用的是会计而非审计的专业知识和技能，而在执行商定程序业务中，注册会计师运用的程序是与特定主体商定的程序，通常限于询问和分析；重新计算、比较和其他核对方法；观察；检查以

及函证。

二、开展相关服务业务的重要意义

国务院办公厅转发《财政部关于加快发展我国注册会计师行业若干意见》(国办发〔2009〕56号)中指出，力争通过5年左右的时间，努力实现"会计师事务所执业领域大幅度拓展……在巩固财务会计报告审计、资本验证、涉税鉴证等业务的基础上，积极向企事业单位内部控制、管理咨询、并购重组、资信调查、专项审计、业绩评价、司法鉴定、投资决策、政府购买服务等相关业务领域延伸……"由此可见，加快我国注册会计师行业发展的一个主要目标就是要不断拓展相关服务业务。

积极开展相关服务业务，对于会计师事务所的生存和发展以及整个注册会计师行业的不断壮大都具有十分重要的意义。中国注册会计师协会在《会计师事务所服务经济社会发展新领域业务拓展工作方案》中指出：拓展会计师事务所新业务领域，是改善行业业务结构，推动会计师事务所做大做强、做精做专，加快形成大中小会计师事务所协同发展的合理布局，实现行业科学发展的重要举措；是缓解当前行业过度竞争、竞相压价问题的必要途径；也是落实中央经济工作会议精神、转变经济增长方式的现实需要。为此，中国注册会计师协会在《关于贯彻落实国务院办公厅转发财政部关于加快发展我国注册会计师行业若干意见的实施意见》(会协〔2010〕13号)中特别指出了大力拓展注册会计师业务领域的实施意见，包括研究推介新型业务；逐步建立非审计业务指导系统；加强新业务的专业技术指导；加快新业务人才的培养；积极开展新业务的试点工作；推动和跟踪相关立法和政策制定工作；总结和推广新业务实践经验以及加强对新业务执业质量的监管等措施。

三、相关服务业务的范围

为贯彻落实国务院办公厅转发《财政部关于加快发展我国注册会计师行业若干意见》，具体指导会计师事务所拓展新业务工作，中国注册会计师协会编订了《注册会计师业务指导目录(2013—2014年)》，其中将注册会计师业务划分为鉴证业务和相关咨询服务业务两类，而相关咨询服务业务与本书所讲的相关服务业务意义相同。

《注册会计师业务指导目录(2013—2014年)》中将相关服务业务划分为管理咨询业务、会计服务业务、税务服务业务、信息系统相关的其他服务和执行商定程序业务等5类。

由于目前中国注册会计师相关服务准则仅对代编财务信息和执行商定程序进行了具体的规范，本书在第二、第三节将分别详细阐述执行商定程序和代编财务信息的具体程序、要求以及相应的报告格式。

第二节 对财务信息执行商定程序

一、对财务信息执行商定程序的涵义

对财务信息执行商定程序，是指注册会计师对特定财务数据、单一财务报表或整套财务报表等财务信息执行与特定主体商定的具有审计性质的程序，并就执行的商定程序及其结果出具报告。理解对财务信息执行商定程序的涵义，应当注意以下四个方面。

（一）特定主体是指委托人和业务约定书中指明的报告致送对象

委托人是委托注册会计师执行商定程序业务并与会计师事务所签订业务约定书的一方，是注册会计师报告的致送对象。委托人与被执行商定程序的主体可能是同一主体，也可能不是同一主体。

执行商定程序业务报告的致送对象除了委托人之外，可能还有其他人。例如，企业为满足其债权人的需要，委托注册会计师对该企业的有关财务信息执行商定程序，报告致送对象不仅包括企业，而且还包括企业的多个债权人。需要注意的是，除委托人之外的其他报告致送对象仅指业务约定书中所指明的报告致送对象。

（二）商定程序业务执行的程序是与特定主体协商确定的

注册会计师执行商定程序业务的前提是与特定主体协商需要执行哪些程序，以达到某一特定的目的。与审计业务的明显差别是，审计中执行的程序是由注册会计师按照审计准则的要求和职业判断确定的，为实现审计目标，注册会计师可以使用各种审计程序。而商定程序业务中执行的程序，是由注册会计师与特定主体协商确定的。

（三）执行商定程序的对象是财务信息

财务信息涉及的范围很广，通常包括特定财务数据、单一财务报表或整套财务报表等。特定财务数据通常包括财务报表特定项目、特定账户或特定账户的特定内容。特定财务数据可能直接出现在财务报表或其附注中，也可能是通过分析、累计、汇总等计算间接得出的，还可能直接取自会计记录。

如果注册会计师具备专业胜任能力，且存在合理的判断标准，还可对非财务信息执行商定程序业务。

（四）注册会计师就执行的程序及其结果出具报告

执行商定程序业务报告只报告所执行的商定程序及其结果，不发表任何鉴证结论。

二、业务约定书

（一）签订业务约定书

鉴于执行商定程序业务的特点，在接受业务委托前，注册会计师应当与特定主体就拟执行的程序、相关责任等业务约定事项进行沟通，协商拟执行程序的性质、时间和范围等，确保双方都已经清楚地了解拟执行的商定程序。如果执行商定程序的报告除提供给委托人外，还要提供给其他的业务约定书中指明的致送对象，注册会计师还应当与这些报告使用人沟通。

注册会计师接受执行商定程序业务委托的前提条件包括：①注册会计师和特定主体清楚地了解拟执行的程序；②注册会计师与特定主体就拟执行的程序达成一致意见；③执行商定程序业务的对象（财务信息）存在明确、合理的评价或判断标准，且具有一定的事实证据，使注册会计师能够据以执行商定程序和报告执行程序得出的结果。

（二）业务约定书的内容

注册会计师应当就下列事项与特定主体沟通，并达成一致意见。

1. 业务性质

业务性质，包括说明执行的商定程序并不构成审计或审阅，不提出鉴证结论。为区别于审计、审阅业务，注册会计师在业务约定书中，应当说明执行的商定程序并不构成审计或审阅，不发表审计或审阅意见。

2. 委托目的

执行商定程序业务的委托目的取决于委托人的需要。不同的委托人会有不同的需求，因而不同委托项目的委托目的可能千差万别。由于委托目的不同，注册会计师执行商定程序的对象、执行的程序、报告的内容等均会有所不同。注册会计师在签约前必须弄清委托人的要求和委托目的，并应在业务约定书中予以明确。

3. 拟执行商定程序的财务信息

执行商定程序的对象（财务信息）因委托目的的不同而不同，需要注册会计师在业务约定书中指明拟执行商定程序的具体财务信息。

4. 拟执行的具体程序的性质、时间和范围

注册会计师执行商定程序业务，最为重要的是要与特定主体协商需要执行哪些程序，并确定程序的性质、时间和范围。不同特定主体的需求可能差别很大，所商定的程序在性质、时间和范围等方面差异也会很大。业务约定书中必须详细列明拟执行的程序以及执行程序的时间和范围。在描述程序时，不应使用含糊的词语。

5. 预期的报告样本

为了使委托人及其他特定主体了解执行商定程序业务与审计业务的区别以及执行商定程序业务报告的格式，注册会计师在向委托人递交业务约定书时，应当附送一份预期的报告样本，以免特定主体对注册会计师的工作及报告产生误解。

6. 报告分发和使用的限制

注册会计师执行的商定程序是与特定主体协商确定的，而其他人由于不了解为什么要执行这些程序，可能会对注册会计师报告的结果产生误解，所以商定程序业务的报告应仅限于同意执行商定程序的特定主体依据委托目的使用，不能用于其他目的及分发给其他单位或个人。如果报告除提供给委托人使用外，还需要分发给其他特定使用人，应当在业务约定书中予以指明。

此外，业务约定书还应当包括签约双方的名称、签约双方的责任、出具报告的时间要求、报告的使用责任、业务收费、约定书的有效期间、违约责任和签约时间等内容。

（三）与特定主体的沟通

通常，注册会计师应当就拟执行的程序直接与每一报告致送对象（特定主体）进行讨论。如果无法与所有的报告致送对象直接讨论拟执行的商定程序，注册会计师应当考虑采取下列措施。

（1）与报告致送对象的代表讨论拟执行的商定程序。

（2）查阅来自报告致送对象的相关信函和文件。

（3）向报告致送对象提交报告样本。

三、计划、程序和记录

（一）计划

注册会计师应当合理制订工作计划，以有效执行商定程序业务。执行商定程序业务与执行审计业务一样，也应编制工作计划。注册会计师可以参照计划审计工作的要求，对执行商定程序工作作出合理安排，以有效执行商定程序。

（二）程序

注册会计师应当执行商定的程序，并将获取的证据作为出具报告的基础。

执行商定程序业务运用的程序通常包括：①询问和分析；②重新计算、比较和其他核对方法；③观察；④检查；⑤函证。

实际执行商定程序业务时，可能仅执行上述程序中的一种或几种，或某种程序中的一部分，究竟执行哪些程序取决于注册会计师与特定主体商定的结果。另外，由于商定程序具有灵活性，注册会计师可执行的程序也不一定限于上述5种程序，可能会因特定主体的特殊需要执行上述程序以外的其他程序。

当执行商定程序受到客观条件的限制时，注册会计师应当征得特定主体的同意来修改程序。如果得不到特定主体的同意，注册会计师应在报告中说明执行程序所受到的限制，或者解除业务约定。

（三）记录

注册会计师应当记录支持商定程序业务报告的重大事项，并记录按照《中国注册会计师相关服务准则第4101号——对财务信息执行商定程序》的规定和业务约定书的要求执行商定程序的证据。注册会计师在编制工作底稿时可以参照《中国注册会计师审计准则第1131号——审计工作底稿》的规定执行。会计师事务所在管理工作底稿时应当遵照《质量控制准则第5101号——会计师事务所对执行财务报表审计和审阅、其他鉴证和相关服务业务实施的质量控制》的有关规定执行。

四、报告

注册会计师执行商定程序业务，仅报告执行的商定程序及其结果，并不提出鉴证结论。报告使用者自行对注册会计师执行的商定程序及其结果作出评价，并根据注册会计师的工作得出自己的结论。商定程序业务报告应当详细说明业务的目的和商定的程序，以便使用者了解所执行工作的性质和范围。

执行商定程序业务报告应当包括下列内容。

（1）标题。

（2）收件人。

（3）说明执行商定程序的财务信息。

（4）说明执行的商定程序是与特定主体协商确定的。

（5）说明已按照《中国注册会计师相关服务准则第4101号——对财务信息执行商定程

序》的规定和业务约定书的要求执行了商定程序。

(6) 当注册会计师不具有独立性时,说明这一事实。

(7) 说明执行商定程序的目的。

(8) 列出所执行的具体程序。

(9) 说明执行商定程序的结果,包括详细说明发现的错误和例外事项。

(10) 说明所执行的商定程序并不构成审计或审阅,注册会计师不提出鉴证结论。

(11) 说明如果执行商定程序以外的程序,或执行审计或审阅,注册会计师可能得出其他应报告的结果。

(12) 说明报告仅限于特定主体使用。

(13) 在适用的情况下,说明报告仅与执行商定程序的特定财务数据有关,不得扩展到财务报表整体。

(14) 注册会计师的签名和盖章。

(15) 会计师事务所的名称、地址及盖章。

(16) 报告日期。

注册会计师在编制执行商定程序业务报告时,应当充分关注以下几点:

(1) 标题。与审计报告不同,准则并未要求商定程序业务的报告必须统一标题。注册会计师在出具商定程序业务报告时,可以根据实际需要自行确定报告的标题,如"对××执行商定程序的报告"。

(2) 收件人。商定程序业务报告的收件人应当是特定主体,一般是委托人,也可以包括业务约定书中指明的其他的报告致送对象。

(3) 在对特定财务数据执行商定程序业务时,说明报告仅与执行商定程序的特定财务数据有关,不得扩展到财务报表整体。

(4) 报告日期是指注册会计师完成商定程序的日期。

(5) 注册会计师应当仅报告对特定财务信息执行商定程序的结果及发现的问题,而不应对该财务信息发表鉴证意见或者提供可信性保证。

(6) 注册会计师应当报告其执行程序所发现的一切问题。执行商定程序业务一般不使用重要性原则,除非与特定主体商定了重要性水平的范围。如果运用了重要性原则,注册会计师应当在报告中说明所确定的重要性水平。

(7) 注册会计师应当避免在报告中使用模棱两可的词语。如注册会计师对"在某一日期的银行存款余额调节表中找出未付款支票,查看在随后1个月的银行对账单中这些支票是否已结清"执行的商定程序,对工作结果的恰当描述应当是:"除了以下情况,银行存款余额调节表中所有未付款的支票都在随后1个月的银行对账单中表明已结清:(列出例外的情况)",对工作结果的不当描述是:"执行该程序并未发现任何情况。"

下面以对应收账款明细表执行商定程序为例,说明注册会计师执行商定程序的报告的格式。

同步案例 10-1

对应收账款明细表执行商定程序的报告

ABC 公司：

我们接受委托，对Y公司20×1年12月31日的应收账款明细表执行了与贵公司商定的程序。这些程序经贵公司同意，其充分性和适当性由贵公司负责。我们的责任是按照《中国注册会计师相关服务准则第4101号——对财务信息执行商定程序》和业务约定书的要求执行商定程序，并报告执行程序的结果。本业务的目的仅是为了协助贵公司评价Y公司应收账款记录的正确性。现将执行的程序及得出的结果报告如下。

一、执行的程序

(1) 取得Y公司编制的20×1年12月31日的应收账款明细表，验算合计数，并与总分类账核对是否相符。

(2) 从应收账款明细表中抽取50家客户，检查对应的销售发票与主营业务收入明细账是否相符。抽取方法是从第10家客户开始，每隔20家抽取1家。

(3) 对应收账款明细表中余额较大的前200家客户进行函证。

(4) 对未回函的客户，检查销售发票、发运凭证和订货单是否相符。

(5) 对回函金额不符的客户，取得Y公司编制的差异调节表，并检查差异调节是否适当。

二、执行程序的结果

(1) 执行第1项程序，我们发现应收账款明细表合计数正确，并与总分类账核对相符。

(2) 执行第2项程序，我们发现销售发票与主营业务收入明细账相符，抽取余额占应收账款明细表合计数的10.5%。

(3) 执行第3项程序，我们对应收账款明细表中余额较大的前200家客户发出询证函，函证余额占应收账款明细表合计数的比例为80%。收到180家客户的回函，回函金额××元，差异××元，(其中正差××元，负差××元)，其余20家客户未回函。

(4) 执行第4项程序，我们发现未回函的20家客户的销售发票、发运凭证和订货单相符。

(5) 执行第5项程序，我们发现除以下回函金额不符外，其他差异通过差异调节表调节消失[列出回函金额不符的应收账款]。

上述已执行的商定程序并不构成审计或审阅，因此我们不对上述应收账款明细表发表审计或审阅意见。如果执行商定程序以外的程序，或执行审计或审阅，我们可能得出其他应报告的结果。

本报告仅供贵公司用于第一段所述目的，不应用于其他目的及分发给其他单位或个人。本报告仅与上述特定财务数据有关，不应将其扩大到Y公司财务报表整体。

××会计师事务所(盖章)　　　　中国注册会计师：××

(签名并盖章)

中国注册会计师：××

(签名并盖章)

中国××市　　　　二〇×二年××月××日

同步思考 10-1

财务报表审阅业务与执行商定程序有哪些区别？

第三节 代编财务信息

一、代编财务信息业务的涵义及与鉴证业务的区别

代编财务信息业务，是指注册会计师运用会计而非审计的专业知识和技能，代客户编制一套完整或非完整的财务报表，或代为收集、分类和汇总其他财务信息。代编财务信息业务与鉴证业务存在显著的区别，具体见表10-1。

表10-1　　代编财务信息业务与鉴证业务的区别

业务类型区别	代编财务信息	鉴证业务（以历史财务信息审计为例）
业务关系人	只涉及注册会计师和责任方两方关系人	涉及注册会计师、被审计单位和预期使用者三方关系人
业务关注的焦点	财务信息的收集、分类和汇总	财务信息的质量
保证程度	不对财务信息提供任何程度的保证	对财务报表不存在重大错报提供合理保证
独立性的要求	不对独立性提出要求，但如果不独立，应当在代编业务报告中说明这一事实	要求注册会计师从实质上和形式上独立于被审计单位
对象	可能是历史财务信息，也可能是预测性财务信息	历史财务信息，通常是历史财务报表
标准	客户指定的编制基础，可以是法定的，也可以是非法定的	适用的会计准则和相关会计制度
证据	对证据未提出要求	获取足以支持审计意见的充分、适当的审计证据
报告	如果注册会计师的姓名与代编财务信息相关联，需要出具代编业务报告，但在报告中不提出鉴证结论	以书面形式提供审计报告，并在报告中发表审计意见

二、业务约定书

（一）签订业务约定书前的工作

注册会计师应当在代编业务开始前，与客户就代编业务约定条款达成一致意见，并签订业务约定书，以避免双方对代编业务的理解产生分歧。具体地说，注册会计师应当在代编业务开始前与客户就以下事项进行沟通。

1. 委托目的

在接受委托前，注册会计师应当与客户进行沟通，告知鉴证业务与代编业务的区别，识别出客户的真实需求，明确客户委托的目的，以避免双方对代编业务的理解产生分歧。

2. 代编业务的性质

无论是在客户还是信息使用者的印象或认识中，往往都将注册会计师与信息保证联系在一起。即便客户明确地提出代编服务的要求，也可能暗含对某种保证的期待。因此，注册会计师必须在业务承接前明确地向客户指明代编业务的性质，即代编业务既非审计也非审阅，代编业务的程序不用于、也无法用来对代编的财务信息提出任何鉴证结论。同时，客户也不能依赖注册会计师的代编服务来揭露可能存在的错误、舞弊以及违反法规的行为，或者内部控制存在的薄弱环节。通过与客户沟通，明确代编业务的性质。

3. 客户责任

注册会计师应当与客户进行沟通，明确客户提供信息的范围、性质以及对信息提供承担的责任。例如，在代编符合合同条款要求的财务信息时，客户提供的信息应当包括合同条款的原始信息，以及其他经营管理方面的信息，当然，还应当包括已有的会计记录，这样才能确保编制的财务信息符合合同要求。

4. 编制基础

所谓编制基础，是指按照一定的标准，对信息进行收集、分类和汇总，以编制满足使用者需求的财务信息。编制基础既可以是法定的，也可以是非法定的。

法定的编制基础可以是适用的会计准则和相关会计制度，也可以是政府监管部门颁布的、特殊的财务信息要求。非法定的编制基础可能是客户治理层或管理层制定的考核要求和计算规则、金融机构制定的贷款条款等。目前常见的编制基础有财务报表编制基础、计税基础、收付实现制基础等。

注册会计师应当就客户采用的编制基础与客户进行沟通，并向客户指明：①采用的编制基础将在代编的财务信息中进行披露，如在财务报表附注中予以说明；②如果注册会计师出具了代编业务报告，报告中也将相应地说明采用的编制基础。

同时，注册会计师还应向客户说明，如果代编财务信息存在与选定编制基础背离的情形，也将在代编财务信息和代编业务报告中予以披露。

5. 代编信息的预期用途、分发范围和代编业务报告

注册会计师在承接业务时，还需要就代编财务信息的预期用途、分发范围，以及可能出具的代编业务报告与客户进行沟通。一旦注册会计师知道自己的名字将与代编的财务信息发生联系，就必须出具代编业务报告。

（二）业务约定书的内容

业务约定书应当包括下列主要事项。

（1）业务的性质，包括说明拟执行的业务既非审计也非审阅，注册会计师不对代编的财务信息提出任何鉴证结论。

（2）说明不能依赖代编业务揭露可能存在的错误、舞弊以及违反法规行为。

（3）客户提供的信息的性质。

（4）说明客户管理层应当对提供给注册会计师的信息的真实性和完整性负责，以保证代编财务信息的真实性和完整性。

（5）说明代编财务信息的编制基础，并说明将在代编财务信息和出具的代编业务报告

中对该编制基础以及任何重大背离予以披露。

(6) 代编财务信息的预期用途和分发范围。

(7) 如果注册会计师的姓名与代编的财务信息相联系，说明注册会计师出具的代编业务报告的格式。

(8) 业务收费。

(9) 违约责任。

(10) 解决争议的方法。

(11) 签约双方法定代表人或其授权代表的签字盖章，以及签约双方加盖的公章。

三、计划、程序与记录

(一) 制订代编业务计划

注册会计师在与客户签订业务约定书之后，应当制订代编业务计划，详细计划代编业务的程序、时间和人员安排等事项，以便能够将资源合理分配到代编业务的重要领域，有效率地完成代编业务。代编业务计划随着委托项目的规模、复杂程度、注册会计师与客户的交往经验以及对客户业务的熟悉程度的不同而不同。

(二) 了解客户

注册会计师应当了解客户的业务和经营情况，熟悉其所处行业的会计政策和惯例，以及与具体情况相适应的财务信息的形式和内容；了解客户业务交易的性质、会计记录的形式和财务信息的编制基础。

(三) 代编业务程序

注册会计师通常利用以前经验、查阅文件记录或询问客户的相关人员，获取对这些事项的了解。

如果注意到管理层提供的信息不正确、不完整或在其他方面不令人满意，注册会计师应当考虑执行下列程序，并要求管理层提供补充信息。

(1) 询问管理层，以评价所提供信息的可靠性和完整性。

(2) 评价内部控制。

(3) 验证任何事项。

(4) 验证任何解释。

如果管理层拒绝提供补充信息，注册会计师应当解除该项业务约定，并告知客户解除业务约定的原因。

(四) 发生重大错报的情形及其处理

注册会计师应当阅读代编的财务信息，并考虑形式是否恰当，是否不存在明显的重大错报。重大错报包括下列情形。

(1) 错误运用编制基础。

(2) 未披露所采用的编制基础和获知的重大背离。

(3) 未披露注册会计师注意到的其他重大事项。

注册会计师应当在代编财务信息中披露采用的编制基础和获知的重大背离，但不必报告背离的定量影响。

如果注意到存在重大错报，注册会计师应当尽可能与客户就如何恰当地更正错报达成一致意见。如果重大错报仍未得到更正，并且认为财务信息存在误导，注册会计师应当解除该项业务约定。

（五）获取管理层声明书

注册会计师应当从管理层获取其承担恰当编制财务信息和批准财务信息的责任的书面声明。该声明还应当包括管理层对会计数据的真实性和完整性负责，以及已向注册会计师完整提供所有重要且相关的信息。

（六）记录

注册会计师应当记录重大事项，以证明其已按照代编财务信息准则的规定和业务约定书的要求执行代编业务。重大事项通常包括：①业务约定书；②代编业务计划；③执行的代编程序；④发现的重大错报；⑤客户管理层声明书；⑥代编财务信息的最终成果；⑦出具的代编业务报告（如果适用）。

四、代编业务报告

代编业务报告应当包括下列内容：

（1）标题。

（2）收件人。

（3）说明注册会计师已按照《中国注册会计师相关服务准则第 4111 号——代编财务信息》的规定执行代编业务。

（4）当注册会计师不具有独立性时，说明这一事实。

（5）指出财务信息是在管理层提供信息的基础上代编的，并说明代编财务信息的名称、日期或涵盖的期间。

（6）说明管理层对注册会计师代编的财务信息负责。

（7）说明执行的业务既非审计，也非审阅，因此不对代编的财务信息提出鉴证结论。

（8）必要时，应当增加一个段落，提醒注意代编财务信息对采用的编制基础的重大背离。

（9）注册会计师的签名及盖章。

（10）会计师事务所的名称、地址及盖章。

（11）报告日期。

注册会计师应当在代编财务信息的每页或一套完整的财务报表的首页明确标示“未经审计或审阅”“与代编业务报告一并阅读”等字样，从而可以让信息使用者知晓注册会计师提供的是会计专业知识和技能的服务，并明确告知使用者，注册会计师在代编服务中不提出任何鉴证结论。同步案例 10-2 是无任何附加说明的代编财务报表业务报告的参考格式，同步案例 10-3 是增加段落以引起对背离编制基础的关注的代编财务报表业务报告的参考格式。

同步案例 10-2

代编财务报表业务报告

ABC 有限公司：

在 ABC 公司管理层提供信息的基础上，我们按照《中国注册会计师相关服务准则第 4111 号——代编财务信息》的规定，代编了 ABC 公司 20××年 12 月 31 日的资产负债表，20××年度的利润表、股东权益变动表和现金流量表以及财务报表附注。管理层对这些财务报表负责。我们未对这些财务报表进行审计或审阅，因此不对其提出鉴证结论。

××会计师事务所　　　　中国注册会计师：××

（盖章）　　　　（签名并盖章）

中国××市　　　　二〇××年××月××日

同步案例 10-3

代编财务报表业务报告

（收件人名称）：

在 ABC 公司管理层提供信息的基础上，我们按照《中国注册会计师相关服务准则第 4111 号——代编财务信息》的规定，代编了 ABC 公司 20××年 12 月 31 日的资产负债表，20××年度的利润表、股东权益变动表和现金流量表以及财务报表附注。管理层对这些财务报表负责。我们未对这些财务报表进行审计或审阅，因此不对其提出鉴证结论。

我们提请注意，如财务报表附注×所述，管理层对融资租赁的机器设备未予资本化，该事项不符合企业会计准则和《××会计制度》的规定。

××会计师事务所　　　　中国注册会计师：××

（盖章）　　　　（签名并盖章）

中国××市　　　　二〇××年××月××日

同步思考 10-2

如果你是一家大型地方事务所的高级合伙人。你事务所的一名职位较低的员工为 Greasemonkey's Delight 公司提供代编报表业务。Greasemonkey's Delight 公司是一家地方性汽车零配件商店，你也是所有者之一。你在复核员工的工作时，发现她已完成了代编报表业务报告的草稿，如下所示。

审　计　报　告

我们已经按照公认会计原则编制了所附 Greasemonkey's Delight 公司 2003 年 12 月 31 资产负债表以及该年度的相关利润表、留存收益表和现金流量表。

就我们所知，编制工作完全是按照美国注册会计师协会颁发的《会计和审阅服务公告》进行的。我们在业务中投入了巨大的精力，因此我们相信，上述财务报表符合我们的规定。

请论述该报告中哪些声明可能具有误导性或存在不足。在发布代编报表业务报告之前，你还需要了解其他哪些信息？

本章小结

■ 本章内容结构图

- 相关服务业务
  - 相关服务业务概述
    - 相关服务业务的特点
      - 不提出鉴证结论
      - 不提出独立性要求
      - 应用的程序性质不同，方式相对简单
    - 开展相关服务业务的重要意义
    - 相关服务业务的范围
  - 对财务信息执行商定程序
    - 对财务信息执行商定程序的涵义
      - 特定主体是指委托人和业务约定书中指明的报告致送对象
      - 商定程序执行的程序是与特定主体协商确定的
      - 执行商定程序的对象是财务信息
      - 注册会计师就执行的程序及其结果出具报告
    - 业务约定书
      - 签订业务约定书
      - 业务约定书的内容
      - 与特定主体的沟通
    - 计划、程序和记录
      - 计划
      - 程序
      - 记录
    - 报告
  - 代编财务信息
    - 代编财务信息业务的涵义及与鉴证业务的区别
    - 业务约定书
      - 签订业务约定书前的工作
      - 业务约定书的内容
    - 计划、程序与记录
      - 制订代编业务计划
      - 了解客户
      - 代编业务程序
      - 发生重大错报的情形及其处理
      - 获取管理层声明书
      - 记录
    - 代编业务报告

■ 重要的名词术语

相关服务业务：是指注册会计师执行的除鉴证业务的其他业务，包括对财务信息执行商定程序、代编财务信息、税务服务、管理咨询以及会计服务等。

对财务信息执行商定程序：是指注册会计师对特定财务数据、单一财务报表或整套财务报表等财务信息执行与特定主体商定的具有审计性质的程序，并就执行的商定程序及其结果出具报告。

思考与练习

一、思考题

1. 相关服务业务的主要特点有哪些？

2. 会计师事务所广泛开展相关服务业务有何重要意义?

3. 相关服务业务具体包括哪些类型?

4. 对财务信息执行商定程序的业务约定书包括哪些内容?

5. 对财务信息执行商定程序的业务报告包括哪些内容?

6. 代编财务信息业务与鉴证业务有何主要区别?

7. 代编财务信息业务的业务约定书包括哪些内容?

8. 在执行代编财务信息业务时,如何应对发现的重大错报?

二、选择题

1. 根据《注册会计师法》的规定,注册会计师可以依法承办审计业务、其他鉴证业务和相关服务业务。对于相关服务业务而言,下面的理解中,正确的是(　　)。

A. 如果某位注册会计师近两年仅从事执行商定程序业务,表明他停止执行注册会计师业务

B. 注册会计师的审阅业务和税务服务业务均属于法定业务,非注册会计师不能办理

C. 注册会计师执行的相关服务业务,是审计发展到一定阶段的必然产物

D. 参加全国统一考试成绩合格的人员,从事代编财务报表业务满两年的可以申请注册

2. 下列业务中,不属于注册会计师"相关服务业务"的是(　　)。

A. 担任某企业的常年会计顾问　　B. 对企业的财务报表实施审阅

C. 对企业会计政策的选择提供建议　　D. 为企业代编财务报表

3. 下列各项中,(　　)不属于相关服务业务的特点。

A. 不对注册会计师的独立性作出要求　　B. 不提供任何鉴证结论

C. 应用的程序相对简单　　D. 仅提供有限程度的保证

4. 下列各项中,(　　)通常不包括在执行商定程序业务运用的程序中。

A. 询问　　B. 观察

C. 重新执行　　D. 重新计算

三、案例分析题

A会计师事务所接受B企业(非上市公司)代编资产负债表的委托,委派C注册会计师执行该项业务,C注册会计师的配偶任该企业主管财务的副总经理,C在代编后的资产负债表上签署了名字,但未出具代编资产负债表业务报告。

要求:根据以上资料,回答下列问题。

(1) 分析A会计师事务所执行这项业务是否完全符合相关服务准则要求?

(2) C注册会计师能否执行该项业务?

(3) 请你代C草拟一份代编资产负债表业务报告。

参 考 文 献

[1] 中国注册会计师协会.审计[M].北京:经济科学出版社,2014.
[2] 韩晓梅.审计学——原理与实务[M]. 3 版. 北京:清华大学出版社,北京交通大学出版社,2019.
[3] 于延琦,傅铄,李岩,林英士.财务报表审计工作底稿编制案例[M].大连:东北财经大学出版社,2009.
[4] 王生根.审计实务——基于风险导向审计理念[M].北京:清华大学出版社,2009.
[5] Alvin A Arens, Randal J Elder, Mark S Beasley. Auditing And Assurance Services——An Integrated Approach[M].12th ed.雷光勇,改编.北京:中国人民大学出版社,2009.
[6] 余玉苗.审计学[M].2 版.北京:清华大学出版社,2008.
[7] 朱荣恩.审计学[M].4 版.北京:高等教育出版社,2017.
[8] 张继勋.审计学[M].2 版.北京:清华大学出版社,2015.
[9] 李晓慧.审计学——实务与案例[M].北京:中国人民大学出版社,2011.
[10] 杨昌红,赵凌云.审计学[M].3 版.北京:清华大学出版社,2016.
[11] William F Messier. Auditing & Assurance Services: A Systematic Approach[M]. New York: McGraw Hill Higher Education, 2008.
[12] 王英姿.审计学原理与实务[M].上海:上海财经大学出版社,2012.
[13] 刘明辉.审计[M].大连:东北财经大学出版社,2011.
[14] W·罗伯特·克涅科.审计——增信服务与风险[M].程悦,译.北京:中信出版社,2011.
[15] Vincent M O'Reilly, Barry N Winograd, James S Gerson, et al. Montgomery's Auditing 12th Ed, Continuing Professional Education Edition[J]. CPA Journal, 2000,70(2):13.
[16] 里克·海斯,等.审计学——基于国际审计准则的视角[M].来明敏,等,译.北京:机械工业出版社,2006.
[17] 雷·惠廷顿,等.审计与其他保证服务[M].萧英达,等,译.北京:机械工业出版社,2003.
[18] 李雪.注册会计师审计实务[M].青岛:中国海洋大学出版社,1999.
[19] 中国注册会计师协会.中国注册会计师审计准则[S].2010.
[20] 中国注册会计师协会.中国注册会计师相关服务准则第 4111 号——代编财务信息[S].2006.
[21] 中国注册会计师协会.中国注册会计师相关服务准则第 4101 号——对财务信息执行商定程序[S].2006.
[22] 中国注册会计师协会.中国注册会计师审阅准则第 2101 号——财务报表审阅[S].2006.
[23] 中国注册会计师协会.中国注册会计师职业道德守则第 1 号~第 5 号 [S].2009.
[24] 财政部,审计署,中国保险监督管理委员会,中国银行业监督管理委员会,中国证券监督管理委员会.企业内部控制基本规范[S].2008.
[25] 财政部,审计署,中国保险监督管理委员会,中国银行业监督管理委员会,中国证券监督管理委员会.企业内部控制应用指引第 6 号——资金活动[S].2010.
[26] 财政部会计司.强化资金风险管控 不断提升企业效益——财政部会计司解读《企业内部控制应用指引第 6 号——资金活动》[S].2010.
[27] 财政部,审计署,中国保险监督管理委员会,中国银行业监督管理委员会,中国证券监督管理委员会.企

业内部控制应用指引第 7 号——采购业务[S].2010.
[28] 财政部会计司.财政部会计司解读《企业内部控制应用指引第 7 号——采购业务》[S].2010.
[29] 财政部,审计署,中国保险监督管理委员会,中国银行业监督管理委员会,中国证券监督管理委员会.企业内部控制应用指引第 8 号——资产管理[S].2010.
[30] 财政部会计司.保障企业资产安全 全面提升资产效能——财政部会计司解读企业内部控制应用指引第 8 号资产管理[S].2010.
[31] 财政部,审计署,中国保险监督管理委员会,中国银行业监督管理委员会,中国证券监督管理委员会.企业内部控制应用指引第 9 号——销售业务[S].2010.
[32] 财政部会计司.规范销售行为 扩大市场占有——财政部会计司解读《企业内部控制应用指引第 9 号销售业务》[S].2010.
[33] 财政部,审计署,中国保险监督管理委员会,中国银行业监督管理委员会,中国证券监督管理委员会.企业内部控制审计指引[S].2010.
[34] 财政部会计司,中国注册会计师协会.规范内控审计行为 促进内控有效实施——财政部会计司、中注协解读《企业内部控制审计指引》[S].2010.
[35] 中国注册会计师协会.注册会计师业务指导目录(2010 年).2010.
[36] 财政部.会计师事务所审批和监督暂行办法(财政部令第 24 号).2005.
[37] 财政部.注册会计师注册办法(财政部令第 25 号).2005.
[38] 财政部.注册会计师全国统一考试办法(财政部令第 55 号).2009.
[39] 财政部,国家工商行政管理总局.关于推动大中型会计师事务所采用特殊普通合伙组织形式的暂行规定(财会[2010]12 号).2010.
[40] 财政部.关于加快发展我国注册会计师行业的若干意见(国办发[2009]56 号).2009.
[41] 中国注册会计师协会.关于贯彻落实国务院办公厅转发财政部关于加快发展我国注册会计师行业若干意见的实施意见(会协[2010]13 号).2010.
[42] 中国注册会计师协会.会计师事务所服务经济社会 发展新领域业务拓展工作方案.2010.
[43] 中国注册会计师协会.《中国注册会计师继续教育审计案例(第一辑)》[M].1 版.中国财政经济出版社,2009.
[44] 林柄沧:《如何避免审计失败》[M].1 版.中国时代经济出版社,2003.
[45] 何秀英.审计学[M].大连:东北财经大学出版社,2012.
[46] 孙伟龙.审计学教程与案例[M].杭州:浙江大学出版社,2011.
[47] 吴革.警惕操纵收入确认的十种手段[N].中国财经报·财会世界周刊,2001.
[48] 葛荣根.2 亿元足以让合作伙伴翻脸[N].上海证券报,2006.
[49] 高莹,万里霜,阎至刚.审计学原理与实务[M] .北京:清华大学出版社,2005.
[50] 王敏.注册会计师财务报表审计实务[M].长沙:中南大学出版社,2010.
[51] 郭强华.新概念审计——案例教学、考证物语与就业辅导[M].北京:清华大学出版社,2011.
[52] 黄世忠,张胜芳.美国废品管理公司财务舞弊案例剖析[J].财务与会计,2004,6.
[53] 赵兴富.奥林巴斯会计舞弊案例的相关启示.中国证券期货 2012(4).
[54] 林丽.审计学[M].北京:清华大学出版社,2011.
[55] 丁瑞玲,吴溪.审计学[M].4 版.经济科学出版社,2012.
[56] 秦荣生.审计学(第八版)[M].北京:中国人民大学出版社,2014.
[57] 阿尔文·A·阿伦斯等.审计学:一种整合方法(第 14 版)[M].北京:中国人民大学出版社,2013.
[58] 张立民,等.审计学原理与实务(第 2 版)[M].北京:北京交通大学出版社,2013.